Fenómeno incontornável da história, a guerra é uma actividade plena de paradoxos. Criadora e destruidora de grandes civilizações, promotora de encontros e choques entre culturas e religiões, viveiro de líderes e fonte inegável de progresso científico, origem dos piores e dos melhores momentos da humanidade. Por tudo isso, pelos ensinamentos e perspectivas que pode proporcionar, a história militar constitui um importante tema de estudo e reflexão. Importa conhecer a Arte da Guerra.

A UTILIDADE DA FORÇA
A ARTE DA GUERRA NO MUNDO MODERNO

Título original:
The Utility of Force: The Art of War in the Modern World

2005, Rupert Smith & Ilana Bet-El
Todos os direitos reservados

Tradução: Miguel Mata

Capa de FBA

Ilustração da capa: «Brotherly Love», da autoria de George Grosz
Burstein Collection-Corbis/VMI
© George Grosz, Bild-Kunst / SPA, 2008

Depósito Legal nº 276219/08

Biblioteca Nacional de Portugal – Catalogação na Publicação
SMITH, Rupert
A utilidade da força: a arte da guerra no mundo moderno.
(Arte da guerra; 1)

ISBN 978-972-44-1410-2
CDU 355

Paginação: Rita Lynce
Impressão e acabamento:
GRÁFICA DE COIMBRA
para
EDIÇÕES 70, LDA.
Maio de 2008

Direitos reservados para Portugal
e países africanos de Língua Portuguesa
por Edições 70

EDIÇÕES 70, Lda.
Rua Luciano Cordeiro, 123 – 1º Esqº - 1069-157 Lisboa / Portugal
Telefs.: 213190240 – Fax: 213190249
e-mail: geral@edicoes70.pt

www.edicoes70.pt

Esta obra está protegida pela lei. Não pode ser reproduzida, no todo ou em parte,
qualquer que seja o modo utilizado, incluindo fotocópia e xerocópia,
sem prévia autorização do Editor. Qualquer transgressão à lei dos
Direitos de Autor será passível de procedimento judicial.

A UTILIDADE DA FORÇA
A ARTE DA GUERRA NO MUNDO MODERNO
RUPERT SMITH

*Para todos os que me acompanharam ou seguiram
quando pensei estes pensamentos*

Prefácio

Este livro teve a sua origem em quarenta anos de serviço militar, seguidos de um período de reflexão de três anos.

Desde o fim da Guerra do Golfo, em 1991, até abandonar o Exército, em 2002, perguntaram-me várias vezes se iria escrever um livro, e respondi sempre pela negativa. Por vezes, perguntava aos meus interlocutores qual seria o tema do livro, e eles respondiam quase sempre algo como, «Você já fez tanta coisa, certamente que haverá uma história para contar». Pelas respostas, deduzi que esperavam um relato cronológico, com referências a personalidades e eventos que se haviam sucedido nesse percurso; e quanto mais a narrativa proporcionasse uma nova perspectiva sobre os acontecimentos, melhor seria. Não mantive registos que me permitissem narrar este tipo de história com um mínimo de confiança, mesmo que considerasse o meu serviço militar como fonte para semelhante livro.

Até que, pouco antes de me aposentar, estava na companhia de um grupo pessoas, com um copo de vinho numa mão e uma sanduíche na outra, desfrutando da hospitalidade de um douto instituto antes de ministrar um seminário sobre – se bem me lembro – «Perspectivas para uma Identidade de Defesa Europeia», fizeram-me novamente a pergunta. A minha resposta instintiva foi a negativa habitual. Uma das pessoas que ouviu a pergunta e a resposta era um grande historiador, um homem cujos escritos e sabedoria eu admirava; ele disse-me, «Então, não diga que não. Depois de se aposentar, escreva um relatório para si próprio; ficará a saber se tem algo que deseja escrever para ser lido por outras pessoas». A partir daquela conversa, reflecti sobre o seu conselho; embora não tenha escrito um relatório para mim, pensei profundamente sobre o que poderia constar no mesmo.

O que tenho eu a relatar? O que tenho a dizer acerca de onde ou quando servi que não faça já parte dos registos? Depois de cada evento, eu e outros escrevemos relatórios sobre todas as questões salientes: as partes envolvidas, a situação, as medidas tomadas, o equipamento ou a falta dele, e assim por diante. Porquê repetir-me? Ou será que, deliberadamente ou não, eu deixara algo por dizer? Estes pensamentos ou, como diria um dos meus camaradas franceses, «pensares», foram gradualmente destilados num tópico de relatório:

> Em todas as ocasiões em que fui enviado para atingir um determinado objectivo militar para servir um desígnio político, eu e os meus camaradas tivemos que alterar os nossos métodos e nos reorganizar para conseguirmos ter êxito. Enquanto não o fizemos, não conseguimos utilizar a nossa força de forma eficaz. Com base na minha longa experiência, acabei por considerar este aspecto normal – uma parte necessária de qualquer operação. E depois de quarenta anos de serviço, particularmente após os últimos doze, acredito que consegui compreender como pensar neste inevitável e crucial fenómeno do conflito e da guerra. A necessidade de nos adaptarmos é imposta pelas decisões do adversário, pela selecção dos objectivos, pelo modo ou método do emprego da força, e pelas forças e recursos disponíveis, particularmente quando operamos com aliados. Tudo isto exige uma compreensão do contexto político da operação e do papel que nele cabe aos militares. Somente depois da adaptação e do contexto estarem completos se pode aplicar a força com utilidade.

Ao afirmar isto, não estou a lançar o habitual grito dos exércitos que se preparam para a última guerra. Na verdade, os exércitos não se preparam para a última guerra, preparam-se com frequência para a guerra errada – nem que seja pelo facto de os governos terem por hábito providenciar fundos somente contra a ameaça primária percepcionada e não em função dos riscos em potência, e o adversário costumar jogar com as nossas fraquezas e não com os nossos pontos fortes. Um exemplo: quando fomos para o Golfo, em 1990, fizemo-lo em circunstâncias fora dos parâmetros da política de defesa britânica desde o final da década de 60. Assim, apenas o nosso equipamento mais antiquado fora concebido para

Prefácio

funcionar no deserto. As aquisições mais recentes tinham sido concebidas para operar unicamente no Noroeste da Europa – careciam de filtros anti-areia, uma necessidade vital da guerra no deserto –, e segundo um conceito de combate associado ao grande confronto, a Guerra Fria. Neste cenário grandioso, os exércitos do Ocidente, mobilizados e sob o comando da OTAN, conduziriam uma defesa avançada enquanto as forças aéreas, essencialmente as dos Estados Unidos, atacariam as colunas do Pacto de Varsóvia e o coração do território soviético, primeiro com explosivos convencionais, e depois com armas nucleares. Seria uma guerra total, e era para ela que estávamos organizados, particularmente nas áreas do aprovisionamento, manutenção e apoio médico. Mas na Guerra do Golfo, em 1991, os nossos objectivos foram limitados; a guerra não foi total. Além do mais, as forças britânicas foram um parceiro minoritário numa coligação dominada pelos Estados Unidos e sem os mecanismos de controlo político que a OTAN tem vindo a desenvolver. O aspecto positivo foi o facto de os generais iraquianos – ou foi apenas Saddam Hussein? –, terem decidido combater de um modo e num terreno que maximizaram muitas das forças inerentes ao modo como os EUA e a OTAN praticam a guerra, particularmente no que diz respeito à utilização do poder aéreo. Assim, nestas circunstâncias, tivemos que adaptar o nosso método e organização, concentrando-nos no que tinha a ver com a guerra terrestre e respectivo apoio, enquanto continuávamos a ter a superioridade no ar.

A mudança ou adaptação também é necessária quando o objectivo a alcançar pela força militar é diferente do objectivo para o qual nos preparámos. Isto não foi necessário na Guerra do Golfo, pois o objectivo para a utilização da força militar – não da ameaça do uso – era muito semelhante àquele para o qual nos tínhamos preparado na Europa: a destruição dos Grupos Operacionais de Manobra soviéticos([1]) era

---

([1]) Uma parte essencial da ofensiva do Pacto de Varsóvia na Europa basear-se-ia em penetrações rápidas da zona táctica inimiga e na inserção de forças móveis na profundidade operacional da OTAN (cerca de 30 km, segundo a doutrina soviética). Estas penetrações seriam executadas pelos Grupos Operacionais de Manobra, formações ao nível de divisão, corpo ou exército, em apoio da progressão dos grupos de exército ou frentes. Entretanto, o inimigo seria flagelado por operações de forças especiais e aerotransportadas, até 50 ou 90 km na sua profundidade operacional, complementadas com a utilização de mísseis e do poder aéreo, concretizando um dos princípios cardinais da doutrina militar soviética, a acção simultânea contra o inimigo a toda a profundidade do seu dispositivo. (*N.T.*)

praticamente a mesma coisa que a destruição da Guarda Republicana de Saddam. Por conseguinte, muita da preparação para o combate táctico no Noroeste da Europa ainda era aplicável. Todavia, quando a força militar é utilizada para atingir um objectivo diferente do determinado pela preparação, tal como obrigar Milosevic, o então presidente da Sérvia, a entregar a província do Kosovo a uma administração internacional, este facto afecta a natureza do combate e exige um método operacional adaptado ou novo, bem como alterações ao processo de comando e organização.

O exemplo mais extremo desta mudança de objectivo encontra-se possivelmente na utilização do Exército Britânico na Irlanda do Norte, onde opera em apoio da polícia. De facto, na gíria do Exército Britânico, este tipo de operação insere-se na categoria de Assistência Militar ao Poder Civil. A longa história deste tipo de operações, iniciadas na época imperial e frequentemente executadas durante a descolonização, significa que o Exército Britânico tem auxiliado a institucionalização de muitas alterações de organização e método táctico, alterações que são aplicadas quando se identificam situações similares. Por outras palavras, o Exército Britânico tem existido num constante estado de mudança e adaptação por bons motivos operacionais. Contudo, durante o período em questão, manteve praticamente a mesma organização, adaptando as suas formações e unidades a cada operação. A doutrina tem sido usada mais para justificar a organização básica do Exército do que para explicar porque é que as adaptações tiveram êxito.

Todos os se exércitos vêem confrontados com a necessidade de transformação, particularmente os da OTAN e do antigo Pacto de Varsóvia, mas o debate actual é sobre tecnologia, números e organização – não se trata de se saber como é que estas forças devem combater, nem com que objectivo.

Passei muitos anos a ponderar, a praticar e a implementar a utilização da força, e o que tenho a relatar é uma abordagem à consideração do emprego da força militar e à sua subsequente aplicação para atingir o objectivo. Escrevo este relatório numa época de preocupações relativas à segurança global, quando a força militar está a ser considerada ou utilizada numa vasta gama de cenários, frequentemente em parceria com aliados. Bastarão alguns exemplos para reflectir a complexidade dos referidos cenários: terrorismo, pro-

Prefácio

liferação de armas de destruição maciça, imposição de paz, manutenção de paz, controlo de grandes deslocações de pessoas, protecção ambiental ou de algum recurso escasso, seja ele energia, água ou alimentos. Existem muitos mais, possivelmente menos óbvios, mas a questão mantém-se: a força militar é considerada a solução, ou parte da solução, numa grande variedade de problemas para os quais não foi originalmente destinada ou configurada.

Iniciei a minha carreira militar em 1962, e formei-me como oficial em 1964; em consequência, na instrução e teoria fui um produto da máquina de guerra industrial considerada necessária para a Guerra Fria. Ainda assim, exceptuando possivelmente a minha experiência na Guerra do Golfo, em 1991, nenhuma das operações militares nas quais participei e liderei foram de guerra industrial. Deste modo, passei muitos anos a conduzir forças reconfiguradas na procura de uma solução – particularmente, durante a última década dos meus quarenta anos de serviço, quando desempenhei funções de comando supremo em vários teatros internacionais, começando com a Divisão Blindada britânica na Guerra do Golfo, em 1991, seguindo-se a UNPROFOR([2]), na Bósnia, em 1995, as forças na Irlanda do Norte, em 1996-1998, e o posto de Segundo Comandante Supremo Aliado da OTAN para a Europa (DSACEUR)([3]), de 1998 a 2001. Com a excepção da minha passagem pela Irlanda do Norte, comandei forças de outras nações – de dezanove na OTAN, além das dos países da aliança; de dezanove na UNPROFOR, incluindo contingentes do Bangladesh, Malásia, Rússia, Ucrânia e Egipto –, e fui comandado por oficiais estrangeiros, representando o seu país ou uma organização internacional. Também tive oficiais de estado-maior de diversas nacionalidades, incluindo o Paquistão, a Rússia, a Austrália e a Nova Zelândia. Liderei forças contra Estados e contra os agentes não estatais que são hoje tão predominantes nas nossas operações militares. Em simultâneo, adquiri conhecimentos pormenorizados sobre as forças e capacidades de muitas instituições militares de todo o mundo, incluindo as mais proeminentes.

Entre 1992 e 1994, fui vice-chefe do Estado-Maior das Forças Armadas([4]), responsável pela supervisão de todas as operações do

---

([2]) Força de Protecção das Nações Unidas. (*N.T.*)
([3]) Segundo Comandante Supremo Aliado na Europa. (*N.T.*)
([4]) No original: Assistant Chief of Defense Staff. (*N.T.*)

Reino Unido. Nesta função, como em todos os postos que ocupei durante aquela década, trabalhei estreitamente com as pessoas incumbidas de alcançarem o objectivo político global de modo a optimizar a utilização da força. Por outras palavras, trabalhei em colaboração com diplomatas e políticos, funcionários públicos e representantes da ONU e de outras organizações internacionais, implementando os mandatos – na maioria políticos – dos quais fui incumbido. Ao levar este conhecimento dos processos nacionais e internacionais de tomada de decisões para comandos posteriores, compreendi que havia uma dissonância entre a organização das forças existentes e a sua actividade operacional. Mais: tornou-se óbvia para mim a existência de um grande fosso separando as teorias prevalecentes de organização e aplicação militar e a realidade dos acontecimentos. Eu já não pertencia a um mundo de guerras nas quais as instituições civis e militares tinham papéis distintos em fases distintas. As novas situações eram sempre uma combinação complexa de circunstâncias políticas e militares, não se compreendendo aparentemente muito bem o modo como se interligavam; pior ainda – na perspectiva do praticante militar –, também não parecia compreender-se como se influenciavam mutuamente de forma constante, à medida que os acontecimentos ocorriam. Dediquei-me, pois, a tentar compreender esta questão, inicialmente para utilizar estes conhecimentos nas minhas funções de comando. Através destas reflexões, compreendi que nos encontrávamos numa nova era de conflito – na verdade, num novo paradigma –, que defino como «guerra entre o povo»: uma guerra na qual os desenvolvimentos políticos e militares andam lado a lado. Esta compreensão ajudou-me nas tarefas militares. No meu período de reflexão pós-aposentação, esta ideia teórica constituiu a base do relatório que não escrevi para mim. Acabaram por se fundir ambos no presente livro.

A Utilidade da Força pretende explicar como a força pode ser empregue com a máxima utilidade – de uma perspectiva conceptual e prática. De facto, devo sublinhar o aspecto prático: o meu serviço militar foi de experiência prática, a todos os níveis de comando e numa vasta gama de circunstâncias. Este ponto é significativo porque, em simultâneo com a teoria, existe a necessidade de se compreenderem os aspectos práticos da utilização da força e a realidade das operações e do combate. De facto, dei-me conta de que esta falta de conhecimento agudiza com frequência a incompreensão do conflito: os políticos têm todo direito de esperar que os militares respondam às suas necessidades, mas fazem-no demasiadas vezes sem compreenderem minimamente os aspectos práticos da questão, e muito menos os conceptuais. Para a força continuar a ser utilizada e a ter utilidade, esta situação tem que mudar.

O presente livro segue uma cronologia, mas é mais uma discussão temática do que uma história definitiva. Na verdade, as suas três partes principais podem ser lidas separadamente como ensaios individuais, ou juntas, como uma análise multifacetada. Não me reclamo autor de uma narrativa abrangente, antes de uma reflexão – muito própria – sobre o mundo no qual vivi muitos anos, os instrumentos e métodos que me proporcionaram e ensinaram a utilizar, sobre os confrontos e conflitos que vivi, e as diferentes abordagens às quais cheguei no seu âmbito. Neste sentido, devo sublinhar que desenvolvi todos os esforços para me referir à instituição militar como um todo ou a cada força individualmente sempre que tal fosse relevante, mas tenho a noção de que algumas vezes utilizo o termo «exército» em sentido colectivo, englobando todas as forças armadas – nestes casos, as minhas sinceras desculpas às forças aéreas e às marinhas. Poderá também ser útil uma palavra sobre as fontes: este livro não é uma obra de investigação definitiva. Os factos, números e episódios referentes ao passado são apenas relatados como exemplos das análises e tópicos, sendo as respectivas fontes mencionadas somente quando uma citação específica o torna necessário. Existem também questões técnicas: a força e o seu emprego são matérias de alguma profundidade. No entanto, ao procurar levar as minhas ideias a um público mais vasto, tentei evitar o recurso à terminologia militar ou técnica, mas nalguns casos isto não foi possível. Assim acontece na Introdução, algo carregada tecnicamente como base para a narrativa que se segue. Àqueles que não se interessam por estas matérias, proponho o excelente conselho de George Orwell aos leitores para explicar a interligação dos conceitos políticos e militares no seu livro *Homenagem à Catalunha*:

> Caso não se interesse pelos horrores da política partidária, por favor, passe à frente; foi exactamente para isso que tentei manter as partes políticas desta narrativa em capítulos separados. Mas ao mesmo tempo, seria impossível escrever sobre a Guerra Civil de Espanha de uma perspectiva puramente militar. Acima de tudo, foi uma guerra política.

Finalmente, desejo sublinhar que a presente obra é um trabalho de interpretação, e não uma monografia académica – e é neste espírito que recomendo a sua leitura.

Parte da minha relutância original em escrever advém da minha desconfiança relativamente à memória – a minha e a dos outros. Não estou a insinuar que mentimos deliberadamente, mas depois de um acontecimento ter ocorrido e de conhecermos o seu resultado, tendemos a reordenar e reinterpretar a informação e as decisões que tomámos à luz desse mesmo resultado. Esta característica humana, muito natural, é evidente para qualquer pessoa que tenha preenchido um formulário da seguradora depois de ter danificado o seu automóvel. E também conduz ao fenómeno de «O fracasso é órfão, o sucesso tem mil pais». Tendo presente este ponto, devo sublinhar que recorri à memória para ilustrar os meus argumentos, não para providenciar um registo, e apelo à indulgência daqueles que estavam comigo e que têm uma memória diferente.

Ao longo dos anos, conheci e tive o privilégio de trabalhar com muitas pessoas – milhares – que contribuíram, conscientemente ou não, para a minha compreensão da força e das forças militares. Devo agradecimentos a todas elas, e dedico este livro àqueles que me seguiram quando tentámos, pela força das armas, impor a nossa vontade ao adversário. Também gostaria de reconhecer e agradecer aos muitos colégios de estado-maior, instituições académicas e fóruns intelectuais que me proporcionaram uma plataforma para apresentar e desenvolver as minhas ideias.

A criação deste livro foi auxiliada e encorajada por muitas pessoas. Wilfrid Holroyd foi um investigador eloquente e rápido, que conseguiu cobrir grandes períodos da história com a devida imperturbabilidade. Agradeço também aos sacrificados amigos que leram os primeiros rascunhos e cujos comentários e encorajamento orientaram as revisões, muito particularmente, Dennis Staunton, John Wilson, Chris Riley e Laura Citron –, os quais, durante dois meses críticos, nas últimas fases de produção do manuscrito, ajudaram a manter a sanidade geral. Todos os erros e enganos são da minha inteira responsabilidade. Estou em dívida para com o professor Nigel Howard, cuja explicação sobre análise confrontacional e teoria dos jogos durante um seminário, em 1998, suscitaram o meu interesse. As nossas conversas posteriores ajudaram-me a ordenar os meus pensamentos e as lições que aprendera numa estrutura coerente, com o resultado de que, pela primeira vez, consegui compreender as minhas experiências no contexto de um modelo teórico que me permitiu aplicá-las com mais frequência. Michael Sissons, o meu agente, acreditou sempre neste projecto – não obstante o tempo que foi necessário para o tornar apresentável. Na Allen Lane, o meu editor, Stuart Proffitt, providenciou constantemente um apoio bem-humorado e conselhos que muito contribuíram para dar forma ao livro. Liz Friend-Smith tornou muito fácil o contacto com Stuart e com o mundo da Penguin. Agradeço também a Trevor Horwood por ter polido o manuscrito tão eficazmente, e a John Noble pelo abrangente índice remissivo, que constitui, por direito próprio, uma leitura fascinante. Por fim e principalmente, este livro não teria sido escrito sem a minha parceira, a escritora, historiadora e jornalista Ilana Bet-El. O seu entusiasmo pelo projecto valeu um contrato de publicação – eu nem sequer conseguira passar do meu agente –, e sustentou-nos subsequentemente durante o processo de produção do manuscrito e da sua trabalhosa correcção. A sua competência, capacidade analítica, perspicácia e contribuição para o nosso debate estão presentes em cada página.

INTRODUÇÃO
Compreender a Força

Já não existem guerras. É indubitável que existe confronto, conflito e combate por todo o mundo – principalmente, mas não apenas, no Iraque, no Afeganistão, na República Democrática do Congo e nos Territórios Palestinianos –, e que os Estados ainda possuem forças armadas que utilizam como símbolos de poder. Contudo, a guerra – tal como é cognitivamente conhecida pela maioria dos não combatentes, como uma batalha campal entre homens e material, ou ainda como um grande evento decisivo numa disputa internacional – já não existe.

Consideremos o seguinte: a última verdadeira batalha de tanques, na qual as formações blindadas de dois exércitos se digladiaram com o apoio de artilharia e forças aéreas, teve lugar durante a guerra israelo-árabe de 1973, nos Montes Golan e no Deserto do Sinai. Desde então, milhares de tanques foram fabricados e adquiridos, particularmente pelas nações da OTAN e do Pacto de Varsóvia. De facto, em 1991, quando chegou ao fim o duradouro evento conhecido por Guerra Fria, os aliados que constituíam a OTAN dispunham de um total aproximado de 23 000 tanques, e os Estados do Pacto de Varsóvia de quase 52 000. No entanto, as formações blindadas têm unicamente apoiado a aplicação do poder aéreo e a utilização da artilharia, tal como nas guerras de 1991 e 2003, no Iraque, e em 2000, na Chechénia. Também as suas unidades e subunidades têm sido utilizadas de forma parcelar, fornecendo frequentemente veículos blindados de apoio à infantaria em operações urbanas como as que são actualmente conduzidas pelas forças da Coligação no Iraque ou por Israel nos Territórios Ocupados. Mas a utilização do tanque como máquina de guerra organizada em formação, concebida para combater e obter um resultado definitivo, não se verifica há três décadas. Aliás, não é provável que volte a verificar-se, pois as guerras nas quais as formações blindadas poderiam e deveriam ser utilizadas já não são exequíveis. Isto não significa que já não seja possível um grande confronto com grupos poderosos de forças e armas, mas significa que, em termos de objectivos ou condução, não será um conflito industrial: a guerra industrial deixou de existir.

Esta realidade é hoje reconhecida por alguns estrategos militares que advogam forças rápidas e ligeiras. Esta posição tem em conta, em grande medida, as circunstâncias do combate moderno, mas no âmbito de um conceito de guerra obsoleto. Contudo, o que mudou foi o próprio conceito de guerra: mudou para um novo paradigma.

Desde os acontecimentos de 11 de Setembro, tem sido muito discutida a teoria de Samuel Huntington, o choque de civilizações, um debate que tem sido útil na tentativa de compreensão dos motivos dos terroristas e das suas horrendas actividades. Mas para entendermos as suas verdadeiras implicações para o mundo em que vivemos, e certamente para compreendermos como mudaram as premissas da guerra, nas suas definições mais latas, faríamos melhor em aplicar a teoria das revoluções científicas de Thomas Kuhn. Kuhn observou que todas as comunidades científicas – neste caso, os pensadores militares – funcionam no âmbito de um conjunto de crenças recebidas que são rigidamente defendidas, ao ponto de suprimirem as novidades que consideram subversivas. A mudança dá-se quando uma anomalia consegue finalmente subverter as tradições de prática científica existentes. É uma revolução, à qual Kuhn chama uma «mudança de paradigma», que necessita de novos pressupostos e da reconstrução dos pressupostos anteriores – razão principal pela qual enfrenta tanta resistência.

Ao reflectirmos sobre a guerra, torna-se claro que a actual mudança de paradigma começou com o aparecimento das armas nucleares, em 1945, e que o ponto na qual se tornou dominante foi em 1989-1991, no fim da Guerra Fria – um nome que é um grande equívoco histórico, pois nunca se tratou de uma guerra, e sim de um confronto prolongado; no entanto, por uma questão de clareza, respeitá-lo-ei. Na verdade, foi o aparecimento do poder nuclear que tornou a guerra industrial praticamente impossível como evento decisivo; de facto, a Guerra Fria foi travada sob o conceito da «destruição mútua assegurada» [MAD, na sua sigla inglesa]. Ainda assim, os estrategas, em apoio deste conceito, desenvolveram forças no âmbito do velho paradigma da guerra industrial – mas em paralelo, e frequentemente com as mesmas forças, travaram outras guerras, como as do Vietname e da Argélia: guerras tendencialmente não industriais, contra oponentes não estatais. Por outras palavras, a anomalia kuhniana ocorreu possivelmente muito cedo, em 1945, e embora fosse reconhecida pelas lideranças políticas e militares como uma realidade, o seu verdadeiro significado foi objecto das resistências dos estrategos militares, até porque não existiam muitas alternativas: inerente à MAD era a crença na possibilidade de uma guerra total cataclísmica. O fim da Guerra Fria pôs a nu o novo paradigma, há muito na sombra, embora não tenha necessariamente sido entendido como tal. Nos últimos quinze anos, o debate tem-se geralmente centrado na organização e desenvolvimento de forças e recursos no âmbito do antigo paradigma.

É tempo de reconhecer que se verificou uma mudança inegável de paradigma na guerra: de exércitos possuidores de forças comparáveis enfrentando-se em batalhas campais, para um confronto estratégico entre uma variada gama de combatentes, não necessariamente exércitos e utilizando diferentes tipos de armas, muitas vezes improvisadas. O paradigma anterior foi o da guerra industrial entre Estados. O novo é o paradigma da guerra entre o povo – e constitui o contexto deste livro.

Estou ciente de que o termo «paradigma» se tornou um lugar-comum, geralmente usado como sinónimo de um modelo comprovado. Para ser absolutamente preciso, não o emprego nesse sentido, mas sim no modo como Kuhn definiu os paradigmas, como «realizações científicas universalmente reconhecidos que, durante algum tempo, fornecem problemas e soluções modelares a uma comunidade de praticantes». O paradigma da guerra industrial entre Estados serviu claramente deste modo as comunidades militares e políticas, mas é chegado o momento de compreendermos, sob o mesmo prisma, o paradigma da guerra entre o povo.

A guerra entre o povo é uma descrição visual das modernas situações de guerra, e também uma estrutura conceptual: reflecte a dura realidade da ausência de um campo de batalha isolado no qual os exércitos se defrontam, e o facto de não existirem necessariamente exércitos – por certo nem todos os intervenientes os possuem. Para sermos mais claros: não se trata de guerra assimétrica, expressão que não aprecio e que foi inventada para explicar uma situação na qual os Estados convencionais se viram ameaçados por poderes não convencionais, mas em que uma ou outra formulação do poderio militar convencional seria capaz de dissuadir a ameaça e de lhe responder. A guerra entre o povo é diferente: é uma realidade na qual as pessoas – na rua, em casa, no campo, todas as pessoas – constituem o campo de batalha. Os recontros podem verificar-se em qualquer lugar: na presença de civis, contra civis, em defesa de civis. À semelhança de uma força inimiga, os civis são alvos e/ou objectivos a conquistar. Contudo, também não se trata de guerra assimétrica, dado constituir um exemplo clássico de desinteresse pela mudança de paradigma. A prática da guerra, a sua «arte», é conseguir uma assimetria sobre o adversário. Para mim, rotular as guerras de «assimétricas» é um eufemismo para não ter que reconhecer que o adversário não faz o meu jogo e que não estou a ganhar. Neste caso, em vez do nome da guerra, talvez o modelo já não seja relevante: o paradigma mudou.

Os Estados-nação, principalmente os ocidentais e a Rússia mas também outros, enviam os seus exércitos, as suas forças militares formuladas convencionalmente, para o combate – para a guerra –, nestes campos de batalha, e não obtêm sucesso. De facto, nos últimos quinze anos, os aliados ocidentais e os Russos envolveram-se numa série de confrontos militares que, de uma forma ou outra, fracassaram estrondosamente na obtenção dos resultados pretendidos, nomeadamente uma vitória militar decisiva, a qual, por sua vez, providenciaria a solução para o problema inicial, que é geralmente político. Isto deve-se basicamente a uma profunda e perene confusão entre o *deployment*[5] de uma força e a *utilização* da força.

Em muitos casos, foram colocadas forças no terreno mas não foi empregue a força. A ONU nos Balcãs é um exemplo: em 1995, havia dezenas de milhares de soldados da ONU, maioritariamente na Croácia e na Bósnia, mas estavam proibidos, pelas resoluções do Conselho de Segurança que para lá os tinham enviado, de utilizar

---

[5] Durante toda a presente obra, o autor utiliza o termo com o significado de envio de forças e material para áreas operacionais e/ou a movimentação de forças dentro dessas mesmas áreas. (*N.T.*)

a força. Na qualidade de comandante da UNPROFOR na Bósnia, em 1995, passei muito tempo a tentar explicar a questão a diversos altos funcionários da ONU e em muitas capitais: a manutenção de 20 000 soldados com armamento ligeiro no meio das partes em conflito era estrategicamente insustentável e tacticamente inepta; só por si, a presença conta muito pouco. Ou como eu costumava dizer aos meus interlocutores internacionais com interesse na situação, tornamo-nos o escudo de um lado e reféns do outro.

Noutros casos, a força tem sido empregue mas com pouco ou nenhum efeito, tal como sucedeu com as zonas de exclusão aérea no Iraque, nos anos que antecederam a guerra de 2003, quando os aviões da Coligação atingiam constantemente alvos bem longe dos olhares dos *media* (ao que parece, alguns pilotos falavam em «bombardeamento recreativo»), mas sem grandes consequências no horror contínuo do regime de Saddam Hussein. Ocasionalmente, foi utilizada uma grande força, como na Guerra do Golfo, em 1991, ou na Chechénia, em 2000, e o resultado revelou-se estrategicamente inconclusivo: a operação militar foi um êxito, mas o problema estratégico essencial ficou por resolver. Noutras ocasiões, foi difícil explicar aos aliados e à opinião pública em geral o método e o objectivo da aplicação da força, tal como aconteceu no Kosovo, em 1999, quando uma campanha de bombardeamento aéreo com a duração prevista de cerca de uma semana se prolongou por setenta e oito dias e acabou por incluir o ataque a infra-estruturas civis na Sérvia e não no Kosovo – ainda que tenha sido, por engano, a embaixada chinesa em Belgrado, um ataque pelo qual fui *pessoalmente* culpado pela imprensa de Pequim – para forçar a retirada das forças de Milosevic. Ou então, como sucedeu na Guerra do Iraque – que provocou grandes divisões entre os aliados, antes, durante e depois do conflito, e que ainda se mantêm –, com uma campanha militar breve mas um pós-guerra complexo e sangrento.

Em todos estes casos, a força poderá ter alcançado um sucesso militar local, mas este sucesso quase nunca cumpriu a sua promessa política: não existiu uma vitória decisiva. Por outras palavras, durante os últimos quinze anos, os estadistas, políticos, diplomatas, almirantes, generais e marechais do ar têm-se confrontado com dificuldades para aplicar a força de forma vantajosa e explicar as suas intenções e acções. Os Israelitas e as forças da Coligação no Iraque em 2003-2004 debateram-se com o mesmo problema. Este problema endémico resulta da mudança de paradigma na guerra e da continua resistência que lhe é movida: os políticos e os militares ainda pensam no anterior paradigma, e é nessa óptica que tentam utilizar as suas forças configuradas convencionalmente – mas o inimigo e o combate já não são os mesmos. Por conseguinte, a utilidade do esforço é mínima: a força pode ser maciça e impressionante, mas não alcança os resultados desejados, nem sequer qualquer resultado que seja proporcional às suas capacidades. À semelhança da diferença entre efectuar o *deployment* de uma força e utilizá-la, isto evidencia a falta de compreensão da *utilidade* da força – que é a questão nuclear em causa e o tema deste livro.

Talvez seja apropriado iniciarmos esta investigação com uma discussão da força militar, que é comum a todos os paradigmas da guerra – e infelizmente é muitas vezes mal compreendida. A força é a base de qualquer actividade militar, quer seja num teatro de operações ou numa escaramuça entre dois soldados. É o meio físico de destruição – a bala, a baioneta – e o corpo que a aplica. Assim tem sido desde o princípio dos tempos. De facto, a essência da força e os seus usos militares são hoje idênticos aos descritos na Bíblia, na *Arte da Guerra* de Sun Tzu, nos mitos gregos ou nórdicos e em praticamente qualquer livro sobre o combate e a guerra.

Quando empregue, a força militar tem apenas dois efeitos imediatos: mata pessoas e destrói coisas. O facto de esta morte e de esta destruição servirem ou não para atingir o objectivo principal – político – que a força se destina a alcançar depende da escolha de alvos e metas no contexto mais amplo da operação. Esta é a verdadeira medida da sua utilidade. Daqui decorre que, para aplicarmos a força com utilidade, é imprescindível uma compreensão do contexto no qual actuamos, uma definição clara do resultado a obter, uma identificação do ponto ou alvo no qual a força será aplicada, e também, de modo igualmente importante, uma compreensão da natureza da força a aplicar. Imaginemos uma estrada que tem de ser desobstruída dos pedregulhos resultantes de uma avalancha. O objectivo são os pedregulhos e o contexto são os instáveis montes circundantes, incluindo as infra-estruturas envolventes de distribuição de electricidade, gás e água. A definição do resultado a alcançar é uma estrada desobstruída, o mais rapidamente possível. Os pedregulhos são o alvo sobre o qual a força deve ser aplicada. Resta-nos a pergunta básica quanto à natureza da força: deveremos utilizar escavadoras ou explosivos? Ambos parecem oferecer uma solução, mas possivelmente com velocidades e custos diferentes – os explosivos serão mais rápidos, mas podem desencadear outra avalancha; as escavadoras serão mais seguras, mas vagarosas. Ambas as opções garantiriam uma estrada desobstruída, mas a utilidade de cada uma seria diferente.

A força militar é aplicada por forças armadas compostas por homens, material e respectivo apoio logístico. A sua capacidade de actuação nunca se resume a um inventário destes três factores, decorrendo antes da sua organização, e sempre em função das forças adversárias, das circunstâncias do momento e especificidades de cada combate. Isto acontece porque, em qualquer combate, o inimigo não está inerte nem é apenas um objecto constante dos nossos planos. O inimigo é *sempre* uma entidade reactiva que não só não faz tenções de se enquadrar nos nossos planos, como procura activamente frustrá-los – enquanto elabora os seus próprios planos. O inimigo é um adversário, um oponente, não é um alvo numa carreira de tiro. A resposta e o ajustamento são tão inerentes à evolução de um plano de ataque como o plano original. Sem se compreender totalmente este factor, a actividade militar nunca será clara para o observador, a todos os níveis. Na verdade, aprendi isto à minha custa: fui pelos ares. Em 1978, na Irlanda do Norte, ao concentrar os esforços da minha companhia nas principais actividades e ameaças do IRA (penso que com êxito), esqueci a necessidade de uma aprendizagem constante. Não reconheci aos operacionais do IRA a capacidade de, com rapidez suficiente, alterarem a natureza dos seus ataques às minhas forças, em vez de simplesmente melhorarem a sua capacidade de continuar a actuar do mesmo modo. Assim, fizeram algo que nunca tinham feito: activaram um engenho explosivo na praça de Crossmaglen, num dia de mercado. A bomba, controlada por rádio, foi cuidadosamente concebida e colocada de modo a ter um efeito muito localizado; eu e outro oficial, num dia que julgávamos seguro, fomos apanhados pela onda de choque e pela bola de fogo. Eu não compreendera que o inimigo possuía uma mente livre e criativa, e que não pensava nem iria pensar como eu. A partir dessa altura, tentei conceber todas as minhas operações, na Irlanda e noutros locais, de modo a descobrir continuamente o que o inimigo pretendia fazer em vez de partir de pressupostos.

Uma força armada pode ser constituída por forças regulares ou irregulares, mas existe uma diferença. Uma força regular é empregue para servir um objectivo político decidido por um governo, o qual ordena aos militares, corpo legalmente sancionado e formado e responsável perante o governo, que apliquem a força. Uma força regular é, pois, legal, letal e destrutiva. Uma força irregular pode ser igualmente letal e destrutiva, mas opera à margem do Estado, por conseguinte à margem das leis do Estado. Todavia, a sua irregularidade, por si só, não a coloca fora da protecção do direito internacional. As forças irregulares vão dos gangues do crime organizado, passando pelas organizações terroristas e de resistência, às forças de guerrilha e até a alguns exércitos estruturados, como foi o caso do Viet Cong na fase final da Guerra do Vietname.

Uma força armada é essencial para qualquer entidade geopolítica independente integrada no sistema internacional, mas deve ser sempre legalizada – convertida numa força militar regular. Durante séculos, imperadores, reis, príncipes e governos democráticos ponderaram este objectivo, pois todos eles se viram confrontados com o mesmo problema: como dispor de uma força armada para promover e proteger os seus interesses, a um custo financeiro e político razoável, e sem constituir uma ameaça à sua posição. As circunstâncias históricas deram origem a soluções diferentes no pormenor mas todas com quatro atributos comuns, autorizados e enraizados na estrutura do Estado legal reconhecido – que é o que as separa das forças irregulares:

- um corpo militar organizado,
- uma estrutura hierárquica responsável perante os líderes supremos da entidade ou Estado,
- um estatuto legal que autorize a posse de armas e um código disciplinar separado,
- financiamento centralizado para a aquisição de material bélico.

Estes quatro atributos são evidentes nas forças militares da actualidade, em todo o planeta; na verdade, constituem a sua base. Juntos, garantem que uma força militar opera com coesão e dentro da legalidade – mas também totalmente separada da sociedade. Uma força militar obtém os seus membros a partir da sociedade e existe para a servir mas, para preservar a sua identidade, funciona em paralelo à sociedade, regendo-se por códigos próprios. Observamos que, com o tempo, as forças irregulares são colocadas sob o controlo do corpo político, muitas vezes com dificuldade, numa tentativa de as tornar regulares.

A conversão de uma força irregular numa força regular é igualmente importante da perspectiva do público: toleramos este corpo letal no seio da sociedade porque ele está sob o controlo dos líderes que elegemos, operando assim dentro da lei. Em zonas de conflito por todo o mundo, dos Balcãs à República Democrática do Congo (RDC) e ao Afeganistão, torna-se por vezes difícil saber quando é que uma força militar regular perdeu a sua legitimidade e regressou ao estado de força armada irregular, enquanto que, noutros casos, uma força irregular se encontra em transição para a legitimação e conversão em força militar regular. É muito fácil ver um senhor da guerra afegão, financiado pelo narcotráfico, liderar uma força irregular, mas a OLP, quando opera em Gaza ou nos Territórios Ocupados, é uma força regular ou irregular? E na Bósnia, em 1991, quando elementos do antigo Exército Jugoslavo, uma força regular conhecida por JNA([6]), se transformou no Exército Sérvio-Bósnio, esta formação tornou-se uma força irregular ou era uma força regular adicional? Este problema da identificação do estatuto regular de uma força aplica-se a qualquer movimento independentista armado e à esmagadora maioria dos conflitos actuais, e é uma questão que a comunidade internacional tem que abordar de forma coerente, como veremos na terceira parte deste livro. De facto, a maioria dos nossos conflitos envolve a legitimidade dos participantes e das suas causas, incluindo a das suas forças militares. Na Bósnia, por exemplo, a comunidade internacional não reconheceu os sérvios bósnios como uma entidade separada, razão pela qual era difícil definir a legitimidade do Exército Sérvio-Bósnio.

No mundo ocidental, vivemos numa época de crescente desinteresse por todos os aspectos da força militar. Embora os horrores de 11 de Setembro de 2001 tenham suscitado um renovado interesse do público pelas questões da segurança – e nos EUA um considerável aumento dos gastos com a defesa –, em termos globais, desde o fim da Guerra Fria, o debate público sobre questões militares tem sido praticamente relegado para discussões relativas aos

---

([6]) Jugoslovenska narodna armija (Exército Popular Jugoslavo). (*N.T.*)

orçamentos para a defesa e à legalidade e moralidade do emprego da força – enquanto o debate sobre o significado da força em si e a sua utilidade se tornou quase obsoleto. De facto, os protestos e debates públicos internacionais que antecederam a Operação Iraqi Freedom, a invasão do Iraque por uma coligação liderada pelos EUA, em Março de 2003, reflectiram a ideia de que, de certa forma, decidir sobre a moralidade e legalidade do emprego da força definia automaticamente a sua utilidade: se fosse moral e legal, teria êxito e alcançaria o resultado desejado; caso contrário, verificar-se-ia o inverso. Mas isto não pode ser assim; embora não se deva tolerar a aplicação da força por motivos imorais ou ilegalmente, também não é um argumento decisivo para a compreensão da realidade central: as pessoas necessitam de forças militares como elemento básico das suas vidas, com dois propósitos primordiais genéricos – defesa e segurança. Dito de forma mais particular ou pessoal, para defendermos os nossos lares e as nossas pessoas, e para garantirmos os nossos interesses. Tal como todos os outros aspectos das forças militares, estes dois objectivos são eternos – o que significa que, tanto em tempos de paz como de guerra, a manutenção de uma força militar nunca pode ser totalmente posta de lado, mesmo que seja dispendiosa; e o enfoque na moralidade e legalidade do emprego da força também nunca pode suplantar a necessidade básica de compreender a sua utilidade.

Nos últimos anos, particularmente desde o fim da Guerra Fria, o objectivo letal básico de uma força militar tornou-se nebuloso, e a sua natureza independente, definida pelos quatro atributos supracitados, tem sido frequentemente mal compreendida pela opinião pública ocidental, em especial devido ao facto de as guerras se terem transformado em acontecimentos mediáticos, distanciados de qualquer realidade social. Este obscurantismo e incompreensão aplica-se igualmente aos políticos que procuram enviar e empregar forças militares em missões humanitárias e de policiamento para as quais não foram treinadas nem concebidas. Isto não significa que os atributos hierárquicos e disciplinares de uma força militar não possam ser adaptados para uma utilização mais abrangente, nem que as armas só devam ser utilizadas em actividades puramente militares, entre exércitos. Contudo, é necessário compreender que, em muitas das circunstâncias nas quais hoje operamos, as nossas forças não serão eficazes como uma *força militar*. No Iraque, as forças da Coligação foram um exemplo clássico desta situação: a sua eficácia enquanto força militar acabou ao chegarem ao fim os combates entre as forças militares, em Maio de 2003. E embora tenham subsequentemente alcançado uma série de vitórias em escaramuças localizadas, exercem um efeito muito diminuto – ou nulo – como força de ocupação e reconstrução, algo que se tornara o seu principal mandato. Não estão treinadas nem equipadas para esta missão, pelo que não a conseguem cumprir. Recorrendo à linguagem deste livro, a força tem pouca utilidade.

A procura da defesa e da segurança é adversarial, emanando de confrontos aparentes e potenciais. Os confrontos entre pessoas com diferentes interesses e prioridades são endémicos em todas as sociedades. Quando as sociedades chamadas Estados entram em confronto por alguma questão que não pode ser resolvida a contento de ambas as partes e estas procuram decidi-la pela força das armas, chamamos ao conflito daí resultante «guerra» – ainda que seja actualmente inapropriado, tal como afirmámos no início –, sendo o objectivo das partes estabelecerem as suas próprias versões da paz. Geralmente exceptuando a autodefesa, o emprego da força militar é visto como um acto de último recurso, a concretizar somente depois de esgotadas todas as outras medidas para chegar a uma solução. Com o decorrer dos séculos, os Estados desenvolveram leis e protocolos para gerirem estes conflitos – geralmente conhecidos por Convenções de Genebra –, e instituições militares e governamentais para os travarem. Depois de entrarem em guerra, os adversários, embora se espere que obedeçam às Convenções, não são obrigados a jogar pelas mesmas regras; de facto, muita da arte do general tem a ver com conseguir-se jogar num campo, num estilo e com regras adequados para nós e desvantajosos para o outro lado. Além do mais, e contrariamente a todos os outros comportamentos socialmente aceitáveis, com a excepção de alguns desportos, as guerras e as lutas não são competições: ficar em segundo lugar é perder.

As guerras e os conflitos são travados a quatro níveis – político, estratégico, táctico e operacional –, com cada nível enquadrando o seguinte, por ordem decrescente, a partir do político; é isto que confere contexto a todas as actividades de todos os níveis na prossecução dos mesmos objectivos, e lhes permite serem coerentes entre si. O primeiro nível, o político, é a fonte do poder e da decisão. Este nível existiu sempre, pois os exércitos entram em combate não apenas porque dois ou mais se encontram por acaso num campo de batalha e decidem ocupar o tempo, mas sim porque uma questão entre duas ou mais entidades políticas não pode ser resolvida de outro modo, exigindo o recurso aos meios militares. Historicamente, a liderança política e militar do Estado ou entidade tendeu a ser idêntica, dado que era habitualmente o príncipe ou rei quem determinava a política e liderava o exército – ainda que nominalmente. Com a evolução dos Estados-nação, durante o século XIX, a liderança política e militar das democracias separou-se, e assim tem permanecido. A posição da rainha no Reino Unido e do presidente dos EUA relativamente às forças armadas das suas nações, embora constitucionalmente diferente, reflecte a unidade histórica da liderança política e militar. No conflito moderno, os militares são controlados pela liderança política – e é aqui que se decide a entrada no conflito. Esta decisão deve ser tomada em função da ameaça ao que se preza – território, soberania, comércio, recursos, honra, justiça, religião, etc. Tal como qualquer outra grande decisão, tanto na vida como na guerra, só pode ser tomada após uma avaliação do risco de concretização da ameaça, e do que estará em risco caso a ameaça surta efeito. Por exemplo, a 3 de Setembro de 1939, quando Hitler foi confrontado com o ultimato que lhe dava duas horas para começar a retirar as suas tropas da Polónia, sabia que a ameaça se concretizaria, mas não a considerou suficientemente perigosa para os seus planos e acções. Pelo contrário, Chamberlain e o seu governo, depois de terem visto Hitler apoderar-se da região dos Sudetas e invadir a Polónia, sabiam que a ameaça se estava a materializar à sua frente, com uma possibilidade muito real de atingir as Ilhas Britânicas – como tal, estavam cientes do risco. Excluindo negociar com Hitler ou ficar à espera que as suas forças chegassem, a única alternativa era fazer um ultimato e entrar em guerra.

É durante esta análise das ameaças e riscos que se introduz o papel da força militar, em termos do que se espera alcançar e do modo como fazê-lo. Os puristas argumentarão que isto deve ser decidido numa fase anterior, mas na prática é algo que só acontece perante uma ameaça iminente. No essencial, este debate sobre a política a seguir tem a ver com ameaças potenciais e é conduzido de modo muito semelhante à tomada de decisões sobre seguros: sabemos que necessitamos de alguns, mas não de modo a prejudicarmos a nossa vida presente para prevenirmos uma eventualidade distante que pode nem sequer ocorrer. Contudo, dado que a política fornece o campo de acção à estratégia, o estratego deve, em tempo de paz, ser envolvido na formulação da política. É ele quem traz para o debate as duras realidades do combate, e o produto dos seus esforços encontra-se na qualidade, moral, adaptabilidade, equipamento e quantidade das forças disponíveis ao seu sucessor quando este se vê confrontado com um adversário.

Depois de, no nível político, ser tomada a decisão de entrar em conflito, a actividade passa para o nível estratégico, no qual o objectivo político de recurso à força militar, num emprego potencial ou concreto da força, é traduzido em formações e actos militares. Esta tradução dá então origem à existência da própria força e, subsequentemente, ao seu *deployment* e emprego. Porém, nunca devemos esquecer que são as considerações políticas que fornecem o contexto no qual assenta a estratégia. Assim, a relação entre os níveis político e estratégico deve ser sempre muito estreita, ao ponto de se manterem constantes reavaliações e debates, que só terminam quando o objectivo ou fim é atingido. Ao mesmo tempo, nunca se deve esquecer que o objectivo político e o objectivo estratégico militar não são nem nunca serão os mesmos: o objectivo estratégico militar é alcançado pela força militar, enquanto que o objectivo político é alcançado como resultado do sucesso militar.

O comandante estratégico tem a tarefa de compreender inteiramente o objecto das suas iniciativas e as forças e recursos que tem ao seu dispor, de modo a poder seleccionar o seu fim. A palavra «fim» engloba mais do que uma missão ou um objectivo: significa simultaneamente um alvo e a concentração de todos os sentidos nesse alvo, em ordem a que a força seja orientada para o atingir com a maior precisão e efeito. O fim estratégico pode ser difícil de definir, mas é essencial fazê-lo. Sem um fim firmemente ligado ao propósito político, é difícil utilizar a força como uma vantagem porque o comandante desconhece qual o resultado ou efeito a alcançar em apoio da concretização do desígnio político global.

A elaboração da estratégia para alcançar um objectivo implica uma série de compromissos. Não existem estratégias nem planos perfeitos; de facto, procurar a perfeição é esquecer ou negar que o inimigo não está inerte e que a sua participação no conflito é criativa e frontalmente antagónica à nossa. Assim, devemos procurar elaborar uma estratégia que, tendo em conta as circunstancias, seja melhor do que a dele. E a expressão de uma estratégia não é um plano cuidadosamente elaborado, mas antes um padrão de acontecimentos desejado. Tal como escrevi numa directiva aos meus comandantes, em Novembro de 1990, antes da nossa partida para a Guerra do Golfo, contra o Iraque: «Na guerra, comandar raramente implica a aplicação de um plano meticulosamente concebido. O inimigo, que não existe em tempo de paz, toma todas as medidas que pode para destruir a coerência da nossa organização e dos nossos planos. São a vontade e o método de derrotar o inimigo que decidem o desfecho».

Deste modo, uma estratégia é a expressão do fim e das suas ligações ao propósito global e ao contexto do conflito, juntamente com as limitações à acção que, dadas as circunstâncias, decorrem desse mesmo propósito político. Descreve o padrão de eventos desejado e as medidas destinadas a garanti-lo, e aloca forças e recursos. Finalmente, deve nomear os comandantes necessários e definir as suas responsabilidades e autoridade. No essencial, os compromissos centram-se na natureza do padrão dos eventos e na alocação de forças e recursos para os garantir. A boa estratégia é aquela que atinge o seu objectivo sem combate. Nas palavras de Sun Tzu: «Na guerra, é de suprema importância atacar a estratégia do inimigo; a seguir, o melhor é quebrar as suas alianças; depois, o melhor é atacar o seu exército». Contudo, as situações de conflito raramente permitem que uma destas estratégias seja decisiva em relação a outra.

O ataque ao inimigo leva-nos ao nível táctico, onde encontramos as batalhas, os recontros e as lutas. A escala destes acontecimentos cobre as acções individuais e colectivas. Vão das grandes batalhas navais, como Trafalgar, ou de batalhas aéreas como a Batalha de Inglaterra, até um submarino afundando um couraçado, como por exemplo o *Belgrano*, durante a Guerra das Falklands, ou um combate entre dois caças sobre o Kent, em 1940. Em terra, a escala incorpora acontecimentos desde a Batalha do Somme até uma breve escaramuça numa viela de Belfast ou Bassorá. De facto, uma batalha compõe-se de toda uma série de recontros numa variedade de escalas: individual, equipa de fogo, subunidade, unidade e formação. As permutas são infindáveis, em diversas combinações de armamentos, terreno e condições meteorológicas, e face a um adversário que toma medidas activas para nos derrotar enquanto tentamos derrotá-lo a ele.

 A essência de toda a táctica para nos opormos aos golpes do inimigo é o fogo e movimento, e o dilema táctico básico é descobrir o equilíbrio correcto entre o esforço a desenvolver para atacar o adversário e alcançar o objectivo. Em muitos aspectos, a guerra táctica é semelhante à arte do boxe – e considero-os claramente a ambos uma arte. Os combatentes necessitam de boa condição física, de alguma perícia e de coragem face aos golpes do inimigo. Nesta base, cada um dos antagonistas defende e ataca, procurando penetrar nas defesas do outro para assestar combinações eficazes de socos e, se possível, conseguir um *knock-out*. O pugilista aprende as combinações através de uma longa prática. A sua arte reside em obrigar o adversário a deixar desprotegido um ponto vulnerável, e em reconhecer a oportunidade a tempo de a aproveitar. Tudo isto também é verdadeiro e necessário em combate, particularmente a prática de combinações de golpes. Mas as regras do marquês de Queensberry não se aplicam, e a arte da táctica assemelha-se mais a uma zaragata letal na sarjeta, sem regras nem árbitros, e onde a vitória vai para quem combina os golpes sujos com a aplicação máxima da força disponível. Recorro a estas analogias para realçar que a táctica não trata apenas da manobra de uma força; trata da aplicação da força, de uma força letal, a um adversário, evitando as suas tentativas para nos fazer o mesmo. O desfecho da táctica é simples: matar ou morrer. O táctico bem sucedido deve ser mais ágil e mover-se mais rapidamente do que o seu adversário, de modo a empregar o fogo em quantidades significativas. Para o fazer, pode recorrer ao fogo e a obstáculos, naturais e artificiais, para atrasar ou suprimir a capacidade de movimento do inimigo.

 Finalmente, chegamos ao nível que liga o táctico ao estratégico: o nível operacional ou de teatro. Nas nossas actuais circunstâncias, penso que «teatro» é uma descrição melhor, e utilizá-la-ei quase sempre a partir de agora – principalmente por causa do uso generalizado do termo «operacional» para uma variedade de actividades nas esferas militar e civil. O nível operacional ou de teatro da guerra decorre no teatro de operações – uma área geográfica que contém, na sua totalidade militar ou política, um objectivo que, ao ser atingido, altera para uma vantagem a situação estratégica. Por exemplo, os desembarques do Dia D, na Normandia, em 1944, constituíram uma operação que alterou a realidade estratégica: passou a ser possível libertar a Europa Ocidental e conquistar a Alemanha. Para sermos precisos: uma operação num teatro não é apenas um conjunto de batalhas tácticas que têm lugar numa área geográfica definida. O comandante de teatro tem que elaborar o plano, a sua campanha, e estabelecer a via para o seu objectivo final – que lhe foi atribuído pelo comandante estratégico –, e orquestra as actividades das suas forças para alcançar os objectivos tácticos que as conduzem, como um todo, na direcção designada. O comandante tem que compreender o contexto político do seu teatro, que engloba a realidade política da área em questão, dos seus chefes políticos e estratégicos, e das suas forças – particularmente em situações que envolvem forças multinacionais, como acontece frequentemente quando os componentes político e estratégico se multiplicam e muitas vezes se misturam.

As forças que comandei durante a década de 90 oferecem um bom exemplo dos níveis da guerra. Em 1990-1991, no Golfo, no comando de uma divisão britânica subordinada ao VII Corpo americano, fui um comandante de nível táctico – tal como o comandante do corpo, o tenente-general Fred Franks. O comandante de teatro, o general Norman Schwarzkopf, e os generais que lhe estavam subordinados, tiveram que perceber o contexto estratégico e político da minha unidade, e tê-lo em conta ao empregarem-na. Em 1995, como comandante da UNPROFOR, fui efectivamente um comandante de teatro. As realidades políticas do conflito na Bósnia e as dos países que contribuíram com tropas para as minhas forças definiram o teatro. O comandante supremo da força – havia também contingentes da ONU na Croácia e na Macedónia, pelo que era necessário um comandante central – estava baseado em Zagreb. Ele deu por si num limbo: não era um comandante estratégico nem podia comandar simultaneamente nos três teatros. Isto verificou-se porque a ONU é uma organização sem estrutura militar permanente. Por este motivo, carece de capacidade para criar um comando estratégico, razão pela qual nunca pode oferecer uma opção séria para o emprego da força militar. Entre 1996 e 1998, como comandante supremo na Irlanda do Norte, fui claramente um comandante de teatro, directamente responsável perante o chefe do estado-maior general, o meu comandante estratégico, em

Londres. Quando me tornei Segundo Comandante Supremo Aliado na Europa (DSACEUR) da OTAN, em Novembro de 1998, fui comandante no nível estratégico da Aliança, ainda que na condição de «segundo» do comandante supremo. Além disso, como comandante supremo europeu da OTAN – é sempre este o caso do DSACEUR, já que o SACEUR([7]) é invariavelmente um americano –, fui comandante das emergentes forças da UE. Finalmente, na qualidade de comandante supremo e de comandante na OTAN e na ONU, passei muito tempo a interagir com os níveis políticos, nos teatros e em várias capitais, algo que não fiz quando fui comandante táctico. Estas divisões do trabalho e da autoridade, embora nem sempre compreendidas claramente pelos que são afectados por elas, constituem as realidades do comando moderno.

Muito mais será dito, neste livro, acerca de todos os níveis de operações, pois eles são as infra-estruturas no âmbito das quais a força é aplicada. Contudo, importa compreender aqui dois pontos básicos e bastante óbvios: primeiro, quem toma a decisão de entrar em conflito é o nível político, e é também o nível político que decide pôr fim ao conflito; os militares são os implementadores destas duas decisões. Segundo, todas as actividades estão sujeitas ao contexto global de uma dada estratégia, e quando o combate começa cada recontro está enquadrado pelo recontro mais amplo que é conduzido pelo comandante superior; deste modo, o êxito de cada comandante contribui, pelo menos em teoria, para o êxito do seu superior hierárquico. Compreender o contexto de uma determinada operação é tão importante como compreender as intenções do comandante imediatamente acima, de modo a garantir a existência de coerência nos efeitos da acção a cada nível – cada um contribuindo para os restantes. Todavia, nas nossas circunstâncias modernas, a maioria dos combates não tem lugar no nível estratégico: a guerra entre o povo é maioritariamente um evento táctico, com ocasionais incursões no nível de teatro – mas insistimos em pensar nestes combates como guerras, proporcionadoras de vitórias e soluções decisivas. É importante compreendermos porquê.

A nossa compreensão do emprego da força militar baseia-se, em grande medida, no velho paradigma da guerra industrial entre

---

([7]) Comandante Supremo Aliado na Europa. (*N.T.*)

Estados: conceitos fundados na procura de uma vitória absoluta, no conflito entre Estados, na manobra de forças enormes e no total apoio dos recursos humanos e da base industrial do Estado, em detrimento de quaisquer outros interesses. No mundo da guerra industrial, a premissa é a sequência paz-crise-guerra-resolução, que resultará novamente na paz, sendo a guerra, a acção militar, o factor decisivo. Em contraste, o novo paradigma da guerra entre o povo baseia-se no conceito de uma alternância constante entre confronto e conflito, independentemente de o Estado enfrentar outro Estado ou um oponente não estatal. Não existe uma sequência guerra-paz. Não existe uma sequência pré-definida, e a paz não é necessariamente o ponto de partida ou de conclusão: resolvem-se os conflitos, mas não necessariamente os confrontos. Por exemplo, a Guerra da Coreia terminou em 1953, mas o confronto com a Coreia do Norte continua por resolver; ou ainda, mais recentemente, o bombardeamento e a acção militar contra a Sérvia, decorrentes da sua agressão contra os kosovars, terminaram em 1999, mas continua a não haver uma decisão quanto ao estatuto final do Kosovo(*) e mantém-se o confronto entre a Sérvia e a comunidade internacional.

A guerra entre o povo caracteriza-se por seis grandes tendências:

- **Os objectivos pelos quais combatemos estão a mudar,** dos objectivos concretos e absolutos da guerra industrial entre Estados para objectivos mais flexíveis, relacionados com o indivíduo e sociedades que não são Estados.
- **Combatemos entre o povo,** um facto literal e simbolicamente amplificado pelo papel central dos *media*: quando combatemos nas ruas e campos de uma zona de conflito, estamos também a combater nas casas das pessoas que nos vêem pela televisão.
- **Os nossos conflitos tendem a ser intemporais,** pois procuramos uma condição que deve ser mantida até se chegar a acordo sobre um desfecho decisivo, algo que pode demorar anos ou décadas.
- **Combatemos de modo a não perdermos as forças militares,** não empregando as forças militares a qualquer custo para atingirmos o objectivo.

(*) Em 17 de Fevereiro de 2008, o Kosovo proclamou unilateralmente a sua independência, um acto que dividiu a comunidade internacional, pois muitos Estados não reconhecem legitimidade a esta medida. (*N.T.*)

- **A cada ocasião, descobrem-se novas utilizações para armas antigas:** as armas especificamente fabricadas para utilização no campo de batalha contra soldados e armamento pesado estão a ser adaptadas para os nossos conflitos actuais, dado que os instrumentos da guerra industrial são frequentemente irrelevantes para a guerra entre o povo.
- **O inimigo é maioritariamente não estatal,** pois tendemos a travar os nossos conflitos e confrontos sob a forma de agrupamentos multinacionais, em aliança ou coligação, e contra um adversário ou adversários que não são Estados.

Estas seis tendências reflectem a realidade da nossa nova forma de guerra: já não se trata de um único evento momentoso e militarmente decisivo que garante um resultado político conclusivo. E isto verifica-se porque também se alterou profundamente a relação entre os factores políticos e militares. Embora os quatro níveis da guerra permaneçam inalterados, e continue a ser a liderança política que toma a decisão de empregar a força, o nosso mundo de confronto e conflito significa que as actividades políticas e militares estão constantemente misturadas. Por conseguinte, para se compreender qualquer conflito moderno, ambos os tipos de actividades devem ser examinados em paralelo, pois evoluirão e mudarão em conjunto, influenciando-se mutuamente. O emprego da força só terá utilidade quando for analisado deste modo.

A força militar não possui uma utilidade absoluta, a não ser os seus propósitos básicos de matar e destruir. Cada confronto ou conflito é diferente, não só quanto à sua localização e participantes, mas também relativamente à sua natureza, particularmente na nossa era de intervenções humanitárias ou operações militares entre o povo, tais como no Afeganistão, em 2002, e no Iraque, em 2003. A força só pode ser empregue de forma superior se a sua utilidade – tendo em conta as circunstâncias – e força militar forem compreendidas. Para o efeito, é necessário compreender as forças militares, pois elas são o meio através do qual a força é aplicada. Não existe uma «força militar» genérica. Podem existir tipos de recursos mais padronizados, ou até genéricos: forças terrestres, navais e aéreas; forças especiais de diversos tipos; aviões de caça e bombardeamento; porta-aviões e submarinos; mísseis e artilharia; tanques e metralhadoras; e actualmente, uma variedade de sistemas de armas e apoios tecnológicos. Todos estes componentes são importantes, mas são apenas o que são: componentes a serem seleccionados por um comandante para uma força específica. E cada força é específica – de um período, de um Estado, de uma guerra, de um único teatro de guerra, possivelmente de uma batalha. Até uma força permanente é específica: resulta dos factores da época da sua formação. Importa compreender, na raiz, que o combate é um evento circunstancial, pelo que todos os elementos da força devem ser entendidos como produtos das circunstâncias nas quais foram criados ou utilizados. A Batalha de Waterloo decorreu como decorreu porque teve lugar em 1815, na Valónia; porque Napoleão formou um exército de determinadas dimensões e Wellington e Blücher possuíam os exércitos que possuíam; porque Napoleão elaborou um plano e conduziu as suas forças de certa maneira, enquanto os seus dois oponentes conceberam os seus planos e conduziram as suas forças de outra maneira – e assim por diante. Se a batalha tivesse sido travada um mês mais tarde, é possível que todos estes factores tivessem sido diferentes – esta dependência das circunstâncias do momento e a compreensão do seu significado constituem a verdadeira estrutura da actividade militar.

O acto básico de constituir uma força militar exige a reunião de soldados e de material. Mas isto, por si só, não produziria uma força utilizável. Os homens e o material devem ser obtidos da sociedade a custo razoável e de modo a que sejam adequados, em quantidade e qualidade. Relativamente aos efectivos, algumas nações recorrem à conscrição, outras ao voluntariado; algumas procuram equipamento extremamente sofisticado e aparentemente poderoso, outras possuem equipamento mais antigo e menos complexo. Porém, tal como observámos em muitos confrontos militares recentes, a posse de equipamento moderno e sofisticado não conduz necessariamente à vitória. E isto acontece porque toda a força, em qualquer parte do mundo, é constituída de acordo com um objectivo: uma política de defesa e segurança e uma doutrina militar que exige determinadas quantidades de tropas e material com características específicas, congregando-se numa força coerente. E quanto maior é a coerência, maior é a possibilidade de a força ser bem sucedida em combate. Como veremos no presente livro, a falta de coerência – quanto ao objectivo ou entre o objectivo e a força – é uma das principais razões do fracasso das forças militares.

Além da geografia, o dinheiro foi sempre o maior factor decisor na estrutura de uma força militar. Até o tamanho da população e a disponibilidade de tropas potenciais têm sido secundários face às considerações financeiras: quando o dinheiro não é problema, pode sempre comprar-se forças adicionais. Historicamente, na formação de forças militares, o dinheiro tem habitualmente representado um equilíbrio de investimento entre o objectivo verdadeiro ou previsto da força militar e os custos para a sociedade, no imediato e com o passar do tempo. Os custos mais óbvios são em dinheiro e recursos humanos, e devem ser estimados não só quando a força está a ser constituída, mas também quanto ao seu impacto no bem-estar geral e continuado da sociedade. Por exemplo, a força militar não pode apoderar-se de todas as pessoas necessárias para as colheitas ou para o funcionamento da economia, pois tanto a força como a sociedade passariam fome; não poderiam ser requisitados todos os cavalos, pois as colheitas ficariam provavelmente a apodrecer nos campos; mesmo na guerra total, não se podem consagrar todas as fábricas à produção de armas, porque é necessário suprir as necessidades básicas da sociedade para que esta não entre em colapso. Em suma, a constituição de uma força militar deve reflectir um equilíbrio de investimento realista entre os recursos disponíveis e os recursos futuros. Esta lógica dita que se as pessoas forem baratas e os cavalos caros, predominarão os infantes – a infantaria; se uma população for pequena mas relativamente rica, poderão predominar a cavalaria ou a artilharia; se a mão-de-obra for cara, uma força militar estará menos bem armada devido ao elevado custo de produção das armas.

Todas estas considerações continuam a aplicar-se hoje, quando as armas são fabricadas globalmente e, em teoria, estão disponíveis a todos: uma força militar deve representar o equilíbrio correcto entre os futuros recursos disponíveis do Estado. Se os custos de fabrico ou aquisição das armas e da manutenção da força forem tão elevados que se tornem um fardo para a economia, a sociedade, no cenário menos mau, não conseguirá prosperar ou, na pior das hipóteses, os líderes destruirão o que procuravam defender. Actualmente, tendemos a ver este resultado como marca de uma sociedade subdesenvolvida e não democrática, pois as pessoas preferem sempre a prosperidade ao poderio militar, a menos que a sua sobrevivência esteja ameaçada. Assim, a manutenção de uma máquina militar dispendiosa e grande só pode ser garantida por sociedades ricas e democráticas, tais como os EUA, ou por sociedades nas quais a população está sob ameaça – externa, como em democracias como a Índia ou Israel, ou interna, como em regimes autoritários como a Coreia do Norte ou até o Irão.

À semelhança de muitos outros aspectos da força militar, a obtenção do equilíbrio de investimento correcto tem ocupado reis, príncipes e governos desde o princípio dos tempos. Várias medidas foram tomadas, com maior ou menor êxito, para gerir o dilema. As armas mais técnicas, por exemplo, a artilharia ou os navios de guerra, estavam na posse do monarca porque eram muito dispendiosas e não tinham uso comercial, pelo que não era possível integrá-las no comércio nem entrar num qualquer relacionamento contratual com os particulares. Além do mais, os reis não queriam que armas ou navios poderosos caíssem em mãos erradas. Porém, e de igual modo, o equilíbrio de investimento deve reflectir sempre a estrutura básica de uma sociedade. Mesmo que se possa comprar recursos, a lógica nuclear de uma força militar assenta nas pessoas e no local de onde é originária: regra geral, um país sem acesso ao mar não possuirá uma marinha; um país pobre disporá de menos armas do que um país rico; um Estado populoso terá um exército maior do que um Estado com menos população.

Ao decidirem o equilíbrio do investimento, os governos tiveram sempre o cuidado de distinguir entre defesa e segurança – que são, como observámos, os propósitos perenes para os quais existem as forças militares. O equilíbrio tem sido determinado no nível menos dispendiosos para manter ou alcançar a paz. Este nível determina-se incluindo na defesa apenas os equipamentos absolutamente necessários para a existência da entidade ou do Estado e deixando tudo o resto ser assegurado por uma combinação de medidas militares, diplomáticas e económicas. Por exemplo, a Grã-Bretanha, do século XVII à Segunda Guerra Mundial, defendeu as Ilhas Británicas e o seu comércio marítimo mantendo uma marinha poderosa. O seu exército e, no fim deste período, a sua força aérea, foram mantidos na dimensão mínima necessária para defender o Império, sendo considerado que, em tempo de crise, a Royal Navy impediria a perda do reino durante o tempo que levaria a formar um exército adequado. Esta é a razão pela qual o Exército Británico era – e ainda é – tradicionalmente pequeno. Esta estratégia militar era complementada com outras medidas: a diplomacia centrava-se na manutenção de um equilíbrio de poder na Europa, de modo a que nenhum Estado dominasse a costa norte europeia e garantindo que, em caso de guerra, haveria um aliado no continente. Esta política de defesa e segurança, para lhe darmos o seu nome moderno, funcionou muito bem, excepto nalguns episódios irritantes: na Guerra da Independência Americana, a Grã-Bretanha perdeu o seu império americano, em parte porque a ameaça francesa exigiu a atenção prioritária da Royal Navy; nas Guerras Napoleónicas, quando foram necessários quase dez anos para que a ameaça de invasão fosse destruída em Trafalgar e outros dez para a derrota de Napoleão – um período durante o qual a Grã-Bretanha nunca conseguiu constituir nem sustentar um exército suficientemente grande para abrir uma frente que não fosse mais do que secundária[8]; o Exército revelou deficiências na Guerra da Crimeia e na Guerra dos Bóeres, com vitórias alcançadas em campanhas marcadas por fracassos espectaculares até as lições necessárias serem aprendidas, após o que se seguiram reformas militares; e foi necessário o período entre 1914 e 1917 para que a Grã-Bretanha constituísse o exército que venceu a Primeira Guerra Mundial. Mas a Grã-Bretanha é apenas um exemplo. Agora, desaparecidas as certezas da ameaça monolítica do Pacto de Varsóvia, todos os Estados europeus – incluindo os do Pacto de Varsóvia – se defrontam com um dilema similar.

Os nossos livros de história reflectem características comuns no desenvolvimento de quase todas as forças armadas. Por exemplo, os exércitos estão – ou estavam – divididos em infantaria, cavalaria e artilharia, dispunham de «trens de cerco» e de «intendências». As marinhas desenvolveram navios mais ligeiros, de reconhecimento e escolta, a par de couraçados cada vez maiores, e as forças aéreas possuem forças de caças e de bombardeiros. As marinhas e as forças aéreas são impulsionadas em função do equipamento: a sua organização e evolução é feita em função das exigências dos seus equipamentos e dos ditames da tecnologia. A organização dos exércitos, pelo contrário, tende a reflectir a geografia e a natureza das sociedades das quais são originários. Por exemplo, a horda mongol e o comando bóer foram como foram – forças de infantaria montada de extrema eficácia – porque ambos provieram de sociedades que

---

[8] Isto é, a frente peninsular. (N.T.)

viviam em grupos pequenos e isolados nas planícies abertas, dependendo dos seus cavalos e da sua destreza, respectivamente, com o arco e a espingarda. Podemos observar hoje o mesmo relativamente aos exércitos, que reflectem os pontos fracos e fortes das suas sociedades de origem. Os níveis educacionais mais elevados dos exércitos da Europa Ocidental, bem como as expectativas das suas sociedades em relação ao modo como os soldados devem ser tratados e empregues, ditam a sua natureza e método operacional. Arriscando uma generalização grosseira: são tecnologicamente dependentes, requerem consideráveis recursos para se manterem confortavelmente em acção, e os seus senhores políticos não estão habitualmente preparados para os arriscarem.

O equilíbrio entre os vários componentes de uma força militar e entre os três ramos – terra, mar e ar – dita a melhor forma de emprego da força, ou reflecte o modo como o comandante pretende combater, tendo constituído a sua força em conformidade. No conjunto, a maioria das forças permanentes é formada prevendo uma utilização defensiva, pelo que se aplica o primeiro caso, o do melhor emprego da força propriamente dita. Isto é particularmente verdade nas circunstâncias actuais, com a maioria das principais instituições militares ocidentais e ex-soviéticas ainda configuradas de acordo com o já defunto conceito de defesa da Guerra Fria, o que exige a sua constante adaptação às novas percepções de ameaça, tais como o terrorismo, e para as operações da guerra entre o povo, que são repetidamente chamadas a efectuar.

É, pois, à força permanente de um Estado ou nação que o comandante estratégico recorrerá mais frequentemente para a criação de uma força específica destinada a conduzir uma operação. São estes os meios de aplicação da força. A estratégia que resulta da decisão política de entrar em conflito deve fornecer o fim para o qual a força será aplicada, enquanto que o comandante deve conceber o modo. Estes três elementos – fim, modo e meio – são eternos no emprego da força, e se não forem claramente definidos e o equilíbrio entre eles não for correctamente estabelecido, haverá muito pouca possibilidade de sucesso em qualquer operação militar, uma questão à qual, duma ou doutra forma, regressarei neste livro.

*

Existem cinco factores críticos quando se lida com uma força militar nos níveis estratégico e operacional, independentemente de ela ser para efeitos de defesa ou de segurança, de ser grande ou pequena, ou de utilizar catapultas ou mísseis guiados por computador:

- **Formação** – é a criação física de uma força, a congregação de tropas e material numa estrutura coerente. Mesmo no âmbito das forças permanentes, mas particularmente em iniciativas multinacionais, tem que ser criada uma força para servir o propósito específico de uma operação. Além de fazer isto continuamente para manter as operações da OTAN nos Balcãs, eu fui o primeiro DSACEUR da OTAN especificamente designado comandante da emergente força da UE estabelecida pelo nível político em St. Malo, em 1998. Isto significou trabalhar com Javier Solana, Alto Representante da UE, com a OTAN e com os diferentes países para criar uma capacidade militar europeia viável, e envolver todos os chefes dos estados-maiores generais das forças armadas europeias para garantir um compromisso em homens e material.
- *Deployment* – movimento e colocação da força no teatro de operações, preparada para uma acção imediata.
- **Direcção** – é o elemento que engloba todos os outros: a capacidade de ter uma perspectiva global e poder de decisão sobre todos os aspectos do combate; por outras palavras, é a capacidade para utilizar a força de modo a decidir o desfecho político e militar da campanha. Como exemplo negativo, torna-se bastante óbvio que a ONU pode ser capaz de realizar um ou mais dos outros elementos, mas não consegue dirigir uma força em nenhum nível, motivo pelo qual não pode ser considerada uma opção militar séria em caso de necessidade.
- **Sustentação** – em muitas palestras em colégios de estado-maior, eu disse, «Não se deve começar um combate que não se pode aprovisionar». Durante a Guerra da Secessão, os confederados atacaram o Norte sem possuírem uma base industrial sólida para sustentarem a guerra. Quando o Norte compreendeu que conseguia produzir mais do que o Sul, começou a travar aquela que se tornou a primeira guerra industrial. A Marcha de Sherman foi um ataque em profundidade, destinado a destruir a capacidade do Sul de sustentar a luta.

- **Recuperar** – deve haver um antigo adágio que diz, «Não se deve enviar uma força que não se possa recuperar». A capacidade de fazer regressar uma força é proporcional ao seu emprego bem sucedido – embora deva realçar-se que a decisão de fazer regressar a força pertence sempre ao nível político, mesmo depois de todos os objectivos militares terem sido alcançados. E apesar de ser o oposto da criação e emprego de uma força, a sua recuperação não é menos importante, pois implica a conclusão de uma tarefa e uma retirada após um desfecho satisfatório ou tendo encontrado um substituto. Foi exactamente este o problema que os EUA e o RU enfrentaram no Iraque, em 2003, ao terem declarado vitória, pois não podiam partir sem provocar consequências graves, dado não existir nenhum substituto aparente. Assim, a força militar ficou atolada. Foi praticamente o mesmo que aconteceu aos cruzados, que partiram para libertar a Terra Santa e acabaram por ocupá-la – ou a Israel, em 1967, que procurou aliviar a pressão que sofria conquistando a Margem Ocidental e Gaza à Jordânia e ao Egipto e acabou por ocupar estes territórios, juntamente com as suas populações palestinianas.

No âmbito destas cinco funções, terá lugar o evento conhecido por «guerra» ou «operação», decorrendo a acção, aparentemente quase por inteiro, nos dois níveis abaixo do político e do estratégico: o de teatro e o táctico. De facto, estes cinco elementos aplicam-se a qualquer força militar jamais criada. Tal como observámos, são aplicáveis a forças de qualquer dimensão, mas ao mesmo tempo importa salientar que a dimensão não deve ser confundida com as forças disponíveis para manobra, nem com a dimensão da força que pode ser manobrada. Por exemplo, uma força pode possuir 20 000 soldados, mas isto não significa que possam ser utilizados na sua totalidade. Uma força multinacional reflecte esta questão no seu pior extremo: em maior ou menor grau, cada contingente nacional disporá dos seus próprios serviços de apoio, duplicando, em muitos casos os de outros contingentes e tornando o rácio «*tooth to tail*»[9]

---

[9] O rácio entre os efectivos prontos para o combate e o restante pessoal envolvido nas tarefas que garantem a sua prontidão. Como dois exemplos extremos podemos considerar os mongóis de Gengiscão, com cada guerreiro transportando as suas armas e provisões (1:1), e o exército americano após a invasão da Normandia, aprovisionado a partir dos Estados Unidos (1:17). (*N.T.*)

para o mesmo número de homens menos eficiente do que o de uma força nacional([10]). Além do mais, cada contingente só pode geralmente travar o seu próprio combate táctico, o que significa que o comandante supremo tem que manobrar a sua força como um conjunto de agrupamentos nacionais mais pequenos e não como uma única força coerente. Exemplificando: se os contingentes forem batalhões e provierem de três países diferentes, o comandante terá de manobrar e conduzir a sua força como três combates de batalhão separados em vez de os conduzir em combate como uma brigada – o que faria se eles pertencessem todos à mesma nação. É importante compreender isto, não só devido ao seu impacto organizacional, mas particularmente porque dita a dimensão máxima de um objectivo táctico. Assim, seguindo o exemplo dado, o comandante supremo tem a certeza de que somente atacará objectivos que possam ser alcançados por um batalhão, enquanto que o comandante da força nacional pode seleccionar alvos passíveis de serem conquistados por uma brigada.

Desde o fim da Guerra Fria, a força, apesar de constantemente empregue, não conseguiu obter os resultados esperados: tem sido mal aplicada ou, noutros casos, os líderes têm evitado a sua aplicação por não conseguirem descortinar a sua utilidade. Durante todo este período, procuraram obter uma vitória decisiva que resolveria o problema com o qual se defrontavam, geralmente político. Enquanto escrevo, estamos a travar a chamada Guerra contra o Terrorismo – uma guerra que, segundo as lideranças que a declararam, se destina a alcançar uma vitória decisiva sobre o terrorismo –; mas quando eu chegar ao fim deste livro espero ter demonstrado que se trata de uma afirmação sem um significado útil, pelo menos em termos de descrever a conduta deste confronto. Trata-se de um confronto no qual os terroristas demonstram uma melhor compreensão da utilidade da força para servir os seus objectivos políticos

---

([10]) A título de exemplo, refira-se que a UNPROFOR, da qual o autor foi comandante supremo, integrava tropas da Argentina, Bangladesh, Bélgica, Brasil, Canadá, Colômbia, Dinamarca, Egipto, Eslováquia, Espanha, Estados Unidos, Federação Russa, Finlândia, França, Gana, Holanda, Índia, Indonésia, Irlanda, Itália, Jordânia, Lituânia, Malásia, Nepal, Nigéria, Noruega, Nova Zelândia, Paquistão, Polónia, Portugal, Quénia, Reino Unido, República Checa, Suécia, Suíça, Tunísia, Turquia, Ucrânia e Venezuela. (*N.T.*)

do que os que se lhes opõem – líderes políticos e instituições militares. Também tem sido este o caso noutras intervenções dos últimos quinze anos, tais como a dos EUA na Somália, em 1993, ou a da ONU nos Balcãs, durante 1991-1995. Não valerá provavelmente a pena sugerir que estas situações podem ser evitadas eternamente – mas acredito que é possível aplicar a força com muito mais efeito nas circunstâncias actuais do que é geralmente o caso. Este é o último objectivo da investigação detalhada que aqui ofereço sobre a utilidade da força.

As contendas militares são brutais porque a força é aplicada por forças militares equipadas com armas letais. Quando em acção, elas matam e destroem. É para isso que são treinadas – e é isso que nós, a sociedade civil, lhes pedimos que façam. Trata-se, no entanto, de um contrato tácito, inserido nas claras estruturas da guerra e da paz que evoluíram com o tempo, mas mais particularmente nos últimos dois séculos. E o facto de já não se coadunarem com a realidade em que vivemos não nos impede de reconstruirmos a realidade de acordo com as estruturas que nos são familiares.

Os paradigmas da guerra assumem grande importância porque são as estruturas, conceptuais e factuais, através das quais a força é aplicada, enquanto que as forças militares constituem os meios de aplicação da força. A nossa desgraça é uma concepção da força e das forças formulada no contexto do paradigma da guerra industrial entre Estados, enquanto que os nossos conflitos de hoje são os do paradigma da guerra entre o povo. Por conseguinte, o que se segue é uma discussão de ambos os paradigmas, recorrendo ao passado para explicar o presente e o futuro. Começando em Napoleão, são explicados a evolução do paradigma da guerra industrial entre Estados, a longa mudança de paradigma entre 1945 e 1989, o novo paradigma da guerra entre o povo desde 1991 até ao presente e, por fim, abordam-se as perspectivas para o futuro.

Esta mudança e este livro não tratam dos meios da guerra – homens e material –, mas sim do propósito e utilidade do seu emprego. O mundo da arte oferece uma analogia útil: os impressionistas eram formados como realistas. Utilizavam os mesmos pincéis, telas e paletas, e olhavam para as mesmas naturezas-mortas, figuras e vistas; mas tinham uma ideia completamente diferente do resultado que desejavam da utilização destes instrumentos. Aplica-se praticamente o mesmo aos nossos actuais problemas no emprego da força: as nossas instituições militares e políticas foram desenvolvidas no âmbito do modelo industrial prévio, e têm ao seu dispor os instrumentos da guerra industrial – mas o paradigma no qual têm que os utilizar mudou. Assim, têm de aprender a utilizá-los para obter um resultado diferente – para se tornarem os impressionistas do conflito.

Os principais conflitos e desenvolvimentos dos últimos 200 anos constituem o contexto para a nossa compreensão da utilidade da força. Contudo, tal como observei no princípio, a força e o seu emprego são eternos. O conflito armado é uma condição humana, e eu não duvido de que continuaremos a reinventá-lo de geração em geração. É extremamente improvável que alguma vez o eliminemos totalmente. Assim sendo, de modo a nos defendermos e protegermos melhor, temos que melhorar a utilidade da nossa força.

PARTE I

A GUERRA INDUSTRIAL ENTRE ESTADOS

I

Fundação: De Napoleão a Clausewitz

A nossa compreensão das forças militares, das operações militares e das guerras tem a sua origem no século XIX, quando foi forjado o paradigma da guerra industrial entre Estados. As Guerras Napoleónicas foram o ponto de partida, e o paradigma evoluiu durante o século, com o aparecimento e maturação dos seus dois elementos cruciais: os Estados e a indústria. Para o desenvolvimento militar do paradigma contribuíram, entre outras coisas e cada uma à sua maneira, a Guerra da Secessão, as guerras da unificação alemã e, finalmente, as duas guerras mundiais do século XX. Não sou um historiador profissional, mas sou um estudioso da história, e tenho frequentemente utilizado escritos do passado e sobre o passado não só para aprender e compreender como é que os assuntos eram tratados em tempos idos, mas também para testar as minhas ideias sobre como abordar as questões com as quais me vi confrontado ao comandar no terreno. O estudo da história diz-nos porque é que nós e o inimigo somos como somos: estabelece, em termos políticos gerais, o contexto no qual ambos tomamos as decisões que nos conduzem ao futuro. Este estudo começa com o estabelecimento da cronologia dos acontecimentos, em ordem a que possamos compreender a «marcha do tempo» e reconhecer causas e efeitos. Compreendidos estes factores, poderemos começar a compreender as decisões tomadas pelos vários actores, não necessariamente para as julgarmos mas sim para percebermos porque é que foram tomadas nas circunstâncias e no momento em que tal aconteceu. É assim que podemos começar a compreender a história, a «Nossa História», a história que cada um de nós, individualmente e nos nossos grupos sociais, traz consigo do passado como contexto para as decisões que toma no presente.

O nosso tema é a história da força, que tem que começar pelas estruturas de base: as estruturas militares que aplicam a força. O ponto de partida é a última década do século XVIII, quando a Revolução Francesa transferiu a França de um turbilhão de violência para a fase primordial – ainda que violenta – de um Estado de cidadãos. Deste movimento nasceu aquilo que hoje reconhecemos como forças militares modernas, devido, em grande medida, à liderança de um homem: Napoleão. No seu conjunto, os nossos exércitos, marinhas e forças aéreas – dado que, na sua essência, as forças aéreas, enquanto entidades militares, foram geradas, duma ou doutra forma, pelos outros dois ramos – ainda encerram uma grande parte da estrutura e organização que Napoleão criou quando remodelou os exércitos da França e partiu à conquista da Europa. O tacto e a audácia que ele demonstrou face às convenções estabelecidas foram notáveis. De facto, numa época marcada pela rigidez de pensamento e operacional, Napoleão empregou a força de um modo extremamente inovador: distinguiu-se inquestionavelmente na mobilidade organizacional e na flexibilidade operacional – e ao combinar estes dois conceitos fluidos com os opostos, a massa de homens e as armas pesadas. Todavia, o que lhe valeu as suas grandes vitórias foi o modo como formou e utilizou os seus exércitos no âmbito de um novo modelo estratégico: a sua compreensão da utilidade da força era suprema.

Para compreendermos as inovações de Napoleão, a sua longevidade e relevância para o nosso emprego da força, é melhor começarmos pelo nascimento do exército de cidadãos, que forneceu a massa necessária para as suas estratégias e o novo modelo de recurso humano: o soldado nacional. Os soldados deixaram de ser servos uniformizados, combatendo pelo rei; converteram-se em patriotas, combatendo pela glória da França. Napoleão não foi o iniciador desta inovação, pois o conceito de conscrição como serviço militar universal em épocas de necessidade pode ser identificado no antigo Egipto, e a ideia de que o cidadão tinha, para com o Estado, o dever de servir como soldado, foi um produto das ideias de *liberté, égalité, fraternité*, subjacentes à Revolução Francesa. Todos, sem distinção, se uniram na qualidade de cidadãos franceses, uns pelos outros e pela glória da França. Em termos militares, isto possibilitou a introdução da *levée en masse*, que significa efectivamente conscrição, dado que o novo cidadão francês tinha o dever de defender o Estado. A primeira *levée*, de 300 000 homens – chamada para defender a pátria contra a ameaça de invasão por parte de estrangeiros e emigrados – teve lugar em 1793, o ano em que Napoleão foi promovido a general. Durante as Guerras Revolucionárias[11], a proporção anual das *levées* variou de acordo com as circunstâncias e as necessidades militares mas constituiu, em grande medida, um complemento do processo de recrutamento de voluntários neste período. Contudo, as limitações deste mecanismo fizeram-se rapidamente sentir, particularmente quando Napoleão deu início às suas campanhas italianas. Como resultado, em 5 de Setembro de 1798, o Directório aprovou a lei Jourdan-Delbrel, pela qual todos os franceses com idades compreendidas entre vinte e vinte e cinco anos eram obrigados a cumprir um período de serviço militar. A lei baseava-se no Artigo 9.º da Constituição de 1795 relativo aos deveres dos cidadãos, que estipulava que todos os cidadãos deviam servir a pátria e proteger a liberdade, a igualdade e a propriedade. Nascera oficialmente o exército de cidadãos.

Foi Napoleão quem compreendeu o imenso potencial das *levées* como fonte permanente de recursos humanos, e foi ele quem regulou o sistema e o tornou uma característica da vida nacional. Em 29 de Dezembro de 1804, como imperador de França, emitiu um decreto detalhando o processo de conscrição em todos os departamentos franceses. A partir de então, o número de conscritos passou a ser decidido anualmente por decreto do Senado, e as autoridades civis e militares dos 130 departamentos ficaram responsáveis pela elaboração das listas e pelo recrutamento de um número pré-estabelecido de conscritos, para serviço durante um determinado período de tempo. Foi este sistema que garantiu um fluxo contínuo de efectivos para o Exército – e foi este sistema, com muitas alterações e variações, que constituiu a estrutura no âmbito da qual a conscrição permaneceu uma característica da vida em França, mais ou menos constantemente, até ser oficialmente suspensa pelo Presidente Chirac, em 2001, quase dois séculos mais tarde. O planeador militar de hoje reconhecê-lo-á como a base de qualquer sistema de conscrição moderno, mas na época foi uma revolução absoluta:

---

[11] Entre 1792 e 1802. (*N.T.*)

tratou-se do estabelecimento e manutenção de um Exército permanente, não em função do dinheiro, do dever para com um amo, da servidão penal ou das qualificações profissionais, mas sim através do serviço militar obrigatório e universal, com base na cidadania e no género.

As *levées* anuais forneceram o grosso do *Grande Armée* de Napoleão: entre 1800 e 1814, cerca de 2 milhões de homens foram recrutados para servirem sob bandeira francesa. Foi um número colossal, uma força militar inédita na história da humanidade. E ainda assim, reflectiu apenas o potencial e não a capacidade absoluta de conscrição, pois o seu total, ainda que impressionante, representou somente 36% dos potenciais conscritos pertencentes ao grupo etário relevante, e 7% do total da população. Na verdade, constituiu apenas o laboratório do novo paradigma da guerra. Cem anos depois, durante a Primeira Guerra Mundial, em 1914-1918, no ponto culminante do paradigma, a França recrutou 8 milhões de soldados através da conscrição, representando 20% da população. Esta comparação também incide sobre outra questão, a da massa. Ambos os números reflectem a massa no sentido de volume ou de quantidades muito grandes; todavia, os militares também usam esta palavra para denotar uma concentração ou densidade de forças relativamente ao adversário. Por exemplo, diríamos que um comandante dispôs a sua artilharia em massa, as suas vinte peças, no seu principal eixo de ataque, desencadeando uma barragem esmagadora em apoio do ataque inicial. O próprio Napoleão utilizou a massa em ambos os sentidos – foi o primeiro a criar um exército de massas nos tempos modernos, e nas suas batalhas concentrou as suas forças em massa, de várias formas diferentes, para garantir a vitória em combate. À medida que a guerra industrial evoluiu e se tornou universal, esta dualidade aumentou – porque os exércitos se transformaram numa questão de massa, que podia depois ser concentrada em densidade. Em consequência, entender o duplo significado de massa na guerra industrial é importante para compreender a aplicação da força e respectiva utilidade.

Embora Napoleão se centrasse na massa, seria errado sugerir que ele só estava interessado na quantidade de soldados disponíveis para as suas campanhas. Ele compreendeu que estes enormes recursos humanos também tinham que ser solícitos, e que a popularidade do combate era um factor crucial para o seu êxito. Assim, teve o cuidado de alimentar a ideia e a imagem do patriota combatente, com discursos empolgantes e gestos grandiosos de partilha e solicitude. Tal como ele afirmou, um imperador confia em soldados nacionais, não em mercenários. Antes dele, muitos comandantes tinham-se preocupado profundamente com os seus soldados e partilhado o seu destino, mas Napoleão foi provavelmente o primeiro a apresentar-lhes a sua visão pessoal como um empreendimento nacional conjunto, no qual todos eles, como cidadãos, tinham uma parte igual. De facto, ele respeitava os seus soldados – praças, subalternos e oficiais – e partilhava com eles os seus planos e visões antes de lhes fazer exigências. Por exemplo, em 1805, na véspera da Batalha de Austerlitz, Napoleão cavalgou mais de 50 km, muitos dos quais percorrendo as fileiras do seu exército, estafando cavalos e fatigando o seu estado-maior, para informar as tropas do seu plano de batalha para o dia seguinte. Esta exibição directa de liderança, a definição do objectivo de cada homem como sendo igual ao seu, e a sua demonstração de confiança, garantiram um moral elevado e contribuíram indubitavelmente para o êxito das tropas na batalha.

*

Seriam necessários muitos anos até que a conscrição em massa se difundisse pela Europa como expressão patriótica de dever e fidelidade para com o Estado – em grande medida, porque é um processo dependente de um Estado de cidadãos, e estes apenas se viriam a desenvolver no continente após as Guerras Napoleónicas. Entretanto, as *levées* permitiram a Napoleão reunir grandes exércitos de conscritos durante quase vinte anos, o que significou que podia arriscar a perda de um exército ou, pelo menos, de um número substancial de homens numa única acção estratégica decisiva sem arriscar necessariamente a derrota. Os seus adversários do *ancien régime* não se encontravam nesta situação, dispondo de exércitos compostos por homens que o duque de Wellington descreveu com propriedade: «As pessoas dizem que se alistam pelo seu grande amor às armas – disparate – é mentira. Alguns dos nossos homens alistam-se porque tiveram filhos bastardos, outros porque cometeram pequenos crimes, e muitos mais em busca de bebida». Além do mais, sem conscrição não existia um fluxo permanente destes homens, nem poderiam ser rapidamente substituídos caso fossem perdidos. Assim, para os inimigos de Napoleão, perder o exército numa batalha era perder a guerra. Na sua abundância de recursos humanos, Napoleão possuía uma importante vantagem estratégica – que complementou com outra: o poder de fogo. Napoleão, artilheiro de formação e praticante nos seus primeiros tempos de serviço militar, compreendeu o poder dos canhões – terá dito que Deus estava do lado que possuía a melhor artilharia – e, tanto quanto lho permitiu a sua base industrial e científica, desenvolveu uma arma de artilharia impressionante. A vantagem numérica e, até certo ponto, tecnológica das suas peças foi, segundo relatos contemporâneos, empregue com um efeito atemorizante e literalmente terrível. Napoleão tinha por hábito concentrar os seus canhões numa «grande bateria» no seu eixo de ataque, servindo-se do seu poder para abrir caminho nas defesas do inimigo, para as colunas de assalto da infantaria. Além do impacto destrutivo do fogo destas baterias, os efeitos psicológicos da exposição a tamanha punição sem possibilidade de resposta testavam a liderança, o moral e a disciplina dos adversários de Napoleão, por vezes ao ponto de ruptura. Um indicador do respeito que os Britânicos tinham pela artilharia francesa foi o facto de Wellington, sempre que possível, posicionar as suas tropas na contra-encosta, escondidas dos olhares do inimigo, ou mandar a sua infantaria deitar-se – como fez com os guardas, em Waterloo([12]).

Napoleão nunca explicitou, por escrito, uma visão estratégica da guerra ou das operações militares, embora tenha deixado as suas *Maximes*, que incluem ideias que hoje são básicas, tais como «A passagem da defensiva à ofensiva é uma das mais delicadas operações da guerra» ou «Marchar dividido, combater unido». O seu génio militar era de tipo mais prático do que teórico, e centrava-se num preceito básico: a destruição decisiva da força adversária. Dispondo

---

([12]) Dando um contributo precioso para a derrota da Guarda Imperial na última tentativa de Napoleão para vencer a batalha. O capitão William Siborne, na sua *History of the War in France and Belgium in 1815*, relata este momento decisivo: os soldados da Guarda Imperial «...avançando ousadamente, chegaram a cinquenta passos do lugar onde os guardas britânicos estavam deitados, quando Wellington fez o seu apelo talismânico – 'De pé, guardas! Preparados!'»...e ordenou o ataque. «Pareceu aos franceses que os guardas, erguendo-se tão subitamente numa compacta linha de quatro fileiras, tinham saído do chão... deram imediatamente um descarga tremenda, com espantosa frieza, intenção e precisão». (*N.T.*)

de enormes recursos humanos e de um poder de fogo primordialmente industrial, Napoleão implementou este preceito através do seu inovador emprego da força: atacar directamente o principal ponto forte do inimigo e destruir as principais forças inimigas no campo de batalha. Regra geral, os objectivos militares estratégicos das guerras anteriores não tinham sido de natureza tão decisiva, nem que fosse pela razão de que as forças estavam relativamente equilibradas ou, tal como observámos, por nenhum dos beligerantes estar disposto a correr o risco de perder a totalidade das suas forças, pois seriam necessários anos e avultadas somas de dinheiro para as reconstruir e substituir. Estes conflitos eram conhecidos por «guerras de manobra», nas quais os comandantes procuravam, com forças e apoio logístico limitados, assenhorear-se de posições vantajosas, destinadas, em última análise, a servir de moeda de troca em futuras negociações. Napoleão modificou radicalmente esta abordagem da guerra. Tal como observou nas suas *Maximes*, o seu objectivo era destruir o equilíbrio do inimigo através de «um cuidadoso equilíbrio de meios e resultados, esforços e obstáculos». Ele via o objectivo central como a aniquilação das forças de campanha inimigas, e considerava-a suficiente para quebrar a vontade de resistir do adversário; tudo o mais era de natureza secundária.

As vitórias do exército de Napoleão resultaram desta mudança conceptual, espantosamente nova e que lhe permitiu, durante muitos anos, alcançar vitórias rápidas. A rapidez e a flexibilidade foram nucleares nas suas campanhas, mas é ainda mais importante o facto de Napoleão as ter planeado como um todo: o planeamento, a marcha e o combate eram partes do todo. Em lugar de ser uma actividade necessária mas separada que precedia o combate, tal como ditavam as convenções prevalecentes, a aproximação ao combate era, para Napoleão, parte integrante do próprio combate. Devemos entender aqui «aproximação» como o processo de planeamento que conduz ao combate e o estabelecimento do contexto para o combate, o que inclui actividades como a recolha de informações, a diplomacia, e medidas políticas e económicas. Este período de «aproximação» durava frequentemente meses, pois todas as possibilidades de chegar à situação de combate ideal eram cotejadas entre si – seguindo-se o movimento físico para o combate. Para concretizar esta aproximação global em termos práticos, as forças de Napoleão tinham que estar organizadas de modo a deslocar-se rapidamente e sem indicar as suas intenções. Este foi um dos maiores feitos de Napoleão, ao qual chamei «mobilidade organizacional», implementado através da introdução de outra inovação significativa: o *corps d'armée*, um exército em miniatura englobando todas as armas, que podia operar independentemente de outros corpos, juntando-se-lhes somente para travar a batalha. Dado que o *Grande Armée* era suficientemente grande para conduzir campanhas simultâneas em diferentes teatros de guerra, Napoleão determinava a alocação estratégica de forças a cada teatro, cujo respectivo exército era depois subdividido em corpos. Por sua vez, cada um destes corpos era subdividido em divisões e brigadas.

Tendo o corpo de exército e a utilização dada por Napoleão a este conceito sido cruciais para o sucesso dos seus exércitos, importa explicá-los melhor. Os exércitos dos séculos XVII e XVIII compunham-se de tropas de infantaria, cavalaria e artilharia. Embora estivessem organizados em unidades, tais como regimentos ou batalhões, e estas fossem depois agrupadas em divisões e brigadas, as forças, no seu conjunto, deslocavam-se e combatiam como uma única entidade. Os comandantes subordinados tinham pouca liberdade de acção. Napoleão pegou nesta entidade e – para utilizarmos a gíria moderna –, organizou-a em função da tarefa: cada corpo compunha-se de infantaria, cavalaria e artilharia, sendo constituído por uma ou mais divisões de infantaria, e ainda cavalaria, artilharia, bagagens, ambulâncias e quaisquer outros elementos de uma força militar, consoante as necessidades. Um corpo era constituído pela combinação apropriada para a sua missão específica, e era suficientemente poderoso para suster um combate até ser auxiliado por outro corpo. E precisamente por este motivo, nenhum corpo distava de outro mais do que um dia de marcha. Napoleão resumiu o papel do corpo de exército numa carta ao seu enteado, Eugène de Beauharnais, ele próprio um general, explicando que um corpo de 25 000/30 000 homens podia permanecer isolado:

> Comandado por um bom oficial, pode decidir entrar em combate ou evitá-lo, e pode manobrar de acordo com as circunstâncias sem se colocar em perigo porque não é possível obrigá-lo a combater, pelo que também pode resistir sozinho durante um longo período de tempo. Bem liderado, o corpo de exército deve ser sempre avisado da aproximação do inimigo, e nunca deve ser forçado ao combate por

um exército inimigo mais numeroso. O comandante do corpo deve encontrar-se sempre na vanguarda da sua unidade para dirigir o combate, uma responsabilidade que nunca deve delegar. Só ele conhece as intenções do comandante supremo, a posição dos outros corpos de exército e o auxílio que pode esperar de cada um deles, e o momento em que o exército se poderá reunir para travar uma batalha.

Trata-se de uma descrição muito interessante, que reflecte um corpo de exército que não era pequeno – com base apenas nos números, o actual Exército Britânico poderia constituir aproximadamente três. E é digno de nota a importância atribuída por Napoleão ao seu comandante, exigindo-lhe que esteja no lugar certo para tomar decisões, incluindo decisões cruciais como entrar ou não em combate.

Ao contrário da prática convencional, ainda usada pelos seus oponentes, de manter o exército reunido e marchar por uma única rota ou ao longo de um único eixo, o corpo napoleónico avançava por várias rotas separadas, o que tornava o movimento global mais rápido – como acontece quando se acrescentam novas vias e estradas secundárias para o mesmo destino. Ao «marchar dividido», deslocando os corpos por estradas diferentes, Napoleão aumentou a sua capacidade de «marcharem com o estômago», vivendo da terra, dado que havia menos gente a forragear numa mesma via, com a consequente redução nas unidades logísticas e de abastecimento de cada corpo. De facto, Napoleão estava, em grande medida, a transformar uma necessidade em virtude: tendo em conta os seus enormes exércitos e as distâncias que percorriam, longos comboios de aprovisionamento teriam sido dispendiosos e impraticáveis. Mas era exactamente este o fardo que pesava sobre os seus inimigos, e dado que cada um dos seus exércitos estava estruturado como uma única unidade de combate, não podiam fragmentar-se e marchar por várias itinerários sem correr o risco de ser atacados pelos corpos de Napoleão, constituídos individualmente por todos os elementos de combate necessários. Além do mais, sendo estes exércitos relativamente grandes, não podiam esperar forragear apenas durante o percurso, pelo que dispunham de grandes unidades de aprovisionamento que percorriam longas linhas de comunicações, transportando grandes quantidades de rações. Comparativamente, os exércitos de Napoleão mantinham apenas linhas de aprovisionamento para as munições e as necessidades pessoais dos oficiais superiores, e transportavam relativamente poucas rações. Por exemplo, o exército que avançou sobre o Danúbio, em 1809, partiu com rações apenas para oito dias. A combinação destas medidas organizacionais dava a Napoleão uma maior rapidez relativamente aos seus adversários – o que é a medida da mobilidade organizacional.

A escolha dos itinerários pelas quais os corpos de Napoleão avançavam para o combate era prévia e cuidadosamente calculada, e a sua execução coordenada com o objectivo de confundir o inimigo quanto ao verdadeiro propósito ou alvo, obrigando-o a revelar as suas intenções e aproveitar qualquer oportunidade que se apresentasse. Em marcha, os corpos davam geralmente uma impressão de desunião mas, na realidade, o exército estava cuidadosamente disperso ao longo de uma única linha de operações, adoptando uma de muitas formações meticulosamente concebidas, das quais a mais usual era o *bataillon carré* ou quadrado([13]), pronto para uma rápida «concentração» no espaço de um ou dois dias logo que parecia possível alcançar a situação de combate desejada. Em termos gerais, muitas vezes espacialmente, uma linha de operações descreve a direcção e o enfoque do esforço colectivo de uma força na prossecução de um objectivo operacional, sendo que vários itinerários podem servir uma mesma linha de operações e ser alocados a formações específicas. Talvez o melhor exemplo destes dois factores em acção tenha sido em 1806, em Iena, onde o exército prussiano foi destruído. Apercebendo-se da oportunidade de alcançar o seu objectivo operacional e tendo definido a sua linha de operações, Napoleão movimentou-se e concentrou o seu exército ao longo de várias vias duas vezes mais depressa do que os Prussianos tinham previsto, obrigando-os a entrar em combate um dia mais cedo do que esperavam. Em consequência, foram destruídos em pormenor: é um exemplo esmagador da sua utilização operacional da rapidez, e da sua máxima «Marchar dividido, combater unido».

A própria ideia do corpo de exército forneceu a Napoleão a mobilidade organizacional para implementar esta máxima, dado que estas formações, auto-suficientes e mais ou menos independentes,

---

([13]) Não se trata da habitual formação em quadrado para resistir à cavalaria. Chamava-se *bataillon carré* ao batalhão formado com um número idêntico de filas e fileiras, com a mesma frente e profundidade. (*N.T.*)

lhe permitiram um nível inédito de flexibilidade operacional. Isto é ilustrado pelas variações na largura e profundidade dos dispositivos. No início de uma campanha, a frente assemelhar-se-ia geralmente a um longo cordão, embora não aparentemente contínuo. Em Setembro de 1805, por exemplo, o *Grande Armée* que enfrentou a Terceira Coligação cobria uma frente de 200 km, entre Estrasburgo e Wurzburgo; em 1812, os 600 000 homens do *Grande Armée* estendiam-se ao longo do rio Vístula, por mais de 400 km. Iniciado o avanço, um ecrã de cavalaria ligeira protegia e ocultava as operações. À medida que a campanha progredia, o dispositivo contraía-se ou expandia-se, em ordem a ultrapassar os obstáculos naturais ou confundir o inimigo. Ao mesmo tempo, a composição das principais formações era ajustada, de modo a preencher as necessidades imediatas ou para enganar o inimigo; o comandante do teatro de operações podia criar uma nova brigada, acrescentar ou deslocar uma divisão, ou até constituir um novo corpo de exército. Tal como os serviços de informações austríacos descobriram em Austerlitz, em 1805, estas alterações estruturais de última hora revelavam-se muito difíceis de acompanhar, dado que no espaço de poucos dias qualquer informação recolhida seria invalidada por uma mudança súbita.

À medida que os corpos se aproximavam cada vez mais da força inimiga, concentravam-se a um ritmo crescente. As marchas eram cruciais para este fim; na verdade, eram fundamentais para o conceito de guerra de Napoleão. Tal como ele observou, em 1809, «destruí o inimigo apenas com as marchas». Abundam os exemplos de marchas épicas: em 1805, o general Davout conduziu a divisão da vanguarda do III Corpo de Viena a Austerlitz, uma distância de 140 km, em dois dias. Descontando algum tempo para dormir, isto significa que os seus homens e cavalos mantiveram uma velocidade de 4/5 km por hora, em más estradas, durante dois dias. Uma década antes, em 1796, durante a primeira campanha de Itália, o general Augereau percorreu com a sua divisão 80 km em 36 horas para chegar a Castiglione a tempo de ajudar a derrotar as tropas austríacas de Wurmser([14]). E em Iena, em 1806, Napoleão tinha as suas tropas afastadas dos Prussianos uma distância considerada de dois dias de marcha, mas tal como observámos, para surpreender o inimigo, ele ordenou ao exército que executasse uma marcha

---

([14]) Um feito que lhe valeu o título de duque de Castiglione. (*N.T.*)

forçada numa única noite, o que lhe valeu uma vantagem definitiva e uma concludente vitória.

Em todos estes feitos, podemos observar o enfoque de Napoleão na flexibilidade e na mobilidade organizacional – razão pela qual preferia exércitos mais ligeiros e dispersos, dado que conseguia reuni-los e deslocá-los rapidamente –, e também o grau em que estes dois factores dependiam dos seus marechais (generais principais) e oficiais, os que lideravam abaixo dele. À semelhança do imperador, eram maioritariamente oriundos do povo e não da aristocracia, e eram seleccionados, em grande medida, com base no mérito. Na verdade, para as sociedades da época, eram profissionais. Foi assim que Napoleão criou um exército com um moral elevado e constante, orgulhoso do seu profissionalismo, das suas capacidades, confiante em si próprio e no seu líder, organizado e treinado para combater como ele pretendia. Napoleão envolvia-se pessoalmente no plano de campanha global, entrando frequentemente em considerável pormenor. Na implementação, dava aos seus subordinados uma liberdade considerável para aproveitarem as suas inovações organizacionais – enquanto mantinha a orientação global, recolhendo informações acerca dos acontecimentos no terreno através de oficiais de ligação especiais, de modo a realocar as prioridades, forças e recursos em conformidade. Se tivermos em conta que os seus oponentes, particularmente nos primeiros quinze anos das suas campanhas, ainda operavam no âmbito de convenções organizacionais e estruturais rígidas, incluindo um comando e controlo estritamente hierárquico por parte de um príncipe ou duque, o *modus operandi* de Napoleão era literalmente estonteante.

Uma parte significativa do génio de Napoleão residia na sua distinção entre emprego e utilidade da força – e na sua capacidade de colocar o primeiro ao serviço da segunda. As alterações estruturais e conceptuais que ele introduziu no emprego da força – unificando num único exercício a aproximação, a marcha, a manobra e a batalha, baseado na flexibilidade do sistema de corpos de exército – proporcionaram também às suas forças uma nova utilidade no âmbito do seu objectivo estratégico global: alcançar o fim político mediante um único acto militar esmagador. Já deve ter-se tornado óbvio para o leitor que não era assim que as coisas se passavam nos dois séculos anteriores, quando as guerras eram uma parte separada mas ligada da diplomacia, pelo que não se destinavam a alcançar um fim decisivo. Vista no contexto mais vasto daquilo que hoje se conhece por equilíbrio de poder, a guerra, se e quando a ela se recorria, era conduzida com o objectivo estratégico e o entendimento claro de que o poder de todos os participantes deveria ser preservado, num ou noutro nível. Mesmo que ocasionalmente se cedesse território, os governantes e os Estados permaneciam intactos. Napoleão refutou completamente esta premissa. O seu objectivo político estratégico foi precisamente a mudança de governantes e Estados, principalmente para os integrar no seu império. O seu génio residiu na combinação dos meios militares que criou com o método que concebeu para os utilizar para alcançar o objectivo: a derrota decisiva da força inimiga. Esta derrota provocava geralmente a derrota estratégica desejada, ainda que os governantes permanecessem nominalmente nas suas posições, tal como aconteceu com a Prússia depois de Iena, com o rei permanecendo *in situ* mas como governante de um Estado-cliente. Pelo contrário, a derrota decisiva dos Russos em Friedland, em 1807, levou ao Tratado de Tilsit, pelo qual Russos e Franceses se tornaram aliados. Este evento garantiu um equilíbrio nas fronteiras orientais de Napoleão, mas isto não era suficiente para ele: a Rússia permanecia uma ameaça, e ele considerou necessário procurar a decisão estratégica em 1812.

Napoleão teve êxito na sua estratégia durante quase vinte anos, até ser ele próprio militar e politicamente aniquilado. Durante este processo, ele redefiniu o objectivo estratégico da guerra. Foi ele quem decretou que o primeiro dever do estratego é seleccionar o objectivo da força militar em apoio, e para concretizar, do objectivo político. Napoleão deu o maior valor a esta máxima, principalmente ao compreender que a conscrição lhe permitia perder grandes quantidades de homens – uma divisão, um corpo ou até dois ou três – e permanecer viável. Mas a conscrição, apenas no sentido de número de efectivos, não teria sido suficiente – tecnicamente, os seus inimigos poderiam ter constituído exércitos maiores, e muitos fizeram-no no decorrer das guerras; e também não teria sido suficiente a criação e utilização dos seus abundantes recursos humanos no corpo de exército. A diferença decisiva foi a conscrição como reflexo de um novo Estado, a conscrição de cidadãos e patriotas, pois significou a mobilização de todo o Estado e do seu aparelho: Napoleão podia enfrentar directamente as principais forças inimigas com uma elevada probabilidade de sucesso, e ao destruir totalmente e rapidamente a sua capacidade de resistência quebraria a sua vontade de prosseguirem a luta. Fê-lo na maior parte dos casos, e as excepções revelaram-se a sua ruína: os seus adversários furtaram-se ao seu emprego estratégico da força.

Os exércitos de Napoleão fracassaram em Espanha porque a vontade de resistir espanhola não foi quebrada, seguindo-se uma guerra de guerrilha. De facto, esta prolongada luta foi o início daquilo que defino como a «antítese» do paradigma da guerra industrial entre Estados – um modelo importante que será discutido na Parte II. Os Britânicos aproveitaram esta oportunidade para abrirem um teatro continental e reforçaram os seus aliados portugueses e espanhóis. Durante toda a campanha peninsular, Wellington conduziu cuidadosamente o seu exército anglo-português, negociando espaço e tempo – cedendo território e recusando o combate, excepto nos seus termos –, evitando ser forçado ao combate decisivo que as forças de Napoleão procuravam até lhe ser adequado. Em 1812, os Russos também recusaram a batalha decisiva, preferindo trocar Moscovo pelo exército, o qual, por sua vez flagelou as forças de Napoleão em retirada, impondo-lhe uma derrota catastrófica. E durante toda a duração das Guerras Napoleónicas, a Grã-Bretanha, a salvo atrás do seu escudo marítimo, só poderia ser obrigada a uma batalha decisiva se Napoleão conquistasse a superioridade naval, algo que a vitória britânica em Trafalgar garantiu que ele nunca conseguiria. Cada um destes casos também prova que a guerra napoleónica, e subsequentemente a guerra industrial, depende de um acesso constante a todos os recursos do Estado, sendo cada vez mais difícil de travar à medida que os recursos diminuem. Depois de Trafalgar, o bloqueio britânico do continente corroeu lentamente a capacidade de a França sustentar as suas guerras, pois já não as conseguia alimentar. Esta situação, combinada com a Guerra Peninsular, à qual Napoleão acabou por chamar uma «úlcera» que sangrava os seus exércitos, agravou-se terminalmente com a derrota de 1812. De facto, foi depois da retirada da Rússia que Napoleão descobriu que já não conseguia manter a sua «produção de efectivos» ou conscrição, dado que o número de homens disponíveis através das *levées* não era suficiente. E com a diminuição dos seus recursos, ele foi repelido para ocidente do Reno e forçado a pedir a paz.

O mar e as estepes forneceram o espaço estratégico para recusar a batalha napoleónica ao nível operacional, do mesmo modo que o acidentado teatro da Península Ibérica permitiu aos guerrilheiros e a Wellington, de modos distintos, manobrarem tacticamente e de forma superior à das forças de Napoleão. Estes fracassos resultaram de duas grandes razões. Em primeiro lugar, Napoleão era o líder político e o comandante estratégico dos seus exércitos; também era geralmente o comandante de teatro e foi muitas vezes, nas principais batalhas, o comandante táctico sénior. Todavia, não podia desempenhar todas estas funções em simultâneo, particularmente em Espanha e no mar, e os seus substitutos no comando não estavam ao seu nível: havia apenas um Napoleão. Em segundo lugar, houve razões operacionais para estes fracassos. O emprego da força por Napoleão não foi igualmente eficaz em todos os níveis da guerra; ele possuía um exército de massas, mas mesmo dividindo-o em corpos as suas tácticas nem sempre foram eficazes. É importante não confundir o modo como um exército combate, as suas tácticas e poder de fogo, com a sua organização. São duas questões estreitamente relacionadas mas distintas. Em termos ideais, a organização deve adequar-se às tácticas ou as tácticas devem adequar-se à organização. Factores como as comunicações, o aprovisionamento, líderes adequados e, num nível superior, forças multinacionais – tais como as coligações formadas contra Napoleão – requerem frequentemente que as tácticas se adeqúem à organização. As tácticas e o poder de fogo, embora separados, também estão estreitamente relacionados: o poder de fogo é detido por uma força e possui características mensuráveis, entre as quais os seus efeitos explosivos e cinéticos, a sua quantidade, rapidez, cadência, alcance e trajectória. As tácticas são a aplicação do poder de fogo – através de procedimentos e manobras decididas pelo comandante – que obriga o adversário a baixar a guarda e o destrói no campo de batalha. O recontro táctico é o coração da batalha. Tendo em conta as suas vitórias, torna-se claro que Napoleão era tão bom táctico como estratego. Porém, ao investigarmos a sua utilização global da força, é importante compreendermos as suas falhas. As inovações de Napoleão deram-lhe vantagem ao nível operacional, mas os Britânicos conseguiram bater as suas forças no nível táctico: onde Napoleão compreendeu «massa», os britânicos compreenderam «poder de fogo».

Na época do mosquete, existia uma tendência considerável para acreditar que o número de homens nas fileiras constituía uma medida do poder de fogo disponível – que massas de homens equivaliam a massas de fogo. Todavia, para que massas de homens gerem um fogo eficaz, existe a necessidade de uma decisão, no meio do combate, sobre o momento, a quantidade e o alvo do fogo. É pelo facto de todas as decisões serem tomadas e implementadas debaixo de fogo que existe a necessidade de as forças executarem previamente exercícios e procedimentos apropriados – uma necessidade que ainda hoje se verifica, independentemente do número de homens em causa. Sem estes exercícios e procedimentos, os comandantes não conseguirão movimentar as suas unidades suficientemente depressa em relação ao inimigo de modo a gerarem um fogo eficaz e assim manterem a iniciativa – por outras palavras, ditarem o rumo dos acontecimentos. Esta é uma das características mais básicas e eternas de um exército ao nível táctico. Quando observamos uma parada, como por exemplo um render da guarda, estamos a assistir à recriação dos movimentos do exército wellingtoniano em combate. Nestas impressionantes manobras de grandes blocos de homens a marchar podemos ver, ainda hoje, a facilidade com que um grande número de homens entra ou sai de formação de combate. Se imaginarmos as tropas utilizando as armas com que marcham – não as espingardas automáticas de hoje, mas sim os mosquetes de antanho –, poderemos compreender o efeito das descargas da infantaria. Para manter o maior poder de fogo possível, podem substituir-se as inexistentes armas automáticas formando as tropas numa linha de duas fileiras (duas linhas paralelas), com as fileiras disparando à vez: a primeira ajoelha e carrega, enquanto a segunda dispara à ordem de fogo; enquanto a segunda carrega, a primeira dispara à ordem de fogo, e assim por diante. É uma barragem contínua, na qual a soma dos projécteis individuais se concentra numa força poderosa. Esta táctica encontra-se bem recriada no filme *Zulu*, um clássico da década de 60, cujo tema é o ataque a um posto colonial em África, na década de 90 do século XIX. Vaga após vaga de zulus é ceifada por duas fileiras de infantaria disparando à ordem de fogo. O resultado é a salvação do posto: uma vitória táctica([15]).

([15]) Durante a Guerra dos Zulus, em Rorke's Drift, em 22-23 de Janeiro de 1879. E ao contrário dos exércitos napoleónicos, os 139 soldados britânicos que derrotaram cerca de 4000 zulus dispunham de espingardas de retrocarga. Todavia, nem sempre a concentração maciça do poder de fogo era suficiente. Tal como retrata admiravelmente o filme *Zulu Dawn*, na Batalha de Isandlwana, travada poucas horas antes de Rorke's Drift, cerca de 900 soldados britânicos foram aniquilados por 22 000 zulus. (*N.T.*)

Assim, embora as inovações de Napoleão lhe dessem a vantagem no nível do teatro de guerra ou na campanha, os seus exércitos foram menos eficazes ao nível táctico porque ele nem sempre conseguiu traduzir a sua massa de homens numa massa de poder de fogo eficaz. De facto, na maioria dos recontros, a vantagem pertenceu às forças britânicas: a instrução wellingtoniana era indubitavelmente superior. A concretização desta vantagem levou o seu tempo e a Grã-Bretanha nunca produziu um exército suficientemente grande para enfrentar os Franceses sem apoio. No entanto, nas Guerras Peninsulares e em Waterloo, o exército britânico e os seus aliados sob comando Britânico conseguiram vencer o combate táctico, um nível no qual os britânicos possuíam uma mobilidade organizacional superior. Para compreendermos inteiramente o valor desta superioridade no combate táctico, é necessário entendermos dois outros conceitos: largura/profundidade e dispersão/concentração. Um comandante pode dispor uma força de duas maneiras: em largura ou em profundidade, o que por vezes se refere como em linha ou em coluna. Em largura, ele vê melhor o inimigo, pode disparar sobre uma área maior e tem mais oportunidades para atacar o adversário. Contudo, a sua linha é muito mais fácil de penetrar em qualquer ponto, é de difícil controlo e ele não pode explorar facilmente o êxito. Em profundidade, dá-se uma inversão destas vantagens e desvantagens. Uma força concentrada é poderosa no ponto de concentração, e é fácil de comandar e aprovisionar; porém, é difícil de movimentar, constitui um único alvo e não consegue ver o que se está a passar noutros pontos. Além do mais, também é difícil para o comandante escolher o local exacto para se concentrar. Mais uma vez, a dispersão apresenta o reverso destas vantagens e desvantagens. Contudo, não é a disposição da força que importa, é o efeito do seu tiro. No caso de homens equipados com armas de fogo directo e curto alcance, tais como o mosquete ou o rifle, a sua disposição pode ser considerada representativa do efeito do seu fogo. Mas com armas de maior alcance e capazes de dispararem sobre obstáculos maiores, tais como a artilharia, temos que considerar onde é que o fogo deverá ser eficaz e posicionarmo-nos em conformidade. A capacidade da artilharia e de armamentos similares alterarem o fogo da largura para a profundidade, de concentrarem o seu volume de fogo num único alvo ou de o dispersarem por vários, com rapidez e sem deslocação da linha de canhões, constitui o grande valor desta arma para o táctico. As forças aéreas são hoje de igual modo importantes para o comandante de teatro. Felizmente para os seus inimigos, na época de Napoleão, a artilharia estava ainda a começar a adquirir as suas características modernas, e o poder aéreo era um sonho por realizar. A essência da perícia táctica é conseguir passar rapidamente da largura para a profundidade ou vice-versa, e dispersar ou concentrar conforme apropriado.

Deverá ser agora possível compreender a superioridade táctica britânica sobre as forças de Napoleão: estavam organizadas e treinadas para se deslocarem no campo de batalha em grupos relativamente pequenos, em comparação com os Franceses. Assim, conseguiam passar rapidamente da linha – onde a máxima potência de fogo se alcançava com a maior rapidez através do disparo de descargas – ou de sucessivas fileiras, para a coluna, em ordem a explorarem um sucesso ou deslocar-se. Podiam concentrar-se num quadrado e gerar uma elevada densidade de fogo, ou dispersar em pequenos destacamentos. E esta flexibilidade era aumentada pelo facto de o pequeno exército britânico ser muito bem instruído – o que frequentemente não acontecia com o enorme exército de Napoleão, composto por entusiásticos conscritos. Wellington preferia a táctica de obrigar os Franceses a atacá-lo; como já referimos, ele utilizava o terreno para proteger as suas forças da artilharia. Ao fazê-lo, estava a jogar com a utilização francesa da massa: grandes colunas de infantaria avançavam depois de a artilharia ter supostamente enfraquecido a defesa – mas iam ao encontro das descargas da infantaria britânica. Nestas circunstâncias, o poder de fogo concentrado derrota o poder do número.

Os movimentos no campo de batalha napoleónico que descrevo poderão parecer simples e fáceis; na prática, eram confusos, complexos e letais. O general Chambray, um observador francês contemporâneo, descreve apropriadamente esta realidade:

> Tal como era seu costume, os Franceses carregaram de arma ao ombro [sem dispararem]. Quando chegaram perto do inimigo – a linha inglesa permaneceu imóvel, observou-se alguma hesitação no avanço. Os oficiais e subalternos gritaram aos soldados, «em frente; avancem; não disparem». Alguns até gritaram, «estão a render-se». Assim, o avanço foi retomado. Todavia, quando chegaram muito perto da linha inglesa, esta iniciou um fogo a duas fileiras que levou à

destruição ao coração da linha francesa, travou o seu movimento e provocou alguma desordem. Enquanto os oficiais gritavam aos soldados, «em frente, não disparem» (embora alguns soldados tenham começado a ripostar), os Ingleses pararam subitamente o seu fogo e carregaram à baioneta. Tinham tudo a seu favor; ordem, ímpeto, e a determinação para combaterem à baioneta. Pelo contrário, entre os Franceses já não havia nenhum ímpeto, somente desordem e surpresa, provocadas pela inesperada determinação do inimigo: a fuga era inevitável.

*

As derrotas de Napoleão foram importantes, particularmente para uma compreensão do emprego da força, mas as suas vitórias, ao longo de quinze anos, tiveram um significado muito maior e, seja qual for a bitola, foram espantosas. Além do mais, mesmo quando finalmente derrotado, a sua visão militar vingou: os seus inimigos acabaram por reformar os seus exércitos e, conscientemente ou não, fizeram-no nos parâmetros que ele estabelecera. E isto foi necessário, pois os exércitos que enfrentaram os Franceses tinham problemas com os seus oficiais e soldados. Os Prussianos constituem um excelente e importante exemplo, dado que as suas reformas, embora seguindo o modelo napoleónico, refinaram-no e deram origem a outra inovação: o estado-maior general.

À semelhança de muitos dos exércitos que enfrentavam os Franceses, o Exército Prussiano compunha-se de homens obrigados a servir à força e controlados pelo medo induzido através de uma terrível disciplina, simbolizada pelo uso frequente do chicote. O exército de conscritos francês também recorria a uma disciplina férrea, mas que não se baseava na coacção pelo terror. A maioria dos outros recrutas do Exército Prussiano compunha-se de estrangeiros, pois a população doméstica era considerada mais útil a lavrar a terra, a trabalhar e a pagar os impostos que permitiam aos príncipes formar os seus exércitos. Em 1742, Frederico, *o Grande*, estipulou que, como regra geral, dois terços dos batalhões de infantaria deveriam compor-se de estrangeiros, sendo o restante terço constituído por Prussianos. O resultado foi que a maioria dos batalhões se encheu de desertores de exércitos estrangeiros, prisioneiros de guerra, criminosos e vagabundos, recrutados através da manha, da violência e da atracção pelo ouro. Somente uma disciplina feroz poderia impedir a fragmentação desta heterogénea massa de soldados, caso contrário desertariam à primeira oportunidade. Na verdade, a deserção constituía a principal preocupação dos líderes militares: Frederico II iniciou *Les principes généraux de la guerre*([16]), escritos entre 1748 e 1756, com catorze regras para evitar as deserções; as considerações tácticas e estratégicas tinham de ser com frequência subordinadas à necessidade de as impedir. Por isso, as tropas eram formadas em linhas compactas e raramente se recorria a patrulhas de reconhecimento, pois era extremamente difícil perseguir um exército inimigo derrotado. Marchar à noite, para não falar de ataques nocturnos, ou montar acampamentos perto de florestas, eram actividades a evitar. Em tempo de paz ou de guerra, os soldados recebiam ordens para vigiar os seus camaradas, à cata de potenciais desertores. Até os civis enfrentavam pesados castigos se não detivessem um desertor para o entregar ao exército.

Consideremos estas tropas em comparação com os conscritos de Napoleão: soldados constantemente protegidos pela lei, soldados dispostos a combater, soldados nos quais, por todas estas razões, é possível confiar em qualquer tipo de marcha ou manobra. A diferença era imensurável, e também se estendia ao corpo de oficiais. Contrariamente aos novos profissionais de Napoleão, os prussianos ainda eram maioritariamente liderados por homens definidos pela classe e não pelas capacidades. Alguns eram estrangeiros, mas a maioria eram aristocratas oriundos das fileiras dos *Junkers* prussianos([17]). Nos seus escritos, Frederico II afirma repetidamente que os plebeus não devem receber comissões de oficiais porque as suas mentes tendem a pender mais para o lucro do que para a honra. Mas até as famílias de sangue azul tinham relutância em enviar os seus filhos para o Exército: embora uma carreira militar pudesse, com o tempo, revelar-se gloriosa e lucrativa, o nível académico da maioria das escolas militares era pouco superior ao da educação primária. Como resultado, o oficial prussiano médio

---

([16]) Publicado em língua portuguesa sob o título «Os princípios gerais da guerra, aplicados à táctica e à disciplina das tropas prussianas», in Frederico II da Prússia, *Reflexões sobre a Arte de Vencer*, Lisboa, Edições Sílabo, 2005. (*N.T.*)

([17]) A nobreza rural da Prússia e da Alemanha Oriental, responsável pela colonização e cristianização do Nordeste da Europa nos séculos XI, XII e XIII. No século XIX, assumiram o controlo das forças militares e da sociedade civil germânicas. O termo «*Junker*» significa «jovem senhor», no sentido de fidalgo rural. (*N.T.*)

raramente era instruído – uma situação que teve impacto no nível da liderança prussiana.

As deficiências do Exército Prussiano já tinham sido expostas no período de 1792–1795, quando, ao integrar a Primeira Coligação, enfrentou o exército revolucionário francês pré-napoleónico, na maioria composto por voluntários sem instrução, e perdeu. Estas derrotas iniciais levaram à criação de um colégio militar, a Kriegsakademie, para o estudo da teoria e prática militares, dirigido por um dos mais significativos reformadores do Exército Prussiano, o general Gerd von Scharnhorst. Militar experiente, ele ficara fascinado com aqueles soldados conscritos, quase todos de baixa condição e sem instrução, e com os seus oficiais desconhecidos, também eles muitas vezes quase sempre de origem modesta, que combatiam tão bem e derrotavam os exércitos profissionais da Europa. Scharnhorst e outros reformadores militares prussianos compreenderam relativamente depressa a flexibilidade operacional resultante da ideia do corpo de exército, mas depois deram-se conta de que isso não era o suficiente: havia muito mais em jogo do que a organização militar. Foi Scharnhorst quem se apercebeu de que era algo que, de um modo impreciso, tinha a ver com o novo Estado revolucionário – que era uma questão política –, algo que necessitava de muito mais perspicácia e compreensão do que a maioria dos oficiais possuía. Para começar a abordar esta complicada matéria, Scharnhorst introduziu os estudos liberais no programa de estudos da Kriegsakademie, um passo importante mas que pouco contribuiu para reformar verdadeiramente o Exército. Este facto não foi surpreendente, dada a imensidão da tarefa: o Exército Prussiano era demasiado grande e pesado; as suas colunas, tais como as austríacas e as russas, deslocavam-se apenas alguns quilómetros por dia, e a sua existência dependia de milhares de pesadas carroças de aprovisionamento. As tácticas também estavam ultrapassadas: os recrutas eram instruídos com os ritmos rígidos e lentos de autómatos, na previsão de um campo de batalha no qual os soldados formariam em linhas rígidas e inflexíveis, trocando descargas com as linhas igualmente rígidas e inflexíveis do inimigo. Foi este exército – enfrentando as tácticas mais flexíveis, a massa, o rápido movimento com soldados entusiastas e de elevado moral, e a estratégia de Napoleão, centrada na vitória decisiva – que perdeu a Batalha de Iena, em 1806. Demonstração impressionante da estratégia napoleónica, esta batalha não é muito conhecida – ao contrário de Waterloo, por exemplo –, o que é irónico, dado que constituiu a experiência definidora para uma geração de oficiais prussianos, em particular, como veremos, para um Carl von Clausewitz.

Alarmada pelas devastadoras vitórias francesas sobre a Áustria e a Rússia, em 1805, a Prússia mobilizou-se para a guerra em 1806, confiando algo exageradamente nas suas capacidades: a nação e o Exército estavam mal preparados psicologicamente. Napoleão respondeu com rapidez e o seu *Grande Armée* – de 200 000 homens, organizado em vários corpos e disposto *en carré* num eixo convergente – começou a movimentar-se no princípio de Outubro. O seu objectivo era uma vitória decisiva sobre o rei Frederico Guilherme da Prússia. Desde o início, a campanha não correu bem para as forças prussianas. Os corpos dos marechais Murat e Bernadotte atravessaram rapidamente o rio Saale e obrigaram a divisão do general Tauenzien a recuar sobre o exército do general príncipe Hohenlohe. Entretanto, o marechal Lannes alcançava uma pequena mas espantosa vitória em Saalfeld, derrotando o corpo do príncipe Louis Ferdinand, matando o seu comandante e fazendo 10 000 prisioneiros. A 10 de Outubro, com o moral prussiano caindo a pique, o exército comandado directamente por Napoleão encontrou a retaguarda de Hohenlohe a ocupar o planalto de Landgrafenberg, acima da cidade de Iena. Napoleão decidiu colocar o corpo do marechal Lannes e a Guarda Imperial no planalto para conter o centro inimigo. O marechal Augereau foi enviado pela direita e o marechal Ney pela esquerda, para envolverem os Prussianos de ambos os lados. Entretanto, os corpos do marechal Davout foram enviados para norte, em direcção a Apolda, para completarem o cerco. Napoleão passou parte da noite a supervisionar pessoalmente a construção de uma estrada de montanha para deslocar tropas e peças de artilharia para o planalto. Ao alvorecer, o exército francês estava posicionado de modo a formar uma frente com cerca de 2 km de largura. A meio da manhã, quando o denso nevoeiro abriu, Hohenlohe, que julgava estar a combater contra uma guarda de flanco, compreendeu o seu erro. Enquanto esperava por reforços, os Franceses começaram a atacar as suas forças, concentradas em terreno aberto. No princípio da tarde, Napoleão ordenou o avanço, empregando a sua reserva de 40 000 homens; confrontadas com o avanço de uma gigantesca massa de 90 000 infantes e cavaleiros apoiados por artilharia, as tropas de Hohenlohe debandaram. A batalha terminou antes das 16:00 horas. Metade dos soldados franceses nem sequer disparou um tiro.

Napoleão convenceu-se de que alcançara a vitória decisiva sobre os Prussianos. Na verdade, Frederico Guilherme abandonara a zona na véspera, com 70 000 soldados, dirigindo-se para a fortaleza de Magdeburgo. A verdadeira batalha deu-se quando este exército encontrou o corpo isolado do marechal Davout, perto de Auerstadt. Composto por 26 000 homens, incluía apenas cerca de 1 500 cavaleiros e 44 peças de artilharia. O primeiro recontro com as forças prussianas teve lugar quando 600 cavaleiros de Blücher – o mesmo Blücher que alcançaria a fama em Waterloo – emergiram do nevoeiro a galope. Subsequentemente, os Prussianos lançaram quatro cargas de cavalaria sucessivas, cada uma de 2 500 homens. As tropas francesas, que tinham formado em quadrados de batalhão, resistiram aos ataques. Divisão após divisão de tropas prussianas foi assim contida, e Davout foi obrigado a empregar a sua reserva: um único regimento. Napoleão avaliara correctamente a força e organização do corpo de Davout. Pelo meio-dia, Frederico Guilherme decidiu retirar para se juntar ao exército de Hohenlohe e retomar o combate no dia seguinte. Para sua consternação, em vez de um exército, deu com uma massa de fugitivos do campo de batalha de Iena, e não lhe restou outra opção senão juntar-se-lhes. Deixou para trás 3 000 prisioneiros, incluindo Clausewitz, e 10 000 mortos. Davout contivera uma força três vezes superior à sua. Napoleão congratulou-o por esta façanha mas, em nome da lenda imperial, ordenou que as duas batalhas fossem recordadas apenas como «Batalha de Iena».

Os Prussianos foram totalmente derrotados porque Napoleão executara a sua aproximação de um modo que não lhes permitiu deduzirem as suas intenções a tempo de reagirem. Quando os exércitos entraram em contacto, Napoleão moveu-se mais depressa do que eles esperavam e a partir de direcções com as quais não contavam, pelo que, quando reagiram, fizeram-no com base numa compreensão errada do campo de batalha. Além do mais, os seus pesados procedimentos centralizados de comando e a insistência em que as ordens fossem obedecidas à letra significaram que os Prussianos que se encontravam mais próximos dos Franceses, que podiam ver o que estava a acontecer, não receberam liberdade de acção nem foram suficientemente informados para actuarem apropriadamente. Esta lição ainda encerra um grande significado. Em 1991, na Guerra do Golfo, quando a divisão blindada que eu comandava estava já há dezoito horas a atacar o Iraque, a minha força de reconhecimento deu notícia de blindados iraquianos avançando na nossa direcção. Um pouco mais tarde, já ao alcance das nossas armas, as unidades blindadas inimigas foram destruídas. Os prisioneiros que fizemos disseram-nos que tinham avançado para contra-atacar a brecha que havíamos aberto, na véspera, no obstáculo constituído por profundos campos de minas ao longo da fronteira iraquiana, a cerca de 100 km de distância. Ou seja, o seu comandante reagira a uma acção que tivera lugar dezoito ou vinte e quatro horas antes, e 100 km para a retaguarda.

O acordo de paz só foi concluído em 1807, em Tilsit, assinado, no dia 25 de Junho, por Napoleão e pelo czar, aliado do derrotado rei da Prússia, sobre uma jangada especialmente construída e ancorada exactamente a meio do rio Niemen, na Prússia Oriental. Segundo os termos do acordo, a Prússia perdeu metade da sua população e território, tornando-se efectivamente um satélite francês. Além disso, as forças prussianas foram reduzidas para um máximo de 42 000 homens, com limites impostos ao número autorizado para cada arma ou ramo. Estas reduções e restrições representaram um golpe adicional para o Exército, que ainda se encontrava atordoado pelas suas esmagadoras derrotas em Iena e Auerstadt. No entanto, foi através da implementação destras limitações que se realizou a sua reforma, e com efeitos duradouros: com o passar dos anos, nasceu um Exército diferente, com o seu novo «soldado pensante», a inovadora ideia do estado-maior general e, em última análise, as teorias de *Da Guerra*. Combinados, estes três factores produziram uma energia doutrinal – e o sistema nervoso para a sua transmissão –, que permitiria à Prússia e à Alemanha evoluírem durante os cem anos seguintes e criar um modelo de comando que acabou por ser emulado por muitas das principais instituições militares de todo o mundo. Este modelo estabeleceria uma compreensão da organização e emprego da força que veio a dominar o campo de batalha em duas guerras mundiais – e talvez ainda o domine. E tudo começou com as dolorosas reformas pós-Iena.

O general Scharnhorst liderou o processo, apoiado por um impressionante grupo de generais que compreenderam a necessidade de uma reforma total do Exército, do corpo de oficiais e das operações. Ao nível estrutural, os reformadores prussianos criaram seis corpos, seguindo o sistema francês do *corps d'armée*. Continham três tipos de forças – artilharia, infantaria e cavalaria –, e estavam organizados em brigadas com 6000/7000 efectivos cada uma. Seguidamente, dedicaram a sua atenção às questões dos homens e das armas. Para aumentarem rapidamente o número de efectivos do Exército sem violarem abertamente o tratado de 1807, o complemento autorizado de recrutas foi chamado e metodicamente instruído durante alguns meses, sendo depois enviados para casa, prontos a apresentar-se em caso de necessidade – de seguida, foi chamado o complemento seguinte, que recebeu o mesmo tratamento. Tratou-se de outra emulação do sistema francês, neste caso a conscrição de homens fisicamente aptos – mas com uma grande diferença: não foi uma conscrição universal nem, como referiremos adiante, uma conscrição de patriotas entusiastas de um Estado de cidadãos, pois este Estado ainda não existia na Prússia; tratou-se, antes, de uma conscrição selectiva para um curto tempo de serviço. Deste modo, os Prussianos redefiniram efectivamente o propósito da conscrição. Napoleão utilizava as *levées* para manter os seus exércitos em tempo de guerra – o cidadão era chamado a substituir as perdas provocadas pela guerra. Os Prussianos utilizaram a conscrição para criarem um Exército pequeno em tempo de paz, mas que também era uma máquina para treinar homens que regressavam à vida civil como soldados à espera de uma guerra – e com os quais, logicamente, o Exército poderia ser aumentado em caso de necessidade. Uma última mudança na estrutura do Exército foi a suspensão do princípio da promoção baseada na antiguidade, numa tentativa de instilar a meritocracia. A capacidade e o profissionalismo tornaram-se os atributos definidores.

Houvera uma enorme perda de armamento em Iena. Por consehuinte, estabeleceram-se oficinas de reparação, as instalações do principal fabricante, em Berlim, foram aumentadas para produzirem 1000 mosquetes por mês, foi criada uma nova fábrica em Neisse e compraram-se armas à Áustria. Em três anos, ficaram disponíveis mais de 150 000 armas de fogo. As peças da artilharia de campanha também necessitavam de ser substituídas. As oito fortalezas prussianas que restavam após Tilsit forneceram o material para fabricar novas peças e foram organizadas fábricas para a sua produção.

Decorridos três anos, o exército dispunha de peças de artilharia suficientes para apoiar forças de 120 000 homens. Em 1809, o Exército Prussiano estava já completamente reorganizado, com as suas regras, regulamentos e estruturas alterados. Em 1812, estas mudanças permitiram à Prússia alinhar um exército de apenas 42 000 efectivos (oficialmente), mas que se expandiu, em poucos meses, para uma força completamente equipada de quase 150 000 homens. Este novo exército de conscritos combateu com êxito nas últimas campanhas napoleónicas, em 1813-1815, pelo que a sua estrutura permaneceu o modelo para os exércitos prussianos e alemães nas décadas que se seguiram.

O novo Exército Prussiano era uma organização muito mais flexível e de melhor resposta do que o seu antecessor. No entanto, teve que ser reformado no âmbito do Estado prussiano, na forma que este assumia: uma monarquia ao estilo antigo. A consequência foi os reformadores verem-se confrontados com um dilema: como enfrentar um exército de massas? O Exército Francês era motivado por uma ideologia revolucionária nacional, tinha de ser enfrentado com outro exército de massas, motivado por outra ideologia revolucionária nacional. Para formar semelhante exército, era necessário inspirar e atrair o povo às armas – ou, nas palavras dos reformadores, despertar as «forças infindáveis por desenvolver e utilizar [que] dormitam no seio de uma nação»([18]). Mas este passo poderia muito bem levar à democratização do Estado e à destruição do sistema monárquico através de uma revolução. Os oficiais a braços com a remodelação do Exército eram reformadores, não eram revolucionários, e desejavam evitar um resultado semelhante a todo o custo. Esta questão atormentaria a instituição militar prussiana até à década de 60 do século XIX, quando foi finalmente aprovada uma lei da conscrição universal, precursora e participante nas guerras da unificação alemã que deram origem a um grande Estado com um conceito de nacionalidade e nacionalismo totalmente desenvolvido, atraindo os homens para o serviço à pátria. Até lá, e particularmente no período de reformas pós-Iena, a solução que os reformadores experimentaram foi tentar aliar a tradicional legitimidade dinástica do monarca prussiano, que fora a força motriz do Exército anterior, a um novo enfoque na «legitimidade nacional» ou

---

([18]) Citado por David Thomson in *Europe Since Napoleon*, Pelican Books, 2.ª edição, 1983, p. 120. (Nota do Autor)

Fundação: de Napoleão a Clausewitz

orgulho nacional. Este nascera inicialmente de uma perene e colectiva antipatia face à França e a Napoleão, decorrente das derrotas humilhantes, e foi reforçado pela vitória prussiana em Leipzig, em 1813. Este orgulho nacional era uma ideia que a maioria da população poderia subscrever, dispondo-se logicamente a prestar serviço militar por ela. Deste modo, foi possível introduzir a conscrição, embora o país não fosse ainda um Estado de cidadãos. Ao mesmo tempo, foi também possível preservar a estrutura social tradicional, na qual os príncipes e os duques, responsáveis perante o rei, lideravam os exércitos em campanha (ao contrário dos Franceses, que substituíram os aristocratas que ainda não tinham guilhotinado por soldados mais profissionais), e os *Junkers* forneciam o corpo de oficiais.

Neste cenário, os reformadores prussianos também lidaram com as questões vitais do comando e da liderança. As mudanças já iniciadas com o estabelecimento da Kriegsakademie assumiram maior urgência e profundidade. Os oficiais passaram a ser recrutados pelo seu talento, instruídos em substância – em matérias militares, mas também académicas e intelectuais –, e promovidos em função do mérito e não da classe, da família ou do clientelismo régio. Foi o início da profissionalização militar prussiana. Assim, as novas brigadas e as suas subestruturas ficaram rapidamente sob o comando de líderes jovens e talentosos. Mas todos estes líderes e os seus homens também eram de um novo modelo: eram soldados pensantes, que seguiam o espírito e não a letra de uma ordem, que eram capazes de compreender o desenrolar da batalha e responder em conformidade. De facto, um modo de ver o desastre de Iena era precisamente o de oficiais seguindo estritamente as ordens em vez de, respeitando os seus parâmetros, tomarem as iniciativas necessárias, e de fileiras de soldados executando exercícios rígidos. Este «soldado pensante» não era um conceito específico da Prússia, e fora activamente desenvolvido pelos britânicos. O almirante John Byng, da Royal Navy, fora julgado e executado por ter falhado este teste, em 1756; preferira seguir a letra do que o espírito das suas ordens (deixando a esquadra francesa escapar-se das suas garras). Foi um marco importante. Em linha com o célebre comentário de Voltaire – «Neste país, é considerado bom, de tempos a tempos, matar um almirante para encorajar os outros» –, a execução de Byng teve um efeito galvanizante sobre o corpo de oficiais britânico, ao deixar bem claro que a patente pouco contava quando um oficial não combatia. Durante um ataque muita coisa podia correr mal, mas o único erro fatal era não atacar. As reformas e a instrução implementadas pelo general Moore na Divisão Ligeira, em 1799-1801, destinaram-se igualmente a encorajar o envolvimento activo do atirador como «soldado pensante» no campo de batalha. O propósito era, nas suas palavras, «exercitar a capacidade de decisão dos oficiais, de modo a que, quando entregues a si próprios, possam fazer a opção correcta. Não devem ter nenhuma hesitação em assumir a responsabilidade»([19]). Aquilo que, com o tempo, tornou notável o desenvolvimento prussiano do conceito do soldado apto a tomar iniciativas, foi a sua combinação com outra das inovações pós-Iena: o estado-maior general. Este corpo procurou corrigir algo que fora percepcionado como uma desastrosa desvantagem no desempenho prussiano durante as campanhas napoleónicas, nomeadamente a falta de uma estrutura central que pudesse coordenar não só as várias formações militares, mas também mediar entre a liderança política e a militar. Por exemplo, na descrição que fizemos da Batalha de Iena, pode observar-se que as forças francesas eram comandadas por marechais, enquanto que os Prussianos eram liderados por príncipes e duques – cada um com as suas próprias forças e respondendo directa e exclusivamente perante o rei. A necessidade de coerência e profissionalização era absoluta para que o Exército Prussiano pudesse vir a ser vitorioso.

O estado-maior tem sido um elemento integrante de qualquer formação militar, dado que todo o comandante necessita de assistentes; no Exército Prussiano, por exemplo, cada príncipe e duque tinha um estado-maior. Até às Guerras Napoleónicas, os estados-maiores tendiam a ocupar-se com a administração, combinando o funcionamento de uma grande casa senhorial com questões especificamente militares, tais como os abastecimentos, os sistemas jurídicos, a organização das formações e a transmissão de mensagens em combate. À semelhança do que sucedeu noutras áreas, foi

---

([19]) A Divisão Ligeira era uma unidade de elite, de infantaria ligeira, para flagelação do inimigo e não para acções de choque ou de fogo concentrado simultâneo. O tipo de doutrinamento ministrado por Sir John Moore não se destinava à esmagadora maioria das unidades do Exército Britânico, cuja eficácia dependia precisamente de automatismos realizados em grande sincronia. (*N.T.*)

Napoleão quem originou a mudança inicial – devido, em grande medida, ao seu novo *corps d'armée*. Com um sistema tão disperso, tornou-se necessário dispor de um corpo central que pudesse agir como um sistema nervoso ligando todos os corpos. A sua solução foi a organização de um estado-maior general, inovadora mas não totalmente eficiente. Tal como sucedeu com a conscrição, a sua origem foi um esquema fortuito iniciado pela Revolução Francesa, do qual ele gostou e depois institucionalizou. Os novos exércitos de massas, com os seus comandantes também novos, careciam de homens para impor a ordem nestas formações, bem intencionadas mas completamente desorganizadas. Louis Berthier, um soldado profissional que servira no antigo exército imperial, foi o mais importante. Adstrito ao Exército de Itália, em 1795, demonstrou uma notável capacidade para a organização e centralização – um facto que Napoleão reconheceu quando assumiu o comando. Berthier tornou-se chefe do estado-maior de Napoleão, sendo responsável pelo equipamento das tropas, pelo pessoal e pelas provisões, mas o seu verdadeiro brilhantismo consistia na sua capacidade de traduzir as muitas ordens do imperador em mensagens facilmente inteligíveis pelos seus subordinados. O seu estado-maior tornou-se o corpo central que organizava, auxiliava e transmitia directivas a todos os componentes do *Grande Armée*. Mas o planeamento militar era apenas parte dos deveres do estado-maior de Napoleão, que também combinava as funções de casa pessoal e administração imperial. Foi este o seu principal defeito. Com o imperador como única fonte de orientação, a sua eficiência diminuiu à medida que aumentou a escala da guerra e o seu império.

O modelo prussiano de estado-maior era inerentemente diferente do francês, destinando-se à criação de uma base ampla mas detalhada para um planeamento e comando profissionais. Como tal, foi concebido por Scharnhorst como uma instituição de *ethos* idêntico ao da Kriegsakademie, e aquando da sua fundação, em 1808, Scharnhorst assumiu naturalmente o papel de seu primeiro chefe. Nesta qualidade, centrou-se na integração, num corpo central, dos novos oficiais de média patente, bem instruídos com uma formação comum, que o colégio de guerra estava a produzir. A Lei de Defesa de 1814, que criou estados-maiores permanentes para as divisões e corpos de exército, realçou ainda mais a utilidade conjunta da Kriegsakademie e do estado-maior general: ao ligar o corpo central de orientação às formações de combate, deu início ao desenvolvimento de um sistema nervoso servido e gerido por oficiais de idêntica formação. E isto também ajudou a resolver o problema de como preservar a autoridade da monarquia ao travar a guerra com cidadãos-soldados: equiparando um estado-maior general profissional, que ia do nível estratégico ao táctico, aos nomeados para o comando pelo monarca, a autoridade régia tornava-se sinónimo de competência profissional. Com o tempo, este *ethos* comum seria ainda mais sublinhado, como medida para a criação de comandantes de idêntica instrução, pensamento e capacidades, versados nos detalhes de cada plano e contingência. Todavia, as tarefas rotineiras do estado-maior e a base da maioria das carreiras eram a criação de mapas, a obtenção de informações, a preparação de planos de mobilização e a coordenação de horários ferroviários – porque o principal propósito do estado-maior general era a preparação para a guerra, principalmente ao nível táctico. Após a morte prematura de Scharnhorst, em 1813, e o fim das grandes campanhas depois da derrota de Napoleão, em 1815, diminuiu o interesse pelas reformas militares. Por conseguinte, o estado-maior general perdeu significado para os militares alemães durante algumas décadas, e continuou a caber à Kriegsakademie ocupar-se das reflexões mais profundas, muito particularmente o corpo de ideias formulado por um dos seus principais licenciados e directores subsequentes, Carl von Clausewitz.

A combinação da extraordinária visão estratégica de Napoleão com as reformas fundamentais do Exército Prussiano por ele derrotado foi indubitavelmente crucial para formar a nossa compreensão do emprego da força. As acções de Napoleão conduziram ao nosso conceito de Guerra – guerras com G maiúsculo ainda conjuradas nos *media*, e que quase todos nós ainda julgamos que são travadas –, na qual procuramos o resultado político definitivo pela força das armas, enquanto que as reformas prussianas vieram a dar origem a uma notável máquina militar que se converteu no modelo para muitas das nossas instituições militares modernas. Todavia, é possível que o significado de Napoleão não tivesse sido compreendido, nem o significado das penosas reformas, se não fosse um homem: Carl von Clausewitz. Foi ele quem compreendeu que Napoleão não representava apenas uma força maior ou mais poderosa, mas sim uma força completamente diferente, que combatia por objectivos estratégicos diferentes. Foi ele quem traduziu este entendimento no monumental *Da Guerra*, codificando as acções de Napoleão num enquadramento teórico e descrevendo também as reformas prussianas. Ao fazê-lo, Clausewitz criou um dos mais importantes e perenes textos de filosofia militar jamais escritos.

Carl Philipp Gottlieb von Clausewitz foi um soldado profissional que atingiu a patente de major-general, mas embora tenha servido por duas vezes como chefe de estado-maior em grandes formações de combate, nunca exerceu funções de alto-comando operacional. No entanto, era um oficial extremamente experiente, que teve o seu baptismo de fogo aos treze anos de idade, em 1793, ao integrar as forças da Primeira Coligação que enfrentaram os exércitos revolucionários franceses. Combateu depois em todas as Guerras Napoleónicas, incluindo na Batalha de Iena, em 1806, na qual foi ferido e capturado. Além de lhe instilar uma antipatia por tudo o que fosse francês até ao fim dos seus dias, o seu ano de prisão e subsequente convalescença deixaram-no fora do grupo inicial de reformadores militares que transformou o Exército Prussiano após a humilhação de Iena. Permaneceu à margem devido a um ano de serviço no Exército Russo, durante a campanha de 1812, depois de, juntamente com trinta dos seus colegas oficiais, se ter demitido do Exército Prussiano em protesto contra a aliança franco-prussiana assinada nesse ano. Foi readmitido no estado-maior general prussiano em 1815, mas devido à sua suposta deslealdade não lhe foi atribuído nenhum comando nem posição estratégica. Assim, serviu como director do colégio militar prussiano, a Kriegsakademie, onde se dedicou ao ensino e aos seus escritos. Em 1830, foi nomeado chefe do estado-maior do Exército Prussiano, num período de rápida preparação para a guerra em resposta às sublevações em França e na Polónia[20]. Passado o perigo, uma epidemia de cólera eclodiu a leste, e Clausewitz foi incumbido de organizar um cordão sanitário para conter a sua progressão. A missão não foi um sucesso e ele próprio sucumbiu, em Novembro de 1830, aos cinquenta e um anos de idade.

Nas cartas que escreveu à mulher, é evidente que Clausewitz ansiou por um alto-comando durante toda a vida. Mas devido às

---

[20] A Revolução de Julho, em França, e a Revolução dos Cadetes, contra o domínio russo na Polónia e Lituânia. (*N.T.*)

suas origens relativamente humildes, no seio de uma família que não era *Junker*, e parcialmente à sua breve deserção em 1812, nunca o conseguiu. Bem ou mal, foi considerado inadequado para um alto comando em campanha. Tal como disse dele um contemporâneo, o general Brandt, após a sua morte: «como estratego, ter-se-ia distinguido enormemente... [mas] faltava-lhe a arte *d'enlever les troupes*»[21]. A adequabilidade para o comando é uma questão complexa, à qual regressarei no próximo capítulo; limitar-me-ei aqui a sublinhar que Clausewitz foi único. Muitos oficiais dão origem a avanços teóricos menores – ainda que significativos –, mas só ele escreveu *Da Guerra*, uma obra magna constituída por oito livros. Pode não ter conduzido grandes exércitos no campo de batalha, mas a sua compreensão e análise de ambos foi suprema. Alguns dos escritos de Clausewitz são específicos dos exércitos do seu tempo. Ao lermos Clausewitz, não podemos esquecer que a sua visão é anterior à espingarda de retrocarga, ao caminho-de-ferro, ao avião, ao tanque e ao rádio. Contudo, muito do que escreveu continua a ser relevante – o que demonstra que ele compreendeu a verdadeira essência da guerra, razão pela qual *Da Guerra* é perene.

Clausewitz foi muito influenciado pelo general Gerd von Scharnhorst, o reformador militar prussiano, que conheceu aos vinte e um anos de idade, em 1801, enquanto aluno da Kriegsakademie. Tornou-se rapidamente um dos discípulos e melhores alunos de Scharnhorst – foi o primeiro da sua classe, em 1803 –, comungando do seu enfoque em Napoleão e nas suas inovações. Foi assim que Clausewitz compreendeu, desde muito cedo, que o estudo dos novos exércitos franceses e das suas campanhas era imperativo. Enquanto combatia contra esses exércitos, dedicou-se a estudá-los em pormenor – durante os doze anos como director do colégio de guerra, escreveu estudos originais acerca da maioria das campanhas napo-

---

[21] Graham, J. J., «Brief Memoir of General Clausewitz», in Clausewitz, Carl von, *On War*, Penguin, 1985, p. 96. [O general Brandt, que pertencia ao estado-maior de Gneisenau, privou inúmeras vezes com Clausewitz. Vale a pena citar o seu comentário por inteiro: «O modo como o general Clausewitz analisava as situações, tirava conclusões a partir das movimentações e das marchas, calculava o tempo de duração das marchas e identificava os pontos de decisão era extremamente interessante. Infelizmente, o destino negou-lhe a oportunidade de mostrar os seus talentos no alto comando, mas estou firmemente convicto de que ele se teria distinguido bastante como estratego. Por outro lado, como líder no campo de batalha, estaria algo fora do seu elemento; por não ter hábito de comando, faltava-lhe a arte de *enlever les troupes*». (*N.T.*)]

leónicas – e continuou a fazê-lo até à morte. Destas detalhadas investigações e reflexões, nasceu *Da Guerra*. A obra foi publicada postumamente, em 1832, pela mulher, sua admiradora, que observou, no prefácio original, que Clausewitz trabalhara em ideias e esboços para o livro desde 1816. De facto, ele morreu antes de concluir a revisão dos oito livros como um todo, registando ele próprio, em notas datadas de 1827 e 1830, que os livros mais recentes impunham uma revisão dos primeiros. Em particular, observou que existiam outras formas de guerra além da guerra entre nações e/ou Estados, e que embora a violência absoluta fosse teoricamente imprescindível na guerra, existiam motivos – dependendo do seu objectivo político – para moderar a violência. Estas questões serão examinadas na Parte III.

A teoria da guerra formulada por Clausewitz contém vários conceitos, mas dado que são discutidos em oito volumes, limitar-me-ei estritamente a abordar os três conceitos que considero relevantes para a presente narrativa. Começo por dar primazia à sua ideia da «notável trindade» de Estado-exército-povo, que para mim significa o governo, os militares – todas as forças armadas – e a população. Clausewitz derivou esta formulação de um claro entendimento de que a forma de guerra napoleónica, o imenso acontecimento militar com um desfecho decisivo, iria tornar-se o modelo prevalecente: Nas suas palavras,

> Será sempre assim no futuro? A partir de agora, todas as guerras na Europa serão travadas com a totalidade dos recursos do Estado, só podendo, por isso mesmo, ser travadas por grandes causas que afectem o povo? Ou assistiremos novamente a uma separação gradual entre o governo e o povo? Estas perguntas são de difícil resposta, e seremos os últimos a ousar responder-lhes. Mas o leitor concordará connosco quando dizemos que depois de derrubadas, as barreiras – as quais, em certo sentido, consistem unicamente na ignorância que o homem tem do possível – não serão facilmente reerguidas. Pelo menos quando estiverem em jogo grandes interesses, a hostilidade mútua expressar-se-á de modo idêntico ao de hoje[22].

---

[22] Clausewitz, Carl von, *On War* (ed. e trad. de Michael Howard e Peter Paret), Princeton University Press, 1976, p. 593. (Nota do Autor)

Baseado nesta visão conceptual, ele formulou a relação triangular, na qual os três lados são igualmente relevantes – e na qual, para se ter êxito na guerra, têm que ser mantidos em equilíbrio. Como veremos em capítulos posteriores, esta trindade é crucial para todas as formas de guerra, ainda hoje. Neste sentido, discordo de alguns que consideram Clausewitz e a sua trindade irrelevantes: segundo a minha experiência em operações nacionais e internacionais, sem os três elementos da trindade – Estado, militares e povo – não é possível conduzir uma operação militar com êxito, particularmente se for prolongada. Este facto deve-se ao segundo conceito clausewitziano básico aqui relevante, e ao qual está ligada a trindade, o do primado da política: «A guerra tem as suas raízes num objectivo político, pelo que, naturalmente, este motivo original que provocou a sua existência deve também continuar a ser a primeira e mais importante consideração na sua conduta»([23]). Infelizmente, esta ideia clara perdeu-se – e até tem sido contradita – devido à frequente utilização do título da secção que a segue: «A guerra é a simples continuação da política por outros meios». Isto deu origem a dois mal-entendidos comuns. Primeiro, que existe um ponto no qual as iniciativas políticas e diplomáticas são interrompidas e começa a guerra, ao passo que Clausewitz deixa absolutamente claro, na citação referida e noutras passagens, que se trata de actividades paralelas. Em segundo lugar, que os objectivos políticos e militares são idênticos, enquanto que Clausewitz sublinha que são definitivamente separados mais inteiramente relacionados. Todavia, do mesmo modo, julgo que também devemos compreender o seu uso da palavra «políticos» como um definição muito mais ampla do que a associada à governação dos Estados – tal como existiam no seu tempo, ou dos nossos Estados--nações modernos. É a actividade e interacção da entidade política formal e informal. Por exemplo, o moderno senhor da guerra angolano, que obtém o seu poder dos diamantes e dispondo de forças armadas próprias, tem um objectivo político, por informal que seja, subjacente às suas acções. Ele emprega a sua força para estabelecer uma posição política, e fá-lo enquanto conduz negociações políticas ou económicas: são actividades concomitantes.

([23]) Secção 23, cap. I, livro I (ed. Penguin, p. 119). (Nota do Autor)

O terceiro conceito de *Da Guerra* que descobri ser de grande valor prático é a descrição da guerra como produto de um «teste de força» e de um «choque de vontades»:

> Se desejarmos derrotar o inimigo, adequamos o nosso esforço às suas capacidades de resistência. Isto é expresso pelo produto de dois factores que não podem ser separados, nomeadamente *a soma dos meios disponíveis* e *a força da Vontade*.([24])

Este é outro entendimento claro retirado da experiência da época de Clausewitz, quando Napoleão compreendeu o que poderia ser conseguido com a força concentrada do Estado. As «guerras de manobra» do século XVIII, profundamente interligadas com a diplomacia, tendiam a ser um choque de vontades. Mas ao esmagar a principal força inimiga numa batalha de aniquilação, Napoleão vencia o teste de força – e a vontade do Estado adversário entrava em colapso. Este conceito tornou-se fundamental para o paradigma da guerra industrial entre Estados, e continua a ser um princípio do pensamento militar. Porém, como veremos na Parte III, nas circunstâncias que hoje se verificam, o objectivo que se procura alcançar é frequentemente a vontade do povo – mas ainda existe a tendência para empregar uma força militar esmagadora na convicção de que vencendo o teste de força se destruirá a vontade do adversário. Mas Clausewitz sublinhou ambos os factores em igual medida, sem sobrepor nem subordinar um ao outro – ou seja, deve-se examinar cada situação para decidir sobre a relação entre ambos.

O *continuum* e a combinação da visão de Napoleão, da reforma militar prussiana e da visão teórica de Clausewitz estabeleceram indubitavelmente a estrutura para as novas formas de forças e para a aplicação da força. Estas foram as bases do paradigma da guerra industrial entre Estados – juntamente com o elemento político: na Revolução Francesa, o povo converteu-se numa força política, e a força militar tornou-se um meio para alcançar directamente o objectivo político. Efectivamente, Napoleão garantiu que se tornaria o meio e, tal como Clausewitz previu, o seu modo de fazer a guerra prevaleceu. Na verdade, através de duas décadas de vitórias sobre

---

([24]) Secção 5, cap. I, livro I (ed. Penguin, p. 104), em itálico no original. (Nota do Autor)

outros exércitos, Napoleão acabou por influenciá-los. Estas mudanças reflectem uma verdade subjacente, mais eterna do que napoleónica: a guerra é uma actividade imitativa e recíproca. De forma a derrotarmos o inimigo numa guerra prolongada, tornamo-nos cada vez mais como ele, e acabamos por nos alimentarmos um do outro. A forma da imitação reflectirá a sociedade específica e os seus objectivos ao entrar em determinada guerra, mas não deixará, em grande medida, de copiar a ideia básica. Assim, em finais da segunda década do século XIX, encontramos a maioria dos exércitos que participaram nas guerras contra Napoleão exibindo os atributos básicos das forças napoleónicas:

- O aparecimento de exércitos de cidadãos conscritos em massa, reforçados pela tecnologia.
- Destruição das principais forças inimigas como objectivo estratégico.
- Manutenção de grande número de reservas em tempo de paz, e criação de novos exércitos em tempo de guerra.
- Divisão hierárquica dos exércitos para permitir o controlo e a rápida movimentação.
- Profissionalismo e meritocracia associados ao comando das divisões.
- Instrução profissional no âmbito de uma doutrina de guerra.

As três qualidades da força como sendo decisiva, total e enquadrada na trindade governo-povo-militares evoluíram continuamente durante o século XIX, estabelecendo claramente o paradigma e atingindo finalmente o culminar nas duas guerras mundiais do século XX. A necessidade de garantir um desfecho decisivo tornou necessária a prossecução da guerra através da trindade, cujos elementos estavam claramente interligados: já não seria possível praticar a guerra sem o apoio e a participação do povo, desde os soldados do exército de massas até aos trabalhadores que o financiariam. Mas a guerra só poderia ser declarada, com fins políticos, pelo governo – que se tornou gradualmente do povo –, e dirigida profissionalmente pelos militares, que necessitavam de um exército de massas para implementarem o novo tipo de guerra. Dado que cada um destes três elementos era igualmente crucial, a guerra industrial acabou por se tornar total. De facto, a «guerra total» não deve ser exclusivamente associada às duas guerras mundiais. Trata-se de um termo que teve origem na interpretação que Clausewitz fez das estratégias de Napoleão e do modo como ele as implementou. Em cada Estado e em cada guerra, o equilíbrio entre os três elementos da trindade era diferente mas a lógica que os ligava era idêntica e, com o evoluir do século, tornou-se mais forte: por toda a Europa, surgiram Estados-nação, os cidadãos reclamaram os seus direitos e os governos passaram a ser eleitos. O patriotismo e o nacionalismo tornaram-se sentimentos comuns e promoveram a competição entre as nações. Começavam a definir-se as causas políticas da guerra total.

A partir de 1815, estas estruturas básicas levaram ao desenvolvimento de instituições para as apoiarem, alimentadas pelo pensamento dos governos, que seguia uma lógica circular: para defendermos o nosso Estado e promovermos os nossos interesses, necessitamos de forças armadas. Napoleão ensinou-nos que, para vencermos, temos que travar a guerra com todos os recursos disponíveis. Para o fazermos, necessitamos de ser capazes de mobilizar um exército de massas e de constituir reservas consideráveis. Mas para mobilizarmos, precisamos de um plano estratégico para sabermos o que é necessário, por que ordem, com que fim. Contudo, para termos uma estratégia, necessitamos de um inimigo. O mais lógico é escolhermos o pior cenário, e estarmos preparados para todos os acontecimentos de menor importância. O pior cenário será sempre o nosso vizinho mais poderoso – contra o qual necessitaremos certamente de nos defender... Esta lógica institucional, que continua enraizada, conduziu ao desenvolvimento, por toda a Europa continental, de forças militares com as seguintes características:

- *Conscrição* – Para garantir uma reserva de efectivos treinados para expandir as forças armadas em caso de guerra, a população masculina era conscrita também em tempo de paz. Em meados do século XIX, a França e a Prússia possuíam uma elevada proporção de reservistas civis, situação que se verificou na maioria dos outros Estados europeus no final do século. A duração da conscrição variou de Estado para Estado e de período para período, mas os conscritos, que posteriormente se tornavam reservistas, e as unidades por eles compostas, eram sempre instruídos e organizados para um tipo de guerra, a do pior cenário, que só poderia ser a derrota da ameaça colocada pelo vizinho mais poderoso. Uma vez que a maioria dos vizinhos estava igualmente a proceder à conscrição de um exército semelhante, o resultado só poderia ser a guerra total.

- *Mobilização* – A evolução do Estado-nação e dos líderes eleitos pelo povo significou que os governos, cientes das consequências económicas da guerra total – a cessação da actividade económica regular para apoiar a guerra –, estavam relutantes em tomar a decisão de abertura das hostilidades até ao último momento possível. Isto levou ao desenvolvimento de planos de mobilização sofisticados para congregar os conscritos em serviço e os reservistas treinados, planos que, em teoria, permitiam identificar o último momento seguro para se entrar em guerra, no menor espaço de tempo possível, e para o aparelho governamental poder decidir. Afinal de contas, se a economia e o povo trabalhavam agora para a guerra, era necessária a existência de uma autoridade central para organizar o esforço. Além do mais, e para garantir que se agia verdadeiramente no «último momento seguro» para afectar a economia e o povo – que também se estava a converter no eleitorado –, os serviços de informação militar expandiram-se de forma inaudita: foram incumbidos de obter informações, o mais exactas possível, sobre questões como as capacidades do inimigo em termos de homens e material, planos de mobilização e movimentações em direcção às fronteiras.
- *Profissionalismo* – Era necessário, para administrar o aparelho da conscrição, uma linha de produção de efectivos instruídos e organizados, um corpo de oficiais para gerir e orientar os seus esforços. A instrução profissional destes oficiais tendia a centrar-se nos actos de condução para combate destas vastas forças conscritas e de execução de um plano predeterminado. Além disso, o escalão superior do corpo de oficiais tornou-se estreitamente ligado ao governo, na capital, não por razões de prossecução da guerra, mas de preparação da nação para uma guerra total. Para o fazerem, os militares necessitavam de conseguir uma fatia adequada do bolo económico nacional em tempo de paz.
- *Desenvolvimento tecnológico* – Com a conscrição dos recursos humanos da nação, surgiu a compreensão de que as suas

indústrias integravam o esforço de guerra total. Cada país procurou tecnologias melhores do que as dos seus oponentes. Este facto tornou-se particularmente evidente no caso das forças navais. Durante o século XIX, todas as marinhas encetaram a busca da superioridade numérica e de poder de fogo, em preparação para a batalha naval decisiva – equivalente à batalha terrestre decisiva napoleónica. Além do mais, todas as forças militares se aproveitaram dos progressos nas comunicações decorrentes da revolução industrial, o caminho-de-ferro e o telégrafo.

Estas características das forças militares e das instituições associadas tornar-se-iam firmemente estabelecidas durante o século XIX, e ainda estão presentes na maioria das sociedades, independentemente de o Estado manter um exército de conscritos ou profissional. E todas elas remontam a Napoleão.

*

Napoleão teve a sua conta em Waterloo, em 1815. Até ao fim, as suas forças foram soberbas e o seu emprego da força foi magistral, mas na última campanha fracassou. Foi um teste de força, ganho pelo exército aliado de Wellington com o reforço das forças prussianas de Blücher, que quebrou a vontade de resistência dos Franceses – uma derrota militar decisiva ao serviço de um objectivo político estratégico, a restauração do *ancien régime*. Os adversários de Napoleão bateram-no nos seus próprios termos: foi o fim.

2

Desenvolvimento:
Ferro, Vapor e Massa

Por muito planeamento, exercícios e manobras que a antecedam, uma batalha é um evento circunstancial. As possibilidades de vitória aumentam com uma preparação adequada mas, em última análise, os antagonistas travam a batalha do dia: noutro dia, no mesmo local e exactamente com as mesmas forças, travariam outra batalha em circunstâncias diferentes. Assim, todas as decisões que os comandantes tomam numa batalha decorrem das circunstâncias desse dia. Napoleão compreendeu este facto. Ele sabia que a organização – a definição de autoridade e responsabilidade, a congregação de forças e recursos, e a alocação de tarefas – estava directamente relacionada com a mobilidade, e que, face a um adversário, não era uma constante; a organização para o combate devia adaptar-se constantemente. Ao entender a «aproximação» como parte da batalha, ele planeava ditar as circunstâncias mais favoráveis nas quais combater, e com a sua «mobilidade organizacional» conseguiu fazê--lo repetidamente – razão pela qual foi não só um visionário, mas também um grande comandante.

O comando é um elemento crucial na utilização da força, dado caber ao comandante a decisão acerca da estrutura das suas forças e do emprego da força. Se decidir bem, e compreender o papel da força no âmbito do objectivo político estratégico mais vasto, a sua força também terá utilidade. O comandante é, pois, vital para compreender a força. Ele é a personificação das forças que comanda. A sua aptidão para a guerra, o seu carácter, o seu moral e a sua vontade de triunfar constituem os ingredientes essenciais que consolidam e dão enfoque à vontade e ao esforço das suas forças para vencerem.

O comandante é a fonte da lógica que move as suas forças, e da aplicação desta lógica à prossecução do objectivo. É ele que toma as decisões militares, e deve possuir toda a autoridade para o fazer; por sua vez, é responsável pelo resultado, a vitória ou a derrota. Tal como os níveis da guerra são diferentes, também o são as exigências do comando em cada nível; e o comandante em cada nível também está necessariamente dependente das acções e decisões dos que se encontram acima e abaixo dele. O resultado é que, para uma força militar ser bem sucedida, é de extrema importância que os comandantes, em todos os níveis, partilhem uma doutrina comum – refiro-me a um modo de pensar nas questões, não de lidar com elas –, de maneira a existir coerência de visão, interpretação e expressão, do nível estratégico ao táctico.

Na guerra, o comando é exercido face ao adversário e na adversidade. A liderança também. A diferença entre ambos é que o líder diz «venham», e o comandante diz «vão». Enquanto aqueles que são liderados confiarem na competência do líder para encontrar o caminho, reconhecer o objectivo e cuidar deles, segui-lo-ão. O comandante tem uma tarefa mais difícil: os indivíduos que ele manda avançar têm de estar confiantes de que conhecem o caminho, reconhecem o objectivo e são capazes de cuidar de si próprios – mas também têm de acreditar que serão apoiados e que o objectivo tem valor. A selecção dos indivíduos a mandar avançar e a criação deste nível de confiança são os principais deveres do comandante. Assim, quem aplica a força no campo de batalha é o líder, mas quem a liberta e orienta é o comandante – e todos os que estão sob o seu comando têm de confiar que a compreensão que ele tem da força lhes permitirá triunfar.

O seguinte dever do comandante é decidir entre imperativos irreconciliáveis à medida que surgem. Para o fazer, deve possuir conhecimentos do assunto, mas a sua perspectiva é a do generalista, do general, não a do perito. Ele disporá de especialistas no seu estado-maior e nas suas forças, e eles ajudá-lo-ão a formular o seu plano. Mas todo o planeamento é compromisso; não existe nenhum plano perfeito, apenas existe o melhor compromisso entre prioridades opostas, dadas as circunstâncias, – circunstâncias que, na guerra, incluem o inimigo, que não se poupa a esforços para frustrar a nossa acção. O comandante também decide e aceita compromissos nas suas forças: nem todos os seus oficiais e soldados serão perfeitos, e ele tem de aceitar este facto e elaborar os seus planos em conformidade. Até certo nível da hierarquia, o oficial muito competente consegue desempenhar algumas tarefas que não estão ao alcance dos outros: compensa a ineficiência deles com a sua perícia, geralmente supervisionando de perto os pontos fracos das suas tropas. O resultado frequente é uma promoção. Mas chegará a um nível em que a amplitude do comando é demasiado grande. Neste ponto, o comandante tem de aprender a tolerar – no sentido da engenharia – a ineficiência; não foi por isto que o promoveram, e alguns comandantes falham. Um obituário a Arthur Randolph, um cientista que desenvolveu o foguetão Saturno 5, é bem ilustrativo da necessidade de tolerar a ineficiência: «Queremos uma válvula que não permita fugas, e fazemos os impossíveis para a desenvolver. Mas o mundo real produz uma válvula defeituosa. Temos de determinar o nível de fuga que estamos dispostos a tolerar». Assim, para garantir um máximo de utilidade, o comandante deve aceitar a realidade dos seus subordinados e conceber o seu plano de acordo com a análise que faz deles e das suas capacidades. Se um homem for 80% eficiente, será um disparate incumbi-lo de uma tarefa que exija 90%. Ele fracassará e a culpa será do comandante, que exigiu mais do que aquele oficial poderia dar. Moltke, o Velho, chefe do estado-maior prussiano e posteriormente do alemão, terá sido quem melhor colocou esta questão, ao dizer: «Uma ordem deve conter tudo o que o comandante não pode fazer sozinho, e nada mais». Cabe ao comandante saber do que são capazes os seus subordinados quando dá a ordem.

O comandante deve conhecer muitíssimo bem as suas forças: os indivíduos, as estruturas, as capacidades. Se tiver forças de outros ramos sob o seu comando, deverá familiarizar-se com as suas estruturas e organizações; deverá avaliar os seus pontos fortes e fracos, e planear de modo a maximizar os primeiros e minimizar os segundos. Para assimilar por completo o significado destas questões, o comandante necessita de compreender a logística – a ciência da eficiência na deslocação e no armazenamento –, pois o movimento de massas e a execução de uma campanha são quase exclusivamente uma questão logística. Sem compreender a logística, o comandante pode vir a dar consigo a travar um combate que não pode manter – ou, como aconteceu com as forças da OTAN no Kosovo, em 1999, a ordenar o emprego de aviões adicionais sem aeródromos suficientes, um erro que foi rapidamente rectificado pela generosidade de um então recente aliado da OTAN, a Hungria([25]). Uma batalha pode ser um evento circunstancial, mas nem todas as circunstâncias serão necessariamente do momento. Uma grande parte do grau e da natureza do risco de uma iniciativa pode ser reduzida a um cálculo logístico.

Acima de tudo, o comandante é a fonte primária do moral para as suas forças. Defino o moral como o espírito que triunfa na adversidade: é produto da liderança, da disciplina, da camaradagem, da autoconfiança e da confiança no comandante e na sua equipa. Com forças sem um moral elevado, particularmente na guerra, o comandante tem poucas hipóteses de sucesso. Do mesmo modo, o comandante deve manter o seu próprio moral elevado, que o ajudará a suportar a solidão da tomada de decisões, e aqueles desgastantes dias e noites durante os quais assume os riscos e as incertezas. O seu moral ajuda-o a suportar o fardo: a consciência de que é responsável pelas vidas dos seus homens – e para ele alcançar o seu objectivo, não pode ter a certeza de que as salvará. Na verdade, a única certeza inerente aos planos do comandante é a de que haverá baixas.

A essência destes pontos tem sido constante para os comandantes ao longo dos tempos. Napoleão corporizou-os indubitavelmente na sua época, particularmente na sua capacidade de manobrar o seu estado-maior e as suas forças mas, acima de tudo, por ter criado um novo exército e ter sido vitorioso durante muitos anos. A grandeza de Napoleão como líder e comandante pode resumir-se num episódio: depois de ter fugido do seu exílio na ilha de Elba e desembarcado em França, muitos dos seus antigos soldados e inúmeros cidadãos acorreram a juntar-se-lhe, não obstante as experiências que tinham tido de uma guerra que culminara em derrota. Isto é algo de notável.

Napoleão e Clausewitz foram as duas figuras mais importantes na construção do paradigma da guerra industrial entre Estados, através de uma nova compreensão do emprego da força. Foram únicos por constituírem um par comandante-teórico, e por não terem trabalhado em parceria; na verdade, estavam em lados opostos.

([25]) Os aviões de ataque e cisternas partiam de bases nos EUA, Espanha, França, Inglaterra, Alemanha, Grécia, Itália, Turquia, Polónia e Hungria, a qual, pela primeira vez, disponibilizou aeródromos (3) para aeronaves de ataque. (*N.T.*)

Desenvolvimento: Ferro, Vapor e Massa

Subsequentemente, foi uma combinação de comandantes e líderes políticos que muito fez para dar forma ao paradigma no século XIX: o presidente Abraham Lincoln e o general Ulysses S. Grant nos EUA, e o príncipe Otto von Bismarck e o general Helmuth von Moltke (o Velho) na Prússia e depois na Alemanha. Lincoln e Bismarck possuíam uma compreensão profunda e instintiva da capacidade da força alcançar um objectivo político com uma vitória militar decisiva; Grant e Moltke tiveram a capacidade de moldar e utilizar as forças militares para obter essa vitória decisiva. Acima de tudo, os quatro possuíam a determinação inabalável para se manterem firmes no seu caminho até à vitória, por muito longo e árduo que fosse, e até face à desconfiança pública e política – porque para todos eles estavam em jogo os difíceis objectivos da nacionalidade. Foram estas fusões político-militares, combinadas com as enormes inovações industriais do século XIX, que muito fizeram para promover e reconfigurar o emprego e a utilidade da força de um modo que ainda hoje é reconhecível.

Um indicador das inovações de Napoleão e das teorias de Clausewitz foi o facto de terem transcendido a sua época pré-industrial, muito porque tanto um como o outro estavam mais preocupados com a essência da guerra do que com os seus modelos. Mesmo assim, é espantoso que os seus contributos se tenham baseado em princípios que se tornariam obsoletos em poucos anos, devido à tecnologia. As Guerras Napoleónicas foram quase as últimas a ser travadas com mosquetes, que estavam em uso há séculos, e a apresentarem marchas e linhas de abastecimento dependentes de bois e cavalos, ou linhas de comunicações baseadas em mensageiros, dois processos usados durante milénios. Decorridas algumas décadas, a espingarda de retrocarga e o cartucho de metal revolucionaram as tácticas, a energia a vapor e o caminho-de-ferro foram introduzidos, ampliando a guerra em todos os sentidos, e as comunicações foram fundamentalmente alteradas com a invenção do telégrafo. Estas mudanças no armamento, nos transportes e nas comunicações, três elementos básicos da guerra, alteraram de modo substancial o emprego da força no século XIX.

A energia a vapor e a sua aplicação aos navios e veículos terrestres constituiu a verdadeira inovação nos transportes, que acabou por revolucionar a estratégia, a logística e o modo de travar as guerras. O primeiro desenvolvimento – muitas vezes ignorado – foi a introdução da energia a vapor no transporte oceânico. Isto permitiu aos Estados da Europa Ocidental, ao seu rebento na América do Norte e, numa fase posterior, ao Japão, projectarem o seu poder militar em regiões do globo previamente inacessíveis. Este fenómeno aplica-se com particular incidência à Grã-Bretanha, a qual, além da marinha de guerra mais poderosa do mundo, possuía também a maior marinha mercante. A transição para o vapor reforçou este poderio, e confirmou a visão que a Grã-Bretanha tinha de si própria como potência marítima e não terrestre. E também explicou a necessidade de incluir, no império, lugares convenientes: o vapor exigia carvão, pelo que se estabeleceram bases para reabastecimento de carvão em locais como Aden, no caminho estrategicamente vital para a Índia. O benefício derivado dos navios a vapor para o poderio naval ocidental foi ilustrado durante a Primeira Guerra do Ópio (1840-1842), quando uma flotilha de doze canhoneiras britânicas infligiu uma derrota esmagadora ao último grande império que ainda navegava à vela: a China. Uma década mais tarde, a expedição americana do comodoro Perry ao Japão deixou nos manuais um exemplo clássico da diplomacia da canhoneira. Sem disparar um tiro, a superioridade técnica militar ocidental conseguiu abrir ao exterior o intensamente isolacionista Japão do período Tokugawa[26]. Por outras palavras, o vapor possibilitou uma rápida e decisiva projecção da força a enormes distâncias; quanto aos alvos, potenciou a ameaça da força ao deixá-los mais próximos, tornando-a mais real e mais credível.

A segunda inovação foi, obviamente, a aplicação da energia a vapor ao transporte terrestre: as redes de caminho de ferro alteraram radicalmente o modo de travar as guerras. Entre 1852 e 1900, as redes ferroviárias europeias passaram de quase zero a perto de 300 000 km, rompendo todas as barreiras naturais do continente, incluindo o Reno, o Danúbio, os Alpes e os Pirenéus. Para conseguir esta proeza, abriram-se túneis e construíram-se pontes, em sucessivos feitos de engenharia. Na Grã-Bretanha, seguida de perto pela Bélgica, a primeira fase de expansão do caminho-de-ferro centrou-se na ligação das fábricas aos portos. A França e a Prússia não tardaram a entrar na corrida, e a rede começou a expandir-se para leste, de modo a integrar as áreas predominantemente agrícolas

---

[26] Família de xóguns que governou o Japão de forma ditatorial entre 1600 e 1868. (N.T.)

da Áustria-Hungria e da Rússia num sistema económico comum. No virar do século, as capitais do núcleo industrializado da Europa continental encontravam-se a vinte e quatro horas de todas as outras capitais nesta área – o que significava que os potenciais campos de batalha se encontravam igualmente próximos.

Em comparação com a era dos exércitos caminhantes, o tempo e a distância, dois dos factores no planeamento para a guerra, tinham-se tornado muito mais curtos. Como vimos, Napoleão, para surpreender o inimigo, executou ocasionalmente marchas forçadas que duraram dias em vez de semanas; com os novos meios de transporte, isto tornou-se a norma. Os exércitos de massas de conscritos podiam agora ser rapidamente colocados na linha da frente e, de modo igualmente significativo, ser abastecidos com provisões e munições.

O desenvolvimento da locomotiva expandiu conceptualmente o mundo, tornando-o acessível aos indivíduos e aos Estados. Grandes Estados como os EUA e o Império Russo descobriram ser possível exercer um controlo político, económico e militar efectivo nas imensas extensões de território que reclamavam. A expansão dos impérios e das guerras coloniais também foi transformada (e, nalguns casos, possibilitada) pela introdução do caminho-de-ferro, que permitiu às nações da Europa Ocidental, particularmente a Grã-Bretanha e a França, controlarem o interior da África, utilizando como bases as feitorias costeiras que já se encontravam na sua posse. Antes do advento do caminho-de-ferro, todas as grandes expedições militares coloniais eram obrigadas a depender das vias fluviais ou de postos de aprovisionamento avançados: homens e animais apenas podiam transportar uma carga limitada, e consumiam-na por inteiro num curto período de tempo – oito dias para um boi, por exemplo. O caminho-de-ferro alterou esta equação: desde que a linha férrea fosse desenvolvida de modo a manter-se em contacto com a força militar, ou que esta permanecesse em contacto com a linha férrea, a expedição poderia receber todas as provisões disponibilizadas pela economia doméstica.

A acompanhar estas inovações nos transportes, deu-se a invenção do telégrafo, que trouxe a capacidade de transmitir instruções e pedidos de informações entre os mais longínquos postos do império e a capital. Os estados-maiores generais e as suas forças ultramarinas adquiriram a capacidade de se manterem em comunicação contínua. Esta revolução na tecnologia das comunicações permitiu um nível de centralização inaudito numa época em que os diplomatas ou os comandantes militares no terreno eram obrigados a tomar decisões extemporâneas que podiam determinar o resultado de uma campanha ou até de todo um conflito. Tal como vimos, Napoleão não conseguia controlar os acontecimentos em teatros distantes de si. No teatro em que operava, podia deixar as decisões aos seus comandantes de corpo, dentro dos parâmetros do plano global, e manter-se no controlo com os seus ajudantes-de-campo e mensageiros, mas o sistema era demasiado lento e pesado para lidar com os outros teatros. O telégrafo anunciou o advento da era do controlo verdadeiramente centralizado: passaram a existir comunicações capazes de coligir informações e transmitir ordens, os caminhos-de-ferro podiam descarregar homens e materiais em várias frentes, e as prioridades entre as frentes podiam ser reavaliadas e as forças e recursos realocados em conformidade. Tudo isto possibilitou o nascimento do nível de teatro ou operacional da guerra.

Em todos os principais países europeus, os estados-maiores gerais foram lestos a compreender que as regras do jogo haviam mudado. Se os comboios de passageiros estrangeiros podiam chegar às suas capitais num dia, também o poderiam fazer os transportes de tropas. O Exército Alemão criou um departamento para explorar ao máximo o transporte ferroviário em tempo de guerra. Outros países não tardaram a fazer o mesmo, e as fronteiras da França, da Áustria, da Rússia e do Reich alemão foram dotadas das infra-estruturas necessárias para acolherem, em caso de necessidade, grandes números de tropas provenientes do resto do país. Na fronteira alemã surgiram, em pequenas estações rurais, plataformas com quilómetro e meio de comprimento, aptas a receberem vários comboios de tropas. Canhões, armamentos e munições seriam transportados em grande quantidade pelos mesmos meios. As consequências desta nova relação com a distância proporcionaram alcance estratégico e tornaram-se dramaticamente evidentes durante as operações militares conduzidas no virar do século. A locomotiva e o navio a vapor tornaram as forças militares mais maciças e mais móveis. Desapareceram as longas marchas e as arriscadas viagens marítimas que corroíam as forças dos combatentes muito antes de eles chegarem ao campo de batalha.

A Guerra dos Bóeres foi um exemplo desta nova realidade. Entre 1899 e 1902, numa inédita projecção transoceânica de poder

DESENVOLVIMENTO: FERRO, VAPOR E MASSA

militar, a Grã-Bretanha transportou e manteve 250 000 homens a 9000 km de distância, no extremo sul de África, para subjugar o exército das Repúblicas Bóeres. Em 1904, embora com um desfecho menos favorável, a Rússia transportou um exército de dimensões comparáveis por comboio, durante 6500 km, através da terrível imensidão da Sibéria, para atacar as forças japonesas na Manchúria. Estes prodigiosos feitos de transporte estratégico eliminaram as tradicionais barreiras espácio-temporais que preservavam o mútuo isolamento das massas terrestres do globo. No início do século XX, o mundo convertera-se numa única entidade, ligada pela rede de transportes e comunicações representada pelo caminho-de-ferro, o navio a vapor e o telégrafo. E no âmbito desta entidade, as estruturas civis e militares de cada nação ficaram profundamente interligadas. Em caso de guerra, os caminhos-de-ferro seriam requisitados e o povo chamado às armas para aumentar os efectivos militares – e sem ambos, a vida económica cessaria ou seria posta ao serviço dos militares. As nações estavam prontas para guerras mundiais.

Após décadas de preparativos, quando a guerra eclodiu, em 1914, as principais nações beligerantes estiveram à altura do desafio logístico. Decorrido um mês após a eclosão do conflito, sessenta e duas divisões de infantaria francesas – compreendendo cada uma aproximadamente 15 000 homens – e 87 alemãs, 49 austríacas e 144 russas foram concentradas junto às respectivas fronteiras. Vários milhões de cavalos acompanharam este inaudito movimento. Entre 1 e 17 de Agosto, a Alemanha transportou para a fronteira franco-belga 1,5 milhões de homens e respectivo equipamento. No outro lado da frente, as nações da Entente Cordiale[27] conseguiram proezas semelhantes. No Leste, os Russos reagiram rapidamente e conseguiram – pelo menos no início – surpreender o estado-maior general alemão, lançando, em Agosto, um ataque à Prússia Oriental e à Galícia.

Mas as mudanças radicais provocadas pelas inovações nos transportes pararam na estação de caminho-de-ferro. Embora a energia a vapor e o telégrafo tivessem melhorado o movimento ao nível estratégico e de teatro, os seus efeitos sobre o nível táctico limitaram-se ao aprovisionamento das grandes forças dos Estados industrializados. Ao afastarem-se dos terminais ferroviários, as tropas converteram-se nos soldados de antanho, marchando com pesadas

---

[27] O Reino Unido e a França. (N.T.)

cargas às costas e com as suas provisões transportadas em carroças. Fora assim na Guerra da Secessão, e assim continuou a ser na Primeira Guerra Mundial.

O caminho-de-ferro possibilitou o transporte maciço de homens para o campo de batalha, mas seriam as novas formas de armamento, produzidas em série, que transformariam o rosto da batalha. De facto, o caminho-de-ferro transportava os contingentes para a frente, mas era a força cinética do armamento que estas tropas utilizavam que obtinha a vitória decisiva que procuravam. Mas ao contrário do rápido crescimento do caminho-de-ferro, no caso das armas os desenvolvimentos foram, em comparação, lentos. O período relativamente longo de paz continental que se seguiu ao Congresso de Viena, em 1815, ofereceu aos exércitos o tempo de que muito necessitavam para se recuper e reformular, mas também exerceu um efeito estultificante na aplicação da mudança tecnológica à esfera militar: dado que a perspectiva de uma grande guerra europeia parecia remota, os fundos governamentais secaram. Por conseguinte, a maioria das invenções e inovações que poderiam ter sido utilizadas nos armamentos permaneceu limitada a aplicações civis, e até meados do século as autoridades militares prestaram pouca atenção a estes desenvolvimentos.

Até ao século XIX, a maior desvantagem das armas de fogo era o facto de serem lentas de utilizar e facilmente afectadas pela chuva. Os mosquetes, de carregar pela boca, exigiam um tempo precioso aos soldados, no calor do combate, quando eram particularmente vulneráveis a ataques, enquanto empurravam pólvora e bala cano abaixo com a vareta, os fechos de pederneira eram de difícil ignição em condições de humidade e estavam à mercê de uma súbita mudança do tempo. A vantagem de se estriar o cano – criando uma espiral de estrias na alma – era bem conhecida, mas para resultar a bala tinha que ficar mesmo à medida. A força que era necessário exercer com a vareta para carregar um rifle era maior do que para o mosquete, fazendo com que os rifles levassem mais tempo a ser carregados e a cadência de tiro fosse mais lenta. Além disso, e tendo em conta a sempre presente consideração do ónus para o erário de equipar o soldado, os rifles eram muitos mais caros do que os mosquetes.

O primeiro passo para uma melhoria foi dado por Edward C. Howard, em 1799, com a descoberta de materiais «fulminantes», que podiam explodir ou inflamar-se com uma pancada. Alguns anos depois, o reverendo Alexander Forsyth, um entusiasta da caça grossa, desenvolveu o fecho de percussão, que foi patenteado em 1807, seguindo-se, em 1814, a cápsula fulminante. Esta levou à criação do cartucho completo, o que, por sua vez, possibilitou a invenção da arma de retrocarga. A primeira arma desportiva de retrocarga viável foi desenvolvida em 1812, por Samuel Pauly, um armeiro suíço baseado em Paris. Com o seu cano que se abria para baixo, e disparando um cartucho completo, a arma inventada por Pauly funcionava como as caçadeiras desportivas de hoje – mas foram necessários quase cinquenta anos para encontrar um mercado militar para a ideia da arma de retrocarga.

Entretanto, faziam-se progressos no desenho do projéctil. Um francês, o capitão Minié, desenhou uma bala alongada que se dilatava ao ser empurrada pelo cano pelo propulsor. Isto permitiu que, mesmo com o cano estriado, a bala deslizasse facilmente pelo cano durante o carregamento, agarrando-se depois às estrias ao ser disparada[28]. Para a mesma cadência de tiro, registou-se um aumento da precisão, e as balas também tinham um alcance efectivo muito superior em relação ao modelo antigo. A consequência de tudo isto foi o incremento do poder da infantaria relativamente à artilharia, que tinha de ficar mais afastada e se tornava menos letal, e à cavalaria, alvejada com um maior número de balas e com maior precisão ao tentar atacar à lança e à espada[29].

Mas quando as armas passaram a ser fiavelmente carregadas pela culatra, os canos estriados e os cartuchos metálicos tornaram-se regra e o alcance aumentou ainda mais. A espingarda de agulha foi inventada por Johann Nikolaus von Dreyse, e adoptada pelo

---

[28] As balas esféricas, de diâmetro superior ao da Minié, exigiam mais pressão com a vareta e algum cuidado para não danificar as estrias do cano, tornando o carregamento do rifle um processo relativamente moroso e reduzindo a sua cadência de tiro. (N.T.)

[29] A bala Minié, de forma cónico-cilíndrica, transformou efectivamente o rifle numa arma de massas. Foi utilizada na Guerra da Crimeia (1853-1856), mas foi na Guerra da Secessão (1861-1865) que revelou todo o seu potencial, dotando a infantaria de um poder de fogo devastador, não só em termos de alcance e cadência de tiro, mas também na natureza do tipo de ferimentos infligidos, consideravelmente mais graves do que os provocados pelas balas esféricas. Esta nova realidade tornou efectivamente obsoletas as tácticas anteriores (napoleónicas), sendo um dos factores que contribuíram para que a Guerra da Secessão seja considerada a primeira guerra moderna. (N.T.)

Exército Prussiano em 1848. Esta espingarda, mãe de todas as espingardas de culatra manual, deve o seu nome ao comprido percutor que atravessava o cartucho de papel para percutir a cápsula na base do cartucho. O soldado podia fazer deslizar a culatra para trás e para a frente para abrir ou fechar a câmara e recarregar rapidamente. Em resposta, os Franceses desenvolveram a sua própria espingarda de culatra manual, a Chassepot. Estas duas armas, empregues na Guerra Franco-Prussiana de 1870, foram as primeiras utilizadas para equipar exércitos inteiros com armas de retrocarga.

A inflamação através de percussão também conduziu ao desenvolvimento do revólver moderno. Em 1818, um revólver de pederneira, com tambor de rotação manual, foi patenteado nos EUA. A rotação mecânica do tambor através de uma mola foi uma inovação crucial, bem como a utilização de uma mola para obrigar o tambor a ficar em contacto com o cano e impedir a fuga do gás. Em 1836, Samuel Colt inventou um modelo robusto que fazia uso destas descobertas recentes. Mais: o seu modelo permitia o fabrico de peças padronizadas. Até então, cada arma era produzida por um artesão especializado, sendo as peças fabricadas individualmente para a arma em questão. Ao padronizar as suas peças, Colt possibilitou a produção em série e a reparação no terreno, recorrendo a peças de substituição. Os meios da guerra estavam a ser verdadeiramente industrializados. Quando os EUA entraram em guerra contra o México, em 1846, a eficiência desta arma não tardou a revelar-se. Uma década mais tarde, em 1857, a firma Smith & Wesson produziu um revólver de cartucho de percussão lateral com uma estrutura aberta e um simples e robusto tambor rotativo. Pouco depois, armas derivadas destas eram adoptadas por todos os principais exércitos do mundo.

Após a invenção da cápsula fulminante e da retrocarga, a necessidade de aumentar a cadência de tiro foi abordada de duas maneiras. A primeira envolveu o desenvolvimento de um carregador para cartuchos adicionais, introduzidos individualmente na culatra operando manualmente o fecho da câmara ou culatra através de uma alavanca ou de um movimento rotativo. A segunda prendeu-se com o aumento do número de canos na arma. A Guerra da Secessão promoveu a inovação e, em 1862, Richard Jordan Gatling patenteou uma arma de sua invenção, que foi adoptada pelo Exército Americano em 1865 e vendida por todo o mundo. Os seis canos da

Gatling estavam montados numa estrutura rotativa baseada num eixo central. Os mecanismos de carregamento e disparo encontravam-se atrás dos canos. Operada rodando manualmente uma manivela([30]), a Gatling era inteiramente mecânica. Na Europa, o Exército Francês equipou-se, em 1860, com a *mitrailleuse* belga, composta por vinte e cinco canos de espingarda montados dentro de um cilindro([31]). O fecho da culatra deslizava para trás para permitir a introdução de um pente de vinte e cinco cartuchos, e a arma também era operada através de manivela manual. Uma década depois, em 1879, os britânicos optaram pela metralhadora Gardner, uma arma de dois canos operada por uma manivela e que disparava 10 000 tiros em vinte e sete minutos – o equivalente a cerca de cem homens disparando rapidamente com a espingarda de retrocarga de então.

Quando combateram os Prussianos, em 1870, os Franceses possuíam a *mitrailleuse* no seu arsenal. É interessante observar a pouca vantagem que retiraram desta arma, particularmente se nos recordarmos, nesses dias anteriores ao rádio, da necessidade de as tropas se movimentarem em ordem cerrada para se manterem sob o controlo do comandante, oferecendo assim um alvo excelente. Os Franceses viam a *mitrailleuse* como uma forma de artilharia – talvez porque se assemelhasse a um pequeno canhão e porque era a artilharia que dispunha dos conhecimentos para assegurar a sua manutenção –, e não aproveitaram os seus atributos: uma elevada cadência de tiro concentrado a partir de uma posição, aplicado idealmente sobre o flanco do atacante. De nada nos serve adquirir tecnologia se não a utilizarmos com vantagem, algo que pode exigir uma adaptação da nossa organização e tácticas. Alternativamente, se existem boas razões para não nos adaptarmos, devemos interrogar-nos se é necessário sobrecarregarmo-nos com a nova tecnologia. A maioria dos exércitos, incluindo o britânico, não aprendeu esta lição – particularmente na área das comunicações modernas.

A estas primeiras metralhadoras, operadas à manivela, não tardaram a seguir-se modelos em que o poder do propulsor no cartucho fornecia a energia para a arma se recarregar a si própria. Isto foi conseguido com a melhoria dos propulsores existentes. A pólvora

---

([30]) À velocidade aconselhada; mais depressa ou mais devagar, a arma era dada a encravar. (N.T.)

([31]) Trata-se da versão Reffye, com os vinte e cinco canos distribuídos por cinco fileiras sobrepostas. (N.T.)

sem fumo, baseada na nitrocelulose, era superior à pólvora antiga: além de não esconder o alvo do atirador e de não revelar a posição deste, tinha um efeito mais poderoso e consistente. Oitenta anos depois de Forsyth ter aperfeiçoado o fecho de percussão, Hiram Maxim desenhou a metralhadora automática, um ritmo de progresso extraordinário quando o comparamos com os lentos avanços no campo das armas de fogo durante os quatro séculos precedentes. Maxim teve a ideia de aproveitar a energia libertada pelo disparo. Explorou-a e concebeu um modelo que utilizava o recuo da arma para executar as acções de extracção do cartucho de uma fita e de carregamento. Alguns anos depois, nos Estados Unidos, a firma Colt equipou o Exército com uma metralhadora que usava o gás existente atrás da bala como força motriz. Entretanto, na Europa, Škoda desenvolveu o primeiro mecanismo de corrediça móvel, um sistema no qual a pressão do gás que expelia o invólucro do cartucho da câmara era utilizada para empurrar o fecho da culatra para trás, de encontro a uma poderosa mola. Estes três sistemas – recuo, gás e corrediça móvel – têm dominado o fabrico de metralhadoras, e à medida que os propulsores se tornaram mais estáveis a precisão aumentou. Ao mesmo tempo, tiveram também lugar avanços rápidos na área da artilharia. O desenvolvimento de um sistema de retrocarga fiável, combinado com canos estriados, um progresso estimulado pela Guerra da Crimeia, em 1854-1856, levou à produção do canhão Armstrong, nos EUA, e do canhão inglês Whitworth, com alma hexagonal. Na Alemanha, Krupp desenhou um canhão capaz de disparar projécteis de 500 kg para a exposição de Paris, em 1867, que regressou para bombardear a cidade em 1870.

O aparecimento do navio de guerra couraçado e armado com canhões pesados deu origem à necessidade de se investirem avultadas quantias na defesa de portos e bases navais. Ainda podem encontrar-se provas destes gastos em muitos locais ao longo da costa sul da Grã-Bretanha, particularmente os fortes nos arredores de Portsmouth e Plymouth, construídos na década de 60 do século XIX em função de uma hipotética nova guerra contra a França, e conhecidos por «Loucuras de Palmerston» porque nunca foram necessários. Existem fortificações similares na costa leste americana, construídas para defesa contra um ataque britânico ou francês. Como tal, os canhões, as minas submarinas e os primeiros tipos de torpedos

Desenvolvimento: Ferro, Vapor e Massa

tornaram-se importantes instrumentos de defesa; somente mais tarde é que os dois últimos revelaram todo o seu potencial como armas ofensivas. O desenvolvimento de artilharia naval com elevada cadência de tiro foi uma resposta à necessidade de melhorar as metralhadoras como defesa contra os rápidos torpedeiros. À medida que estes se foram tornando maiores e mais poderosos, foram necessárias armas de calibre pesado e de grande cadência de tiro para os derrotar. Estas não podiam ser operadas como as metralhadoras devido ao maior peso do mecanismo e das munições, mas a ideia de utilizar a força do propulsor foi adaptada para conseguir uma elevada cadência de tiro. No fim da década de 80 do século XIX, Hotchkiss, em França, e Nordenfeldt, na Suécia, produziram canhões de 47 mm e 57 mm, disparando respectivamente trinta e vinte e cinco tiros por minuto.

    O sistema foi depois aperfeiçoado e adaptado às peças de campanha, a mais famosa das quais foi o 75 mm francês, criado em 1897, que recorria à hidráulica para controlar o recuo do canhão. E dado que o reparo se tornara também mais estável, a precisão melhorou. Contudo, a artilharia ainda era colocada muito à frente no campo de batalha, de modo a que os seus comandantes pudessem observar os alvos e orientar o tiro. Isto expunha os serventes ao fogo de espingardas e de contra-bateria, mas os reparos mais estáveis tornaram possível a fixação de um escudo protector. Na viragem do século, estavam fixadas as características actuais da peça de artilharia: retrocarga, sistema de recuo e protecção para os serventes.

    Em finais do século XIX, as nações industrializadas tinham à sua disposição toda esta gama de armamentos: navios de guerra movidos a vapor, com canhões de longo alcance muito poderosos; portos e fronteiras fortificados, fazendo uso dos avanços na artilharia naval; espingardas capazes de manter um fogo constante a distâncias efectivas superiores a 800 m; metralhadoras capazes de gerar, a partir de uma única arma, um volume de fogo equivalente aos de grupos de homens; e peças de artilharia de campanha precisas e de elevada cadência de tiro. Os desenhos e princípios sob os quais estas armas operavam mantêm-se essencialmente inalterados, e as formas visuais de força que reflectem são aquelas com que ainda concebemos o campo de batalha: tornaram-se icónicas. Todavia, em muitos casos, já não existem as armas nem o campo de batalha.

Tomemos como exemplo as armas pessoais. O soldado sempre teve uma arma pessoal, cujas características frequentemente o identificaram: por exemplo, «arqueiro», «lanceiro», «granadeiro» ou «mosqueteiro». A artilharia e, posteriormente, o veículo blindado foram inicialmente armas de apoio à infantaria e à cavalaria, cujas acções dominavam o campo de batalha. Porém, em virtude da industrialização e dos progressos nas comunicações, estas armas de apoio passaram a dominar o campo de batalha e a percepção que temos dele: não contamos os exércitos pelas suas espingardas, mas sim pelo número de homens em armas ou pelo «poder de combate» – o volume dos equipamentos e sistemas bélicos. Para muitos, estes são os instrumentos da verdadeira guerra. Mas a AK-47 e a catana continuam a matar milhões de pessoas: são os instrumentos, como veremos, da guerra entre o povo. Mas não são sistemas de armas. Podem ser letais, mas não fazem parte das imagens icónicas e do entendimento da guerra industrial.

E há que referir as munições, já que, mais do que tudo o resto, o que mata é a bala. Obviamente, a perícia constitui um elemento essencial no disparo eficaz da bala, mas o que mata continua a ser a bala – ou a bomba, ou o míssil. Nos níveis mais baixos de comando táctico, operamos no pressuposto de que existe um aprovisionamento contínuo de balas, mas toda a gente está consciente de que se trata apenas de um pressuposto. Um atirador pode disparar todas as munições que traz consigo em poucos minutos, após o que o seu comandante terá que o substituir ou aprovisionar. Assim, cabe ao comandante definir ou limitar estritamente a missão do soldado à quantidade de munições que ele tem consigo, ou garantir que ele é prontamente substituído ou reabastecido. À medida que subimos na hierarquia do comando, preocupamo-nos cada vez mais com as balas e cada vez menos com as espingardas e todas as outras armas, pois as balas são a força que é propulsada e aplicada. Por exemplo, no Zimbabué, em 1980, quando integrámos a Missão Britânica de Instrução e Aconselhamento Militar (BMATT)[32] junto do primeiro-ministro Robert Mugabe, constituímos batalhões a partir dos dois exércitos de guerrilha, de base tribal, que tinham participado na criação do novo Estado. Fizemo-lo aproveitando as infra-estruturas do antigo exército rodesiano. Eu instei os ex-rodesianos a equiparem

---

[32] British Military Advisory and Training Team. (N.T.)

os novos batalhões com as suas espingardas, que disparavam a munição usada na OTAN que só eles possuíam, em vez de os deixarem com as AK-47s que eles tinham adquirido no mato, e para as quais não havia falta de munições – declaradas e clandestinas. Os Rodesianos não conseguiam conceber «entregar as nossas armas a estes terrs» [diminutivo de «terroristas»]. O resultado foi que, quando sete dos novos batalhões se amotinaram e começaram a matar-se uns aos outros numa contenda tribal, tivemos as maiores dificuldades para pôr cobro à violência, alimentada pela abundância de munições.

Uma questão significativa da guerra industrial, e uma das poucas que ainda é relevante, é a da própria indústria. A maioria das discussões sobre a guerra industrial tende a ignorar este tópico, partindo do princípio de que a designação do conflito o subentende à partida, ou pura e simplesmente ignorando-o. Todavia, a indústria é absolutamente inerente à guerra industrial, não apenas no sentido de esta ter sido possibilitada pela revolução industrial, mas na própria existência da indústria como um empreendimento económico. A guerra sempre deu dinheiro a ganhar, duma ou doutra forma, mas geralmente nas actividades que lhe estão próximas – os prestamistas ou os bancos financiando as guerras dos monarcas, os comerciantes vendendo os seus artigos aos exércitos em marcha, os ferreiros ferrando os cavalos, os fabricantes de armas produzindo armamentos. Tanto quanto sabemos, Golias comprou a sua couraça aos Arsenais Filisteus, S. A., em vez de a fabricar ele próprio, e esta é que é a questão: antigamente, as empresas serviam a guerra mas não eram parte dela; porém, a guerra industrial não é possível sem a indústria, necessitando da sua produção e do comércio que dela deriva. Em finais do século XIX, a concorrência industrial acabou por atiçar as chamas da guerra, e as indústrias de defesa possibilitaram a própria guerra. É certo que o elemento do lucro para os accionistas pode ser reduzido ou até eliminado da equação tornando a indústria posse do Estado, tal como demonstraram todos os regimes totalitários e, em tempo de guerra, a maioria das democracias – quando o Estado assumiu a posse ou fundou as suas próprias indústrias de defesa para equipar os exércitos. Contudo, o elemento do emprego nunca pode ser eliminado, seja qual for o regime: as indústrias de defesa garantem empregos, os quais, por sua vez, alimentam a economia e fornecem os meios, em tempo de paz, para os defender em tempo de guerra. E na guerra industrial, além dos exércitos, também as economias se digladiam.

Existe uma relação verdadeiramente simbiótica entre a guerra industrial e a indústria. De facto, algumas das firmas mais importantes que se tornaram parte da guerra industrial remontam ao início do paradigma. Eliphalet Remington desenvolveu o seu primeiro rifle na forja do pai, em 1816, entrando pouco depois no negócio das armas de fogo. A sua companhia evoluiu e cresceu de conflito em conflito, particularmente durante a Guerra da Secessão e as duas guerras mundiais, e ainda é um importante fabricante de armas e munições, fornecendo o Exército Americano. A empresa Mauser também tem a sua origem numa pequena fabriqueta da Floresta Negra, fundada em 1811, que acompanhou a expansão militar alemã e as suas várias guerras. Ainda existe – como subsidiária da Rheinmetall –, e ainda fabrica armas como o canhão Mauser BK-27, utilizado no jacto Eurofighter. A Krupp, principal fabricante de armamentos alemão, também começou em 1811 – no meio das Guerras Napoleónicas –, quando Friedrich Krupp fundou uma fundição em Essen. À sua morte, em 1826, a liderança do negócio, que se debatia com sérias dificuldades financeiras, foi assumida pelo filho Alfred, com apenas catorze anos de idade. Fez rapidamente fortuna, fornecendo aço para os caminhos-de-ferro e fabricando canhões. O desempenho espectacular dos canhões Krupp na Guerra Franco-Prussiana de 1870-1871 permitiu à firma tornar-se o principal fornecedor do II *Reich*, vendendo também aos exércitos de muitas outras nações em todo o mundo. A geração Krupp seguinte, liderada por Friedrich Alfred Krupp, enriqueceu ainda mais com a expansão da Marinha alemã e a necessidade de blindagens. Em 1902, quando Bertha, a filha mais velha de Friedrich Alfred, herdou o controlo da empresa, esta empregava mais de 40 000 pessoas. O seu marido, Gustav von Bohlen, acrescentou Krupp ao nome e assumiu a gestão da empresa; quando a Primeira Guerra Mundial eclodiu, já ele controlava todo o sector de fabrico de armamentos alemão. As suas fábricas produziram submarinos e o famoso Grande Bertha, um *howitzer* de grande calibre que foi utilizado para bombardear a fortaleza de Liège, na Bélgica[33]. A empresa também fabricou

---

[33] O *Dicke Bertha* (tradução literal: «Bertha Gorda»), que tinha um alcance de 12 km, disparava projécteis de 820 kg. (*N.T.*)

o «Canhão de Paris», um canhão de cano comprido com um alcance máximo de 120 km([34]).

Durante a década de 20, por imposição dos termos do Tratado de Versalhes, Krupp foi obrigado a recentrar as suas actividades na produção de maquinaria agrícola. Em Maio de 1933, Hitler nomeou-o presidente do Adolf Hitler Spende, um fundo industrial administrado por Martin Bormann([35]). Nesse mesmo ano, Krupp começou a fabricar tanques, ao abrigo – oficialmente – de um esquema de produção de tractores agrícolas. Pouco depois, construía submarinos na Holanda e outras armas novas eram desenvolvidas e testadas na Suécia. Decorridos alguns anos, a firma tornou-se uma componente importante da máquina de guerra alemã, equipando os exércitos do *Reich* a partir de fábricas na Alemanha. Após a eclosão da Segunda Guerra Mundial, Krupp construiu fábricas em países sob ocupação alemã e recorreu ao trabalho escravo fornecido pelos campos de concentração. Este esquema incluía uma fábrica de detonadores em Auschwitz, e outra de *howitzers* na Silésia. Em 1943, Gustav passou o testemunho ao seu filho Alfred, o qual foi posteriormente condenado por crimes de guerra em Nuremberga.

([34]) Este supercanhão foi utilizado para bombardear Paris, entre Março e Agosto de 1918, numa acção de guerra psicológica, já que os seus projécteis eram relativamente pequenos (94 kg). O canhão pesava 256 toneladas e estava montado sobre uma plataforma ferroviária especial. O cano, estriado, media 28 m de comprimento, e tinha uma extensão de alma lisa com 6 m de comprimento (calibre: 210 mm). Originalmente concebido como uma arma naval, era operado por 80 marinheiros da *Kriegsmarine*, sob o comando de um almirante. Os obuses, cuja trajectória até ao alvo demorava 2,40 minutos, atingiam uma altura de 40 km, a mais elevada alcançada por um projéctil até ao aparecimento dos foguetões alemães V-2, em Outubro de 1942. Devido à enorme velocidade a que eram disparados, os projécteis desgastavam consideravelmente as estrias do cano. Por esta razão, cada projéctil era numerado de acordo com o seu diâmetro crescente, e tinha que ser disparado por ordem crescente, para que nenhum ficasse preso no cano e fizesse explodir o canhão. Após cada série de 65 disparos, o cano era enviado para a Krupp para ser novamente estriado. No total, foram disparados provavelmente cerca de 350 projécteis. O canhão, que terá sido destruído pelos Alemães perto do fim da guerra, foi especificamente proibido pelo Tratado de Versalhes – o que, aliás, também contribuiu para o interesse dos alemães pelo desenvolvimento de bombas voadoras e mísseis como seus substitutos. (*N.T.*)

([35]) O Fundo Adolf Hitler do Comércio e Indústria Alemães (Adolf-Hitler-Spende der deutschen Wirtschaft), um projecto inspirado por Gustav Krupp, foi oficialmente criado em 1 de Junho de 1933. Constituído por contribuições do patronato alemão, destinava-se a apoiar o Partido Nacional Socialista na «reconstrução nacional». (*N.T.*)

Uma ordem aliada para fragmentar a companhia, em 1953, ficou por cumprir devido à ausência de compradores, e Alfred conseguiu restaurar a fortuna da família – mas a dinastia morreu com ele, em 1967. A Krupp fundiu-se com a Thyssen, outra grande dinastia do aço e do ferro que prosperou durante o século XIX – que embora fornecesse os fabricantes de armamento, não criou uma indústria de armamentos própria.

A Vickers, do Reino Unido, constitui outro excelente exemplo da simbiose entre indústria e guerra. Fundada em 1867, embora as origens da empresa remontem a 1827, baseou-se inicialmente em Sheffield, onde a sede ficava na fundição junto ao rio Don. A companhia só adquiriu uma morada em Londres em 1897, ao adquirir a Maxim Nordenfeldt Guns and Ammunition Co. Ltd. Em 1911, considerou-se necessária uma presença mais forte perto de Whitehall, dado que o governo se tornara o principal cliente da empresa, e a sede transferiu-se de Sheffield para Westminster. Nos seus primeiros anos, a Vickers concentrou-se na produção de moldes de aço de elevada qualidade. Todavia, no início do século XX, a empresa já produzia uma vasta gama de equipamento militar. A Vickers expandiu-se para outras áreas, adquirindo a Wolseley Tool and Motor Car Company, e construindo o primeiro submarino britânico, em 1901 – decorridos nove anos, tinham já sido fabricados cinquenta e seis submarinos. A Vickers também criou a metralhadora Vickers.303, que serviu o Exército britânico de 1912 a 1968[36]. Durante a Primeira Guerra Mundial, a artilharia ferroviária britânica foi quase exclusivamente desenvolvida pelas fábricas da Armstrong e da Vickers. O exército especificou canhões pesados, e as duas empresas deram bom uso ao excedente de canos para artilharia naval que possuíam nas suas fábricas. A Vickers desenvolveu um *howitzer* de 12 polegadas montado sobre carris ou reparos com rodas para responder ao desafio da Krupp no continente. Durante estes anos, a firma desenvolveu uma grande variedade de aviões militares, fabricando um dos primeiros concebidos para transportar

---

[36] Bastará um exemplo para justificar esta longevidade operacional, baseada na extrema fiabilidade da Vickers. Durante um combate em 1916, a 100.ª Companhia do Corpo de Metralhadoras manteve as suas dez Vickers em acção continuamente durante doze horas, disparando um milhão de balas e utilizando mais de cem canos, sem uma única avaria (Hogg, Ian V. e John Batchelor, *Weapons & War Machines*, Londres, Phoebus, 1976). (*N.T.*)

uma metralhadora, o FB-5 Vickers Gunbus([37]). Foi um Vickers Vimy que completou a primeira travessia do Atlântico sem escala, em 1919([38]). Em 1927, a Vickers fundiu-se com a parte maior da Armstrong--Whitworth, de Newcastle, constituindo a Vickers-Armstrong. A companhia Armstrong desenvolvera-se em linhas semelhantes às da Vickers, produzindo uma grande variedade de armas e expandindo-se depois para a construção de navios de guerra e para o fabrico de automóveis e camiões. No período que antecedeu a Segunda Guerra Mundial, a Vickers-Armstrong desempenhou um importante papel no rearmamento das forças armadas britânicas. Uma das suas criações mais famosas foi o tanque de infantaria Valentine, produzido em maior número do que qualquer outro tanque britânico da Segunda Guerra Mundial([39]). No pós-guerra, a Vickers foi responsável pela produção do primeiro submarino nuclear e do primeiro bombardeiro V([40]) britânicos. Em 1999, a Vickers fundiu-se com a Rolls-Royce, uma empresa que também prosperou na indústria de defesa, dado que, embora seja mais conhecida pelos seus automóveis de luxo, fez grandes fortunas com o fabrico de motores para aviões de caça durante as guerras mundiais – aliás, o fabrico de motores para aviões militares continua a ser um elemento significativo dos seus negócios.

Estes foram apenas alguns dos muitos exemplos existentes no Ocidente. Todavia, com a difusão da industrialização através do globo, surgiram indústrias de defesa por todo o lado, tornando-se as grandes viabilizadoras da guerra. A industrialização possibilitou a guerra industrial, a qual, por sua vez, procurou soluções industriais, soluções que eram fornecidas pela indústria – que para sobreviver necessitava da guerra industrial. Na verdade, tal como vimos,

---

([37]) Foi o primeiro avião e ser especificamente concebido para o combate aéreo, e teve o seu voo inaugural em Julho de 1914. (*N.T.*)

([38]) Entre St. Johns, na Terra Nova, e Clifden, na Irlanda. O Vickers Vimy era um bombardeiro. (*N.T.*)

([39]) O conceito britânico de «tanque de infantaria» concretizava-se num tanque «pesado», capaz de operar em estreita ligação com a infantaria. As brechas abertas no dispositivo inimigo seriam depois exploradas por tanques médios e ligeiros. O Valentine esteve em produção entre 1940 e 1944, tendo sido fabricadas 7300 unidades. (*N.T.*)

(40) Termo que designou, nas décadas de 50 e 60, os bombardeiros que constituíam a força de ataque nuclear estratégico do Reino Unido (Vickers Valiant, Handley Page Victor e Avro Vulcan). (*N.T.*)

a Krupp fabricava e vendia a todas as nações, não apenas à Alemanha, e esta tendência ainda se verifica em todas as indústrias de defesa: são empresas comerciais, essenciais para a guerra mas financeiramente responsáveis perante os seus accionistas. Em muitos Estados, existem hoje salvaguardas contra a venda de armas a Estados que possam utilizá-las contra o Estado vendedor ou contra populações civis, mas estas leis nem sempre são respeitadas. Além do mais, muitas armas e sistemas são abertamente comercializados entre os países pelas grandes indústrias; estas já deixaram quase todas de ser públicas e, na qualidade de empresas privadas, têm de criar dividendos para os seus accionistas. Continua, pois, em vigor a relação simbiótica: as empresas alimentam-se da vontade política de preparação para a guerra, e a capacidade de fazer a guerra depende da produção da indústria. Mas a vontade política está a enfraquecer e nalguns Estados desapareceu por completo, enquanto que as indústrias permanecem grandes entidades económicas, garantido empregos e distribuindo lucros. Para sobreviverem, necessitam que os preparativos para a guerra continuem. Fora dos EUA, cujo governo ainda financia consideravelmente as indústrias de defesa, é uma relação simbiótica em crise.

A Guerra da Secessão, que eclodiu em 1861, foi o primeiro grande conflito a incorporar os novos desenvolvimentos nos transportes, comunicações e armamentos, e também o primeiro a decorrer inteiramente no âmbito do novo paradigma: foi travado para defender uma visão política pela força, e foi ganho impondo ao inimigo uma derrota decisiva e brutal. Tratou-se de um verdadeiro choque de vontades, decidido, na guerra, através de um gigantesco teste de força: o Norte, ao destruir a capacidade do Sul de fazer a guerra à sua maneira, quebrou-lhe a vontade de prosseguir o conflito. Foi a primeira guerra industrial e embora os participantes pertencessem à mesma nação constituíram-se em duas entidades distintas no campo de batalha político e militar – compreendendo ambos a crucial trindade povo-Estado-exército. A guerra que travaram representou um marco importante na evolução da guerra industrial entre Estados, não só devido à sua subsequente influência no modo de a América fazer a guerra, mas também em razão da presença de muitos observadores europeus, enviados do outro lado do Atlântico. As conclusões com as quais regressaram, decorrentes das fortes impressões obtidas nos campos de batalha, poderão não ter sido sempre correctas, mas não deixaram de causar um impacto enorme na evolução da guerra total na Europa.

Para o Norte, e particularmente para o Presidente Lincoln, o objectivo político da guerra era claro: preservar a União e manter o poder do governo eleito sobre todos os estados. Não existia uma posição de compromisso. Por conseguinte, o objectivo militar estratégico era destruir a capacidade de acção dos confederados em geral, e do governo de Richmond em particular. Ao Sul, depois de ter proclamado uma Confederação independente e de, na prática, a ter concretizado, bastava-lhe mantê-la em existência para alcançar a sua meta política. Como tal, o seu objectivo militar estratégico era manter as forças da União fora do Sul, derrotando os seus exércitos. A história da guerra foi um sucesso inicial dos Confederados, alcançando sucessivas vitórias tácticas – mas infelizmente para eles, Lincoln compreendia a natureza da guerra total. Aglutinando a superioridade industrial e logística do Norte em apoio da Causa – através da extensa rede ferroviária, da produção industrial e da conscrição –, ele procurou vitórias decisivas que seriam suficientes para quebrar a vontade de resistência do Sul. Ao fazê-lo, encontrou um excelente homólogo militar, o general Ulysses S. Grant, que complementou a sua compreensão política da força com uma compreensão militar da mesma.

Logo à partida, o Norte controlava todas as grandes cidades. Tinha o dobro da população do Sul: excluindo Nova Orleães, todas as cidades com mais de 100 000 habitantes localizavam-se em estados leais à União. A sua indústria era poderosa e dinâmica, com uma dimensão quase dez vezes superior à da indústria do Sul, e dispunha de importantes reservas financeiras. O Norte também controlava a maioria da Marinha, e desenvolveu rapidamente a capacidade de responder à ameaça colocada pelo couraçado confederado CSS *Virginia* através da construção de um couraçado semi-submersível próprio, o USS *Monitor* – um antepassado dos submarinos modernos. A partir de então, a sua supremacia naval foi incontestada. A indústria do Sul encontrava-se num estado embrionário e, em 1861, a sua rede ferroviária era menos de metade da do Norte. O número de canhões e armas de fogo do exército confederado era menos de um terço do das forças da União. Por outro lado, no início da guerra, os confederados eram particularmente fortes nas esferas militar e ideológica. Muitos oficiais de alta patente e soldados bem instruídos decidiram combater no exército do Sul, e a determinação de proteger o seu modo de vida instilou no povo um sentimento de fervor patriótico que originou o alistamento de milhares de voluntários. Não foi este o caso no Norte, onde a guerra era impopular, e em 1862, pela primeira vez, o Exército dos EUA teve que recorrer à conscrição. A Confederação também beneficiava de um discreto apoio diplomático por parte da Grã-Bretanha e da França, decididas a protegerem os seus abastecimentos de algodão – embora este apoio de pouco valesse sem supremacia naval.

As hostilidades iniciaram-se em Abril de 1861, quando os confederados conquistaram Forte Sumter, uma ilha fortificada que dominava a entrada para o porto de Charleston, na Carolina do Sul. Ambos os lados contavam com um conflito breve, mas não iria ser assim. Os exércitos sulistas, comandados pelo general Robert E. Lee, revelaram-se difíceis de bater. Durante três longos anos, o Norte debateu-se para encontrar os comandantes certos, formar o exército adequado e descobrir a fórmula ganhadora – mas impediu o Sul de vencer. Esta experiência tornou evidente que o Norte dispunha da vantagem estratégica em termos nacionais, e desde que conseguisse impedir Lee de continuar a explorar as vitórias tácticas poderia, através de um processo de atrito no nível táctico, exaurir o Sul ao ponto de o derrotar no campo de batalha. Todavia, este processo afigurava-se demorado, e a impopularidade da guerra obrigou Lincoln e os seus comandantes a procurarem soluções que pudessem acelerar a derrota do Sul. Uma destas soluções foi a destruição das capacidades industriais do inimigo: uma forma de guerra total que a levou ao reino civil, destruindo as infra-estruturas, os locais de trabalho, a agricultura e tudo o mais que apoiava o esforço de guerra inimigo.

Em Março de 1864, Ulysses S. Grant foi promovido a tenente-general, na época a patente mais elevada do Exército dos Estados Unidos, e o Presidente Abraham Lincoln tornou-o efectivamente comandante estratégico do Exército da União. Grant concebeu rapidamente um plano destinado a derrotar decisivamente a Confederação, através de uma ofensiva que pressionaria simultaneamente o maior número possível de frentes. Quatro operações simultâneas foram planeadas para impedir as tropas confederadas, numericamente inferiores, de se concentrarem num único campo de batalha. O objectivo era obrigar os exércitos sulistas a combater nas quatro frentes e destruí-los em simultâneo ou, pelo menos, reduzi-los materialmente. O major-general William T. Sherman conduziu uma quinta operação: atacar o Sul em profundidade, com o objectivo de destruir a sua capacidade de prosseguir a guerra. Inicialmente, a sua intenção era derrotar o Exército do Tennessee, comandado pelo general Joseph E. Johnston, colocado em redor de Dalton. Contudo, apercebeu-se rapidamente de que, embora as suas tropas possuíssem uma superioridade numérica de quase dois para um sobre as de Johnston, as poderosas fortificações do inimigo significavam que o exército nortista poderia ser contido durante muito tempo. Assim, em vez de atacar Dalton, ele cobriu a posição (ou, em termos futebolísticos, marcou-a) e concentrou-se em cercar Atlanta, isolando a cidade através do corte das suas ligações ferroviárias. Pouco depois de a última linha férrea para Atlanta ser demolida, as forças confederadas começaram a ser evacuadas da cidade, destruindo tudo o que não podiam levar consigo. O resto do exército, sob o comando do general Hood, escapou.

Em lugar de perder tempo a perseguir o exército inimigo, Sherman decidiu abrir caminho pela Geórgia, até à costa, onde poderia contar com apoio naval e provisões. Pelo caminho, planeava destruir os recursos do estado e, com isso, a vontade de resistência do povo. Ele e Grant acreditavam que conduzir um exército através do território sulista, forrageando pelo caminho, longe das ligações ferroviárias e das linhas de aprovisionamento, não só era possível como também se revelaria devastador para o esforço de guerra confederado, em termos domésticos e internacionais. Assim, em Novembro de 1864, uma força de 60 000 soldados vigorosos e experientes partiu de uma Atlanta em chamas([41]), enquanto o resto do exército de Sherman era enviado para norte. Deixando para trás as ruínas fumegantes de Atlanta, e com a milícia e um pequeno corpo de cavalaria sulista entre si e o oceano, o exército de Sherman avançou pela Geórgia com as suas tropas dividas em duas alas, protegidas por cavalaria nos flancos. À semelhança dos *corps d'armée* de

---

([41]) Depois de ordenar a evacuação da população civil, Sherman mandou incendiar totalmente a cidade, estabelecendo o precedente para o comportamento futuro das suas tropas em território confederado. Esta prática de uma verdadeira guerra total levou Liddell Hart a considerar Sherman «o primeiro general moderno». (*N.T.*).

Napoleão, estas duas alas seguiam caminhos separados em quatro colunas de corpo paralelas, cobrindo uma área cuja largura variava entre 30 km e 90 km. O exército de Sherman devastou o centro da Geórgia, destruindo linhas de caminho-de-ferro, quintas, fábricas e tudo o mais que os confederados pudessem utilizar no seu esforço de guerra. As suas forças incendiaram plantações, lojas e colheitas. O seu percurso de 450 km até ao mar deixou atrás de si uma faixa de ruínas de 90 km de largura. Depois de ter feito a junção com as forças navais[42], Sherman tomou de assalto a cidade costeira de Savannah. De seguida, numa célebre missiva, ofereceu a Lincoln a cidade e os seus armamentos, bem como milhares de fardos de algodão[43].

A Marcha até ao Mar foi um dos principais acontecimentos da Guerra da Secessão, e teve um papel significativo na vitória final da União. O que Sherman comandou não foi apenas outra frente na qual enfrentou as forças adversárias, nem foi um acto improvisado de destruição; tratou-se, isso sim, de um acto muito deliberado, decorrente da decisão estratégica de destruir a base material do Sul[44]. Esta marcha assinalou a futura direcção da guerra industrial, quer ao considerar como alvo a infra-estrutura industrial e económica do inimigo, quer no desenvolvimento de uma base industrial doméstica. Ainda que, até aos últimos dias da guerra, os exércitos sulistas tenham conseguido infligir derrotas às tropas do Norte – ironicamente, a última batalha foi uma vitória isolada sulista no Texas –, as tropas confederadas foram condenadas pela insuficiência da sua base industrial. E esta insuficiência foi realçada pela sua inferior capacidade ferroviária numa guerra que, em muitos aspectos, foi ditada e decidida pelos caminhos-de-ferro. Nas vésperas da guerra, em 1860, a rede ferroviária americana, estendendo-se

---

[42] Que lhe forneceu provisões e a artilharia de sítio necessária para investir a cidade. (*N.T.*)

[43] No dia 20 de Dezembro de 1864, Sherman telegrafou a Lincoln: «Permita-me que lhe ofereça, como presente de Natal, a Cidade de Savannah, juntamente com cento e cinquenta canhões, munições em abundância e vinte e cinco mil fardos de algodão». (*N.T.*)

[44] Numa carta ao general Henry Halleck, chefe do estado-maior general do Exército, escrita quatro dias depois da conquista de Savannah, Sherman diz: «... Não combatemos apenas contra exércitos, mas sim um povo hostil, e temos que fazer com que velhos e novos, ricos e pobres, sintam a dura mão da guerra... Sei que o meu recente movimento através da Geórgia teve um efeito excelente neste sentido». (*N.T.*)

por mais de 45 000 km, já era maior do que todas as outras redes ferroviárias do mundo combinadas. Desde o início, os exércitos nortistas controlaram uma rede ferroviária de uma extensão mais do que duas vezes superior à da Confederação. Este factor permitiu-lhes fazer uso dos seus recursos em todo o território, transportando para a frente armamentos, munições e até carne dos matadouros de Chicago. Logisticamente, o Sul encontrava-se em desvantagem, pelo que o alto comando da União deduziu correctamente que uma parte vital da estratégia deveria procurar a destruição das comunicações sulistas. Os soldados nortistas receberam instruções para arrancarem todas as linhas férreas confederadas que encontrassem e, em 1863, o general de brigada Herman Haupt, comandante do sistema ferroviário militar da União, elaborou um pormenorizado manual de instruções para ensinar aos cavaleiros federais como destruir uma linha férrea atrás das linhas inimigas – rápida, metódica e cientificamente. O impacto de tudo isto sobre a rede ferroviária do Sul foi agudizado pela sua incapacidade industrial de substituir as linhas férreas. As incursões sulistas atrás das linhas dos exércitos federais também se revelaram eficazes na destruição nas linhas férreas, mas estas eram rapidamente substituídas pela crescente indústria ferroviária do Norte. De facto, a rede ferroviária da União expandiu-se durante a guerra.

Mas a indústria afectou todos os aspectos da Guerra da Secessão. Como vimos, a guerra deu um grande impulso ao desenvolvimento dos armamentos – a arma de retrocarga foi introduzida, melhorados os obuses de artilharia, desenvolvidas as linhas de produção em massa de espingardas e munições, e os navios de guerra foram couraçados. Entraram em serviço comboios blindados, rebocando carruagens blindadas contendo canhões ligeiros e atiradores. O Sul, carecendo desta variedade de armamentos, procurou defender os seus portos e estuários com minas e torpedos desenvolvidos pela indústria local. As experiências da Guerra da Secessão também demonstraram a indispensabilidade do telégrafo eléctrico na administração das forças como um todo, e na direcção e controlo das operações. Além dos sistemas comerciais existentes no início da guerra, mais de 24 000 km de linhas foram colocadas para efeitos militares. O Presidente Lincoln raramente falhava a sua visita diária à sala do telégrafo do Departamento da Guerra – um presságio do futuro. Todavia, tal como acontecia com os caminhos-de-ferro, o telégrafo ainda era uma ferramenta estratégica e operacional: não penetrava nos níveis tácticos das operações militares. Nestes níveis mais baixos, os comandantes ainda dependiam da comunicação frente a frente, por mensageiro a cavalo ou estafeta, ou através de bandeiras e cornetas. Depois de as tropas abandonarem os comboios, deslocavam-se à velocidade de um homem carregado – para comunicarem e serem controlados, os homens tinham que estar aglomerados. Tacticamente, estas condições favoreciam a defesa, pelo que as trincheiras e as fortificações de campanha não tardaram a tornar-se uma característica dos campos de batalha.

A Guerra da Secessão teve um importante impacto na guerra, pois revelou um novo emprego da força – fora do campo de batalha – e a sua utilidade. A indústria possibilitou novas formas de armas e novos modos de transporte, que foram claramente cruciais; mas o que valeu a vitória foi a estratégia de Lincoln e de Grant de os utilizar contra os meios que permitiam ao Sul fazer a guerra, e não directamente contra os soldados inimigos. A força adquirira uma nova utilidade. Mas havia mais. Se tomarmos a trindade de Clausewitz e a aplicarmos à Guerra da Secessão, poderemos observar que o Sul perdeu porque o Norte, com a sua capacidade industrial superior, reduziu, pelo desgaste, a força do exército sulista relativamente à sua, e através da marcha de Sherman diminuiu a capacidade do povo e da sua base industrial sustentarem a guerra. Esta combinação provocou a quebra da vontade de resistir da Confederação, que pediu a paz. Pelo contrário, o Norte, beneficiando da liderança e determinação de Lincoln, tinha ligado o povo ao exército, industrialmente e através da conscrição. Esta trindade constituiu a base da vitória, e estabeleceu também um conceito básico da guerra industrial entre Estados: o processo. De facto, em ordem a congregar a trindade à maneira do Norte, tornou-se necessária a posse de uma forte organização nacional que pudesse mobilizar todo o Estado. No fim da guerra, o Norte havia já criado este tipo de organização, que lidava com a guerra no âmbito de um processo iniciado com a definição de uma estratégia militar baseada numa política definida, elaborando os consequentes planos de mobilização, mantendo e ajustando a estratégia e os planos no decorrer do tempo, e interligando com outros departamentos governamentais, muito particularmente o Tesouro, relativamente ao financiamento

Desenvolvimento: Ferro, Vapor e Massa

da estratégia. Depois da guerra, outras nações que já possuíam as suas capacidades compreenderam que um processo vencedor como o do Norte só seria possível com a criação de um aparelho burocrático permanente para o gerir, em tempo de paz ou de guerra, e principalmente para mediar entre os militares e as autoridades civis. Este aparelho estabeleceu-se rapidamente em novas instituições que evoluíram para ministérios capazes de implementarem a estratégia em termos preparatórios e de necessidade – e de gerirem os efeitos negativos previstos de uma guerra total sobre a economia. Estas instituições evoluíram e tornaram-se conhecidas por ministérios da defesa. Nos tempos modernos, têm sido relativamente emuladas no palco internacional por organizações como a OTAN, que funcionam sempre com base num processo mas que tendem hoje a ser muito menos eficazes dos que os modelos originais, em grande medida, como veremos na Parte III, porque não conseguem identificar um inimigo no qual basear uma estratégia, e sem uma estratégia é impossível elaborar um plano para empregar a força. Por este motivo, o seu processo cai num impasse.

A Guerra da Secessão também estabeleceu o modo como os EUA fazem a guerra: o entendimento claro de que a capacidade industrial decide a guerra, embora possa não decidir uma batalha, tornou-se parte integrante do modo americano de fazer a guerra – tal como o conceito de que procurar a derrota decisiva do inimigo destruindo os seus meios para fazer a guerra equivale a obter uma vitória decisiva no terreno. Na verdade, acabou por ser o Sul, ao compreender que o seu esforço já não era sustentável, que pediu a paz. Como tal, a guerra industrial, particularmente na forma praticada na Guerra da Secessão, é menos uma arte do que uma busca da solução técnica e de um processo, algo que ainda hoje se verifica na forma como os EUA fazem a guerra.

A compreensão destas questões e, em particular, do desenvolvimento estratégico do Norte, foi-me muito útil, ao longo dos anos, para compreender o meu aliado americano. A compreensão dos nossos aliados assenta mais num entendimento geral do que específico. Um bom exemplo disto aconteceu durante a minha permanência como segundo comandante da OTAN (DSACEUR) com um comandante supremo (SACEUR) americano, o general Wesley Clark. Tomei posse aproximadamente três meses antes de iniciarmos o bombardeamento do Kosovo, em 1999, e descobri que estava a ser replicado o processo que conduzira aos Acordos de Dayton, sobre a Bósnia, em 1995, mas num conjunto de circunstâncias completamente diferentes como eram as do Kosovo. Os EUA lideravam as iniciativas diplomáticas, o poder aéreo da OTAN – predominantemente americano – estava a ser utilizado como ameaça para apoiar a diplomacia, e o esboço de acordo que o Presidente Milosevic deveria assinar assemelhava-se estreitamente, até num número similar de parágrafos e nalgumas frases, ao anexo militar dos Acordos de Dayton. Dado eu ter sido o comandante da ONU na Bósnia, em 1995, o processo era-me inteiramente familiar, bem como os meios técnicos: o poder aéreo. No entanto, compreendi que este processo era agora visto pelos EUA como um processo institucional, a ser seguido até ao sucesso, mesmo não sendo inteiramente apropriado às circunstâncias. Era o modo americano de fazer a guerra. Na essência, eu via o meu papel de DSACEUR, em nome da Aliança e, em particular, dos aliados europeus, como o de reconhecer onde é que os pressupostos nos quais este processo funcionara em 1995 não se aplicavam quatro anos depois, noutro cenário – fazendo ver isto aos meus colegas americanos e encontrando soluções adequadas. Wesley Clark geriu admiravelmente a difícil tarefa de adequar o processo à realidade, com custos pessoais. Pela minha parte, tentei que as medidas de apoio – as operações na Macedónia e na Albânia, a criação de forças para entrar no Kosovo e os meus conselhos enquanto segundo comandante supremo – conciliassem as diferenças nos pontos de vista aliados com a descontinuidade entre o processo e a realidade. Com efeito, o meu verdadeiro enfoque foi em fazer alguns dos aliados aceitarem o vagaroso avanço deste processo – na Bósnia, o bombardeamento e a continuada ameaça do uso da força funcionaram em dias; no Kosovo, foram necessários mais de 78 dias –, que enfraquecia a determinação aliada. Existia um profundo desconforto relativamente ao modo de guerra americano, e ao significado do processo no seu âmbito. Neste contexto, recordo-me de ter escrito: «Seja como for, é óbvia a posição central das Forças dos EUA, e a posição dos Comandantes dos EUA está garantida. Temos que apoiar as posições dos Comandantes dos EUA, somente os EUA podem destituí-los; andar a carpir pelos corredores enfraquecerá as forças como um cancro».

Desenvolvimento: Ferro, Vapor e Massa

Tal como aconteceu com os seus homólogos americanos, os muitos observadores europeus que assistiram às batalhas da Guerra da Secessão aprenderam muitas das lições elementares da guerra industrial. Regressaram aos seus países com a compreensão de que embora no nível táctico o talento militar fosse inegavelmente crucial, o poderio industrial constituía um componente necessário do sucesso estratégico. Viram o valor das armas de retrocarga e de outros desenvolvimentos técnicos – particularmente os Franceses e Alemães, que já estavam a desenvolver as suas próprias versões e que, consequentemente, beneficiaram da oportunidade de observar estas inovações em acção. E ficaram profundamente impressionados com a necessidade de uma «estratégia ferroviária» bem sucedida, a qual, como vimos, promoveu grandemente a vitória final do Norte. Aprendendo com o exemplo dos EUA, os governos europeus envolveram-se cada vez mais no processo e no aparelho que possibilitava a guerra total, dando uma ênfase crescente à importância estratégica dos caminhos-de-ferro. Em 1860, metade dos caminhos-de-ferro da Prússia eram já geridos pelo Estado. Vinte anos mais tarde, este sector foi considerado uma parte tão vital da defesa nacional que a Alemanha imperial transformou todos os caminhos-de-ferro em empresas públicas. Isto não decorreu de um capricho ou do acaso. As guerras da unificação alemã ilustraram a superioridade dos movimentos ferroviários sobre as deslocações rodoviárias na condução de campanhas militares em grande escala. Em 1866, foram apenas necessários uma semana e 12 comboios para deslocar o Corpo da Guarda prussiano, com base em Berlim, para a frente austríaca. Isto permitiu aos Prussianos concentrarem rapidamente uma força superior e dominarem o inimigo. A derrota francesa de 1870, parcialmente devida a uma logística inferior, sublinhou este ponto e reflectiu que, daí para a frente, qualquer Estado que não combinasse os seus procedimentos de mobilização com a sua política de transportes arriscar-se-ia a ser invadido por um Estado que o fizesse.

A importância das guerras da unificação alemã, em 1864-1871, estendeu-se muito além de uma maior e mais sofisticada utilização dos caminhos-de-ferro: estes conflitos fizeram evoluir ainda mais a compreensão militar e política do emprego da força, ao reflectirem a ideia da guerra como um acto decisivo para alcançar um objectivo político, e uma actividade governada pela trindade povo-Estado-exército.

Tal como observámos, a relação entre os três elementos nunca é constante e, no caso alemão, o Exército foi o elemento dominante. Utilizou o povo para criar o Estado, uma vez que a conscrição, além de um modo de sustentar o Exército, foi um instrumento para a construção da nação. De facto, a ideia de que todos os cidadãos têm o dever de servir o Estado nas forças armadas foi desviada da sua configuração original: na Revolução Francesa, os cidadãos livres ofereciam-se como voluntários e eram depois conscritos para servirem o Estado, enquanto que na Alemanha de finais do século XIX, ao servirem no Exército, os indivíduos ajudaram a forjar o Estado do qual se tornaram cidadãos. Além do mais, terminado o seu período de serviço, o conscrito mantinha a cidadania ao passar à reserva – sempre pronto a servir o Estado, o qual, em resultado, adquire a capacidade de aumentar rapidamente as suas forças militares em tempo de guerra ou de crise, ao ser atacado.

A predominância dos militares na construção da nação alemã resultou de uma clara decisão política de empregar a força e o aumento do poder dos militares, através da expansão – na verdade, de uma quase reconfiguração – do estado-maior general. Isto foi possibilitado por dois homens que compreendiam claramente a força e a sua utilidade: Otto von Bismarck e o general Helmuth von Moltke (o Velho). Ambos eram conservadores ferrenhos, e almejavam a grandeza da Prússia: ambos foram estrategos visionários nas respectivas áreas de acção; e tal como todos os grandes estrategos, ambos complementaram a sua visão com a capacidade de a porem em prática. Acima de tudo, estavam em sintonia quanto à necessidade de empregar a força para obter uma vitória decisiva – ainda que, como veremos, entrassem notoriamente em choque em relação aos papéis das lideranças militar e política em tempo de guerra. Bismarck criou as condições políticas para a unificação, engendrando, em grande medida, as causas das três guerras de unificação e mantendo a liderança e a opinião pública prussianas firmes durante todo o processo, e Moltke moldou e guiou as suas forças através das batalhas, alcançando três vitórias decisivas e totais.

Bismarck, um latifundiário *junker* por nascimento e educação, iniciou a carreira política acreditando piamente na Santa Aliança, constituída pela Áustria, Prússia e Rússia, e no domínio da Áustria nos assuntos germânicos. Foi defendendo esta visão que, em 1851, foi eleito para a Dieta federal, em Frankfurt – dominada pela Áustria

– mas, decorridas apenas duas semanas de lá estar e de experimentar a liderança austríaca, decidiu que o futuro passava pela independência da Alemanha, liderada pela Prússia. Além do mais, estava convencido da necessidade de uma solução militar para a liderança da Alemanha, dado que, na sua perspectiva, a Prússia só conseguiria atingir a supremacia através de uma reconfiguração geral do mapa da Europa. Por outras palavras, para que a Prússia fosse grande, a Áustria e a França teriam que ser diminuídas enquanto principais Grandes Potências. A sua opinião não era popular nem agradava ao rei prussiano, Frederico Guilherme IV, e só quando o irmão deste, Guilherme I, subiu ao trono, em 1861, é que Bismarck se tornou primeiro-ministro. Isto aconteceu em 1862, no meio de uma intensa disputa entre monarca e a Dieta relativamente à reforma militar: as tensões que se verificavam há muito entre reformadores e conservadores, e entre as lideranças militar e civil, enraizadas nas reformas do pós-guerra discutidas no capítulo anterior, tinham finalmente atingido o seu auge. A Dieta, dominada pelos liberais, recusava-se a aprovar um orçamento destinado a reformar a estrutura do Exército e a aumentar o seu tamanho de um modo que implementaria efectivamente o serviço militar obrigatório na Prússia, em vez do serviço rotativo de curta duração preconizado pelas reformas do pós-guerra. Bismarck resolveu a questão dispensando-se da autorização parlamentar, argumentando que, uma vez que nenhuma das câmaras da Dieta estava de acordo, o Estado deveria continuar a funcionar independentemente. Apostou na fidelidade da administração prussiana e ganhou a aposta. Em 30 de Setembro de 1862, a conscrição universal tornou-se lei, mas com um propósito claro, na perspectiva de Bismarck, tal como deixou claro no seu discurso à Câmara dos Deputados, a câmara alta da Dieta: «As grandes questões de hoje não podem ser resolvidas com discursos nem votos maioritários... somente através do sangue e do ferro». Não restavam dúvidas de que o novo primeiro-ministro prussiano via a força como o melhor caminho para a decisão política.

Com a lei da conscrição universal aprovada, Bismarck dedicou-se à tarefa de refazer a Alemanha e o mapa da Europa. Neste processo, necessitava de um militar que compreendesse a utilidade da força como ele, e descobriu-o no chefe do estado-maior general, o marechal de campo Helmuth von Moltke (o Velho; o Jovem, seu sobrinho, ocupou o mesmo cargo quando eclodiu a Grande Guerra, em 1914). Moltke tem recebido muitos grandes títulos, a maioria dos quais bem merecida, pois foi o maior organizador militar do século XIX depois de Napoleão. Foi um produto das reformas pós--Iena no Exército Prussiano, tendo sido aluno da Kriegsakademie – e um dos melhores –, então sob a direcção de Clausewitz. Na verdade, Moltke viria a atribuir as suas espantosas vitórias nas guerras da unificação alemã à orientação que recebera de *Da Guerra*, e não há dúvida de que a sua prática militar e as suas discussões explícitas de teoria militar revelam um espírito totalmente enraizado nos conceitos dos escritos de Clausewitz, embora muito mais centrado em questões organizacionais práticas do que preocupado com as abstracções estratégicas. E justificadamente: Moltke tornou-se chefe do estado-maior general em 1857, assumindo o comando de uma organização que se tornara quase irrelevante. Como observámos no capítulo anterior, depois do entusiasmo inicial que acompanhou a sua criação pelos reformadores, o estado-maior general perdeu significado e organização, sendo rejeitado pela velha guarda do exército. Moltke dedicou-se à tarefa de ressuscitar e tornar relevante este estado-maior central, pois compreendeu que, sem ele, os militares prussianos não possuiriam os conhecimentos intelectuais ou profissionais capazes de responderem às ambições de Bismarck: construir pela força a Alemanha e um Exército Alemão.

A sua abordagem a este projecto foi enquadrada num ditame básico: «Tal como na arte, na guerra não existem regras gerais; em nenhuma delas pode o talento ser substituído pelo preceito». Moltke procurou homens que, além de terem todas as características de um bom oficial de estado-maior – diligentes, trabalhadores e exactos –, possuíam qualidades intelectuais para se elevarem acima do pequeno e do particular e compreenderem o todo. No seio deste grupo extremamente instruído, ele procurou os comandantes do futuro, e nomeou-os para postos em todo o exército de modo a actuarem com um mesmo propósito e como actuaria o comandante supremo, mesmo na sua ausência. A mudança fundamental provocada por esta abordagem ainda é viável e visível nas organizações militares bem sucedidas de todo o mundo. A base deste sucesso está em garantir que os comandantes, em todos os níveis, operem de acordo com a mesma doutrina, e que os estados-maiores, no seu conjunto, funcionam com métodos e procedimentos comuns.

Existem dois métodos para se alcançar este objectivo. No primeiro, o estado-maior implementa as orientações do comandante. Isto requer que o comandante tome uma decisão no início do processo, nem que seja quanto à informação de que necessita para tomar uma decisão subsequente, e para que os comandantes subordinados sejam informados do resultado pretendido (atravessar o rio com a unidade até ao alvorecer) e não do que devem fazer (construir uma ponte no local X até à meia-noite) – este último aspecto exige um trabalho mais detalhado no quartel-general superior. No primeiro caso, os estados-maiores tendem a ser pequenos, e o oficial de estado-maior responsável trata directamente com o seu comandante. O segundo método conduz o comandante à decisão. Depois de obterem, através de um processo mais ou menos formal, as orientações do comandante, são-lhe apresentadas opções para ele escolher. Neste caso, os estados-maiores são maiores e existem mais ramos, pois há mais trabalho a fazer; e o trabalho é dirigido e supervisionado por um chefe de estado-maior, posicionado entre o comandante e o seu estado-maior. O primeiro sistema tende para a informalidade, o segundo para a formalidade. Quanto mais um núcleo militar opera de acordo com uma única doutrina, compreendida em profundidade, mais é possível usar o sistema informal porque se torna possível delegar, com toda a confiança, a responsabilidade pela implementação.

Na prática, os quartéis-generais reflectem a natureza do comandante que servem e a actividade com a qual lidam. No entanto, basear-se-ão sempre num dos dois modelos. Por exemplo, o sistema do Exército Britânico baseia-se no primeiro modelo, e o sistema usado pelo Exército Americano e os aliados da OTAN baseia-se no segundo. Comandei com ambos os métodos, em ocasiões diferentes, e fui comandado por quartéis-generais usando um ou outro. Quando comandamos, é importante compreendermos o método que rege a concepção do quartel-general e agirmos em conformidade ou, pelo menos, reconhecermos as consequências de não o fazer. Julgo que o primeiro sistema, mais informal, se adequa melhor ao nível táctico; é mais pequeno, mais ágil e produz resultados rápidos, desde que o comandante esteja bem à frente e seja decisivo. O outro sistema, mais formal, é melhor nos níveis de teatro e estratégico: é mais completo, pode lidar simultaneamente com uma grande variedade de questões e, com um bom chefe de estado-maior, pode prever e planear com antecedência. Na Guerra do Golfo, em 1990-1991, o quartel-general da minha divisão blindada estava organizado segundo o modelo britânico, e era notoriamente mais pequeno do que o QG divisional americano. Tratou-se de uma questão de preferência e filosofia nacionais. Levámos algum tempo a aprender que muitos planos que emanavam do QG do corpo americano e do QG divisional americano, no nosso flanco, eram apenas planos de contingência; de facto, os americanos referiam-se-lhes frequentemente como «fintas», como no futebol americano, dado que não constituíam «o plano» nem ordens concretas. Eu dispunha de um oficial de estado-maior para lidar com toda esta papelada, quando um QG americano equivalente tinha uns cinco. E havia outras diferenças nos sistemas: as decisões eram tomadas sobre assuntos diferentes em níveis diferentes mas, regra geral, a responsabilidade e a autoridade encontravam-se mais abaixo no QG britânico. No estado-maior, um capitão britânico tinha frequentemente a autoridade de um coronel americano. A gíria também era diferente. O meu ajudante de campo (ADC), um oficial de estado-maior geralmente de patente inferior, aproveitava-se ocasionalmente deste facto depois de ter descoberto que o ADC do aliado americano era um vice-comandante divisional com a patente de general de brigada – com direito a helicóptero próprio, algo que não acontecia com o meu ADC. Isto não o impedia de telefonar ao comando americano solicitando um helicóptero, que lhe era concedido. Na realidade, estas diferenças eram superficiais, e tinham de ser vistas como tal. Eu comparava a situação, no seu conjunto, ao equipamento eléctrico: tínhamos fichas diferentes e trabalhávamos com voltagens diferentes, mas todo o nosso equipamento necessitava de funcionar em conjunto. Quando o nosso dispositivo ficou completo, eu passei a dispor de cerca de 70 oficiais e soldados, dotados do equipamento de comunicações necessário, funcionando como «transformadores» e «adaptadores» em vários pontos do comando americano, desde o QG, no meu flanco, ao QG logístico, no porto de Al Jubayal. Isto permitiu o bom funcionamento da operação, mas com custos para o resto do Exército Britânico: todos estes homens tiveram de ser retirados de outras unidades na Grã-Bretanha e na Alemanha, esperando-se que estas continuassem a funcionar sem estes recursos humanos e equipamentos. Sem conscrição ou qualquer outro fluxo contínuo de efectivos, manter as operações, o comando e o profissionalismo torna-se um caso de tirar a Pedro para dar a Paulo.

Ao recriar o estado-maior general prussiano, Moltke tendeu para o primeiro método de organização, o mais informal: o estado-maior general tinha por missão implementar as operações e garantir a coerência táctica. Mas primeiro, Moltke tinha que criar o estado-maior. Para o fazer, virou-se para a Kriegsakademie e estipulou que ela deveria acolher anualmente 120 oficiais, seleccionados de todo o corpo de oficiais prussiano numa base competitiva. Apenas 40 concluíam habitualmente o curso, muito renovado, e de entre eles Moltke escolhia 12 que, no seguimento de uma instrução adicional, serviriam no estado-maior general. Esta instrução incluía o máximo de ensinamentos práticos, entre os quais o planeamento de batalhas hipotéticas e a análise de campanhas do passado. Estes dois exercícios constituem hoje uma prática comum nas academias militares de todo o mundo, mas na época foram grandes inovações. Depois destes estudos teóricos, os oficiais seleccionados passavam alguns anos ao lado de Moltke no quartel-general e em manobras com as tropas, seguindo-se um período de serviço em regimentos. Estava assim completa a instrução dos oficiais superiores de estado-maior, que passavam então as suas carreiras alternando entre missões no estado-maior general e postos regimentais.

Entre campanhas, o estado-maior ocupava o seu tempo em exercícios e formulando planos, frequentemente com grande minúcia, para a próxima guerra[45]. Todos os elementos da actividade militar eram examinados, cada plano e contingência constantemente analisados e revistos, cada formação e unidade eram configuradas e padronizadas até ao último item – garantindo que qualquer soldado, mas particularmente qualquer oficial, poderia ser transferido de uma unidade para outra sem nenhum problema de adaptação. Através deste programa de instrução intensivo e extremamente minucioso, Moltke criou um corpo de oficiais de estado-maior e comandantes que, em pensamento e compreensão, se tornaram praticamente idênticos a ele e entre si, garantindo assim que, quando dispersos pelos regimentos e em combate, criariam uma coerência – um sistema nervoso – que permitiria ao corpo militar prussiano

---

[45] Refira-se que foi Moltke quem instituiu, nas manobras e jogos de guerra, a cor vermelha para o «inimigo» e a azul para as forças «amigas», razão pela qual os incidentes de fogo «amigável» se denominam *blue on blue*. (N.T.)

funcionar como um só, sem a necessidade de ordens pormenorizadas emitidas pelos comandantes superiores. Do mesmo modo, estes podiam atribuir missões aos comandantes subordinados, mas deixavam a seu cargo o modo do seu cumprimento, sabendo que seria nos parâmetros do mesmo *ethos* nuclear. Com o tempo, o resultado destas actividades combinou-se noutra inovação de Moltke: uma doutrina militar coerente, que se encontra mais bem reflectida nas suas *Instruções para Comandantes de Grandes Unidades*, de 1869 – um documento que, pelo menos em espírito, inspirou a maioria dos manuais de operação das instituições militares ocidentais até aos nossos dias.

Em muitos aspectos, Moltke expandiu as ideias napoleónicas de mobilidade organizacional e flexibilidade operacional – em última análise, a compreensão e emprego da força. Na verdade, a ideia nuclear por detrás da sua reestruturação do estado-maior general foi a criação de um verdadeiro sistema nervoso baseado na dicotomia descentralização/centralização: a descentralização da estrutura de comando, de forma a alcançar rapidez na decisão e na tomada das decisões apropriadas para as circunstâncias, combinada com uma orientação e doutrina centralizadas. Já vimos, com Napoleão, que em combate, ao tomarmos uma decisão e actuarmos em conformidade mais rapidamente do que o adversário, obrigamo-lo a agir baseado em falsas informações, logo, erradamente. A melhor maneira de conseguir rapidez e adequabilidade é garantindo que a informação e as ordens percorrem a menor distância possível, física e hierarquicamente, dado que a informação tem mais hipóteses de ser correcta quando o homem que toma a decisão se encontra próximo da situação. Por outras palavras, o comandante no terreno, e não o comando central – o que significa descentralização das decisões. Mas para se ter êxito e concentrar os esforços de um exército, toda a tomada de decisões deve, como já referimos, funcionar no âmbito da mesma doutrina e para o mesmo objectivo. Napoleão concedia aos seus comandantes superiores liberdade de acção e uma considerável autoridade, mas permaneceu a única fonte de orientação e doutrina. No sistema criado por Moltke, existia uma doutrina nuclear e o conceito de comando descentralizado englobava todos os elementos, da mobilização ao combate, reforçado pelas concentradas e meticulosas capacidades de planeamento central do estado-maior de Moltke. De facto, mesmo em relação à mobilização,

Desenvolvimento: Ferro, Vapor e Massa

Moltke concebeu um sistema que conseguia pôr em acção um número de tropas gigantesco em momentos cruciais numa questão de semanas. Isto representava um método muito mais rápido. Cada comandante de corpo de exército prussiano era responsabilizado pela mobilização da sua formação, com a assistência das autoridades civis do seu distrito. Esta descentralização na execução foi complementada com uma orientação global centralizada. Em caso de guerra, o primeiro passo era a mobilização de homens e cavalos para o exército de campanha. Ao mesmo tempo, as tropas dos depósitos começariam a concentrar-se: cada regimento de infantaria ou artilharia formava um batalhão de depósito, cada regimento de cavalaria constituía um esquadrão de depósito – ou seja, mais descentralização. A mobilização das tropas de reserva e de guarnição tinha lugar imediatamente após a do exército de campanha. Com a conscrição universal consignada na lei, podia elaborar-se um plano geral de mobilização, que era corrigido anualmente pelo estado--maior general, incorporando a utilização sistemática do telégrafo e dos caminhos-de-ferro para deslocar tropas e provisões para os teatros de operações projectados. Tal como observámos, os militares influenciaram o desenvolvimento do caminho-de-ferro, estabelecendo, por exemplo, a necessidade de determinadas linhas férreas este-oeste para um grande volume de tráfego, e o comprimento das plataformas necessário para permitir a rápida entrada e saída das tropas nos comboios. Com este método de comando, complementado pela organização apropriada aplicada ao nível estratégico, Moltke adquiriu a capacidade de fazer o Estado entrar em guerra mais depressa do que os seus adversários – outra forma de mobilidade organizacional.

A partir do conceito que emanou das reformas pós-Iena, Moltke tornou o estado-maior general prussiano uma realidade. E foi esta máquina sofisticada, complementada por uma doutrina da rapidez na tomada de decisão aos níveis táctico e estratégico, e da concentração da força para um ataque decisivo, que ele pôs em marcha para apoiar a estratégia de Bismarck: garantir a supremacia prussiana e a unificação alemã através do emprego da força. Estas visões conjuntas desenrolaram-se numa sequência tripla, a partir de 1864, ano em que a Prússia e a Áustria entraram em guerra contra a Dinamarca com o objectivo de dividirem entre si os ducados de

Schleswig-Holstein, controlados pela Dinamarca. Para Bismarck, além deste objectivo, a empresa destinava-se a consolidar a sua posição interna e a demonstrar que os seus planos de expansão para a nação e a sua via de ferro e sangue eram os únicos possíveis para a Prússia. Moltke concebeu um plano baseado na sua doutrina do planeamento central combinada com a descentralização do comando, e obteve uma vitória decisiva – mas não exactamente como pretendia. Na verdade, embora ele fosse visto quase como um «semideus» pelos seus subordinados directos e por alguns políticos, muitos militares prussianos da velha guarda olhavam-no com ressentimento e ridicularizavam o estado-maior general como um bando de arrivistas intelectuais. Muitas das suas directivas eram modificados ou até ignoradas por alguns comandantes; mas apesar disto, foi alcançada uma vitória decisiva. Pelo Tratado de Gastein, imposto à Dinamarca em Agosto de 1865, a Áustria adquiriu o controlo do Holstein e a Prússia apoderou-se do Schleswig e do ducado de Lauenburgo. O passo seguinte foi contra a Áustria, que, na década de 50 do século XIX, conseguira frustrar as tentativas prussianas para unificar os Estados alemães sob a sua liderança. Bismarck considerava a guerra necessária para remover de cena o rival da Prússia e diminuir a sua estatura. Em 1866, conseguiu servir-se de uma disputa diplomática para provocar a Áustria e fazer com que esta declarasse guerra à Prússia. Desta vez, depois da sua vitória anterior, Moltke teve muito mais controlo sobre os seus comandantes, pois foi ele quem planeou e dirigiu pessoalmente as operações. A Prússia mobilizou-se com grande rapidez contra a Áustria e os seus aliados germânicos do Sul, penetrando na Áustria em três grandes colunas, numa larga frente. Isto permitiu aos Prussianos concentrarem rapidamente uma força superior e dominar o inimigo, cujos esforços de mobilização foram muito mais lentos. Tal como referimos, foram necessários somente uma semana e doze comboios para deslocar o Corpo da Guarda prussiano, baseado em Berlim, para a frente austríaca. Em Königgrätz, na Boémia, as tropas prussianas travaram uma batalha decisiva. Uma organização superior, a utilização da espingarda de agulha e (como tantas vezes acontece na guerra) alguma dose de sorte deram a vitória à Prússia. Em consequência, a Guerra das Sete Semanas, como ficou conhecida a Guerra Austro-Prussiana, foi um triunfo para Bismarck e para o estado-maior general de Moltke.

Fora alcançado o primeiro objectivo de Bismarck: a Áustria foi permanentemente eliminada da direcção das questões nacionais alemãs. Agora, apenas o Sul da Alemanha e as províncias disputadas da Alsácia e da Lorena permaneciam fora do reino da Prússia. Em 1870, Bismarck engendrou outra guerra, desta vez contra a França – procurando unir o povo alemão contra o inimigo tradicional. O destino da Alsácia e da Lorena, que haviam pertencido ao Sacro Império Romano até ao século XVII, foi usado para promover um sentimento nacionalista. Os estados alemães do Sul engoliram o isco e juntaram-se a Bismarck na sua cruzada contra os Franceses, que tinham sido astuciosamente manipulados para declararem guerra à Prússia. Consolidado pelas duas vitórias anteriores, o estatuto de Moltke era inquestionável; ninguém ousou pôr em causa o seu plano de campanha. Desta vez, ele fez o contrário do seu bem sucedido ataque à Áustria, optando por penetrar em França com o exército concentrado numa estreita frente – reflectindo assim todos os pontos fortes das capacidades do estado-maior general. Ao estudar os caminhos-de-ferro no Leste da França, ele chegara à conclusão de que os Franceses concentrariam as suas forças em duas únicas áreas, Metz e Estrasburgo. Assim sendo, a melhor opção para a Prússia era atacar sucessivamente, com todas as suas forças, as concentrações inimigas, aproximando-se de modo a que o adversário permanecesse dividido e uma parte não pudesse auxiliar a outra. O estado-maior gizou um plano meticuloso para implementar esta manobra operacional, que começou a ser executada a 16 de Julho, três dias antes do início da guerra, quando foi declarada a mobilização. Ao nono dia, 24 de Julho, tinham já sido mobilizados cerca de 500 000 homens, quase duplicando os 300 000 do exército prussiano em tempo de paz. A concentração do exército junto à fronteira começou no mesmo dia. A 3 de Agosto, o décimo nono dia, todo o exército, com cerca de 440 000 efectivos, estava concentrado junto do material. Durante este processo, nove linhas férreas foram exclusivamente atribuídas ao movimento dos exércitos: três para os do Sul e seis para os do Norte. Durante esta fase da concentração, o percurso médio foi de aproximadamente 400 km.

Tal como Moltke e o seu estado-maior tinham previsto, os Franceses não conseguiram igualar a rapidez nem o sistema de mobilização prussianos, pelo que iniciaram as operações sem as reservas e o equipamento completo terem chegado ao exército. Assim, a mobilização francesa nunca foi concluída. As primeiras forças francesas foram rapidamente fixadas em redor de Metz e enfrentadas em duas grandes batalhas: Vionville/Mars-la-Tour, em 16 de Agosto, e Gravelotte/St.-Privat, a 18 de Agosto, das quais os Prussianos emergiram vitoriosos. Neste ponto, brilharam as forças de Moltke – literalmente. No fim da batalha, com setenta anos de idade, depois de um dia inteiro a cavalo e de ter desembainhado a sua espada por duas vezes face ao inimigo – uma medida extrema para um comandante supremo, denotando um perigo iminente –, ele ditou uma ordem para dividir o exército: uma parte foi enviada para noroeste, em direcção à fortaleza fronteiriça de Sedan, para atacar as forças francesas baseadas na zona, comandadas por Napoleão III. A outra foi dirigida para Paris, com a máxima rapidez, para explorar as vitórias dos últimos dias. Quanto a Moltke, continuou a conter as forças que se concentravam a leste de si, em redor de Estrasburgo. Em Sedan, os Franceses, impossibilitados de receber reforços devido ao avanço germânico sobre a sua capital, bateram-se extremamente bem mas foram derrotados. A vitória prussiana foi esmagadora. O imperador francês abdicou e fugiu para Inglaterra, enquanto a França era devastada por lutas entre facções políticas e sociais que culminaram numa guerra civil, centrada na insurreição da Comuna, em Paris. Nos estados alemães, a vitória inflamou o espírito patriótico, ao ponto de eliminar os ressentimentos passados contra a Prússia, e os estados alemães do Sul decidiram aderir voluntariamente ao novo Estado alemão, liderado pela Prússia. Em Maio de 1871, foi proclamado o Império Alemão – o II *Reich* – e Guilherme I foi coroado imperador na Sala dos Espelhos de Luís XIV, em Versalhes. O objectivo político da unificação alemã fora alcançado, exactamente como Bismarck – agora chanceler – previra e pretendera: pela força.

Em termos militares, foram Moltke, a sua estratégia e campanhas e o seu estado-maior general que verdadeiramente venceram cada uma das três guerras. A rápida concentração de uma força mobilizada permitiu ao comandante de teatro prussiano assumir e manter a iniciativa e ditar os acontecimentos, forçando os seus adversários a reagiram de acordo com o seu plano. O resultado foram vitórias decisivas conseguidas logo no início, que possibilitaram directamente alcançar o objectivo político: a inclusão de territórios e populações de língua alemã sob a soberania do monarca prussiano. Este feito foi possibilitado pelo processo de abordagem industrial da guerra, desde as massas de soldados geradas pela conscrição universal até à mobilização e concentração de homens e material no campo de batalha. E o estado-maior general, os licenciados da Kriegsakademie e a meticulosa formação ministrada por Moltke, revelaram o seu domínio do «processo industrial» de mobilização, do movimento e aprovisionamento de massas de homens e material no campo de batalha, e da coordenação da gestão táctica das forças alemãs. Os comandantes superiores, todos eles treinados na mesma escola e auxiliados pelo mesmo estado-maior, tomaram decisões mais depressa do que os franceses, decisões centradas num único propósito e no âmbito de uma doutrina comum. Ao nível táctico, os seus oponentes eram tão bons – e por vezes melhores – como os soldados e comandantes prussianos, e estavam tão bem ou melhor armados; mas isto foi insuficiente para contrariar o superior método operacional que os prussianos tinham para manobrarem e coordenarem o seu exército.

As batalhas das três guerras reflectiram simultaneamente o velho e o novo. Mantiveram muitas das características napoleónicas, particularmente a manobra de grandes formações em ordem unida. Persistiu a falta de comunicações no campo de batalha, dado que o telégrafo era estático, o que manteve naturalmente a necessidade de as formações combaterem em ordem unida para poderem ser controladas e concentrar o seu poder de fogo. Por outro lado, as batalhas também foram mais evoluídas, tal como evidenciou o aparecimento de novas armas e uma maior utilização do telégrafo, que possibilitou a rápida comunicação entre os níveis político e estratégico, em Berlim, e os comandantes no terreno – até as colunas da vanguarda arrancarem insensatamente os cabos, como fizeram na guerra contra a Áustria. Mas embora o ritmo dos eventos político-estratégicos fosse mais rápido, os do campo de batalha permaneceram ligados ao ritmo de marcha de um soldado equipado, cujas provisões se deslocavam à velocidade de uma carroça hipomóvel. Por outras palavras, os caminhos-de-ferro transportaram as massas de homens e equipamentos para os campos de batalha, mas dos terminais ferroviários em diante regressou-se aos anteriores modos de transporte. E embora a cavalaria permanecesse no campo de batalha, carecia de poder de fogo; além do mais, confrontada com cada vez maior poder de fogo das novas espingardas de retrocarga, converteu-se cada vez mais numa força de reconhecimento e cada vez menos numa força de choque e decisão, como fora na época napoleónica. O campo de batalha foi verdadeiramente transitório.

As vitórias decisivas das forças prussianas reflectiram o valor militar e a superioridade do estado-maior general, particularmente na mobilização das forças e na concepção da aplicação da força; e nos anos que se seguiram, a maioria dos exércitos continentais adoptou o modelo prussiano de um estado-maior planeador apoiado pela conscrição universal. No novo Império Alemão, o prestígio do estado-maior general e a admiração pelos militares tornaram-se supremos, decidindo conclusivamente uma disputa que surgira entre Moltke e Bismarck, durante as guerras, em relação à liderança em tempo de guerra. Moltke traçou uma nítida fronteira entre a política e a estratégia, afirmando que a diplomacia era predominante até ao início das hostilidades, altura em que a necessidade militar passava a imperar. Ele e os seus generais levavam a mal a interferência de Bismarck nas operações militares, achavam-no basicamente malcriado e importuno, e troçavam dos seus conselhos, que consideravam ridículos. Por seu lado, Bismarck, com a sua visão da guerra como meio para alcançar os objectivos políticos, exigia que a actividade do estadista fosse sempre suprema. Considerava os militares como profissionais de vistas curtas, sem compreenderem nem se interessarem pela diplomacia e pela política. Tinham-se verificado acérrimas disputas sobre esta questão durante as três guerras, mas com o tempo – na verdade, depois de duas guerras mundiais – Bismarck viria a ter razão. Depois de Moltke, o estado-maior general evoluiu lentamente para uma organização concentrada nas questões tácticas e operacionais, em detrimento dos assuntos estratégicos e políticos. A admiração que o *Kaiser* Guilherme II adquiriu pelo estado-maior veio a convertê-lo efectivamente no centro de decisão da política alemã, mas já sem as capacidades fundamentais necessárias para esta tarefa. A Grande Guerra revelou-se um desastre para a Alemanha e para a Europa. E o significado do contributo do estado-maior general para este desastre foi sublinhado em 1919, no Tratado de Versalhes, que ditou especificamente o seu desmembramento e proibiu

Desenvolvimento: Ferro, Vapor e Massa

a sua reconstituição – provavelmente, é o único tratado da história a considerar um estado-maior como uma ameaça.

No fim da Guerra Franco-Prussiana, o paradigma da guerra industrial entre Estados estava quase completo; seria refinado nos anos e guerras futuros, e a indústria e a tecnologia fornecer-lhe-iam armas cada vez mais destrutivas. Mas as estruturas nucleares já estavam implementadas: em apenas setenta e cinco anos – período insignificante em termos históricos, particularmente em relação à guerra –, muitos aspectos da guerra tinham sido completamente alterados. As espantosas inovações de Napoleão relativamente à natureza da guerra tinham sido geralmente aceites ainda durante a sua vida; o estabelecimento, já em 1808, do estado-maior general prussiano como resposta às vitórias decisivas de Napoleão reflectiu esta alteração fundamental. Decorridos vinte anos, Clausewitz codificou estas inovações numa nova teoria da guerra. Trinta anos depois, os protagonistas da Guerra da Secessão implementavam estas mudanças num campo de batalha cada vez mais industrializado, e Moltke fazia o mesmo na organização dos exércitos. A subsequente implementação dos métodos e estruturas de Moltke nas guerras da unificação alemã levaram a conduta da guerra e dos exércitos a um ponto de extrema eficiência – e tornaram-se, até hoje, um modelo a emular. E no contexto de todos estes desenvolvimentos, evoluiu o emprego da força, cada vez mais poderosa e destrutiva, e aplicada através de novos meios para fins diferentes. A guerra industrial entre Estados foi principalmente um instrumento de criação e preservação de nações, razão pela qual se podiam procurar vitórias decisivas através dela. Não existe um objectivo ou necessidade mais fundamental, e neste contexto a utilidade da força era absolutamente clara – tal como o reflectem as guerras da unificação alemã.

A Alemanha unificada representava uma nova realidade: um grande Exército com uma experiência militar partilhada e capacidade de reservas. E também se via confrontada com um novo problema: localizada entre a França, a ocidente, que pretendia vingar-se e recuperar o seu território, e a Rússia, a oriente, pronta a entrar em qualquer coligação para travar a expansão da Aliança entre a Alemanha e a Áustria-Hungria. Em qualquer guerra futura, a Alemanha teria potencialmente que combater ao mesmo tempo em duas frentes. Como veremos no próximo capítulo, este dilema estratégico centrou as mentes do estado-maior general alemão no nível de teatro ou operacional e, como tal, na necessidade de vencer célere e decisivamente num teatro para depois transferir rapidamente recursos para o outro. Eles sabiam que não era possível estar à altura dos seus inimigos nos dois teatros ao mesmo tempo. Este dilema estratégico foi uma consequência directa da criação da Alemanha, e também constitui uma reflexão sobre o ponto no qual a força ultrapassou a sua utilidade. Tal como vimos, Bismarck e Moltke, cada um à sua maneira e de acordo com o seu objectivo, compreenderam excelentemente a utilidade da força na prossecução de um objectivo político. Neste contexto, as guerras contra a Dinamarca e a Áustria foram efectivamente um pequeno abocanhar de territórios, bem enquadrado num contexto político – quase se poderia prever o resultado antes do início dos combates. A Guerra Franco-Prussiana, em 1870, foi uma questão diferente. O seu objectivo político era a unificação da Alemanha sob a liderança da Prússia. Com este propósito, a derrota do Exército Francês teria, só por si, conduzido à anexação da Alsácia e da Lorena – e à unificação. Mas com o avanço até Paris, garantindo o colapso do Segundo Império, seguindo-se, como humilhação final, o acto inteiramente político de coroar o *Kaiser* na Sala dos Espelhos, em Versalhes, excedeu-se o contexto político da guerra.

Bismarck e Moltke não viveram para ver as consequências da humilhação francesa – decorrente de se ter ultrapassado a utilidade da força – mas ironicamente, no fim das suas vidas, ambos acabaram por compreender as limitações da força e de uma instituição militar poderosa, e tentaram alertar contra elas. Depois do seu último encontro com o *Kaiser* Guilherme II, em 1896, que fora visitá-lo quando ele já estava doente, Bismarck disse aos seus ajudantes: «Se o país for bem governado, a próxima guerra poderá ser evitada; se for mal governado, essa guerra poderá transformar-se numa Guerra dos Sete Anos!» E em 1890, Moltke, que em 1888 abandonara finalmente o seu posto de chefe do estado-maior general, avisou o Reichstag, do qual era agora membro, de que os generais e militaristas que rodeavam o *Kaiser* estavam a promover a guerra, e que quando esta eclodisse «a sua duração será incalculável, sem fim à vista... e ai de quem for o primeiro a incendiar a Europa, de quem for o primeiro a chegar a chama ao barril de pólvora!»

A guerra que eclodiu em 1914 mostrou que tinham ambos razão[46].

---

[46] Além de profetizar que a próxima guerra europeia teria a sua origem «num disparate qualquer» nos Balcãs, Bismarck disse também o seguinte: «Iena aconteceu vinte anos após a morte de Frederico, o *Grande*; se as coisas continuarem assim, a catástrofe acontecerá vinte anos depois do meu desaparecimento». Tendo em conta que Bismarck morreu em Julho de 1898, a sua profecia cumpriu-se quase exactamente, com a derrota da Alemanha na Primeira Guerra Mundial, em Novembro de 1918. (*N.T.*)

3

Culminação: as Guerras Mundiais

No final do século XIX, o paradigma da guerra industrial entre Estados estava completo: os seus elementos centrais – massa, indústria e força – estavam presentes, bem como os conceitos nucleares de processo e organização. Depois de Napoleão e Moltke, existia uma maior compreensão da aplicação da força. Além do mais, a guerra industrial revelara utilidade: criara nações e alterara o mapa da Europa. E à medida que as Grandes Potências desta nova Europa competiam pela supremacia, tornou-se óbvio que seria travada outra guerra industrial. Os comandantes e estados-maiores de todos os países começaram a elaborar os seus planos, em grande parte baseados em noções adquiridas nas guerras anteriores, particularmente nas guerras da unificação alemã. Mas quando a guerra se concretizou, foi maior e mais poderosa do que seria possível imaginar: já não era entre Estados, era mundial. Nas guerras mundiais, o paradigma foi implementado por inteiro – até à culminação.

O ponto de partida é 1871. Depois da Guerra Franco-Prussiana, e ainda mais depois do início da corrida aos armamentos entre as Grandes Potências, na década de 90 do século XIX, tornou-se claro que num futuro não muito distante – um futuro tangível para os muitos que dele falavam– haveria uma guerra: um acto de vingança da França contra a Alemanha, que poderia transformar-se num acto defensivo da Alemanha; uma tentativa hegemónica por parte de qualquer uma das Grandes Potências; ou uma atitude provocatória de uma Grande Potência ou de um actor externo, que tornaria inevitável uma guerra entre todos. Com o aumento da certeza de uma guerra futura, a teia de acordos e contra-acordos entre as nações tornou-se cada vez mais apertada e complexa, e a desconfiança mútua de todas as potências e dos seus representantes – políticos, generais, monarcas, diplomatas – tornou-se cada vez maior, atingindo um ponto no qual a lógica a favor da guerra se impôs a qualquer outra. Foi esta lógica, mutuamente aceite, que também garantiu um conceito da guerra mutuamente compreendido, pelo menos no continente europeu, como um evento de massas no qual forças imensas combateriam com imensa força para alcançarem uma vitória decisiva. E apesar das prescientes palavras de Moltke e de uma minoria de outros sábios, também se acreditava que esta guerra, como as da unificação alemã, seria rápida: os exércitos maciços, os homens e o material dos Estados, enfrentar-se-iam finalmente no campo de batalha, num confronto poderoso que decidiria, num ápice, entre as perspectivas correctas e as erradas. Seria a guerra para acabar com todas as guerras porque, no seu termo, um Estado, ou possivelmente uma união de Estados, e a sua capacidade industrial seriam decididamente superiores aos outros. O paradigma da guerra industrial entre Estados seria plenamente cumprido – e depois tornar-se-ia necessariamente redundante.

A lógica de uma guerra para acabar com todas as guerras era simples: tendo reconfigurado com êxito o mapa da Europa através da capacidade industrial, a guerra também poderia definir a sua potência dominante absoluta. Infelizmente, esta simplicidade também foi o defeito fatal, dado que a possibilidade de a guerra industrial poder originar uma destruição absoluta por todo o mapa da Europa não pareceu ocorrer a muita gente, particularmente devido ao aumento generalizado da prosperidade. Na verdade, na viragem do século, o milagre industrial europeu – que alimentaria a futura guerra – continuou a expandir-se, em grande parte sustentado pelo seu próprio carvão e agricultura, e por bens manufacturados com os recursos dos Estados e impérios, que eram vendidos nos mercados nacionais e imperiais. Com o aumento da saúde e da riqueza, as populações aumentaram e a unidade de governo predominante passaram a ser os Estados-nações – ou as nações que aspiravam ser Estados, particularmente no Império Habsburgo. E com elas surgiram ideias e sentimentos de patriotismo que conduziam com frequência ao nacionalismo. A trindade clausewitziana – povo-Estado-exército – parecia em equilíbrio: não era o modelo napoleónico do Estado, em que os ideais ou o imperador se sobrepunham aos outros dois elementos, nem o modelo prussiano dos militares dominantes: em muitas partes da Europa, ao aproximar-se a guerra, os três elementos avançavam na mesma direcção. Numa combinação de orgulho nacional e entusiasmo militar, a noção de guerra como a coroa de glória lógica da época era acenada por políticos, soldados e civis. O orgulho na capacidade industrial da nação também atestava a sua capacidade militar, quer fosse em navios, canhões ou balas; o crescimento da sua população também era prova da sua capacidade industrial de colocar homens no campo de batalha, assim como o comprimento e velocidade dos seus caminhos-de-ferro e esquadras. A prosperidade da época comprovava a prontidão para a guerra. Tratava-se de um equilibrismo lógico – um equilíbrio delicado, mantido estável pelo «equilíbrio do poder». Em 1914, perdeu-se o equilíbrio e a Europa entrou em guerra.

O gigantesco drama e horror da Primeira Guerra Mundial marcou o fim de uma era da humanidade, um facto que foi reconhecido relativamente depressa – na verdade, decorrido um ano sobre a eclosão da guerra, quando todas as ideias da rapidez como característica definidora da guerra tinham já sido profundamente enterradas na lama das trincheiras da Flandres, juntamente com a primeira safra da juventude europeia. A mobilidade e a flexibilidade operacionais haviam-se entrincheirado, juntamente com os imensos exércitos de conscritos mobilizados em 1914. Sem uma vitória rápida e decisiva, o emprego da força maciça não tinha utilidade. Com a fixação das linhas da frente, as economias e populações dos Estados foram mobilizadas ao serviço do monstro: para as nações beligerantes, a guerra industrial entre Estados transformara-se numa guerra total. O resultado da produção industrial de dois gigantescos blocos económicos criou as desgastantes condições da guerra de trincheiras na Frente Ocidental, e deu origem ao desenvolvimento de quase todo o equipamento ainda hoje disponível aos comandantes. Não vou repetir a história, nem sequer a história militar desta guerra cataclísmica, pois abundam os relatos excelentes; no entanto, aflorarei ambas para explicar a evolução da força e da sua utilidade no âmbito das principais tendências que temos vindo a seguir. O ponto de partida é o Plano Schlieffen e os seus antecedentes.

Após a unificação da Alemanha sob a liderança da Prússia, Bismarck procurou convencer os outros líderes europeus de que esta nova Grande Potência era amante da paz. Compreendendo a ameaça estratégica, os seus maiores receios eram o isolamento da Alemanha e uma guerra em duas frentes. Para não os ver concretizados, ele regeu-se por duas regras cardinais: evitar conflitos entre as potências da Europa Central e ficar-se por uma «semi-hegemonia» como meio de garantir a segurança da Alemanha. Para alcançar estes objectivos da sua política de segurança, Bismarck recorreu a um sistema de alianças estratégicas. Dado que a França pretendia inevitavelmente vingar-se da anexação da Alsácia-Lorena, ele virou-se para os seus outros vizinhos, concluindo alianças com a Áustria-Hungria, em 1879, e com a Itália, em 1882. Todavia, o maior êxito da diplomacia bismarckiana foi o acordo secreto assinado com a Rússia, em 1887, o Tratado de Resseguro, cujos termos violavam o espírito do tratado concluído com a Áustria-Hungria mas lhe permitiram, no contexto da sua política de segurança, evitar a guerra em duas frentes.

A destituição de Bismarck, em 1890, anunciou o fim deste período de diplomacia alemã cautelosa. Instalou-se rapidamente uma atitude mais agressiva nas relações com as outras Grandes Potências, apoiada por investimentos consideráveis nas esferas militar e naval. A primeira baixa foi o frágil Tratado de Resseguro, assinado com a Rússia. Em 1893, a Rússia, em parte por motivos económicos, recusou-se a renegociar o tratado, optando pela França como fonte de assistência financeira e segurança militar. À medida que a corrida europeia aos armamentos se estendia ao mar, a Grã-Bretanha ficou cada vez mais preocupada com o crescimento da Marinha do *Kaiser* Guilherme. As relações anglo-germânicas, já tensas, deterioraram-se em 1898, depois de o Reichstag ter aprovado a Primeira Lei Naval, que permitiu o aumento da Marinha em sete couraçados, dois cruzadores pesados e sete cruzadores ligeiros, e foram ainda mais prejudicadas pela Lei Naval Suplementar, de 1900, que duplicou estas adições, e pelas pretensões alemãs sobre Marrocos. Em 1904, a Grã-Bretanha e a França estabeleceram a *Entente Cordiale*, um acordo não vinculativo que resolveu as disputas territoriais entre ambos, mas que não deixou de assinalar uma nítida mudança na política britânica face à França. Este facto foi sublinhado em 1907, quando a Grã-Bretanha aderiu à aliança franco-russa: nascera a Tríplice Entente que Bismarck pretendera evitar a todo o custo.

Cercada por uma aliança de potências hostis, a Alemanha viu-se confrontada com a perspectiva não só de uma guerra em duas frentes, mas também no mar: um novo desafio estratégico para o estado-maior general. A superioridade numérica global da Entente era evidente, devido às imensas reservas de homens do Império Russo, e a Grã-Bretanha e a França poderiam socorrer-se dos seus impérios coloniais enquanto a Britânia governasse os mares. Porém, para o estado-maior general, a fraqueza da Rússia estava na sua massa: o gigantesco tamanho do reino do czar significava que a mobilização se revelaria provavelmente um processo vagaroso, particularmente devido ao facto de a rede ferroviária russa não ser tão desenvolvida como as da Europa Central e Ocidental. Além disso, os exércitos prussianos e alemães tinham provado, por duas vezes, a sua capacidade para se mobilizarem rapidamente e atacarem logo após a sua concentração. Com o auxílio da rede ferroviária, acreditavam que poderiam tentar destruir rápida e decisivamente um dos adversários, concentrando depois todas as suas forças contra o outro. Pouco depois de ter assumido o cargo, o conde Alfred von Schlieffen, chefe do estado-maior general alemão entre 1891 e 1906, concebeu uma estratégia de ofensiva rápida destinada a alcançar estes objectivos. Ele acreditava que as mobilizações alemã e francesa poderiam ser completadas em quinze dias, enquanto que a da Rússia, devido ao tamanho do país e às limitações da sua rede ferroviária, demoraria provavelmente seis semanas. Este tempo seria suficiente para os alemães derrotarem a França, canalizando depois os esforços para a frente oriental. O problema com que Schlieffen se via confrontado era que as fortalezas construídas pela França depois de 1870 para proteger as suas novas fronteiras com a Alsácia-Lorena alemã abrandariam ou parariam o ataque. Ele resolveu esta questão decidindo atacar a França através da Bélgica, um Estado neutral deste 1839, o que permitiria à sua ala norte evitar as defesas francesas. Para o fazer, teria que deslocar forças muito numerosas através dos obstáculos aquáticos dos Países Baixos e derrotar as defesas belgas suficientemente depressa e com tropas suficientes para garantir a necessária concentração de forças nas fronteiras da França. De seguida, estas executariam um grande movimento envolvente através do Norte da França e em redor de Paris, e derrotariam os exércitos franceses nas profundezas do seu próprio país. Segundo o plano, nas primeiras seis semanas da guerra, cerca de 85%

do Exército seriam alocados ao teatro ocidental, ficando os restantes 15% a guarnecer a frente oriental, aguardando a chegada dos exércitos russos.

Quando a guerra eclodiu, a 4 de Agosto de 1914, o Plano Schlieffen, com algumas modificações, foi implementado – e a sua execução falhou. O plano foi ultrapassado pela realidade, começando com as enormes quantidades de homens e material concentradas num espaço relativamente pequeno, algo que é um atributo básico da guerra industrial. Ainda antes da abertura oficial das hostilidades, as principais potências europeias haviam dado início ao maior esforço de mobilização jamais visto. Cuidadosamente preparados nas décadas anteriores, os planos para colocar a sociedade em pé de guerra estenderam-se a quase todas as esferas da vida civil, particularmente na Alemanha e na França. O processo nuclear da guerra industrial, estabelecido na Guerra de Secessão, entrou em acção. Os caminhos-de-ferro, sob controlo directo ou indirecto do Estado, começaram a transportar homens, cavalos e material para a frente. A 17 de Agosto, o Exército do *Reich*, de 800 000 homens em tempo de paz, tinha já sido multiplicado por seis através da mobilização dos reservistas. Por esta altura, haviam sido transportados 1 485 000 homens para a frente com a Bélgica e a França, equipados e prontos para entrarem em combate. As nações adversárias igualaram esta proeza. Na verdade, o esquema de transporte francês revelou-se de extrema competência, a mobilização austríaca seguiu o mesmo padrão de eficiência, e até os Russos surpreenderam os Alemães com a rapidez com que concentraram os seus I e II Exércitos na Polónia. Assim, numa questão de semanas, estavam em campo forças enormes: no fim de Agosto, o Exército Francês compreendia 62 divisões de infantaria, cada uma com 15 000 efectivos. O *Reich* alemão apresentava 87 divisões, e as do seu aliado habsburgo totalizavam 49. Entretanto, a leste, os Russos alinharam o número impressionante de 114 divisões. Estas forças, juntamente com milhões de cavalos e toneladas de equipamento, acorreram rapidamente aos campos de batalha em número maior e muito mais depressa do que o previsto por Schlieffen e pelo estado-maior ao elaborarem o seu plano. Todos os exércitos tinham aprendido a importância de uma mobilização rápida – pelo menos, compreendiam que não bastava concentrarem as suas forças: para aplicarem a força através delas, tinham que as organizar no local correcto e nas formações adequadas.

O Plano Schlieffen fracassou muito simplesmente porque os Franceses derrotaram o ataque alemão. Este é o problema dos planos: regra geral, o inimigo não coopera com os pressupostos nos quais são elaborados. E o problema agudiza-se com planos concebidos para uma contingência algum tempo antes do evento – Schlieffen deixou de trabalhar oito anos antes da eclosão da guerra – e executados por indivíduos que não participaram na sua elaboração e que não conhecem necessariamente os pressupostos nos quais foram baseados. Foi o que aconteceu na Alemanha. Em 1906, Schlieffen fora substituído como chefe do estado-maior general por Helmuth von Moltke, o Jovem, sobrinho do grande génio militar do século xix. Ao contrário do antecessor ou do tio, «o sobrinho», como era conhecido, não tinha uma natureza particularmente audaz – algo que se revelou decididamente prejudicial para os Alemães. Um plano audaz exige audácia na execução, e não sucessivos remendos ao sabor dos acontecimentos. Com a perspectiva de uma guerra a tornar-se cada vez mais evidente, Moltke reduziu o número de forças na ala norte, enviando-as para a Frente Oriental onde, em qualquer dos casos, se revelaram insuficientes quando os Russos mobilizaram mais rapidamente do que o previsto. Na Frente Ocidental, os Belgas, Britânicos e Franceses opuseram uma resistência muito maior do que a esperada, e a logística da deslocação da massa de homens e material alemães demorou mais tempo do que o projectado: depois dos seus ataques iniciais, as tropas alemãs avançaram mais depressa do que os seus transportes e a sua artilharia pesada, utilizada com vantagem em combates anteriores. Joffre e o estado--maior general francês aproveitaram a excessiva extensão da linha alemã para conquistar a iniciativa operacional. Esta situação foi provavelmente uma das principais reavaliações necessárias mas não efectuadas desde a época de Schlieffen: os Franceses já não eram fracos nem estavam a lamber as feridas da derrota de 1870. Tinham--se reconstituído numa máquina de combate poderosa e eficiente. Sob o excelente comando supremo do marechal Joffre, mantiveram o sangue frio e o general Foch liderou o contra-ataque no Marne, com o famoso ditado: «O meu centro está a ceder, a minha direita está em retirada; a situação é excelente. Vou atacar.» Fê-lo, e com êxito. Os Alemães, por seu lado, encontraram-se temporariamente em declínio. Moltke, com um estilo de comando que tem sido comparado ao de um maestro cujos músicos ignoram a batuta, perdeu o controlo dos seus comandantes de exército. E também perdeu o seu posto, sendo substituído como chefe do estado-maior general pelo general Erich von Falkenhayn, em 14 de Setembro de 1914.

Nenhum dos lados tinha conseguido uma vitória decisiva no rápido início da guerra. Em seu lugar, verificou-se um impasse de forças antagónicas equilibradas: os antagonistas estavam bem equiparados para o teste de força, e determinados a vencer o choque de vontades. Tornou-se, pois, evidente que a conclusão da guerra, independentemente de como fosse conseguida, seria definida em termos novos. Uma vitória decisiva não aconteceria rapidamente, nem seria provavelmente definitiva à maneira das guerras da unificação alemã, dado que implicaria mais do que a destruição das forças no campo de batalha. Já não seria um choque militar, mas sim um combate muito mais vasto, envolvendo as economias e as populações de ambos os lados.

Em finais de Outubro de 1914, a Frente Ocidental estabilizara-se mais ou menos numa linha que ia do Mar do Norte à Suíça, com a Alemanha a ocupar uma grande parte da Bélgica e 20% da França – os 20% que continham 80% da sua capacidade industrial. Esta linha permaneceria praticamente inalterada durante os quatro anos seguintes, com batalhas gigantescas dando origem a variações mínimas. Isto também explica uma das razões básicas pelas quais a guerra prosseguiu, contrariamente à percepção da opinião pública de que se «arrastou» futilmente ou se tornou uma série de batalhas desnecessárias: a França e a Bélgica estavam ocupadas. Excluindo uma capitulação perante as Potências Centrais, a sua única alternativa era continuarem a combater. Em consequência, as batalhas não foram fúteis nem desnecessárias, foram inconclusivas – por razões técnicas.

Em muitos aspectos, para ambos os lados, o problema ao nível estratégico e de teatro era semelhante ao problema táctico do cerco a um castelo medieval, mas numa escala maciça. O sitiante abre trincheiras para se proteger do fogo inimigo e depois sapa ou abre túneis em direcção aos defensores para colocar a sua força de assalto o mais perto possível e protegida. Entretanto, procura destruir ou romper a barreira defensiva através do fogo, das minas ou com catapultas. Quando o comandante acredita que abriu uma brecha ou que conseguirá penetrar na barreira defensiva, e está igualmente confiante de que poderá concentrar uma força de assalto suficientemente perto da brecha sem ser atrasada ou desorganizada pelo fogo inimigo, tentará conquistar o forte. Este é um exemplo da utilização ofensiva de um «sistema de trincheiras», mas as trincheiras também se usam defensivamente. No século XIX, a letalidade e alcance da espingarda de retrocarga obrigou a infantaria a servir-se das trincheiras como escudos, e a ausência de comunicações no campo de batalha significou que as trincheiras tinham de estar ligadas. Ao contrário de um escudo, uma trincheira é obviamente estática, pelo que o ocupante se converte num defensor do seu buraco – e quanto maior a área entrincheirada, maior a localidade defendida, e maior será o sistema de trincheiras. Na maior parte dos casos, tal como acontecia com o castelo medieval, podia-se envolver a posição, cercá-la e tomá-la de assalto. Mas ao contrário do castelo, era improvável que o defensor possuísse provisões ou defesas sofisticadas para resistir durante muito tempo a um assalto resoluto desencadeado por uma força superior apoiada por artilharia. Na Primeira Guerra Mundial, ambos os lados se entrincheiraram: os Alemães essencialmente num sistema defensivo – os sitiados do castelo – e os Aliados principalmente num sistema ofensivo – os sitiantes. Além do mais, a dimensão dos exércitos e as capacidades industriais das Potências Centrais e dos Aliados conseguiram preencher todo o espaço ao longo da frente com homens e aprovisioná-los no local. Conseguiram fazê-lo com homens suficientes e em profundidade suficiente – ou com uma densidade tão elevada – que não existia nenhum flanco para envolver: as extremidades da linha estavam firmemente ancoradas no Mar do Norte e na fronteira suíça. Não existindo nenhum flanco para explorar, o atacante tinha que encontrar maneira de romper ou penetrar nas defesas. Na primavera de 1918, os Alemães, comandados pelo general Ludendorff, passaram à ofensiva e romperam as defesas aliadas, mas careciam de capacidade de explorar este sucesso. Foram os Aliados que acabaram por sair vitoriosos, pondo fim à guerra. No entanto, tinham necessitado de mais de três anos de dura experiência para desenvolverem os exércitos, as tácticas e o equipamento para aplicarem com êxito a força militar e ultrapassarem as linhas defensivas alemãs.

Com a estabilização da frente, em 1914, a natureza do combate e o emprego da força evoluíram rapidamente. Os motivos para que assim acontecesse foram, mais uma vez, uma consequência directa da gigantesca massa da guerra industrial total – e do nível de desenvolvimento dos transportes e comunicações. De facto, a história da Frente Ocidental – que se tornou o ícone da guerra no seu conjunto – resultou novamente do facto de a rapidez do movimento estratégico e de teatro, por caminho-de-ferro, ser reduzida, depois de as tropas abandonarem os terminais ferroviários, à de um soldado com todo o seu equipamento, e das comunicações se basearem no telégrafo e no telefone ou dependerem de estafetas, de mensageiros e do contacto pessoal. Ao nível operacional, o problema era encontrar um modo de romper a frente inimiga em largura suficiente para que as defesas adversárias pudessem ser atacadas em profundidade. Os terminais ferroviários agravaram ainda mais este problema, dado que o defensor, recuando para o terminal ferroviário, poderia concentrar as forças mais depressa – por caminho-de-ferro – do que o atacante, que se afastava do seu próprio terminal ferroviário, poderia explorar quaisquer ganhos iniciais a pé. Como consequência destas realidades industriais, a guerra assumiu, na Frente Ocidental, uma natureza inteiramente de atrito. Havia movimento, mas não havia espaço para manobrar. Num processo industrial, os homens e o material eram deslocados para a frente por caminho-de-ferro, onde enfrentavam a gigantesca massa adversária. Efectuavam-se grandes concentrações de forças e um dos lados atacava, procurando sempre romper as defesas de modo a expandir-se pela retaguarda dos defensores e destruí-los. Durante semanas, ataques e contra-ataques faziam a frente avançar e recuar numa atrição mútua alimentada pelo processo industrial, que tinha de cumprir um programa pré-estabelecido; as comunicações disponíveis não permitiam nada de mais sofisticado. Por conseguinte, o ataque célere de uma força a outra para alcançar rapidamente uma vitória decisiva – o objectivo da guerra industrial entre Estados – tornou-se impossível. Dadas as circunstâncias, o impasse atritivo da guerra de trincheiras era quase inevitável.

Os ataques para conquistar terreno de trincheira em trincheira eram apoiados por bombardeamentos de artilharia maciços. Na verdade, a Primeira Guerra Mundial foi essencialmente uma guerra de artilharia, e os milhares de grandes canhões empregues por ambos os lados foram a principal causa das baixas. A tecnologia seguiu de perto estes novos desenvolvimentos: as granadas de *shrapnel*, mais adequadas para atacar tropas em campo aberto, foram rapidamente substituídas por obuses explosivos de alta potência, mais eficazes para a destruição de trincheiras e fortificações. Os bombardeamentos da artilharia tentavam quebrar a integridade da defesa atacando simultaneamente vários alvos. O primeiro era o próprio defensor: mas mesmo que o bombardeamento não conseguisse matá-lo, o efeito do choque minava-lhe o espírito. O segundo alvo era o meio ambiente do defensor: destruir o sistema de trincheiras, cortar as comunicações telefónicas, abrir brechas no arame farpado e destruir as próprias trincheiras. O terceiro alvo eram os canhões inimigos. Num ataque de infantaria, a artilharia tinha por missão manter os defensores nos abrigos enquanto as vagas de assalto se aproximavam dos seus objectivos, e atacar as reservas inimigas quando este ripostava ou procurava contra-atacar. As barragens eram ocasionalmente tão intensas, tal como a que antecedeu a Batalha do Somme, que os Alemães chamavam a este fenómeno a batalha do material (*die Materialschlacht*)[47]. Este tipo de guerra de trincheiras criou uma voraz necessidade de homens, munições e abastecimentos, muitas vezes sem ganhos ou vitórias aparentes. Os ataques da infantaria tornaram-se operações extremamente dispendiosas, provocando baixas enormes a atacantes e defensores. Em 1916, por exemplo, no primeiro dia da Batalha do Somme, os Britânicos sofrerem cerca de 60 000 baixas, incluindo 20 000 fatais. Ainda no mesmo ano, durante a Batalha de Verdun, a mais longa da guerra[48], os Franceses perderam aproximadamente 550 000 homens e os Alemães 434 000. A guerra total industrial, em vez de cumprir a promessa de uma vitória rápida e decisiva, gerava baixas a um ritmo industrial. Talvez seja uma verdade óbvia que quanto mais tempo os homens se encontram directamente em combate maiores são as baixas, e que quantos mais homens combatem também maiores são as baixas. Por esta razão, como regra geral, devemos manter as nossas forças sem entrarem em contacto com o inimigo o mais tempo possível, e procurar enfrentá-lo em muitos combates pequenos, e muito rapidamente. Deste

---

[47] Durante o bombardeamento preliminar, que durou oito dias, os Britânicos dispararam 1,7 milhões de projécteis sobre as posições alemãs. (*N.T.*)

[48] Entre 21 de Fevereiro e 18 de Dezembro de 1916. (*N.T.*)

modo, mesmo que o conflito se arraste durante muito tempo, o mesmo não acontecerá com os combates. Todavia, para o podermos fazer necessitamos de espaço e tempo, e nem um nem outro estavam disponíveis na Frente Ocidental: não havia lugar para a flexibilidade operacional.

Além de construir uma máquina de guerra industrial, tal como os seus vizinhos continentais haviam feito durante o século precedente, a Grã-Bretanha veio a desempenhar um papel particular na guerra. A Grã-Bretanha mantivera sempre a Royal Navy para defender as suas costas e o seu comércio, e proteger o seu poder e influência. Em finais do século XIX, o tamanho da Royal Navy reflectia o princípio de que ela deveria ser maior do que a combinação das segunda e terceira maiores marinhas do mundo. O receio de perder a sua supremacia naval levara a Grã-Bretanha a entrar na corrida aos armamentos com a Alemanha, na década de 80 do século XIX, mas o seu Exército permanecera uma pequena força de voluntários, cujo papel pode ser mais bem resumido como o de uma «gendarmaria imperial». Este exército possuía uma considerável experiência de «pequenas guerras», de constituir, liderar e cooperar com forças nativas locais. Haviam-se registado algumas derrotas notáveis, tais como a Batalha de Isandlwana, em 1879, mas os Britânicos, tal como observou o poeta Hilaire Belloc, «têm a metralhadora Maxim e os outros não»; ou seja, tinham a vantagem industrial e tecnológica, e venciam as suas guerras. Deste modo, durante todo o século XIX, os Britânicos, ao contrário das potências continentais, que privilegiavam a constituição de exércitos industriais compostos por conscritos, utilizaram o seu poderio industrial para construírem uma marinha apta a travar novamente grandes batalhas navais ao estilo de Trafalgar, as quais, na sua óptica, garantiriam a defesa do reino e do império, e para equiparem um pequeno exército que iria construindo e controlando o império.

Em 1899, os exércitos das Repúblicas Bóeres ensinaram-lhes «uma lição e peras», tal como Kipling se exprimiu em «The Lesson»[49], e embora a Grã-Bretanha tenha conseguido sair vitoriosa, a experiência dos seus fracassos iniciais deu origem ao Relatório Haldane, em 1908, e a extensas reformas militares. O Exército que existia em 1914 era já muito profissional, mas ainda dependia ex-

---

[49] Poema que integra o livro *The Five Nations* (1903). (*N.T.*)

clusivamente de voluntários. Era, pois, pequeno, com pouco menos de 250 000 homens e reservas mínimas, a maioria integradas no igualmente diminuto Exército Territorial[50]. Devido à sua pequena dimensão, comparativamente aos milhões de homens dos exércitos francês e alemão, o Exército Britânico não foi verdadeiramente contemplado no Plano Schlieffen; em termos numéricos, não foi considerado uma ameaça. De facto, quando se iniciaram as hostilidades, em 1914, o *Kaiser* Guilherme referiu-se-lhe notoriamente como um «exércitozinho desprezível». Contudo, o estado-maior general alemão calculou cuidadosamente os riscos, considerando a potencial ameaça britânica como menor em comparação com os possíveis ganhos de uma vitória rápida sobre os Franceses. Em termos puramente militares, talvez tivessem razão quando o plano foi concebido, em finais do século XIX, mas não é tão claro que os cálculos ainda estivessem correctos em 1914 – não porque os Britânicos tivessem aumentado substancialmente o seu exército, mas porque os Alemães não estavam necessariamente a avaliar a situação de acordo com os mesmos pressupostos. É muito possível que, quando a guerra eclodiu, contassem garantir a hegemonia política na Europa em função do cumprimento do seu objectivo estratégico – derrotar o exército francês antes de atacar o russo – e não o contrário, que o objectivo militar decorresse do objectivo político. Todavia, os objectivos militares e políticos poderiam ter sido os mesmos se a instituição militar, baseada em Berlim, já ditasse a política a seguir – tal como afirmava a propaganda política da época. De facto, a premissa do Plano Schlieffen de ignorar a ameaça militar colocada pela Bélgica e pela Grã-Bretanha, mesmo à custa de as tornar inimigas, reflecte a supremacia dos cálculos militares sobre os políticos. Este ponto é de interesse porque, embora eu não esteja a sugerir que a Grã-Bretanha não teria entrado na guerra no

---

[50] Decorrente da reorganização do Exército Voluntário e das várias milícias, concretizada nas Reformas Haldane, a Força Territorial foi formada em 1908, contando com cerca de 270 000 efectivos. O termo «territorial» significa que estes voluntários em *part-time* não eram obrigados a servir fora das Ilhas Britânicas. No início da Grande Guerra, em 1914, cerca de 70 batalhões ofereceram-se para combater em França, mas a questão da disponibilidade do Exército Territorial foi um dos factores que promoveram a criação do *New Army* ou Exército de Kitchener, através do qual, pela primeira vez na sua história, a Grã-Bretanha investiu os seus recursos nacionais na criação de um poderoso exército para combater no continente europeu, relegando a Royal Navy para segundo plano. (*N.T.*)

âmbito da Tríplice Entente, a acção alemã criou uma situação nova, na qual a neutralidade belga foi violada. Como garante desta neutralidade, a Grã-Bretanha foi forçada a intervir, aumentando a rectidão moral da sua posição e reforçando a vontade política da nação face a um maior envolvimento na guerra.

De facto, apesar de a Grã-Bretanha possuir um Exército profissionalizado e ser signatária da Entente, a sua estratégia político-militar nos anos anteriores à guerra fora a de apoiar os seus aliados com o seu poderio naval e os seus meios económicos – impondo um bloqueio às Potências Centrais e fornecendo material aos Aliados. Não tendo participado em nenhuma guerra continental desde a Guerra da Crimeia, em meados do século XIX, a qual, à semelhança das guerras coloniais, não envolvera a maioria da população, o choque de se descobrir empenhada numa guerra total foi imenso, não apenas para a psique nacional, mas também para a economia. Tal como reflectiu Noel Streatfield, uma autora de livros infantis nascida em 1895, a propósito da eclosão da guerra: «O inglês ou inglesa comuns nada sabiam da guerra. A primeira reacção foi que tudo acabaria num instante. Fosse como fosse, não se esperava que afectasse a vida do cidadão comum. As guerras eram travadas por soldados e marinheiros, que vinham a casa de licença e se tornavam o centro das atenções». Mas a Grã-Bretanha resistiu ao choque. Os sobreviventes do exércitozinho desprezível, mutilado nas batalhas de 1914, constituíram os alicerces sobre os quais foi construído o exército que viria a ser um dos vencedores da guerra – composto por mais de 5 milhões de homens, o maior exército até hoje alinhado pela Grã-Bretanha. E venceu combatendo directamente contra as principais forças inimigas.

Foi necessário esperar até 1917 para que a Grã-Bretanha atingisse a sua capacidade máxima para travar a guerra industrial, com o estabelecimento da estratégia e de todas as instituições necessárias para que o «processo» se desenrolasse continuamente. A base industrial nacional foi transformada para apoiar o esforço de guerra, a conscrição foi estabelecida em Janeiro de 1916, e recorreu-se à tecnologia para as tácticas apropriadas. De facto, a Primeira Guerra Mundial lançou, para todos os participantes, as bases de uma forma de guerra fortemente dependente da tecnologia, envolvendo os não combatentes através da inédita e intensiva mobilização da sociedade e da capacidade de produção no esforço de guerra. Os soldados combatiam enquanto os civis – incluindo, pela primeira vez, muitas mulheres –, a indústria e o capital participavam no maior esforço nacional, financiando, expandindo e operando as linhas de produção que abasteciam as forças militares. Tão integral foi o esforço de guerra civil que acabou por ser denominado «Home Front» – um claro sinal de que não se tratava apenas de um conflito entre exércitos, mas também entre as nações e respectivas economias. O povo da trindade clausewitziana fora formalmente incorporado na guerra.

A produção industrial maciça também definiu a frente militar, pois o elevado nível de tecnologia, indústria e comunicações surgiu de fontes exclusivamente nacionais em apoio das forças nacionais. Por sua vez, este factor definiu o nível intermédio da guerra, o nível de teatro ou operacional, como o mais importante para a condução da guerra. A Frente Italiana, a Frente Oriental e a Frente do Médio Oriente eram, em grande medida, independentes, dispondo cada uma de uma combinação completa de forças e armas, liderada, de ambos os lados, por um comandante de teatro que era um dos generais mais graduados, estando o comando estratégico ao cuidado dos quartéis-generais e estados-maiores generais da Grã-Bretanha, França, Itália e Rússia. No entanto, a Frente Ocidental deve ser vista como um duplo teatro de operações durante os primeiros três anos de guerra, já que a França e a Grã-Bretanha consideravam a sua intervenção individual nesta frente como um teatro de operações próprio. Somente com a nomeação do marechal Foch para o comando supremo de todas as forças aliadas na Frente Ocidental, em 1918, é que teve início alguma direcção centralizada, emergindo assim um único teatro. Consequentemente, de teatros de operações nacionais, passou-se a um teatro de guerra contendo duas frentes operacionais, ainda que uma terceira operação, a do exército americano de Pershing, estivesse em franco desenvolvimento no mesmo teatro de guerra. Esta nova organização multinacional foi importante para a orientação da força militar à escala industrial, e na Segunda Guerra Mundial, depois da entrada dos EUA no conflito, em 1941, os Aliados criaram imediatamente uma estrutura de comando conjunta, com base nesta experiência.

Foi a natureza da guerra industrial e, em particular, os desenvolvimentos tecnológicos produzidos industrialmente que criaram as condições da Frente Ocidental. O facto de estas condições terem persistido por tanto tempo deveu-se, em grande medida, à inédita e crescente quantidade de obuses e balas que os exércitos devoraram. Enquanto que em 1870, em Sedan – bitola para os planeadores militares nas quatro décadas seguintes –, o exército prussiano disparou 33 134 projécteis de artilharia, na semana que antecedeu o início da Batalha do Somme, em 1916, a artilharia britânica disparou um milhão de projécteis. A necessidade de aprovisionar os exércitos com semelhantes quantidades de munições provocou aos Aliados uma escassez temporária de projécteis, em 1915. Todavia, o problema foi resolvido através de um programa de emergência de rápida industrialização e conversão industrial na Grã-Bretanha, combinado com a entrega da produção a fábricas estrangeiras operando abaixo da sua capacidade. Os Franceses, que contavam gastar cerca de 10 000 projécteis de 75 mm por dia antes da guerra (uma guerra que deveria durar três ou quatro meses), produziam 200 000 por dia em 1915. Em 1917-1918, os Franceses forneceram à Força Expedicionária Americana 10 milhões de projécteis para a sua artilharia de fabrico francês, e mais de dois terços dos aviões que a sua força aérea utilizou em combate. Do outro lado, as Potências Centrais também conseguiram aumentar a sua produção de munições, não obstante o bloqueio ao qual estavam sujeitas pela Royal Navy. Os Alemães usaram a sua indústria química de vanguarda para desenvolver produtos sucedâneos, uma solução também muito favorecida pelo III *Reich*, duas décadas mais tarde. Através deste método, aumentaram a produção mensal de explosivos de 1000 toneladas em 1914 para 6000 em 1915.

A capacidade industrial também se expandiu para acelerar o desenvolvimento de novas armas: o morteiro de trincheira e a granada foram redescobertos e elevados a novos níveis de letalidade, e o canhão ferroviário atingiu o máximo florescimento da sua breve vida. Embora os números de baixas indiquem que foi muito menos letal do que comummente se julga, o gás venenoso entrou de rompante no campo de batalha quando, durante a Segunda Batalha de Ypres, em Abril de 1915, os Alemães utilizaram gás de cloro contra a formação francesa no flanco britânico. A notoriedade do gás pode ser explicada pelos efeitos físicos e pelo impacto psicológico que teve sobre os outros soldados, os quais passaram a viver no receio dos seus efeitos desconhecidos, inicialmente sem máscaras e depois com expedientes rapidamente produzidos que lhes limitavam a quantidade de ar que conseguiam respirar e a visão. Com o tempo, a utilização do gás tornou-se uma rotina. Como veremos, a metralhadora, o avião e o tanque também foram características-chave do conflito. Por sua vez, conduziram ao desenvolvimento da espingarda e do canhão antitanques, e dos primeiros canhões anti-aéreos.

A quantidade maciça de projécteis e armamentos foi simultaneamente o resultado lógico da guerra industrial maciça e uma fonte de salvação da mesma: o lado que conseguisse inventar e produzir melhor do que o outro teria a vitória garantida. A procura britânica de uma solução técnica encontrou resposta no tanque, que surgiu pela primeira vez no campo de batalha em 1916. Este veículo blindado destinava-se a apoiar a infantaria, acompanhando-a no avanço, esmagando os obstáculos defensivos e providenciando fogo de apoio com as suas metralhadoras. Os tanques eram pouco fiáveis mecanicamente, e foi necessário esperar até 1917 para que pudessem ser produzidos e mantidos em número suficiente de modo a permitirem uma utilização eficaz. Em finais do ano, os Britânicos tinham já descoberto como utilizá-los, e estavam a ser produzidas versões com morteiros e para transporte de infantaria, munições ou feridos.

Ambos os lados procuraram, recorrendo a meios militares, atacar a capacidade de o inimigo sustentar a guerra e a vontade política de continuar a travar o conflito. As marinhas dos Aliados impuseram um bloqueio, o qual, no entanto, levou tempo a fazer-se sentir porque a Alemanha e seus aliados se apoiavam nas suas reservas do interior da Europa e do Império Otomano. Os Alemães atacaram os Britânicos no mar e no ar. Com a sua dimensão, navios e alcance global, a Royal Navy representava o poderio industrial e os interesses económicos da Grã-Bretanha imperial. Era a defensora do reino e das comunicações do Império; tal como sempre fizera, existia para destruir as armadas inimigas. Em 1914, conforme o planeado, posicionara-se de modo a cobrir as saídas da Marinha alemã dos seus portos no Báltico e no Mar do Norte. A esquadra alemã fez-se ao mar em Maio de 1916: a subsequente Batalha da Jutlândia constituiu a única grande batalha naval da guerra. Não foi decisiva. Os Alemães retiraram para a sua costa e nunca mais saíram em massa. Todavia, possuíam submarinos. O modelo da época vinha geralmente à superfície para atacar o alvo com o seu canhão, dado que os torpedos se encontravam ainda numa fase de desenvolvimento muito primitiva, sendo mais adequados para atacar cargueiros do que navios de guerra. Os Alemães viram a sua utilização como um meio para contra-bloquearem os Aliados, particularmente a Grã-Bretanha. Tiveram tanto êxito que, em 1917, a Grã-Bretanha começou a sofrer de uma séria escassez de alimentos. No entanto, foram introduzidas medidas anti-submarinas, tais como os comboios de navios, e a ameaça foi gradualmente reduzida para níveis toleráveis. A Royal Navy também dispunha de submarinos – tal como vimos, a Vickers fabricara 56 antes da guerra – mas, dado o seu objectivo de destruir a esquadra inimiga, não tinha muito uso para eles como força atacante nessa fase primitiva da sua evolução. E embora existisse toda a necessidade de impor um bloqueio à Alemanha, esta dependia mais de um abastecimento terrestre do que marítimo, pelo que os submarinos britânicos tinham pouco tráfego marítimo para atacar.

A segunda abordagem desenvolveu-se com o progresso da tecnologia e das tácticas na Frente Ocidental, e foi a partir do ar. Ambos os lados tomaram como alvo o moral da população e a vontade política de prosseguir a guerra. Antes de 1914, os aviões limitavam-se quase por inteiro a um papel de reconhecimento. Quando a guerra eclodiu, poucos ou nenhuns aviões haviam sido expressamente fabricados para uso militar, e nem sequer estavam armados: no início da guerra, por exemplo, os Franceses e os Alemães socorreram-se de aviões civis requisitados. Imediatamente após a abertura das hostilidades, o *Royal Naval Air Service* (RNAS) lançou operações contra aeródromos alemães. Entretanto, os alemães bombardearam os fortes em redor de Liège com zeppelins. O primeiro bombardeamento aéreo de uma grande cidade ocorreu quando um avião alemão voou do Marne para Paris e largou algumas granadas de mão. Por sua vez, os Franceses começaram a bombardear alvos atrás das linhas inimigas, e os Alemães responderam armando aviões de reconhecimento com metralhadoras. Com a evolução no desenho aeronáutico, nasceu o caça e, em meados de 1915, deram-se os primeiros combates aéreos. Os exércitos beligerantes exigiam mais reconhecimento para localizarem a artilharia e as tropas inimigas, e o adversário respondia defendendo-se com um número cada vez maior de aviões de caça. Avanços técnicos, tais como o «interruptor»([51]), não

---

([51]) Um dispositivo de sincronização. (*N.T.*)

tardaram a permitir a montagem, em aviões alemães, de metralhadoras que disparavam através da hélice: nascera o caça monolugar. Em 1916, começaram a ser empregues formações de aviões, com o objectivo de se protegerem mutuamente e de alcançarem um poder de fogo suficiente sobre a área do alvo ou contra as formações inimigas. As nações combatentes constituíram forças aéreas que eram vistas como armas de apoio ao combate terrestre e naval, sendo os aviões de ambos os lados utilizados para reconhecimento, para orientar o fogo da artilharia e atacar as comunicações. No caso britânico, existiam duas unidades, o RNAS e o *Royal Flying Corps* (RFC). Em finais de 1917, os Aliados dispunham de aviões adequados em número suficiente e de tácticas desenvolvidas para a sua utilização que lhes possibilitaram, na maior parte das ocasiões, dominar o espaço aéreo sobre a frente – o que é conhecido como superioridade aérea.

No princípio, apenas os Alemães tinham a capacidade de conduzir operações de bombardeamento aéreo de longa distância, a partir dos seus dirigíveis zeppelin. Conseguiram atacar Londres, em grande parte devido à sua ocupação da Bélgica, o que lhes deu a vantagem geográfica de estarem mais próximos da capital inimiga do que os Britânicos estavam de Berlim. Os ataques tiveram um efeito psicológico imediato mas não físico, pois eram esporádicos, imprecisos e careciam de poder. O caça e a bala incendiária selaram o destino destes balões em forma de torpedo e movidos a hidrogénio. O bombardeamento aéreo passou a ser efectuado por aviões. Em Maio e Junho de 1917, os Alemães começaram a atacar solo inglês com pequenas formações de bombardeiros Gotha, cada um dos quais podia transportar 400 kg de bombas. Os Britânicos não conseguiram responder na mesma medida. Embora os aviões da Royal Navy e do Exército procurassem contra-atacar, não existia uma força com um comandante encarregado da defesa da «Home Front», ou seja, do moral do povo. O Exército encontrava-se empenhado na Europa e noutros locais, com o objectivo de derrotar as principais forças inimigas, e a Marinha estava ocupada com o bloqueio e com a derrota do inimigo no mar. Após um inquérito conduzido por Jan Smuts, um ex-comando bóer, foi decidido constituir uma nova força estratégica, a Royal Air Force, a primeira do género. Os activos aéreos dos outros dois ramos foram reagrupados, no meio de uma guerra, para formar um novo ramo, com um chefe de estado-maior e um ministério próprios, o Ministério do Ar, ao mesmo nível do Ministério da Guerra e do Almirantado. A RAF defenderia o reino contra ataque aéreos, travaria a guerra aérea contra o inimigo e apoiaria as iniciativas dos outros dois ramos. Num curto espaço de tempo, transferiram-se esquadrões de França e a defesa aérea do Sudeste de Inglaterra foi coerentemente organizada. Ao mesmo tempo, o fabrico de aviões na Grã-Bretanha desenvolvia-se extremamente depressa, em comparação com a Alemanha. Foram produzidos mais de 13 000 aviões, e foi principalmente isto que permitiu aos Britânicos e aos Aliados conquistarem a supremacia aérea. Nas palavras recentes de um comentador:

> A RAF não venceu a força aérea alemã; esmagou-a, enchendo os céus com aviões e não dando aos seus adversários tempo para reparações ou reagrupamentos tácticos... [Perto do fim da guerra], para seu horror e desespero, a força aérea alemã descobriu que se haviam desleixado os padrões de qualidade no fabrico, com alguns dos seus melhores e novos aparelhos a serem seriamente comprometidos por materiais de má qualidade e um fabrico desleixado. Esta foi a proeza final da nova indústria de aviação britânica: não apenas fabricar mais do que a maior nação industrial da Europa, mas desmoralizá-la ao ponto de já não poder confiar no que produzia.([52])

Através desta maciça reorganização, e em combinação com as capacidades da França e a ajuda dos EUA, os Aliados deram início, no último ano de guerra, a uma campanha de bombardeamento de longa distância, efectuando bombardeamentos regulares sobre a Alemanha. Tinham-se alargado as fronteiras tradicionais do campo de batalha.

A guerra terminou em 1918, praticamente como começara: com um inovador e maciço ataque alemão, que acabou por ultrapassar as suas capacidades logísticas e foi depois alvo de um contra-ataque aliado bem sucedido. Na sua busca de um método para romperem as defesas inimigas, os Alemães, ao contrário dos Britânicos, não enveredaram pela via tecnológica, procurando a solução numa mu-

---

([52]) Dean Juniper, «'Some Were Chosen': A Study of Aeroplane Procurement in the First World War», *RUSI Journal*, Vol. 149, N.º 6, Dezembro de 2004, p. 69. (Nota do Autor)

dança de tácticas – que vieram a ser intituladas «guerra móvel». Para o efeito, seleccionaram e treinaram tropas de infantaria, transformando-as em *Sturmtruppen*, tropas de assalto, soldados de elite especializados na infiltração e na condução de ataques rápidos e poderosos a objectivos sucessivos. Desencadeavam um assalto de surpresa após um breve bombardeamento tipo «furacão», internando-se depois o mais rapidamente possível em território inimigo. Armados com as armas mais recentes, tais como espingardas automáticas, metralhadoras ligeiras e lança-chamas, dispunham do poder de fogo necessário para dominar rapidamente uma posição defensiva. Os comandantes destes grupos dispunham de uma considerável liberdade de acção. Eram instruídos para ignorar os pontos de resistência e internar-se profundamente nas posições britânicas, procurando destruir a coerência da defesa e causar alarme na retaguarda. Eram seguidos por um segundo escalão, outras forças que completavam a destruição dos defensores sobreviventes. Tratava-se de um exemplo claro de «mobilidade organizacional»: a definição da autoridade e da responsabilidade, o agrupamento de forças e recursos e a alocação das tarefas foram alterados de modo a possibilitarem a implementação do conceito táctico de guerra móvel, e esta mobilidade possibilitou um modo diferente de empregar a força. Tinham sido necessários mais de três anos, e a operação foi conduzida ao nível táctico e não ao de teatro nem ao estratégico, mas a penetração foi conseguida.

Em Março de 1918, o general Erich von Ludendorff aplicou as tácticas da guerra móvel em grande escala, desencadeando uma grande ofensiva na Frente Ocidental. O seu primo, o general Oskar von Hutier, desenvolvera e demonstrara a eficácia das tácticas de infiltração do exército alemão em Setembro de 1917, durante a conquista de Riga. Hutier recebeu o comando do recém-criado XVIII Exército, incumbido de liderar a ofensiva alemã. A 21 de Março, o seu exército iniciou o ataque. A um bombardeamento de artilharia, breve mas maciço, seguiu-se um ataque executado pelas tropas de assalto. Ao fim do primeiro dia, haviam sido capturados 21 000 soldados britânicos e os alemães tinham feito grandes avanços através das linhas do 5.º Exército britânico. Após estes espectaculares ganhos iniciais, o avanço continuou sobre Amiens, com os Britânicos em retirada e nalguma desordem. Porém, apesar de a ofensiva de Ludendorff ter conseguido o maior avanço na Frente Ocidental em três anos, os Alemães viram-se confrontados com os mesmos problemas que afectavam todos os outros beligerantes: havia sempre mais uma trincheira a conquistar, e quanto mais avançavam mais difícil lhes era explorarem o sucesso das tropas de assalto. Os Britânicos recuavam para os seus terminais ferroviários enquanto que os Alemães, ao avançarem, se afastavam dos seus. Decorridos alguns dias, o XVIII Exército alemão descobriu que estava sem abastecimentos. A rapidez do avanço colocara uma enorme pressão nas suas linhas de aprovisionamento, cujas unidades não conseguiam acompanhar as tropas de assalto. Durante o avanço sobre Amiens, a situação deteriorou-se: as unidades mataram os seus cavalos para comer, reduzindo ainda mais a mobilidade do XVIII Exército. Quando este chegou à cidade de Albert, a disciplina quebrou-se e os soldados começaram a saquear as lojas em busca de comida. O avanço parou e o ataque a Amiens fracassou. A vanguarda perdeu o ímpeto e foi travada por uma defesa rapidamente constituída.

Os Aliados reagruparam-se e em Maio de 1918 lançaram um contra-ataque, maioritariamente a cargo dos Britânicos. Durante 1917, os Britânicos tinham desenvolvido tácticas para a utilização do tanque e dos aviões do RFC. Haviam aprendido que, nos níveis tácticos superiores, era melhor não tentar explorar uma brecha no dispositivo inimigo com um único ataque. Pelo contrário, consideraram preferível ir abocanhando as defesas adversárias numa série de ataques de «abocanhar e não largar», desencadeando cada novo ataque num eixo diferente, quando as reservas alemãs estavam a ser empregues para responder ao anterior. Isto significava que cada ataque deveria ser inteiramente apoiado, e que o defensor ficava desequilibrado à medida que eram lançados ataques subsequentes. Além do mais, ao atacar numa frente larga, todas as estradas poderiam ser utilizadas para manter a progressão. Operacionalmente, os Britânicos procuravam empurrar a frente em vez de a romperem – e foi o que fizeram.

O contra-ataque provocou a derrota do exército alemão e o fim da guerra. Na décima primeira hora do décimo primeiro dia do décimo primeiro mês, foi assinado o armistício[53].

---

[53] O armistício com a Alemanha, assinado na célebre carruagem ferroviária de Compiègne, às 11:00 do dia 11 de Novembro de 1918. (*N.T.*)

A Alemanha e as suas forças armadas tinham sido um inimigo esgotante e difícil de vencer. Quando o exército alemão retirou para a pátria, disse para consigo próprio que os revolucionários existentes na Alemanha, derrotistas e de tendências socialistas, o tinham apunhalado nas costas. Tal como se iniciara, com os militares aparentemente ditando as manobras políticas, a guerra acabou com os militares atribuindo a derrota à falta de apoio político popular. A guerra fora um gigantesco teste de força, um teste que os Aliados tinham acabado por vencer, parcialmente auxiliados pelas forças dos EUA, as quais haviam começado a surgir em número cada vez maior na Frente Ocidental, acompanhadas da promessa de mais dinheiro, homens e material. Mas o choque de vontades fora perdido na pátria – não devido a um ataque directo, mas pelo efeito corrosivo de anos de perdas, penúria e dificuldades. Em 1918, o bloqueio naval imposto pela Grã-Bretanha em 1914 estava a gerar situações de subnutrição e descontentamento político na Alemanha, minando a confiança da população na visão que os seus líderes tinham do futuro. O povo acorrera – ou fora obrigado a fazê-lo – a servir a bandeira aos milhões, e morrera aos milhões. A vitória esperada, rápida e decisiva, não foi alcançada, e as pessoas tinham sido atacadas nos seus lares, nos quais passavam fome. O povo, enquanto elemento da trindade clausewitziana, saiu efectivamente da guerra – razão pela qual o governo e os militares deixaram de poder mantê-la e tiveram que pedir a paz. A vitória decisiva pertenceu aos Aliados mas, em muitos aspectos, foi amarga: também eles tinham passado fome e sido atacados nos seus lares, também eles tinham perdido os seus entes queridos aos milhões. E embora os seus povos permanecessem em equilíbrio no seio da trindade, tornara-se claro, aos líderes políticos e militares, que seria necessário muito para os arrastar para outra guerra. A guerra industrial total oferecera, a todos os beligerantes, uma carnificina humana e industrial total. Entre ambos os lados, pegaram em armas mais de 65 milhões de homens – 42 188 810 pelos Aliados, 22 850 000 pelas Potências Centrais; 15 milhões de pessoas perderam a vida – mais de 8,5 milhões de soldados e aproximadamente 6,5 milhões de civis; mais de 21 milhões de soldados foram feridos, e 7,5 milhões feitos prisioneiros ou declarados desaparecidos. Estes números são tão grandes que transformam o indivíduo numa abstracção, e esta é precisamente a questão: os indivíduos participaram na guerra –

por convicção, sendo mobilizados ou trabalhando nas fábricas –, e todos acabaram por ser envolvidos e, em última análise, derrotados – mesmo os do lado vencedor – pela sua dimensão e força.

Durante os quatro anos de conflito, a força foi aplicada de forma maciça por forças gigantescas que o mundo desconhecera até então. No fim da guerra, o significado de «vitória decisiva» passara de rápido e triunfal a lento e desgastante. Tendo entrado no campo de batalha com conceitos organizacionais e operacionais largamente derivados das guerras da unificação alemã, todos os comandantes, em ambos os lados, levaram muito tempo a adaptar-se e a desenvolver novos conceitos. A Grã-Bretanha recorreu aos tanques e à tecnologia, enquanto que os Alemães encontraram a solução na guerra móvel; ambas as abordagens ressuscitaram a flexibilidade operacional, que ficara atolada na guerra de trincheiras. O poder aéreo tornou-se parte integrante do campo de batalha, convertendo-se também numa força estratégica por direito próprio. Com a excepção das armas e sistemas que dependem do espectro electromagnético, todas as armas existentes nos arsenais das forças armadas da actualidade surgiram, ainda que de forma genérica, durante a Grande Guerra – incluindo as armas de destruição maciça, sob a forma do gás. Com algum tempo para se inteirarem dos sistemas, os comandantes de unidade de 1918 saberiam empregar com eficácia as formações de hoje. As estruturas que permitiram a criação das forças militares e a aplicação da força expandiram-se ao máximo absoluto da capacidade do Estado – tornando-se instituições das esferas civil e militar. Depois da guerra, foram dissolvidas quase por completo em todas as nações, mas permaneceram capazes de uma rápida ressurreição em caso de crise. Ao nível estratégico, os Aliados tinham demonstrado que a colocação maciça da força industrial no campo de batalha acabava por gerar a vitória, mas com custos supremamente elevados e com efeitos profundos na sociedade, decorrentes dos ataques directos e da agitação social. A força tinha utilidade, mas o seu custo deixava o povo desinclinado a participar novamente numa guerra semelhante. Os militares alemães aprenderam que para uma força enorme ter utilidade, da próxima vez teria que alcançar o seu objectivo rapidamente, no âmbito da doutrina formulada por Moltke, o Velho, no século XIX. Para eles, a guerra lenta era insustentável. E embora os comandantes alemães derrotados, ao abandonarem o campo de batalha, não estivessem necessariamente a pensar na próxima guerra, um insignificante cabo austríaco começou lentamente a reunir as suas reflexões sobre a matéria. O paradigma da guerra industrial entre Estados ia passar à sua evolução final – e culminação.

Depois da assinatura do Tratado de Versalhes, em 1919, a Europa não parecia pensar noutra guerra industrial – pelo menos, não no imediato: as nações estavam exaustas e todos os governos se encontravam a braços com problemas internos. A revolução e a agitação social estavam no ar, e as economias de todos os antigos beligerantes encontravam-se fragilizadas. Mas o tratado, que onerara a Alemanha com a culpa exclusiva pela guerra e gigantescos encargos financeiros([54]), encerrava as sementes de um novo conflito: depois de o *Kaiser* ter abdicado e fugido para a Holanda, em 1918, a vergonha e o ressentimento provocados pela derrota nunca estiveram muito longe da superfície durante a vigência da República de Weimar, que sucedeu ao *Reich*. E foram precisamente estes sentimentos que Adolf Hitler manipulou, na década de 20, à medida que a liberdade inicial da nova república foi dando lugar ao caos, ao desemprego e à hiperinflação([55]). Ao prometer a concretização da supremacia alemã e a guerra como método para a conseguir, tornou-se rapidamente óbvio que ele tinha uma crença que pode ser definida como napoleónica na utilidade da força para alcançar um fim político. A guerra por ele concebida nada tinha a ver com a hegemonia ao estilo do século XIX, nem com disputas coloniais, nem sequer com vingança. À semelhança do imperador francês, Hitler estava decidido a alterar o mapa da Europa – e do mundo – através do emprego da força. E depois de assumir o poder, em 1933, Hitler e, em particular, os seus líderes militares, preparam-se para uma nova dose de guerra industrial. Já possuíam planos secretos para o efeito, esboçados pelo estado-maior general clandestino, em funcionamento desde 1919. De facto, além de reduzir substancialmente o tamanho das forças militares alemãs, o Tratado de Versalhes proibira a existência ou reconstituição do estado-maior general – é provavelmente o único tratado do mundo a incluir semelhante cláusula, que constitui um tributo ao poder e

---

([54]) Cerca de 132 mil milhões de marcos. (*N.T.*)
([55]) Por exemplo, em 1914, 1 USD = 4,2 marcos; em 1923, 1 USD = 1 000 000 marcos. (*N.T.*)

capacidade desta extraordinária organização. Não obstante este facto, o corpo de oficiais dedicara-se ao planeamento da condução da próxima guerra, fazendo-o através de um estado-maior general camuflado no seio do Truppenamt (departamento das tropas), oficialmente um departamento de recursos humanos militar. Em 1933, tinham um plano que Hitler e as suas cortes poderiam seguir, quer para construírem a máquina de guerra alemã, quer para atacarem o inimigo com ela.

Os Alemães haviam interiorizado profundamente a lição de que, na guerra, uma situação de impasse onde exista paridade táctica acaba por beneficiar o lado cuja produção industrial seja maior e mais sustentável. Acima de tudo, sabiam que as dispendiosas guerras de atrito não só vergavam a economia doméstica, como também poderiam provocar a destruição do equilíbrio sócio-político – algo que nunca deixava de lhes recordar amargamente o Armistício de 1918 e os subsequentes períodos de agitação social. Na sua análise, reconheceram o valor das suas inovações tácticas – no ataque e na defesa –, nas quais era concedida uma iniciativa considerável a pequenos grupos. Vimos as tácticas de infiltração das tropas de assalto na ofensiva, e as suas equivalentes na defensiva eram conhecidas por «defesa elástica», que garantia mobilidade táctica num combate defensivo essencialmente estático. Os Alemães instruíram os seus comandantes a formarem uma única linha da frente, em vez de defenderem uma área. Podiam retirar da frente para qualquer posição intermédia da sua área face a um ataque, particularmente quando sob bombardeamento pesado. Deste modo, evitavam uma exposição constante e baixas desnecessárias, sendo que tinham por obrigação absoluta contra-atacar à primeira oportunidade para restabelecer a frente. Era uma defesa flexível, deslocando-se necessária e constantemente para trás e para a frente, e depois ricocheteando – daí defesa «elástica». Com efeito, em lugar de se agarrarem tenazmente às suas posições, os comandantes alemães procuravam defender a linha da frente atraindo, atacando e destruindo os seus atacantes, evitando simultaneamente o poder da artilharia aliada. Para implementarem estas tácticas ofensivas e defensivas, os Alemães estruturaram as suas forças em conformidade e concederam aos oficiais de patente relativamente baixa a autoridade para actuarem em função das circunstâncias. Por exemplo, o comandante da unidade que defendia a frente numa defesa elástica possuía autoridade para manobrar as suas forças dentro da sua área – e até sobre os comandantes de quaisquer unidades enviadas para o reforçar, mesmo que fossem de patente superior à sua. Esta ideia reflecte a compreensão das circunstâncias como sendo o factor crucial do combate. E também desmente o mito da rigidez germânica, pois estas tácticas e estruturas deram aos Alemães a mobilidade organizacional para resistirem a ataques, sofrendo menos baixas do que anteriormente, e para alcançarem e explorarem os sucessos tácticos da ofensiva Ludendorff. Além do mais, os sobreviventes dos *Sturmtruppen* da Grande Guerra forneceram um quadro nuclear de profissionais experientes com os quais desenvolver estas tácticas. Entre eles, encontravam-se aqueles que reconheciam acertadamente que o tanque e o avião poderiam ser empregues com vantagem no âmbito dos novos conceitos.

Os Alemães não foram os únicos a aperceber-se do potencial do tanque e das tácticas dos *Sturmtruppen*. Durante a década de 20, impressionados por aquilo a que agora denominavam por «tácticas Hutier», pensadores militares como o capitão Sir Basil Liddel-Hart, na Grã-Bretanha, e mais significativamente, os teóricos do Exército Vermelho, procuraram desenvolver estes conceitos de guerra móvel. Embora os tanques fossem ainda lentos e padecessem de problemas técnicos, o seu potencial fora claramente demonstrado durante a Primeira Guerra Mundial. Quando os tanques se tornaram mais fiáveis, os teóricos começaram a argumentar que estes veículos poderiam vir a revelar-se o factor central num novo tipo de guerra. Se o tanque se conseguisse mover suficientemente depressa, concentrações de tanques poderiam romper as linhas inimigas e cair sob a sua retaguarda, destruindo depósitos de aprovisionamento e posições de artilharia, e enfraquecendo a sua vontade de resistir. Pensavam que o tanque e outros veículos blindados semelhantes poderiam ser empregues não tanto como arma de apoio à infantaria – para a ajudar a romper as defesas e apoiá-la com o seu fogo no combate próximo –, mas sim independentemente, para manobrarem e desenvolverem o combate à sua velocidade e não à de um soldado em marcha. A diferença entre os vários exércitos residia no facto de os Alemães já haverem formulado conceitos de comando e organização que favoreciam o uso da nova tecnologia; os outros países tendiam a vê-la como um reforço dos seus sistemas de comando existentes, desenvolvidos para controlar grandes quantidades de homens em marcha. Dito de outro modo, os Alemães viam os tanques como um equipamento para melhor executarem as tácticas de Hutier, enquanto os outros os viam como esquadras de navios terrestres.

O passo seguinte foi pensar em sincronizar a acção do tanque com a infantaria, a artilharia e a força aérea – um desenvolvimento tornado possível pela introdução do rádio. Os Alemães compreenderam que quem deveria ser apoiado eram os tanques, e para que isto fosse possível as outras armas teriam que se deslocar à sua velocidade. Assim nasceram os granadeiros *Panzer*, infantaria blindada, e as outras armas, a artilharia e não só, também foram rapidamente equipadas para avançarem em apoio directo dos tanques. Considerou-se que a Luftwaffe teria um importante papel a desempenhar no combate, que seria de grande fluidez: atacar, preparar o caminho para as formações blindadas, apoiá-las directamente e largar forças aerotransportadas à frente da vanguarda, que se apoderariam de posições importantes. Os Alemães, com o apoio entusiástico de Hitler – cuja imaginação fora cativada pela ideia das forças *Panzer* na forma esboçada no livro *Achtung – Panzer!*, da autoria do general Hans Guderian[56] –, organizaram os tanques e respectivas forças de apoio em divisões Panzer auto-suficientes.

Não obstante estas inovações organizacionais, na Segunda Guerra Mundial, o grosso das forças alemãs continuou a depender do soldado apeado, do cavalo e do caminho-de-ferro. Isto não aconteceu por acaso, porque os Alemães tinham iniciado a guerra com um défice de produção. Já em 1933, quando os nazis assumiram o poder, o estado-maior general avisara Hitler de que o Exército Alemão não estaria inteiramente motorizado antes de 1944 ou princípios de 1945 – um aviso que ele ignorou. Como resultado, quando a guerra eclodiu, em 1939, a maioria das peças de artilharia ainda era hipomóvel, e durante todo o conflito os veículos blindados foram sempre relativamente escassos; por esta razão, as unidades de infantaria e artilharia continuariam a ser os componentes maioritários do Exército. Além do mais, durante todo o conflito, a indústria alemã nunca conseguiu fornecer armas pessoais em quantidade suficiente, obrigando o Exército a depender bastante de armas mais

---

[56] Publicado em 1937, compilando as ideias do autor e denotando influências de outros teóricos da guerra de manobra, nomeadamente J. F. C. Fuller, Liddell-Hart e Charles de Gaulle, cujas obras Guderian traduziu para alemão. (*N.T.*).

antigas, material capturado e adaptações de modelos outrora produzidos nos países conquistados. Estas armas não eram padronizadas nem permutáveis, o que significava que eram necessárias mais armas de cada modelo e que as peças sobressalentes eram escassas. Os Aliados começaram a pôr a sua máquina de guerra em funcionamento muito mais tarde, mas padronizaram a sua produção muito antes – por conseguinte, a sua produção industrial teve uma maior utilidade no terreno.

A par das inovações e alterações técnicas e organizacionais, a Wehrmacht expandiu-se enormemente. Já vimos, na Introdução, que a maioria das forças permanentes é formada prevendo-se o seu emprego em defesa da pátria – logo, durante uma crise que não é um ataque à pátria mas que exige uma resposta militar; a questão é decidir como melhor empregar as forças militares existentes relativamente a um dado objectivo. Todavia, se a intenção política é, à partida, empregar a força ofensivamente – iniciar a guerra ou, pelo menos, actuar preventivamente –, as forças militares podem construir-se primariamente para actuar de acordo com este desígnio. Foi nesta base que a Wehrmacht foi expandida depois da chegada de Hitler ao poder, com desenvolvimentos nas forças *Panzer* descritas e na Luftwaffe. E depois de todos estes desenvolvimentos terem atingido o seu ponto crítico, houve a necessidade de testar as novas forças e as estruturas no emprego da força. Assim, a oportunidade proporcionada pela necessidade de apoiar os fascistas de Franco na Guerra Civil de Espanha, em 1936-1938, foi aproveitada como um laboratório táctico para estes conceitos, e os Alemães consideraram que os testes foram positivos.

Observando estas actividades cada vez mais premonitórias, a Grã-Bretanha e a França começaram a pôr em marcha as suas máquinas industriais militares, mas sem grande vigor. Ainda não estavam em busca de uma guerra, ou então, como no caso de Chamberlain, por exemplo, evitavam-na activamente, nem que fosse para ganhar tempo. Por toda a Europa, os planeadores militares e civis começaram a compreender que era inevitável uma nova guerra, e consideraram que a maioria das características industriais da Grande Guerra – tal como se tornara conhecida logo depois do seu término –, voltariam a verificar-se no próximo conflito. O «processo» da guerra industrial enraizara-se nas nações e assumiu rapidamente a primazia, recriando as instituições necessárias. Na verdade, mesmo no período de corrida aos armamentos que antecedeu de perto o conflito, ficou claro que estas instituições, constituídas para travar a guerra total, industrializar o esforço de guerra nacional e pô-lo ao serviço de um imperativo único – a vitória –, estavam mais bem organizadas devido à experiência de 1914-1918. Os governos tinham ou assumiram níveis inéditos de poder sobre os seus cidadãos, geralmente em nome da sua defesa, algo que se verificou tanto nas democracias como nos Estados comunistas ou fascistas. Procuraram dirigir e controlar o povo, a produção, o abastecimento e a informação. Foi o «último momento seguro» para prejudicar a economia e o povo, referido no capítulo 2 como uma característica definidora da guerra industrial – mas numa escala colossal: no fim-de-semana que antecedeu a guerra, mais de 3 milhões de pessoas, principalmente mulheres e crianças, foram enviadas das cidades, principalmente de Londres, para o campo. Os caminhos-de-ferro funcionaram no limite das suas capacidades e as estações ferroviárias encheram-se de gente, mas esta enorme mole humana foi pré-orientada, deslocada e realojada em setenta e duas horas – um feito que teria levado meses antes da Primeira Guerra Mundial.

E então veio a guerra. Nas potências do Eixo, a trindade povo-exército-governo pareceu estar novamente em equilíbrio, até porque os dois últimos elementos eram praticamente um só. Para o povo, Hitler trouxera ordem, prosperidade e uma visão de grandeza. É claro que todas estas dádivas eram destorcidas e tiveram um enorme preço humano, moral, político e, por fim, militar. Tanto quanto os militares e o Estado, o povo possibilitou o desencadear de uma horrível guerra total que levaria o seu mundo e os povos por eles conquistados aos limites da humanidade e da vida, e conduziria o paradigma da guerra industrial entre Estados ao seu explosivo final. Nos Estados dos Aliados, também havia um equilíbrio: povo, exército e governo uniram-se progressiva e discretamente, receando o combate futuro, sabendo, no íntimo dos seus corações, que ele seria, tal como o anterior, longo e difícil – mas inevitável. À eclosão da guerra, tudo isto foi resumido de forma simples e exacta pelo rei Jorge VI no seu diário, no dia 3 de Setembro de 1939:

> Quando eclodiu a guerra, à meia-noite de 4 para 5 de Agosto de 1914, eu era um simples aspirante, de vigia na ponte do H.M.S. *Collingwood*, algures no Mar do Norte. Tinha 18 anos de idade.

Culminação: as Guerras Mundiais

Na Grande Esquadra, toda a gente ficou satisfeita pela sua chegada – finalmente. Tínhamos sido instruídos na convicção de que a guerra entre a Alemanha e o nosso país teria que chegar um dia, e quando chegou julgámos que estávamos preparados para ela. Não estávamos preparados para o que descobrimos ser uma guerra verdadeiramente moderna, e aqueles de nós que estiveram na Grande Guerra não queriam outra.

Hoje, estamos novamente em guerra, e eu já não sou um aspirante da Royal Navy.

*

O III *Reich* foi imposto à Europa pela força: Polónia, Dinamarca, Noruega, Países Baixos e, por fim, a França. O Exército Britânico foi derrotado no continente. Em menos de um ano, e com custos relativamente baixos, os Alemães conseguiram o que anos de uma desgastante guerra de trincheiras não tinham possibilitado. Os seus preparativos, baseados nas formações *Panzer* e na Luftwaffe, compensaram: os Alemães pareciam ter descoberto como empregar a força com grande utilidade. Quando a Alemanha invadiu a Polónia, em Setembro de 1939, as suas forças mecanizadas, operando com todo o apoio da Luftwaffe, conseguiram efectuar uma penetração e internar-se profundamente atrás das linhas defensivas polacas. Em 1940, nos ataques à Noruega, em Maio, e durante a invasão dos Países Baixos e da França, os Alemães recorreram às mesmas tácticas, acrescentando-lhes largadas de pára-quedistas para desorientar e desorganizar ainda mais os defensores. Estas tácticas eram conhecidas por *Blitzkrieg* – guerra relâmpago[57]; eram as tácticas de movimento rápido de grupos pequenos e bem armados, internando-se em território inimigo, deixando para trás os pontos de maior resistência e procurando quebrar a coerência da defesa para depois destruir ou capturar os seus elementos. Os ataques eram conduzidos e os sucessos explorados à velocidade dos veículos blindados, não do infante apeado. Os defensores, organi-

---

[57] O termo surgiu pela primeira vez em 1935, numa publicação militar alemã, mas raramente foi utilizado antes da Segunda Guerra Mundial e nunca entrou na terminologia oficial da Wehrmacht. A sua popularização deve-se a um artigo da revista norte-americana *Time*, de 25 de Setembro de 1939, descrevendo a invasão da Polónia. (*N.T.*)

zados para travarem um combate mais pedestre, viram-se literalmente ultrapassados pelos acontecimentos: com os seus sistemas de comando paralisados, as suas vias de comunicação inundadas pelos refugiados e as suas reservas atacadas pela Luftwaffe ou avançando para posições há muito perdidas. Seguiram-se a incerteza, a confusão, o boato e o pânico.

Na condução da *Blitzkrieg* foram corridos riscos logísticos, e os *Panzers* tiveram que se reabastecer ocasionalmente com combustível capturado[58]. No entanto, estes riscos não foram tão grandes como à primeira vista poderia parecer, na condição de ser respeitado um princípio fundamental: a rapidez. Se cada recontro fosse concluído rapidamente, seria possível operar com menos necessidade de combustível e, dada a própria natureza do combate, fazer uso do combustível capturado. É possível calcular, com razoável precisão, a quantidade necessária de combustível, rações, água e peças sobressalentes para cobrir determinada distância. O que é muito difícil de quantificar é o dispêndio destes recursos em combate. Quanto mais prolongada for a luta, maior quantidade de recursos será dispendida – e maior será o risco de os cálculos se revelarem errados. Como tal, se as tácticas escolhidas envolverem muitos combates de pequena dimensão, cada um deles integrando a grande batalha mas terminando rapidamente, e se se deixar para trás os pontos de resistência que exijam um combate maior e mais prolongado, a probabilidade de os cálculos estarem errados será muito reduzida. Além do mais, o fardo logístico pode ser diminuído recorrendo à força aérea para providenciar parte do poder de fogo de apoio, dado que bastará ao comboio logístico chegar ao campo de aviação, na retaguarda, para que se mantenha um volume de fogo idêntico ou superior na frente. Para que tudo isto funcione, é necessário vencer rapidamente os combates, garantir a superioridade aérea e ter em conta as condições meteorológicas; não se pode esperar que as forças aéreas, ainda hoje, operem em todo o tipo de condições meteorológicas. A outra dificuldade logística com que os planeadores alemães se defrontaram foi movimentarem o grosso do seu exército suficientemente depressa para explorar e consolidar os sucessos das formações *Panzer*. Tal como observámos, a Wehrmacht não era totalmente mecanizada, pelo que, regra geral, as divi-

---

[58] Ou em qualquer bomba de gasolina, pois era este o tipo de combustível que utilizavam. (*N.T.*)

sões de infantaria marchavam e a artilharia era hipomóvel. O controlo do tráfego para fazer avançar estas longas colunas sem prejuízo do fluxo de abastecimentos para os *Panzers*, e a definição das prioridades do movimento em apoio do comandante que trava a batalha, constituem a verdadeira perícia do trabalho operacional do estado-maior; o estado-maior alemão demonstrou-a em abundância.

Depois de conquistar a Europa Ocidental, Hitler viu-se a braços com a mesma realidade geoestratégica que confrontara Napoleão: para derrotar os Britânicos, é preciso chegar primeiro à ilha. A derrota da Luftwaffe na Batalha de Inglaterra[59], embora sem eliminar os ataques aéreos durante grande parte da guerra, foi semelhante à derrota das marinhas francesa e espanhola em Trafalgar. A Grã-Bretanha estava a salvo da ameaça de invasão. A preparação da RAF para esta batalha, o desenvolvimento tecnológico e industrial do radar, do avião e do sistema de comando resultaram directamente da constituição da força aérea britânica, em 1917. A existência de um comandante estratégico responsável pela defesa aérea do reino garantiu enfoque aos desenvolvimentos tecnológicos. E em finais da década de 30, com a disponibilização de fundos para rearmamento, foi dada prioridade à defesa aérea. O benefício deste investimento foi comprovado durante toda a guerra, particularmente com a campanha exemplarmente conduzida e mantida pelo Comando de Caças da RAF. Fala-se hoje muito de «guerra em rede», isto é, possuir uma compreensão superior do campo de batalha em virtude da capacidade de coligir e analisar informações provenientes de muitas fontes – particularmente em relação à capacidade do adversário –, e actuar em conformidade. Na minha óptica, do seu reconhecimento e análise até à capacidade de enfrentar o inimigo, o Comando de Caças da RAF travou a primeira batalha «em rede».

A Grã-Bretanha, ainda que sob ataques constantes, permaneceu livre. No entanto, a Europa continental, da Península Ibérica aos Balcãs, era agora controlada directamente pelas forças das Potências Centrais, ou indirectamente, por potências amigáveis, tais como a Espanha franquista. A expansão só era possível a leste, e assim, tal como Napoleão, Hitler lançou os seus exércitos sobre a Rússia. Planos para garantir ao povo alemão o seu *Lebensraum*[60]

---

[59] Travada entre 10 de Julho e 31 de Outubro de 1940. (N.T)
[60] O «espaço vital». (*N.T.*)

à custa da Rússia haviam sido gizados antes do início da guerra; se tivessem êxito, proporcionariam ao III *Reich* um império terrestre capaz de fazer frente ao resto do mundo. Estes planos não contaram com a supremacia naval britânica, que limitava o acesso alemão às matérias-primas e ao petróleo – uma falha crucial num conflito prolongado. Mas este factor foi ignorado: Hitler acreditava que as forças alemãs conseguiriam derrotar a Rússia com uma *Blitzkrieg* numa escala gigantesca. Em Junho de 1941, a Alemanha invadiu a União Soviética com o maior exército reunido até então. Inicialmente, a Operação Barbarossa registou um êxito impressionante e, em Dezembro, as forças alemãs chegaram aos subúrbios de Moscovo. Contudo, no longo prazo, a tentativa alemã de conquista da Rússia fracassou quando a imensidão das estepes e as condições invernais deram aos Russos tempo suficiente para conter a ofensiva – ainda que a um custo tremendo. À semelhança do que acontecera com o exército de Napoleão, as forças alemãs viram-se confrontadas com outra realidade geoestratégica: para derrotar a Rússia, é necessário estar-se preparado para avançar até ao Pacífico. À medida que os Alemães progrediam para leste, a frente tornava-se cada vez mais extensa mas eles não dispunham de forças suficientes para a cobrir por inteiro; faltou-lhes densidade. Em consequência, começaram a surgir brechas e, com a queda das primeiras neves, o Exército Vermelho passou ao contra-ataque – e os seus sucessos foram reforçados pela escassez de matérias-primas e combustível que afectava os Alemães. A Barbarossa deixara de ser uma *Blitzkrieg*: transformara-se numa batalha industrial ao estilo antigo.

Os Aliados, cada um à sua maneira, começaram a aprender como lidar com a *Blitzkrieg*. Para os Britânicos, o laboratório foi a campanha norte-africana, onde, no seguimento de uma série de vitórias e derrotas, o comando foi atribuído a Montgomery[61]. Combinando a essência da sua experiência pessoal e da sua compreensão da guerra com as do 8.º Exército e da Força Aérea do Deserto[62], ele concebeu um método operacional ganhador. Montgomery organizou as suas forças em conformidade, manobrando ao nível de divisão – uma formação maior do que a sua equivalente alemã – e

---

[61] Em Agosto de 1942. (*N.T.*)
[62] Ou 1.ª Força Aérea Táctica, constituída no Norte de África para providenciar apoio aéreo próximo ao 8.º Exército. (*N.T.*)

fazendo o máximo uso da sua força aérea para isolar o campo de batalha, reduzindo as forças inimigas em profundidade e negando-lhes a possibilidade de auxiliarem as suas próprias forças. No seu teatro, os comandantes russos reaprenderam as lições dos teóricos do Exército Vermelho poupados por Estaline nas purgas de finais da década de 30 – a estruturação de forças imensas e o emprego da força ao nível de teatro ou operacional –, e desenvolveram um método operacional próprio. Em finais de 1942, as batalhas de El Alamein e Estalinegrado mostraram o caminho a seguir, e os desembarques do 1.º Exército aliado em Marrocos e na Argélia (Operação Torch) proporcionaram às forças dos EUA a sua própria experiência de aprendizagem. Em Maio de 1943, em África, os 1.º e 8.º Exércitos aliados prepararam-se para invadir a Sicília, o que fizeram em Julho. No mesmo mês, na Frente Leste, o Exército Vermelho derrotou a última ofensiva alemã ao nível de teatro na épica Batalha de Kursk – que constituiu, na minha perspectiva, o verdadeiro ponto de viragem na guerra contra a Alemanha[63].

Os Aliados tinham-se adaptado face ao modo alemão de fazer a guerra – adquirindo individualmente a mobilidade organizacional para utilizarem as suas forças militares e empregarem a respectiva força com uma utilidade muito maior. Na essência, todos eles adoptaram métodos semelhantes, centrados no nível operacional: na defensiva, aceitaram brechas na linha e formaram posições defensivas capazes de se defenderem de ataques provenientes de qualquer direcção. Estes pontos fortes deveriam resistir e atacar as forças alemãs que tentavam seguir o assalto inicial da *Blitzkrieg*; a artilharia e os ataques aéreos deveriam apoiar estes pontos fortes e desorganizar a segunda vaga inimiga. Entretanto, um segundo escalão, posicionado em profundidade, seria empregue para destruir a vaga inicial de atacantes, os quais, desapoiados e já com falta de combustível e munições, estariam vulneráveis. Para que tudo isto funcionasse, era essencial a superioridade aérea ou, no mínimo, uma paridade quando existia espaço suficiente para avançar. Na ofensiva, o método era, nas palavras de Montgomery, «irromper» pelos pontos fortes do inimigo e atrair as suas reservas para o «duelo»

---

[63] Na maior batalha de tanques da história, os Alemães perderam cerca de 2/3 do total de todas as suas forças blindadas, e a iniciativa estratégica passou definitivamente para os Soviéticos. (*N.T.*)

– flagelando-as pelo ar e com a artilharia enquanto avançavam, e depois atacar o inimigo em profundidade. Cada batalha era cuidadosamente preparada e executada. Independentemente da perícia e bravura dos combatentes, estes métodos operacionais exploravam as fraquezas políticas e estratégicas dos Alemães: eram obrigados a defender os territórios na sua posse, e se fossem atraídos para o combate sofreriam perdas desproporcionadas – em homens e terreno.

Em contraste com a guerra terrestre, a ofensiva submarina alemã revelou-se muito difícil de derrotar e os Aliados, particularmente os Britânicos, sofreram grandes perdas em marinheiros, carga e navios. Só no Atlântico Norte, 2232 navios britânicos perderam-se durante a guerra. Esta batalha durou até ao fim do conflito, mas o ponto de viragem deu-se em Maio de 1943: a partir de então, os submarinos inimigos passaram a ser geralmente afundados a um ritmo maior do que os navios aliados. Apesar destas grandes perdas, considerando a guerra no seu todo, 99% dos cargueiros chegaram a salvo ao porto, para grande mérito das marinhas aliadas e do sistema de comboios.

Dada a impossibilidade de os Aliados ou as potências do Eixo alcançarem rapidamente uma vitória decisiva, ambos os lados deram continuidade ao que começara na Primeira Guerra Mundial e atacaram as respectivas populações directamente, pelo ar, e indirectamente, através do bloqueio, com a intenção de destruírem a capacidade bélica do adversário e a vontade de resistir do seu povo. O *Blitz*, as operações de bombardeamento estratégico da RAF e da Força Aérea do Exército dos Estados Unidos (USAAF), e os ataques alemães com mísseis de cruzeiro e balísticos, as armas V[64], regeram-se por este desígnio. O *Blitz*, a ofensiva aérea alemã contra os centros industriais e urbanos da Grã-Bretanha, teve início a 7 de Setembro de 1940 e terminou em Maio de 1941. Tratou-se essencialmente de uma resposta à derrota alemã na Batalha de Inglaterra, e teve como alvo a população civil. Em 1944-1945, os Alemães desencadearam uma campanha semelhante, desta vez com os mísseis V. No outro lado, o bombardeamento das cidades da Alemanha e posteriormente do Japão pelas forças aéreas aliadas começou pouco depois do início da guerra e ganhou ímpeto e dimensão a par-

---

[64] A bomba voadora V-1 e o foguetão V-2. A designação «V» provém de *Vergeltungswaffe* («arma de retaliação», «arma de represália» ou «arma de vingança»). Nesta categoria estava também incluído o super-canhão V-3. (*N.T.*)

tir de 1943. Era o bombardeamento estratégico: uma frente separada e, durante algum tempo, a única na qual a Grã-Bretanha pôde atacar directamente a Alemanha e não os seus exércitos ou esquadras, que se encontravam então a alguma distância das suas fronteiras. A RAF desenvolveu gradualmente a capacidade e as tácticas para executar ataques cada vez maiores e mais eficazes. Foi fabricado um número crescente de bombardeiros pesados de longo alcance e de bombas pesadas. Fizeram-se grandes progressos no desenvolvimento da navegação por rádio, nas miras de bombardeamento por radar e nas contra-medidas electrónicas. Muito à semelhança dos ataques alemães às cidades britânicas, os ataques aliados destinavam-se a destruir a base industrial alemã e o moral do seu povo. Contudo, a incapacidade de bombardear com precisão os edifícios industriais alemães tornou necessária a largada de grandes quantidades de bombas explosivas e incendiárias numa vasta área para garantir que o objectivo era atingido.

Os ataques sobre as populações de todos os beligerantes, destinados a aterrorizá-las, tiveram um efeito contrário: alinharam o povo com os combatentes. A guerra total passou a ser vivida de forma total. Por esta razão, o objectivo político e a determinação de o alcançar tornaram-se extremamente próximos do objectivo militar e da determinação de o alcançar a qualquer preço. Em ambos os lados, o povo, o Estado e os militares eram como uma só entidade. Todavia, apesar de os bombardeamentos aliados e do Eixo causarem grandes perdas de vidas e danos, foram sempre uma actividade de apoio às grandes batalhas terrestres e navais. Não constituíram uma força decisiva.

Em Dezembro de 1941, a guerra envolveu verdadeiramente o mundo quando o Japão atacou os EUA. Tal como a Alemanha, também ele procurou assestar um golpe rápido e decisivo, e desencadeou um audaz ataque de surpresa, neste caso contra a Esquadra do Pacífico norte-americana, em Pearl Harbor, no Havai. Apesar de provocar grandes perdas em vidas e navios, o ataque falhou. Retirou os EUA do seu isolacionismo e atirou-os para uma guerra que estavam determinados a vencer. No dia do ataque, os importantíssimos porta-aviões encontravam-se no alto mar, em exercícios, e foram poupados – tornando a entrada dos EUA na guerra mais célere e substancial do que se o ataque japonês tivesse sido mais bem dirigido. Mesmo assim, à semelhança das conquistas nazis na Europa, seguiu-

-se um padrão de rápidas vitórias japonesas na Ásia. Contudo, o Japão viu-se confrontado com uma realidade geoestratégica familiar: para derrotar os EUA, o Japão teria que penetrar no continente norte-americano; para derrotar o Império Britânico, seria obrigado a invadir a Índia. Tal como as estepes russas ou as Ilhas Britânicas, estes dois países foram – e provavelmente serão sempre –, de raiz, os maiores e mais fugidios objectivos para os seus atacantes em busca de uma vitória decisiva.

Virada a maré, as quase inesgotáveis reservas de efectivos e mão-de-obra da Rússia comunista, combinadas com o capital e armamento americanos, começaram rapidamente a superar o esforço de guerra alemão. Tendo apostado em rápidos sucessos estratégicos, recorrendo à tecnologia, aos tanques, aos aviões e a todos os produtos do poderio militar industrial, os Alemães descobriram que lhes era difícil manterem o fluxo dessa tecnologia face à superior capacidade produtiva dos Aliados, incluindo os recursos em homens e material. Forçados a uma postura defensiva após a Batalha de Kursk, em 1943, foram empurrados para a alternativa que tinham tentado evitar a todo o custo: uma guerra de atrito. Como sempre, a indústria acabou por se revelar o factor decisivo: a inovação e a massa de homens e material tornaram-se o cerne da competição entre os antagonistas. Depois da depressão da década de 30, a economia americana teve um período de crescimento extremamente rápido: entre 1940 e 1945, cresceu 50%. Os armamentos e equipamentos militares foram padronizados e produzidos em série. Foram assim fabricados e enviados para os Aliados ou para as tropas americanas 58 000 tanques M 4 Sherman, fiáveis e de manutenção simples. A partir de meados de 1941, os estaleiros navais americanos começaram a fabricar navios de transporte Liberty à razão de dois por dia, para aumentarem as frotas mercantes e fornecerem à Grã-Bretanha os reforços e aprovisionamentos necessários[65]. A indústria britânica também estava a operar no máximo da sua capacidade, abastecendo as suas forças e a nação durante toda a guerra. Estes esforços combinados ficaram bem patentes na dimensão ímpar da

---

[65] De concepção britânica mas adaptados aos métodos de construção americanos, os Liberties eram construídos com partes pré-fabricadas, soldadas em vez de rebitadas. Entre 1941 e 1945, os estaleiros americanos construíram 2751 embarcações deste tipo. (N.T.)

armada de invasão do Dia D, e na magnitude da operação([66]). Entretanto, também os Russos haviam entrado na *Materielschlacht*. Com a mobilização de enormes reservas de mão-de-obra, a produção maciça de armamentos entrou em pleno funcionamento. Mas o mais espantoso de tudo foi a transferência da totalidade da base industrial russa para leste dos Urais, em resposta aos ataques iniciais da Operação Barbarossa, onde começou imediatamente a funcionar em pleno. Durante a guerra, 42 fábricas de tanques produziram 40 000 blindados T-34 e 18 000 tanques pesados. Os Russos fabricaram quantidades semelhantes de aviões, que flagelaram regularmente os Alemães. Foram construídos 40 000 aviões Ilyushin Il-2 Sturmovik, um número que ainda constitui um recorde([67]). Este avião foi utilizado em grandes formações para apoiar o Exército Vermelho no terreno, atacando tropas, tanques e caminhos-de-ferro onde quer que os Soviéticos combatessem. Consequentemente, por norma, os Russos tinham a superioridade aérea por cima dos seus exércitos. O Sturmovik era simples, quase tosco, e não se podia comparar individualmente ao Messerschmitt 109, mas tal como Lenine disse – ao que parece, numa conversa sobre tanques com Estaline –, «a quantidade tem uma qualidade própria».

Na Alemanha, a produção de material de guerra foi mantida através de um implacável esforço de atribuição de prioridades, e recorrendo a mão-de-obra escrava requisitada em todos os países ocupados, particularmente no Leste. Além do mais, embora a sua capacidade de produção tenha aumentado durante toda a guerra, em particular nos últimos meses, os Aliados não dispunham, regra geral, de informações para identificarem correctamente as fábricas, nem para as atingirem com precisão. Contudo, em 1943, a pressão industrial e económica começou a fazer-se sentir na Alemanha, principalmente quando os bombardeamentos aliados com o objectivo de destruir a capacidade produtiva inimiga deram os primeiros frutos. Hitler reconheceu a necessidade de mobilizar totalmente a economia alemã. Albert Speer foi incumbido desta tarefa, mas as

---

([66]) Recordando alguns números aproximados: 6900 embarcações, 12 000 aeronaves (que efectuaram 14 000 missões de ataque e largaram 10 000 t de bombas), cerca de 160 000 homens. Duas semanas depois, os Aliados tinham já desembarcado 650 000 homens, 95 000 veículos e 220 000 t de material. (*N.T.*)

([67]) Total combinado aproximado dos números de produção das duas versões, Il-2 e Il-10. O recorde refere-se apenas à aviação militar. (*N.T.*)

suas tentativas drásticas para reorganizar o esforço de guerra não foram suficientes para virar a maré[68]. Paradoxalmente, o esforço de guerra foi prejudicado pelas deficiências inerentes ao sistema nazi de governação. As políticas de dividir para reinar adoptadas por Hitler criaram inevitavelmente problemas de coordenação e levaram à duplicação do esforço produtivo. Este facto foi ilustrado pela implacável disputa pela mão-de-obra e recursos entre as três forças armadas, o Partido, as SS de Himmler e outras bases de poder. Atolados numa contenda industrial e em desvantagem, os Alemães intensificaram esforços para descobrir uma solução tecnológica que lhes permitisse evitar a derrota – embora devamos observar que todos os lados procuravam uma solução tecnológica. Na Alemanha, esta busca foi exemplificada pelo trabalho de Werner von Braun com foguetões e a demanda de armas milagrosas (incluindo a bomba atómica) que talvez pudessem salvar a situação no último minuto. Estas esperanças revelaram-se ilusórias e os «milagres» que chegaram a acontecer não foram devidamente explorados. O Messerschmitt Me-262 foi o primeiro caça a jacto jamais produzido. Voou pela primeira vez em meados de 1942, e entrou em produção em 1944. Embora mais rápido do que qualquer avião aliado, nunca causou grande impacto: foram fabricados poucos[69], e a superioridade aérea dos Aliados permitiu-lhes destruir a maioria dos Me-262 no solo.

A partir de 1943, Alemães e Japoneses estiveram em retirada. As operações aliadas assumiram a forma de grandes ofensivas meticulosamente preparadas que exploravam a penetração até ao seu ponto máximo, geralmente uma combinação de exaustão logística e obras defensivas bem situadas. O combate, muito próximo, provocou baixas ao ritmo da Primeira Guerra Mundial, mas a diferença entre as duas guerras foi a natureza das forças em presença: na Segunda Guerra Mundial, os exércitos possuíam proporcional-

---

[68] Albert Speer substitui Fritz Todt, morto num acidente de aviação, em Fevereiro de 1942, no cargo de Ministro dos Armamentos. Mais tarde, com o título de Ministro dos Armamentos e da Produção de Guerra, tornou-se o principal estratego da economia de guerra alemã, incluindo a responsabilidade de construção de estradas e defesas estratégicas, e o fabrico de equipamento militar. (N.T.)

[69] Pouco mais de 1400, e apenas cerca de 200 foram entregues a unidades de combate, devido à escassez de pilotos, de combustível e de aeródromos adequados (eram recomendadas pistas de cimento, dado que os jactos derretiam as de alcatrão). (N.T.)

mente menos unidades de infantaria e mais blindadas, de artilharia, anti-aéreas e de outras armas especializadas de apoio. As forças aéreas também eram maiores e sofreram pesadas baixas – a RAF perdeu um número de aviadores aproximadamente igual ao total dos oficiais dos três ramos das forças armadas britânicas na Primeira Guerra Mundial[70]. Perto do fim da guerra, com a excepção da Rússia, todos os beligerantes começaram a ficar com falta de infantaria. Os Alemães alinhavam homens cada vez mais velhos e rapazes cada vez mais novos, e os Britânicos reconverteram unidades – tais como os regimentos antiaéreos – para combate de infantaria.

Em 1945, a Alemanha regressara praticamente às fronteiras anteriores à guerra, pressionada por grandes exércitos inimigos a oriente e ocidente, e sofrendo o bombardeamento sistemático das suas cidades e sistemas de comunicação. No ocidente, os Estados ocupados tinham sido quase totalmente libertados; mas haviam sido necessários seis meses, a partir da invasão da Normandia, para fazer o que os exércitos de Hitler tinham conseguido em outras tantas semanas. Isto deveu-se à capacidade de combate da Wehrmacht: os soldados alemães, bem instruídos e motivados até ao fim, combateram com vigor e tenacidade até serem derrotados. Há dois longos anos que retiravam em todas as frentes, e tinham feito os Aliados pagar por cada metro percorrido no caminho para Berlim. Por muito repreensíveis que tenham sido a causa que serviu e a sua própria amoralidade, não se devem questionar o moral nem a disciplina do Exército Alemão. Além do mais, os Aliados viram-se confrontados com a magnitude do empreendimento logístico de trazerem todos os homens e equipamentos através do Atlântico e do Canal da Mancha para a Europa. Mas a vitória foi decisiva: os Aliados tinham gerado a força de maior utilidade. Venceram o teste de força, e quebraram a vontade da Alemanha. Desta vez, não foi o povo que entrou em colapso, foram o governo e os militares. O regime desapareceu por inteiro.

Em finais de 1945 teve início, em Nuremberga, o julgamento dos principais criminosos de guerra, os principais líderes e comandantes do Eixo derrotado. Foram acusados e, na maior parte dos casos, condenados e executados pelos seus crimes de guerra, crimes nos quais a força fora empregue contra o povo, contra civis

---

[70] Entre Setembro de 1939 e Agosto de 1945, a RAF lista 70 253 efectivos mortos ou desaparecidos em combate (www.raf.mod.uk). (N.T.)

inocentes, de um modo grosseiramente excessivo. Foi um importante ponto de viragem: o estabelecimento do tribunal e dos processos legais tornou-se o método para decidir a imoralidade de tais acções, um método que está connosco desde então. A moralidade do emprego da força passou a ser definida pela sua legalidade.

A vitória decisiva levou ainda mais tempo a ser alcançada na Segunda Guerra Mundial do que na Primeira: a vitória na Europa, o Dia VE, foi a 8 de Maio de 1945, e a vitória no Oriente, o Dia VJ, foi em 15 de Agosto de 1945. Mais uma vez, haviam sido libertadas sobre o mundo forças de uma magnitude inaudita, que aplicaram quantidades maciças de força. Estiveram envolvidos no conflito ainda mais homens e material do que na Primeira Guerra Mundial. Morreu um total aproximado de 17,5 milhões de combatentes, cerca de 12 milhões do lado dos Aliados, incluindo 2 milhões na China e 8,5 milhões na União Soviética, e 5,5 milhões das potências do Eixo, incluindo 3,5 milhões de Alemães e quase 1,5 milhões de soldados japoneses. Foram mortos mais de 39 milhões de civis, incluindo 6 milhões no Holocausto, quase 17 milhões na União Soviética e 10 milhões na China. No total, morreram no conflito 56 milhões de pessoas. Foram feridos cerca de 35 milhões de soldados e um número de civis impossível de estimar. Estes números foram e são incompreensíveis. Mas também vemos aqui o mais horrível reflexo da dualidade da massa – como volume e densidade: foi a concentração das massas que causou a elevada proporção de mortes. No seguimento da tendência inaugurada na Grande Guerra, os beligerantes tomaram cada vez mais como alvo principal a capacidade e a vontade inimigas de fazer a guerra. Para o efeito – e isto foi uma mudança crucial –, o campo de batalha foi estendido a todos os recantos do Estado: na sua forma final, o paradigma da guerra industrial entre Estados tomou o povo por alvo. Não se tratou da guerra entre o povo de épocas posteriores – foi uma guerra contra o povo. Do Holocausto, que declarou como alvo um grupo específico de civis, até ao *Blitz*, ao bombardeamento estratégico da Alemanha e do Japão e, por fim, à bomba atómica, a Segunda Guerra Mundial eliminou, para todo o sempre, a santidade do não combatente. As pessoas, particularmente nas vilas e cidades, eram numerosas e estavam concentradas; constituíam alvos fáceis quando as defesas aéreas eram ultrapassadas. Estas massas vulneráveis representam

CULMINAÇÃO: AS GUERRAS MUNDIAIS

o grosso das baixas listadas acima. E os números também reflectem outra verdade: duma maneira ou doutra, todo o planeta foi afectado pela guerra. Em todos os continentes, desde o rancheiro argentino, fornecedor de carne, até ao trabalhador americano na linha de montagem, passando pela África, Ásia, Europa e Austrália, as economias e as vidas das pessoas foram afectadas e, em muitos casos, decididas pela guerra.

A Segunda Guerra Mundial também constituiu o culminar de todas as tendências dos 150 anos precedentes: todos os elementos do paradigma da guerra industrial entre Estados, desde os primeiros tempos de Napoleão, vieram à superfície. Ao nível estratégico, e não obstante as inovações tácticas da *Blitzkrieg*, a guerra foi decidida pela utilização maciça do poder para desgastar o adversário, conduzindo-o à derrota. Nem a Alemanha nem o Japão podiam atacar o interior industrial dos EUA e da Rússia, as duas vastas economias que, cada uma a seu modo, estavam empenhadas na condução de uma guerra de massas. Os seus recursos humanos e materiais ultrapassaram os dos Alemães e Japoneses, os quais, flagelados pelo combate de atrito e pelos bombardeamentos aéreos na frente doméstica, foram progressivamente enfraquecidos. Esta realidade fundamental foi um espelho da marcha destrutiva de Sherman através da Geórgia, mas em grande escala. Além do mais, a derrota de Alemães e Japoneses foi uma vitória decisiva para os Aliados, no sentido napoleónico do termo. Ao nível táctico, foi uma guerra de comandantes com grande liberdade de acção e de forças independentes – unidades e métodos que ganharam forma nos primeiros *corps d'armée* napoleónicos e foram refinados por Clausewitz e Moltke, o Velho. Foi uma guerra de planeadores e planeamento; de estados-maiores generais que, no lado aliado, se combinaram num Comando Supremo Aliado – noções impensáveis no século XVIII, mas que remontam directamente a Napoleão e à sua visão, à Batalha de Iena e ao novel estado-maior general prussiano. Foi uma guerra de trindades clausewitzianas: em toda a parte, em todos os Estados e em todas as frentes, povo, exército e governo estiveram unidos. Se assim não fosse, a guerra nunca teria sido travada – em lado nenhum. Mas ao contrário da guerra anterior, não foi o povo que cedeu: os militares e o Estado, na Alemanha e no Japão, foram destruídos por uma força esmagadora.

Foi uma guerra de massas gigantescas, na qual milhões de homens e mulheres de todo o planeta combateram pela sua causa, muito como o haviam feito, em França, os homens da primeira *levée en masse* nas Guerras Revolucionárias. Quantidades enormíssimas de material foram produzidas por dezenas de milhões de pessoas – muito mais do que toda a população europeia no início do século XIX, quando Napoleão estava a mudar a face da Europa e da guerra. Mas estas pessoas eram os descendentes directos das que haviam produzido em série, pela primeira vez, a enorme quantidade de peças de artilharia para as Guerras Napoleónicas ou para a Guerra da Secessão. A Segunda Guerra Mundial foi *a* guerra do paradigma da guerra industrial entre Estados – e no seu espantoso e horrível último acto também pôs fim ao paradigma.

Já terminada na Europa, a Segunda Guerra Mundial chegou finalmente ao fim depois de os EUA terem largado sobre o Japão duas bombas atómicas, cada uma suficientemente potente para arrasar uma cidade. O poderio científico e industrial dos EUA e do seu aliado britânico tinham criado a arma que podia destruir simultaneamente a vontade de combater e o povo do adversário. A sua vontade deixara de ser relevante.

A bomba atómica foi o produto final do ciclo elíptico da guerra como resultado da indústria, e da indústria ao serviço da guerra. Enquanto a produção industrial, baseada na tecnologia, alimentava o conflito, tornando-o cada vez mais terrível e destrutivo, a inovação tecnológica era também – e sempre – vista como a grande salvação: um *deus ex machina* que venceria milagrosa e instantaneamente a guerra, pondo-lhe fim. Tal como o TNT ou o tanque na Primeira Guerra Mundial, também na Segunda todos os contendores procuraram a descoberta tecnológico inovadora que proporcionaria a vitória definitiva. Em 1945, foi a bomba atómica.

Até finais do século XIX, os físicos julgaram que o átomo era indestrutível e indivisível. A formulação da relatividade da massa e da energia, da autoria de Albert Einstein, perspectivou a libertação da energia contida no átomo. Pouco antes da Primeira Guerra Mundial, cientistas alemães realizaram experiências bombardeando átomos de mercúrio com electrões, registando as alterações de energia resultantes das colisões. Nas duas décadas seguintes, foi efectuada uma grande variedade de experiências e em 1938 no Instituto

Kaiser Guilherme, na Alemanha, Otto Kahn, Fritz Strassman e Lise Meitner realizaram a fissão nuclear do urânio. Um ano depois, Meitner, exilada na Suécia, e Otto Frisch, seu sobrinho, escreveram um ensaio no qual argumentaram que, dividindo o átomo, seria possível utilizar alguns quilos de urânio para criar um poder explosivo e destrutivo equivalente a muitas toneladas de dinamite. Entretanto, nos EUA, Leo Szilard foi o primeiro a compreender que se um átomo se dividisse e libertasse mais do que um neutrão, o resultado poderia ser uma reacção em cadeia: uma libertação maciça de energia.

Em 6 de Dezembro de 1941, o governo dos Estados Unidos dedicou 2 mil milhões de dólares ao «Manhattan Engineer District»[71], isto é, ao Projecto Manhattan, montado em grande segredo para fabricar o material destinado a criar uma bomba atómica. Sob o comando do general de brigada Leslie Groves e dirigidos por Robert Oppenheimer, os membros do projecto constituíam um elenco internacional de cientistas de primeira água, incluindo um grande número de recentes exilados das potências do Eixo. Os trabalhos progrediram com rapidez e, a 2 de Dezembro de 1942, em Chicago, o italiano Enrico Fermi, Nobel da Física, e a sua equipa geraram a primeira reacção em cadeia controlada e sustentada: um neutrão colidiu com um núcleo de urânio e libertou energia, a qual, por sua vez, teve impacto sobre os átomos vizinhos.

Do outro lado do Atlântico, os cientistas também fizeram grandes progressos neste campo. Na Primavera de 1940, os Britânicos tinham criado um comité com o nome de código MAUD para estudar a possibilidade de desenvolver uma arma nuclear. O comité concluiu que uma massa crítica de urânio-235 suficientemente purificada poderia provocar a fissão. Os Alemães também tinham estabelecido um programa de investigação depois de compreenderem o poder do átomo. Mas os cientistas alemães enveredaram pelo caminho errado ao decidirem orientar as suas pesquisas para a utilização da «água pesada» como moderador do reactor nuclear, o que lhes poderia permitir a produção de plutónio para uma bomba atómica. Através de uma série de ataques de sabotagem, comandos da resistência norueguesa, apoiados pelos Britânicos, conseguiram impedir as forças nazis de transferirem água pesada da única fábrica

---

([71]) A designação oficial do projecto, que estava sob o controlo do Corpo de Engenharia do Exército dos Estados Unidos. (*N.T.*)

do território controlado pelo *Reich* em condições de a produzir. Isto isolou os físicos Alemães da sua fonte de matéria-prima, mas teve igualmente o crucial impacto corolário de os convencer de que estavam a olhar para a direcção certa. No fim, os esforços da Alemanha nazi para criar uma bomba atómica deram em nada.

Em 16 de Julho de 1945, no deserto do Novo México, foi detonada a primeira bomba atómica. A vitória no teatro de guerra europeu fora alcançada dois meses antes, com a queda de Berlim. Todavia, na Ásia, as forças japonesas, em retirada, combatiam com terrível determinação, nalguns casos ainda maior do que a demonstrada pelos soldados alemães na Europa. O número de ataques *kamikaze* aos Americanos aumentava diariamente. Toda a ilha, todo o metro de terreno tinham de ser pagos com sangue americano, e a opinião pública americana começava cansar-se das intermináveis listas de baixas. A invasão das principais ilhas japonesas, planeadas para 1 de Novembro, prometia uma terrível carnificina, esperando-se centenas de milhares de baixas aliadas. O Presidente Harry S. Truman decidiu lançar as bombas atómicas sobre cidades japonesas para obrigar o Japão a capitular.

Uma força especial, o Grupo Compósito 509, pertencente à 20.ª Força Aérea, fora criada com o único propósito de largar a bomba. Às 02:00 h do dia 6 de Agosto de 1945, o coronel Paul Tibbets, comandando a «super-fortaleza» B-29 *Enola Gay*, descolou de Tinian. Às 08:16 h, a bomba foi largada sobre Hiroxima: a «Little Boy» era uma arma de fissão de urânio de cerca de 20 kt de potência, com um núcleo de 137 kg de urânio-235: o mais avançado expoente dos desenvolvimentos tecnológicos, da força maciça, do poder maciço. Enquanto uma explosão terrível e inimaginável abalava a zona central da cidade, a tripulação do *Enola Gay* viu uma coluna de fumo elevando-se rapidamente e incêndios intensos eclodindo por toda a parte.

Os efeitos da bomba foram devastadores. O primeiro foi um intenso clarão: todas as pessoas que se encontravam num raio de 150 km e a olhar na direcção da explosão ficaram temporariamente cegas. O segundo efeito foi um calor intenso: o calor representava 35% da energia da bomba, gerando temperaturas semelhantes às que se registam na superfície do sol. Este calor incendiou a maioria dos materiais e provocou a morte imediata ou queimaduras graves em todos os seres vivos. A onda de choque causada pela detonação representou 50% da energia da bomba: deslocou-se a cerca de 500 m por segundo, varrendo tudo o que se encontrava no seu caminho até acabar por enfraquecer. Finalmente, o intenso impulso electromagnético gerado pelo rebentamento destruiu as comunicações e todo o equipamento electrónico numa vasta área. Partículas de poeira radioactiva, levantadas pela explosão e levadas pelo vento, continuaram, durante décadas, a afectar a saúde de todos quantos tiveram contacto com elas.

O número de baixas continua a ser extremamente difícil de estimar, particularmente se tentarmos incluir as vítimas da radioactividade. O impacto imediato da detonação matou cerca de 66 000 pessoas e feriu 70 000 – numa população de 255 000 habitantes. Depois da explosão, dos 55 hospitais de Hiroxima somente três ficaram utilizáveis, e 90% de todos os médicos e enfermeiras da cidade morreram ou ficaram feridos. Foram destruídos 65% dos edifícios. Em 1950, estimou-se que tinham já morrido 200 000 pessoas em consequência da bomba. E entre 1950 e 1980, outras 97 000 morreram de cancros associados à radiação provocada pela «Little Boy».

A título comparativo, a Operação Gomorra, lançada contra Hamburgo em finais de Julho de 1943 e executada conjuntamente pelo Comando de Bombardeiros da Royal Air Force e pela 8.ª Força Aérea dos EUA, foi o ataque mais pesado até então levado a cabo na história da guerra aérea. Causou 50 000 mortos e um milhão de desalojados; reduziu metade da cidade a escombros, e provocou a evacuação de quase dois terços dos sobreviventes. Foram destruídos cerca de 250 km² da área mais densamente urbanizada da cidade. Durante dez dias, os aviões aliados largaram 9000 toneladas de bombas explosivas e incendiárias. Não se trata de comparar as vítimas dos bombardeamentos, mas sim a eficiência industrial, na qual a bomba atómica foi claramente superior em todos os aspectos: só foi necessária uma, largada por um avião, em contraste com as 3095 surtidas efectuadas sobre Hamburgo, nas quais foram abatidos 86 aviões e danificados 174. São cálculos horríveis, mas necessários para aqueles que conduzem a guerra – ou que procuram parar ou evitar uma.

Três dias depois, a 9 de Agosto de 1945, outra bomba atómica de potência idêntica, a «Fat Man», foi largada sobre Nagasáqui, matando aproximadamente 39 000 pessoas e ferindo 25 000, numa população de 195 000 residentes. Este evento, conjugado, no mesmo dia, com a declaração de guerra da União Soviética e o seu ataque às forças japonesas na Manchúria, obrigou os Japoneses a capitularem, a 14 de Agosto.

O paradigma da guerra industrial entre Estados foi literalmente pelos ares no dia 6 de Agosto de 1945. Ironicamente, foi eliminado pelas mesmas forças que o haviam gerado: a indústria e a inovação tecnológica. Durante quase um século, esta parelha serviu o gigantesco edifício da guerra industrial, até a explosão final. O povo – maciçamente concentrado nas cidades, fonte de mão-de-obra, de poder industrial e da legitimidade política do Estado – era agora o único alvo que valia a pena atacar, pois as suas cidades constituíam os objectivos mais plausíveis: alvos de massas, permanentes e estáticos. E quando as cidades fossem destruídas, as forças no terreno, destituídas da sua fonte de propósito, orientação e aprovisionamento, poderiam render-se, ser derrotadas em pormenor ou concentrar-se e ser atacadas com uma bomba atómica. Os exércitos industriais de massas já não podiam ser eficazes face a uma arma de destruição maciça, tal como lhe viriam a chamar os Russos. A guerra industrial, para não falar na guerra total, era impossível nessas circunstâncias. Mas a ameaça não desapareceu. Foi esta a história da Guerra Fria.

PARTE II
A GUERRA FRIA

4

Antítese: dos Guerrilheiros aos Anarquistas e a Mao

O conflito tem sido, é e provavelmente será sempre parte integrante das sociedades humanas. Afirmei-o no início deste livro e voltarei ao tema no fim. É vital e importante procurar a paz, mas a paz deve ser entendida como uma condição relacionada com o conflito: não no sentido de ausência de conflito, mas no sentido de o conflito ser uma opção não escolhida. Não considero esta situação boa, mas antes, e muito simplesmente, um facto. Na Parte I, o enfoque da minha dissertação foi nos conflitos cada vez mais destrutivos do paradigma da guerra industrial entre Estados, e no modo como o emprego da força evoluiu no seu âmbito. Esta digressão histórica foi necessária não apenas como medida de contextualização, mas principalmente porque o paradigma ainda existe conceptualmente, nesta nossa época de confrontos e conflitos reduzidos, apesar da sua perda de utilidade pós-Agosto de 1945. Tal como as ruínas queimadas e esventradas deixadas pela bomba atómica em Hiroxima e Nagasáqui, as estruturas da guerra industrial entre Estados foram inúteis e perigosas para aqueles que as procuraram. Mesmo assim, à semelhança destas cidades, o paradigma foi reconstruído, com objectivos políticos e pragmáticos; mas ao contrário das duas urbes, nunca ganhou nova vida. Durante toda a Guerra Fria, os líderes militares e políticos de todos os lados agarraram-se ao paradigma, construindo exércitos de acordo com as suas especificações e jurando a pés juntos pelas suas capacidades redentoras em tempos de necessidade. Felizmente, as ameaças nunca se concretizaram – se se tivessem concretizado, o paradigma não poderia ter funcionado no seu sentido histórico. Primeiro, porque com a bomba atómica os exércitos de massas não passariam de um alvo: em vez de os reforçar, a tecnologia nuclear, como arma de destruição maciça, exige a ausência da concentração como defesa; nestas circunstâncias, um grande exército é mais bem empregue disperso do que concentrado. E em segundo lugar, porque a «vitória decisiva» teria potencialmente um preço demasiado alto a pagar. Por outras palavras, aquilo pelo qual se lutava na guerra industrial entre Estados – o Estado, com os seus povo, governo e exército – seria destruído na guerra.

Estas realidades foram ignoradas durante quarenta e cinco anos, em parte devido ao poder contínuo da noção de guerra industrial: em muitas partes da Europa, esta ideia forjara o próprio conceito de Estado. Como vimos, o mapa do continente, tal como ainda o conhecemos, e a unidade dos Estados Unidos, foram decididos nas batalhas deste paradigma. Da mesma forma, o impacto visual da guerra industrial foi e provavelmente ainda é o elemento definidor do modo como entendemos a guerra, particularmente no domínio público: mísseis de cruzeiro e bombas guiadas por laser sobrepuseram-se – mas nunca substituíram – às imagens icónicas da infantaria mecanizada armada com metralhadoras e deslocando-se em cima dos tanques. Mesmo que os tanques sejam utilizados como protecção e transporte e não em combate, ainda são vistos como os verdadeiros instrumentos da moderna guerra terrestre. Mas acima de tudo, o desaparecimento da guerra industrial foi ignorado porque toda a base da Guerra Fria foi a necessidade de cada lado convencer o outro da sua disponibilidade para travar outra guerra total, daí a necessidade da dissuasão, mesmo que o plano parecesse contraditório tendo em conta as consequências de uma destruição total. A utilidade da força residia na sua dissuasão, não na sua aplicação. Este fundamento converteu-se numa doutrina, a qual, por sua vez, se transformou num dogma, um facto inquestionável, que consolidou o eterno atractivo da guerra industrial entre Estados muito depois do seu desaparecimento e, em muitos aspectos, até aos dias de hoje. De facto, na raiz de muitos dos problemas que enfrentamos actualmente com o emprego da força e de forças armadas encontra-se a sua persistente estruturação e utilização como se o antigo paradigma ainda fosse válido, ignorando e não estando à altura de lidar com o novo paradigma que há muito o substituiu: o paradigma da guerra entre o povo. Na verdade, a partir

Antítese: dos Guerrilheiros aos Anarquistas e a Mao

de 1945, as realidades militares evoluíram por dois caminhos paralelos: enquanto os dois blocos da Guerra Fria constituíam exércitos industriais maciços, forças desses mesmos exércitos travavam conflitos diferentes, com tipos de inimigos diferentes, todos eles de natureza patentemente não industrial. E são estes tipos de conflitos e inimigos que hoje enfrentamos mais comummente no nosso mundo pós-Guerra Fria, embora ainda tentemos moldá-los de acordo com o modelo industrial, empregando a força e as forças armadas de acordo com um dogma e não com a realidade.

O enfoque da Parte II do presente livro é na compreensão da evolução destes mundos paralelos de conflitos e forças, e de como os dois paradigmas se misturaram. Mas primeiro, é necessário um desvio conceptual pelo mundo da geografia. Tal como observei no início do livro, a força só pode ter utilidade se empregue no âmbito de um contexto devidamente compreendido. Actualmente, isto tende a significar uma análise político-militar – referindo apenas as temáticas óbvias – das causas imediatas do conflito, do inimigo e das suas capacidades económicas e militares, do possível impacto sobre os Estados vizinhos e os interesses regionais. Mas os militares não têm por hábito examinar o contexto histórico ou geográfico em grande profundidade – refiro-me às disciplinas mais abrangentes da história e da geografia. A história militar e, no caso de algumas universidades americanas, a geografia militar, são subconjuntos importantes das respectivas disciplinas, mas só o são num contexto mais vasto. A sua principal importância resulta do agradável facto de que a profissão das armas, tal como é denominada a prática militar e do comando, é exercida por poucos homens em poucas ocasiões. Na maior parte do tempo, os soldados, marinheiros e aviadores, independentemente das suas patentes, estão a preparar-se para o evento; estão na profissão, mas não estão propriamente a exercê-la na prática, em acção. No meu caso, penso que não estive em acção, no sentido mais lato do termo, mais do que seis dos trinta e sete anos de serviço que se seguiram aos meus três anos de instrução. E este número inclui um ano no comando das forças da ONU em Sarajevo, e três anos como oficial general no comando na Irlanda do Norte. O resultado desta falta de prática é que os comandantes são obrigados a aprender com o passado, estudando as campanhas anteriores e as decisões dos comandantes de antanho. Como vimos, esta prática foi institucionalizada pelos estados-maiores generais prussiano e alemão, após o que se tornou corrente entre as instituições militares de sucesso em todo o mundo. Contudo, penso que as lições apropriadas não serão retiradas nem transpostas para o presente, e que a estratégia global não será verdadeiramente compreendida, se o leitor não entender o contexto histórico e geoestratégico global da acção ou campanha específica em estudo.

A história é o contexto da batalha, a geografia constitui o contexto do campo de batalha. A geografia dita os contornos físicos do campo de batalha. Mesmo com todos os nossos avanços tecnológicos, a localização de uma batalha e as limitações e vantagens decorrentes dessa localização – do relevo ao clima e à natureza do solo – afectarão a batalha e, muito possivelmente, o seu resultado. A tecnologia não transformou o globo numa superfície uniforme: um míssil será sempre disparado de um local e cairá noutro, e ambos são enormemente relevantes para a aplicação da força com êxito. Assim, a disciplina da geografia, como o estudo do globo e da sua interacção com as pessoas que nele habitam, fornece-nos os meios para compreendermos o campo de batalha e prevermos a sua natureza de modo a utilizarmos vantajosamente os seus elementos. Foi sempre assim. Por exemplo, na época jorgeana, a Royal Navy virou-se para a tecnologia em busca de um relógio preciso para determinar a longitude – o qual, além de melhorar a navegação, lhe permitiu coligir sistematicamente dados de navegação, muitos deles ainda utilizados nas nossas cartas marítimas. Com o passar dos séculos, estas e outras iniciativas para cartografar a superfície do globo foram levadas a cabo principalmente com objectivos militares, e embora a sociedade civil beneficiasse da informação, eram os militares que a recolhiam e, nalguns casos, a guardavam a sete chaves. Por exemplo, a Turquia só recentemente tornou públicos mapas detalhados do seu território, os quais ainda não se encontram com frequência à venda. E a questão não se resume aos dados científicos: os postais, as descrições literárias e os folhetos são algumas das muitas fontes que podem fornecer informações parcelares, particularmente sobre locais inacessíveis. Toda esta informação detalhada fornece uma perspectiva mais ampla sobre o campo de batalha, uma perspectiva que foi valiosa para mim durante todos os meus anos em posições de comando. Na verdade, à medida que fui subindo na hierarquia, descobri que a análise geoestratégica era cada vez mais importante: permitia compreender a situação no seu conjunto, e entender o contexto global do conflito ou confronto: porque é que ocorria fisicamente num determinado espaço. Neste tipo de análise, consideramos uma grande variedade de factores, incluindo os principais canais de comunicação, a disponibilidade de recursos naturais, as relações regionais, as economias, a combinação cultural, e os valores normativos e padrões comportamentais das sociedades. Esta análise estratégica revela os factos da vida tal como é vivida no local ou região, e qual é o alvo da nossa força. O conjunto de dados fornecido pela análise deve ser contraposto à análise histórica, de modo a gerar um resultado que nos ajudará a compreender a nossa posição relativamente à do adversário, e a prever o seu provável curso de acção. Por exemplo, em 1990, ao planear atacar através de um deserto plano e saibroso, penetrando no Iraque e depois no Kuwait, considerei que o terreno não apresentava a mínima vantagem táctica, pelo que decidi não o disputar: se um iraquiano pretendesse defender um bocado de deserto, eu deixá-lo-ia sossegado – atacando antes a capacidade de o seu comandante poder comunicar com ele e aprovisioná-lo. Isto reduziu as minhas necessidades de infantaria e de um combate próximo, o que, por sua vez, diminuiu os meus requisitos previstos em homens e abastecimentos. Como corolário, foi aumentada a velocidade à qual eu poderia movimentar-me e, em consequência, interditar os dispositivos de comando nas profundezas das posições iraquianas.

Todas as batalhas e guerras discutidas nos capítulos anteriores oferecem exemplos destes contextos, destacando-se as estepes que forneceram o espaço estratégico para recusar a batalha napoleónica na Rússia, e o acidentado terreno da Península Ibérica, que forneceu aos guerrilheiros um santuário a partir do qual flagelaram as forças de Napoleão. Ou ainda a dura realidade com a qual a Alemanha e o Japão se viram confrontados na Segunda Guerra Mundial: para derrotar a Rússia ou os EUA é necessário conquistá-los – ou seja, conquistar continentes inteiros. Um exemplo de factores geoestratégicos em acção pode ser observado considerando a geografia do vale do Reno, que se estende para norte, da Suíça ao Mar do Norte. Verdadeiramente, existem apenas três corredores que permitem a travessia do rio Reno por forças substanciais: a brecha de Belfort, o vale do Mosela e a linha que atravessa os Países Baixos, de Liège, passando por Aachen, até ao Ruhr. Estas características geográficas foram tão significativas para os Romanos como para os generais de Einsenhower, em 1944. Na viragem para o século XX, quando Schlieffen elaborou o seu plano, as saídas dos dois corredores mais a sul estavam guardadas por substanciais fortificações francesas, que ainda lá se encontram. A quantidade e a densidade das forças que poderiam passar por estes dois corredores seriam insuficientes para derrotar os defensores franceses mobilizados. O corredor restante, a norte, podia acomodar um elevado número de forças, suficientes para dominarem os defensores belgas e formarem uma poderosa ala norte para um ataque a sul, envolvendo Paris e os defensores ao longo da fronteira. O Plano Schlieffen foi, pois, moldado pela geografia, o que obrigou à violação da neutralidade belga.

A necessidade de compreensão estratégica é um elemento importante na aplicação da força com utilidade. Em resultado, é igualmente crucial na guerra não industrial – tal como hoje a praticamos, mas que tem as suas raízes no passado. Vamos regressar agora a essas raízes.

*

Até aqui, centrei-me exclusivamente na guerra industrial entre Estados, mas isto não quer dizer que não tenham existido outros tipos de guerra a partir do início do século XIX. Como vimos, decorreu algum tempo até que os exércitos industriais se desenvolvessem, e no interim muitos continuaram a combater de um modo mais próximo do «estilo antigo» das guerras pré-napoleónicas. Isto aplica-se particularmente à maioria das primeiras guerras coloniais no Extremo Oriente e depois em África, nas quais as armas ainda eram mosquetes ou armas de retrocarga primitivas. No entanto, nestes conflitos, o que fez a diferença contra as lanças e flechas indígenas foi a presença das armas de fogo – e não o facto de serem produzidas em série. Além do mais, a seu tempo, potências coloniais como a França e a Holanda criaram exércitos separados para se ocuparem das suas possessões, enquanto continuavam a desenvolver os seus exércitos industriais para se enfrentarem entre si. Todavia, em simultâneo com estes desenvolvimentos, surgiu outro: a antítese da guerra industrial entre Estados, um contra-paradigma cujas raízes se encontram na mesma época e nas mesmas guerras da guerra industrial entre Estados. Com o tempo, esta antítese conduziria ao paradigma da guerra entre o povo.

Antítese: dos Guerrilheiros aos Anarquistas e a Mao

As origens da antítese encontram-se nos ermos de Espanha, durante a Guerra Peninsular de 1808-1814, a guerra ou campanha que os generais de Napoleão perderam. Em 1806, Napoleão decidiu impor um bloqueio ao comércio britânico, obrigando as nações da Europa continental a fecharem os seus portos aos artigos britânicos. Quando os Portugueses se negaram, um exército francês atravessou a Espanha e, em Novembro de 1807, ocupou Lisboa. Em Fevereiro de 1808, Napoleão invadiu a Espanha e ocupou Madrid, coroando o seu irmão José como rei de Espanha. O povo espanhol sublevou-se contra os Franceses e apelou ao auxílio britânico – que não tardou a chegar. Mas o que aqui mais interessa é a guerra do povo. Com o seu país ocupado e muitas das suas cidades e vilas com guarnições francesas, o povo de Espanha continuou a lutar. Desenvolveram-se duas guerras complementares: a do povo, e a dos exércitos. O povo chamou ao seu conflito uma pequena guerra, *guerrilla*. O termo nasceu para designar as tácticas utilizadas pelos populares para resistirem ao regime do rei José Bonaparte: grupos de combate pequenos, móveis e flexíveis, recrutados entre o povo e por ele aprovisionados, para flagelarem uma força inimiga mais poderosa mas evitando todo e qualquer confronto directo em larga escala. O propósito político de prosseguir este tipo de guerra era a manutenção da identidade independente do povo, ainda que sob ocupação, mantendo a sua determinação de continuar a lutar e a resistir. Deste modo, os Espanhóis procuravam recuperar a sua independência quando a Grã-Bretanha e os seus aliados triunfassem. Os objectivos estratégicos eram corroer a vontade inimiga de prosseguir a guerra, obter informações, prejudicar e atrasar as operações inimigas para enfraquecer a sua resistência às forças de libertação – o exército anglo-português do duque de Wellington, que chegara em Agosto de 1808 com um corpo expedicionário britânico de aproximadamente 10 000 homens.

As tácticas da guerrilha decorrem do princípio básico de que as suas forças só procuram o combate nos seus próprios termos, o que implica conhecer a posição e força do inimigo, saber quando será possível isolá-lo dos reforços ou fugir antes de estes chegarem, possuir o elemento de surpresa e escolher o momento para combater. Carecendo de força numérica e das armas para enfrentar directamente um exército regular, os guerrilheiros preferem evitar as batalhas campais. Os seus métodos tácticos predilectos são a emboscada e a incursão. Acima de tudo, a guerrilha evita sempre apegar-se ao terreno, pois fazê-lo é provocar a descoberta, o cerco e a destruição. Atacando com rapidez e de surpresa, os guerrilheiros efectuam incursões sobre depósitos e instalações inimigos, emboscam patrulhas e comboios de aprovisionamento e cortam linhas de comunicação, com o objectivo de desorganizarem as actividades do adversário e capturarem equipamento e provisões para uso próprio. Devido à sua mobilidade, à dispersão das suas forças em pequenos grupos e à sua capacidade para desaparecerem entre a população civil, é extremamente difícil fixar os guerrilheiros e obrigá-los ao combate: as guerras de guerrilha evoluem sem uma linha da frente estável. O seu objectivo é desestabilizar o inimigo e exercer pressão sobre os seus recursos (tropas e linhas de aprovisionamento) através de uma sucessão de «alfinetadas» durante um longo período, as quais, somadas, enfraquecem materialmente o adversário, obrigam-no a concentrar-se na sua própria protecção e corroem a sua determinação.

Todos estes atributos estiveram abundantemente presentes nas actividades da guerrilha espanhola na Guerra Peninsular. A obstinada defesa de cidades como Saragoça por parte dos Espanhóis fixou milhares de soldados franceses enquanto os guerrilheiros provocavam o caos por todo o país, obrigando um número significativo de tropas inimigas a ocuparem-se da segurança das áreas de retaguarda, e atacando constantemente as linhas de comunicações francesas. Em resposta, todo o poderio da máquina de guerra napoleónica foi posto em marcha para esmagar a «rebelião». Napoleão assumiu brevemente o comando pessoal do exército mas, na sua ausência, as intermináveis questiúnculas entre os seus ambiciosos comandantes e a pura incompetência do seu irmão José contribuíram para o deteriorar da situação. Ainda que, no papel, os Franceses fossem numericamente muito superiores a Wellington, nunca conseguiram concentrar tropas suficientes para alcançar uma vitória decisiva. Em finais de 1810, cerca de 300 000 soldados franceses haviam já sido sugados pela península, mas para enfrentar Wellington somente poderiam ser dispensados 70 000; os restantes estavam ocupados com ameaças de insurreições locais e com as acções das guerrilhas. Em 1813, o exército de Wellington era de 70 000 homens, e as retumbantes vitórias garantidas pelo seu inspirado comando – auxiliado pelos seus aliados portugueses, pelas operações generalizadas dos guerrilheiros espanhóis e pela significativa quantidade de informações delas decorrentes – foram cruciais para expulsar os Franceses de Espanha.

Os guerrilheiros dependiam do apoio moral e material proporcionado pelo povo, o qual, até certo ponto, também possibilitava a sua dissimulação – embora o terreno fosse suficientemente vasto e selvagem para proporcionar muitos esconderijos e espaço para evitar as patrulhas francesas. As forças da guerrilha tinham armamento ligeiro e dependiam de pólvora e munições capturadas. Em contraste com uma força convencional, eram «informes» e não possuíam nenhum sistema aparente de comando formal. Também careciam de coesão política, e despenderam muita energia e algum sangue em querelas internas. No entanto, mantiveram viva a honra de Espanha e a determinação de se libertarem de Napoleão. Acima de tudo, a constante actividade das guerrilhas delapidou os recursos e desviou as atenções dos militares franceses. Em 1812, a «úlcera espanhola» ou «chaga» custava diariamente à França uma média de cem homens, e esta degradação progressiva do poder de combate minava o moral dos exércitos. Com os franceses incapazes de concentrarem as suas forças contra o exército anglo-português, Wellington conseguiu passar à ofensiva e vencer um inimigo numericamente superior.

Militarmente, o emprego da força por parte das guerrilhas foi táctico e apoiou as operações de Wellington ao nível de teatro. À escala europeia, tal como observámos no capítulo 1, a importância do teatro espanhol – durante muito tempo considerado secundário por Napoleão – revelou-se crucial. Depois da desastrosa retirada do Grande Exército da Rússia, Napoleão nunca careceu tanto de soldados. Em 1813, a ausência dos 300 000 soldados franceses presos à Península Ibérica afectou certamente o curso da campanha alemã, e a esmagadora vitória de Wellington em Vitória, em Junho do mesmo ano, que pôs fim à ocupação francesa de Espanha, também serviu para animar a vacilante aliança entre Prussianos e Russos, que enfrentava Napoleão pela última vez. Mas esta vitória, e a primazia do teatro espanhol como um todo, não teriam sido possíveis sem os guerrilheiros. Ao reflectir sobre o seu erro de cálculo relativamente ao teatro espanhol, Napoleão disse: «Aquela infeliz guerra destruiu-me... Todos... os meus desastres estão atados com aquele nó fatal»([72]).

A guerra de guerrilha, muito à semelhança da guerra industrial, foi um modelo baseado nas guerras que a antecederam. Por exemplo, na Guerra da Independência Americana, homens que tinham aprendido a combater os índios na fronteira utilizaram as mesmas tácticas contra os Britânicos, ainda que, a seu tempo, o Exército Revolucionário tenha empregue tácticas mais convencionais. Muito antes, cerca de 350 a. C., Sun Tzu descreveu os métodos tácticos essenciais da aproximação indirecta. Não acredito que algum dos protagonistas da época tivesse lido ou ouvido sequer falar em Sun Tzu, mas o seu conselho em *A Arte da Guerra*, «evitar a força e atacar a fraqueza», deveria ser o princípio orientador do táctico da guerra de guerrilha ou de *partisans*, e muito do que ele escreveu constitui um manual operacional de guerrilha.

Existe o perigo de se confundir a guerra de guerrilha com outros tipos de «pequenas guerras». Tal como atrás referimos, a par dos desenvolvimentos da guerra total registaram-se muitas pequenas guerras de colonização e de expansão e controlo imperiais. Alguns combates destes conflitos assemelharam-se aos da guerra de guerrilha, mas devemos ter o cuidado, na nossa análise, de distinguir entre as tácticas adoptadas e o cenário geoestratégico e os objectivos político-estratégicos dos combatentes. Por outras palavras, cada situação deve ser considerada no geral e não no específico: as tácticas utilizadas podem ser as da guerrilha, e o contexto revelar-se inteiramente diferente. A chave desta análise encontra-se em Clausewitz. Depois das Guerras Napoleónicas, e tendo seguramente presente o exemplo espanhol, ele afirmou que o mais fraco poderia prevalecer sobre o mais forte. Para o fazer, o mais fraco deveria procurar destruir a vontade de combater do mais forte, e a «guerra de *partisans*», como ele lhe chama, pode aumentar a erosão dessa vontade, desde que o terreno proporcione espaço e refúgio, e as forças forem de natureza adequada. As expedições coloniais do século XIX tiveram êxito porque, na maior parte dos casos, as entidades que enfrentaram não conseguiam conceber a existência

---

([72]) Napoleão Bonaparte, *Mémorial de Sainte-Hélène, Vol. 1*, Paris, Editions Garnier frères, 1961 [1823], pp. 609-610. (Nota do Autor)

de actos que tivessem efeito sobre a vontade política do povo de um país distante, nem seria provável que dessem poder às suas gentes dizendo-lhe para lutarem sem estarem dependentes da autoridade real. Quando invadidos, os autóctones tendiam a utilizar as suas forças armadas – se existissem como tal – tentando não ceder território; confrontados com armas superiores, tais como as armas de fogo, eram derrotados. Quando as forças imperiais ou coloniais não prevaleciam, como aconteceu nas duas guerras entre a Grã-Bretanha e o Afeganistão, no século XIX, foi a determinação da potência imperial e invasora que se alterou. No Afeganistão, o terreno e a distância do país relativamente ao mar, fonte do poder e do reabastecimento britânicos, conjugados com a natureza coerente e organizada das tribos, cumpriam os critérios de Clausewitz. Em consequência, a Grã-Bretanha não conseguiu reunir forças suficientes para garantir uma densidade dominante. Os Britânicos fizeram duas tentativas para incluir o Afeganistão no Raj (1839-1842 e 1878--1890) e derrotaram exércitos afegãos «convencionais» em ambas as ocasiões, mas tratou-se de ganhos tácticos que nunca conseguiram ser traduzidos em capital político. A Grã-Bretanha acabou por retirar e lidar com os líderes do país como um príncipe medieval lidava com os líderes das suas marcas fronteiriças.

A Guerra dos Bóeres, iniciada em 1899, constitui outro exemplo da formulação de Clausewitz, e também foi uma experiência formativa para o Exército Britânico. Os exércitos de cidadãos dos bóeres baseavam-se em infantaria a cavalo e estavam equipados com armamento moderno. Organizados em pequenas unidades auto--suficientes chamadas «comandos»([73]), os bóeres deslocavam-se mais rapidamente do que as pesadas formações britânicas, e tanto a sua capacidade de aproveitamento do terreno como a sua perícia como atiradores eram superiores. Atacaram em Outubro e cercaram os britânicos em Mafeking, Kimberley e Ladysmith, coroando este sucesso inicial com a «Semana Negra», em Dezembro de 1899, quando os Britânicos sofreram uma sucessão de derrotas em Magersfontein, Stormberg e Colenso, que resultaram na perda de quase 1000 soldados e os impediram de socorrerem as cidades sitiadas. No entanto, não perderam o sangue-frio: substituíram comandantes,

---

([73]) Do afrikaans *kommando*, por derivação da palavra portuguesa «comando», na segunda metade do século XVII, em virtude dos contactos entre colonos portugueses e holandeses. (*N.T.*)

enviaram reforços e transformaram as suas forças. A transformação foi literal: as casacas vermelhas foram substituídas por caqui. Adquiriram-se cavalos, treinou-se infantaria montada e houve uma reorganização logística das unidades no terreno. Novamente nas palavras de Kipling:

> Em tempos, pertenci a um Exército
> (Em tempos, foi um pequeno Exército estranho, meu Deus!)
> Em tempos, foi um pequeno Exército vermelho, morto
> Mas agora estou na I. M.!
> («I. M. – Infantaria de Linha Montada»)

Em Junho de 1900, os exércitos «convencionais» bóeres foram derrotados e os Britânicos apoderaram-se das suas capitais, Bloemfontein e Pretória. Mas os Bóeres, tendo fracassado no teste de força, não capitularam e decidiram quebrar a vontade dos Britânicos, seguindo-se dois anos de guerra de guerrilha. Ao ocuparem as Repúblicas Bóeres depois de derrotarem os seus exércitos, os Britânicos alcançaram o seu objectivo estratégico. Não havia mais nada que pudessem fazer com a força ao nível estratégico, mas a iniciativa estratégica era de quem a conquistasse e os Bóeres decidiram fazê-lo. Tendo perdido a soberania sobre a sua terra, o *veldt*, decidiram tornar a sua ocupação intolerável para as forças britânicas, e com custos insuportáveis para a Grã-Bretanha. Com este desígnio, optaram pela táctica da guerrilha para, através do sucesso no nível táctico, vencerem o choque de vontades no nível estratégico. Os Bóeres foram encorajados a adoptar esta estratégia por vários factores: um poderoso sentido de nação, a familiaridade com a imensidão do *veldt*, as divisões políticas existentes na Grã-Bretanha relativamente à prossecução da guerra, e o apoio à sua causa recebido na Europa e nos EUA. Dado que a Grã-Bretanha era a maior potência da época, ignorou a pressão das outras potências. Todavia, havia divisões políticas internas: os partidos liberal e trabalhista, que constituíam a oposição parlamentar, opunham-se à guerra como um excesso de imperialismo, mas esta postura não se reflectia no apoio da população às forças armadas como um todo. O sentimento popular geral era que os Bóeres tinham atacado primeiro, pelo que, em resposta, o Império entrara em acção e enviara contingentes – os Britânicos deveriam, pois, tomar a iniciativa e não serem derrotados. Todavia, dado que as forças britânicas se compunham de voluntários, a população não era afectada por perdas potenciais ou reais, o que não aconteceria com forças de conscritos. Por fim, e talvez mais significativamente, não existia, na época, nenhum meio para apresentar o ponto de vista bóer (ou qualquer outro ponto de vista estrangeiro) à opinião pública em geral; não existia nenhuma cadeia televisiva internacional para proporcionar uma visão alternativa dos acontecimentos à opinião pública doméstica. Mas havia críticas internas e, com o passar do tempo e as baixas a aumentarem – a Grã-Bretanha perdeu um total de 22 000 homens em combate e por doença –, a opinião pública azedou. Porém, os comentários centravam-se no modo como a guerra estava a ser conduzida e não se valia a pena travá-la. De facto, com o evoluir do conflito, o patriotismo foi tendendo para o chauvinismo arrogante e as características mais nacionalistas do comum dos Britânicos começaram a aparecer. Regressando a Clausewitz, a determinação de vencer da Grã-Bretanha não foi significativamente afectada.

A campanha conduzida contra os comandos bóeres acabou por ser bem sucedida. Tacticamente, com a sua infantaria montada, as forças britânicas conseguiram jogar o jogo dos comandos e a vantagem do número contrabalançou qualquer falta de perícia natural e experiência. A campanha envolveu a concentração da população rural, extremamente dispersa: com uma brutalidade indiferente, as famílias foram retiradas das suas quintas em chamas e encerradas em «campos de concentração», mal administrados e infestados de tifo, cujas miseráveis condições eram uma das maiores fontes de críticas em Londres. O propósito de remover as pessoas das suas quintas no *veldt* era para as impedir de esconderem, abrigarem e alimentarem os comandos. Limpo o *veldt*, todo e qualquer movimento poderia ser considerado movimento inimigo até prova em contrário, e os comandos, sem acesso a informações nem alimentos, seriam forçados a abandonar os seus esconderijos para obter estes activos vitais, correndo necessariamente risco de morte ou captura. A medida que os Britânicos tomaram a seguir foi garantir o controlo das comunicações para obter as informações que os conduzissem aos comandos. Isto foi conseguido com um sistema de barreiras de arame farpado e casamatas, inicialmente baseado nas linhas férreas e ligado por telefone, que cruzava todo o *veldt*. Finalmente, as áreas entre as barreiras eram densamente patrulhadas. À medida que os comandos, em busca de alimento ou para evitarem a captura, iam dando com as patrulhas ou destruindo as barreiras, foi emergindo lentamente uma imagem do seu paradeiro aproximado. Esta imagem melhorou a precisão com a qual as patrulhas eram instruídas, o que, por sua vez, aumentou a taxa de sucesso britânica.

Não foi tão fácil como dei a entender: o bóer era um homem duro, combatendo no seu próprio terreno, com o sólido moral e auto-suficiência do fronteiro. Grande parte das suas munições e alimentos era capturada aos Britânicos. Não era raro, depois de uma escaramuça ou recontro, libertar prisioneiros nus, pois necessitava mais das roupas do que dos prisioneiros, e reabastecia-se frequentemente seguindo patrulhas britânicas pouco disciplinadas e esbanjadoras. Ao fim de dois anos, com a chegada da paz, concretizada no Tratado de Vereeniging, em Maio de 1902, ainda que em número bastante reduzido, esfomeados e pressionados, ainda havia comandos para se renderem. A paz foi assinada principalmente porque os Britânicos haviam minado a vontade de continuar dos Bóeres. Política e estrategicamente, os Britânicos estavam determinados a vencer a guerra e a incorporar no Império as Repúblicas Bóeres que tinham conquistado, e os Bóeres sabiam que já não conseguiriam inverter a situação. Além do mais, com as suas acções, os Britânicos tinham negado os critérios de Clausewitz – removendo o povo e negando sistematicamente aos Bóeres as vantagens do terreno. Tacticamente, os Bóeres estavam a perder devido a um processo de atrito. O factor final e mais significativo foi o facto de os Britânicos terem acompanhado a sua campanha de uma opção política que oferecia ao adversário uma perspectiva de futuro credível e melhor do que o presente: prometeram-lhe a autodeterminação, e alocaram três milhões de libras para a reconstrução da economia rural.

Os últimos dois anos da Guerra dos Bóeres foram um exemplo da antítese da guerra industrial entre Estados: pequenas operações, com um mínimo de efectivos, centradas mais na flagelação do que numa vitória militar decisiva como meio de alcançar um objectivo político. Ao contrário dos guerrilheiros espanhóis, os Bóeres não faziam parte de um todo mais vasto: não tinham nenhum apoiante externo nem outro santuário que não o *veldt*. Nos dois anos da fase de guerrilha do confronto, a força nunca foi aplicada para mais do que objectivos tácticos. Na verdade, não poderia ter sido de outro modo: os comandos apenas constituíam alvos tácticos, nunca se congregaram, e por não o terem feito também só puderam atacar alvos tácticos. Os britânicos compreenderam esta realidade e não tentaram levar a cabo «operações decisivas» ao nível de teatro. Foi uma guerra de confrontos tácticos, ganha politicamente no nível de teatro – à mesa das negociações.

A Primeira Guerra Mundial foi o seguinte passo importante na evolução da antítese do paradigma da guerra industrial entre Estados – muito especificamente, a campanha de libertação, como seria hoje chamada, travada pelos Árabes da Península Arábica, liderados pelos seus xeques, para se libertarem do domínio otomano. À partida, este objectivo não parecia simples: o fracasso da ofensiva dos Aliados em Galípoli, a capitulação das forças britânicas em Kut, na Mesopotâmia, em Abril de 1916, e a ofensiva turca sobre o Canal do Suez, no mesmo ano, revelaram que os exércitos otomanos ainda eram uma força a ter em conta. Assim sendo, os Britânicos constituíram uma força no deserto do Sinai e, sob o comando do general Allenby, lançaram uma campanha para derrotar os exércitos otomanos na Palestina – com as forças nacionalistas árabes desencadeando uma operação de apoio. Na perspectiva britânica, valia a pena apoiar a causa árabe porque potenciava um grande aumento da pressão que poderia ser exercida sobre os Turcos. Neste sentido, a situação era muito idêntica à da Guerra Peninsular contra os Franceses, quando as guerrilhas espanholas prestaram um grande auxílio às forças convencionais de Wellington no seu caminho para a vitória.

O tenente-coronel T. E. Lawrence foi escolhido para funções de aconselhamento e ligação junto dos movimentos nacionalistas árabes. Colocado no Cairo, onde trabalhava para os serviços secretos militares britânicos, Lawrence possuía um conhecimento íntimo do povo árabe, particularmente da sua cultura e política, o que o tornava o homem ideal para a missão. Em Outubro de 1916, foi enviado para o deserto para reportar sobre os movimentos nacionalistas, e compreendeu rapidamente que os objectivos político-estratégicos eram «inequivocamente geográficos: ocupar todas as terras de língua árabe da Ásia». No livro *Os Sete Pilares da Sabedoria*, publicado depois da guerra, Lawrence reflectiu sobre o modo como este objectivo fora alcançado, auxiliando simultaneamente o esforço britânico – e ao fazê-lo, definiu claramente os três níveis de guerra abaixo do político, e como cada um deles estabelece o contexto para o que está imediatamente abaixo, garantindo a coerência:

> O exército turco foi um acidente, não um alvo. O nosso verdadeiro objectivo estratégico era procurar o seu elo mais fraco, e atacá-lo exclusivamente até que, com o tempo, toda a massa se desmoronasse. O exército árabe deve impor aos Turcos uma defesa passiva, o mais prolongada possível (sendo esta a forma de guerra mais dispendiosa materialmente), alargando ao máximo a sua própria frente([74]). Tacticamente, deve desenvolver um tipo de força extremamente móvel e equipada, muito pequena, e utilizá-la com êxito contra pontos dispersos das linhas turcas.

Deste modo, ele procurava transformar os árabes «numa influência, uma coisa invulnerável, intangível, sem parte da frente nem de trás, flutuando como um gás». Com estas palavras, Lawrence mostra que o objectivo do combate árabe era o desgaste – vencer cada recontro local – e não uma luta de vontades. Nesta perspectiva, o propósito dos combates era apenas lutar no nível táctico e pressionar os Turcos no nível operacional, levando-os ao ponto de colapso moral, não material. Os Árabes necessitavam indubitavelmente de ser eles próprios determinados para conseguirem triunfar neste processo, mas a promessa da independência foi um incentivo suficiente.

Baseado nesta estratégia, Lawrence conseguiu persuadir os líderes árabes a coordenarem os seus esforços insurreccionais e, pouco depois, começou a combater com as suas tropas irregulares, sob o comando supremo do emir Faiçal. Conduzindo operações principalmente na Península Arábica, com meios limitados, ele centrou-se na implementação da sua estratégia de prejudicar o esforço de guerra otomano. Inicialmente, por exemplo, Lawrence convenceu os Árabes a não expulsarem os Otomanos de Medina, obrigando assim os Turcos a terem de disponibilizar homens para a guarnição da cidade. Carecendo de efectivos e material para travar uma batalha contra um exército regular, Lawrence encorajou as tácticas de pequenas unidades, preferindo lançar incursões com 100-200 guerreiros

---

([74]) O objectivo de teatro ou operacional. (Nota do Autor)

contra forças turcas substanciais. Depois, dirigiu as suas atenções para o caminho-de-ferro do Hejaz([75]), que constituía a única grande linha de comunicão e aprovisionamento das forças otomanas, dada a incontestada superioridade naval britânica no Mar Vermelho. Com o exército turco muito disperso pela desolada vastidão da Península Arábica, os Árabes não tiveram grandes dificuldades para atacar e sabotar a linha férrea, que transportava homens, provisões e munições através da península.

Durante dois anos, Lawrence e os seus irregulares árabes concentraram-se na destruição constante de secções da linha férrea. Pequenas unidades colocavam cargas explosivas nos carris em vários locais diferentes. Utilizavam engenhos explosivos sofisticados que causavam os maiores danos possíveis, de modo a obrigar os Turcos a efectuarem reparações muito morosas. Um dos engenhos explosivos de Lawrence era a «bomba tulipa», que torcia os carris de tal maneira que não era possível endireitá-los. Outra forma de desactivar a linha férrea era «passear» nela: grupos de vinte homens caminhavam ao longo da via, arrancando os carris e deitando-os fora. De igual modo, as pontes eram dinamitadas para que se fragmentassem, e não desmoronar, dado que assim a sua reparação consumiria mais horas de trabalho. Tamanha era a admiração dos Árabes por Lawrence que o alcunharam de «Emir Dinamite».

Estas operações de sabotagem fixavam cada vez mais tropas otomanas, que eram obrigadas a proteger a linha férrea e a reparar os danos constantes. Em simultâneo, as forças turcas tentaram defender a linha férrea do Hejaz com postos e patrulhas, mas os homens de Lawrence formaram grandes colunas móveis, capazes de executar ataques rápidos. De facto, o conflito não tardou a converter-se numa guerra de atrito, mas Lawrence utilizou sempre forças muito mais pequenas para atacar e sabotar a linha férrea e outras infra-estruturas do que as utilizadas pelos Turcos para efectuarem reparações. Em 1917, Lawrence coordenou uma acção conjunta entre os irregulares árabes e forças que se haviam rebelado contra os seus senhores otomanos, sob o comando de Auda Abu Tayi. Num audaz ataque por terra, apoderaram-se do porto de Aqaba, que era estrategicamente importante; e na última fase da guerra, Lawrence esteve envolvido na conquista de Damasco.

([75]) Região que bordeja o Mar Vermelho, estendendo-se entre Haql, no Golfo de Aqaba, até Jizan. As suas principais cidades são Jeddah, Meca e Medina. (*N.T.*)

As forças árabes contribuíram significativamente para a vitória britânica no Médio Oriente. Terão morto 35 000 Turcos e capturado ou ferido outros tantos. Todos os elementos da sua luta reflectiram o seu papel na antítese da guerra industrial entre Estados, à semelhança dos guerrilheiros espanhóis e dos bóeres. No fim da guerra, tinham alcançado o seu objectivo estratégico, controlando aproximadamente 150 000 km^2 de território que estivera sob domínio otomano. Em consequência, o seu objectivo político parecia ao alcance – mas os Britânicos e os Franceses, seus aliados na guerra, falharam-lhes. Ao partilharem o Império Otomano, não honraram as expectativas dos árabes, não obstante a pressão exercida por Lawrence nas conversações de paz de Versalhes, em 1919, onde ele insistiu que dera garantias de independência aos xeques durante a guerra. Os Árabes viram ser-lhes negada a sua independência regional, as províncias do antigo Império Otomano tornaram-se mandatos franceses e britânicos, e a Casa de Saud ficou apenas com o santuário do Deserto da Arábia. Decorridos poucos anos, este arranjo revelou-se literalmente afortunado para os sauditas, pois sob as suas areias foi descoberta a maior reserva de petróleo do mundo.

*

A guerra industrial entre Estados evoluiu através de uma combinação de teoria – com a perene influência de Clausewitz – e prática. Em contraste, a sua antítese evoluiu muito mais através da ideologia e do nacionalismo: dada a própria natureza da luta como uma guerra do povo contra um inimigo superior, tinha que existir, por parte dos participantes, algum tipo de empenhamento ideológico. Todavia, foi no período entre as guerras mundiais que a ideologia avançou verdadeiramente para primeiro plano. No início da década de 20, pela mesma altura em que Lawrence escrevia o seu relato da guerra na Arábia e na Palestina, uma tendência que já existia há algumas décadas ligou-se às ideias tácticas da guerra de guerrilha. Foi a ideia, por parte dos anarquistas, de assassinarem líderes para colocarem a sua existência e as suas ideias na ribalta da opinião pública. Ainda que muitas vezes deficiente na sua execução e total distorção conceptual – em geral, as pessoas não pretendem a anarquia, pretendem um governo, estando dispostas, isso sim, a debater a sua liderança, propósito e parâmetros –, a ideia foi abraçada por, entre outros, Trotsky e os seus camaradas revolucionários russos. A propaganda do acto nasceu e tornou-se uma linha de operações da campanha revolucionária. Os seus objectivos eram obrigar o governo, o povo e as entidades estrangeiras a prestarem atenção à «causa», dar-lhe dimensão, actuar ou protestar contra o que era impopular, conquistar aderentes e conseguir, pelo menos, o apoio tácito da população para a «causa». Por exemplo, no Reino Unido, um destes actos foi o assassínio de Lord Mountbatten pelo IRA, em 1979, durante as suas férias anuais na República da Irlanda – um acto que apenas serviu para dar publicidade ao IRA.

A par da propaganda do acto, foi desenvolvida uma segunda linha de operações: a estratégia da provocação. Neste caso, a ideia era utilizar o poder e o peso das forças contra-revolucionárias em proveito próprio, tal como o judoca procura aproveitar a energia do ataque do adversário para o derrubar. Os ataques ou «incidentes» são levados a cabo de modo a promoverem ou até exigirem uma resposta por parte das autoridades, sendo aqui os objectivos retratar o governo como um opressor brutal perante o povo e as entidades estrangeiras, instilar no povo a noção de que as forças de segurança são o inimigo, conquistar simpatia para a «causa» e recrutar aderentes. Um excelente exemplo desta provocação são as marchas na Irlanda do Norte que conduziram aos acontecimentos do Domingo Sangrento, em Londonderry, em Janeiro de 1972, nos quais treze manifestantes foram abatidos por soldados britânicos. A estratégia da provocação tem um valor operacional adicional, como forma de reconhecimento: por exemplo, se as forças de segurança não reagem a uma provocação num posto de controlo, o nível da sua tolerância é estabelecido, pelo menos localmente, e outras actividades podem ser levadas a cabo dentro dos limites desse nível. Esta informação possibilita a execução da terceira linha de operações: minar a capacidade de governação do governo – em termos dos meios e da vontade de governar. Um bom exemplo é o assassínio e a intimidação dos seus agentes – no caso da Irlanda do Norte, o assassínio de juízes. Estas são as três grandes categorias de operações, mas é importante sublinhar que embora possam ser claramente definidas, muitos actos servem mais do que uma destas linhas operacionais – e possibilitam a sua exploração consoante o rumo dos acontecimentos. Tal como os exércitos convencionais e estruturados que enfrentam, as guerrilhas também têm que se adaptar e possuir mobilidade organizacional – se quiserem empregar a sua força com utilidade.

Nesta formulação da antítese, a guerra revolucionária, a força é empregue para moldar as intenções do povo relativamente à governação: através de todas as linhas de operações, o revolucionário trabalha para aumentar a aceitação do povo a ser governado pela revolução. Os objectivos de nível estratégico e de teatro têm todos a ver com moldar ou alterar a vontade do povo, não a do adversário, e é apenas no nível táctico, e só quando os revolucionários assim o entendem, que a força é aplicada directamente para concretizar o seu potencial destrutivo. Estas ideias ganharam peso e foram postas em prática na Rússia e na China. Foi Lenine quem se inspirou no pensamento de Clausewitz acerca de adversários fracos contra adversários fortes, com a sua discussão de uma «guerra popular» que deveria beneficiar do apoio do povo, e o seu argumento de que essa guerra não poderia ser decidida por um único evento. Não há dúvida de que, ao engendrar a Revolução Russa, Lenine aplicou este pensamento com grande sucesso. De facto, as ideias que Lenine derivou da sua própria experiência viriam a ter um grande impacto nas modernas estratégias de guerrilha.

As revolucionárias teorias da guerra de Mao Tsé-tung, desenvolvidas enquanto o Exército de Libertação do Povo da China combatia os Japoneses e as forças de Chiang Kai-shek, também se centraram na utilização de tácticas da guerra de guerrilha. Ele considerava que o conceito de guerra revolucionária passava por três fases – e a guerra poderia travar-se em diferentes fases em diferentes partes do teatro, com a possibilidade (que se concretizou) de os revolucionários terem que regressar a uma fase anterior em virtude de um revés. Em termos simples, as três fases são, primeiro, formar células no seio da comunidade, idealmente no interior das áreas rurais e numa fronteira com um vizinho amigável, de forma a conseguir um domínio local corrompendo e substituindo o governo através da utilização maciça da propaganda e da doutrinação. Na segunda fase, esta área local é transformada num santuário através da expansão da estrutura celular e da ligação com outras áreas libertadas, para criar uma região na qual se preparam forças e se armazenam alimentos e armas; estas actividades são acompanhadas de uma escalada nos ataques às instituições e forças militares governamentais. Na terceira e última fase, as forças constituídas consolidam o santuário e operam contra as forças governamentais noutras áreas onde a estrutura celular as pode apoiar. Esta fase prossegue até as forças governamentais serem derrotadas no terreno e o governo revolucionário controlar progressivamente as áreas rurais, até se apoderar das próprias cidades.

Nos casos russo e chinês, os revolucionários terminaram as suas campanhas com exércitos convencionais no terreno, necessários para, na fase final, derrotarem os exércitos governamentais num teste de força. Todavia, o choque de vontades prévio enveredou por diferentes caminhos, consoante as circunstâncias do povo e do teatro. Na Rússia, a revolução centrou-se no proletariado urbano, cuja mão-de-obra alimentava a industrialização da economia e do esforço de guerra russos. A revolução passou de cidade a cidade, através do campo, seguindo a rede ferroviária. A criação do Exército Vermelho por Trotsky assinalou o advento de uma enorme máquina de guerra que rapidamente se assemelhou aos exércitos tradicionais dos seus inimigos, com uma estrutura centralizada de estado-maior e planeamento, a sua adesão rígida às ordens e a complementação da sua cadeia de comando com uma estrutura política. Na China, pelo contrário, a revolução centrou-se na população rural. O país, que era pouco industrializado, encontrava-se a braços com uma guerra civil e estava parcialmente ocupado pelos Japoneses. A grande massa do povo habitava no campo, onde controlava o abastecimento alimentar e era fonte de mão-de-obra. No entanto, excluindo as fases finais, a revolução foi conduzida entre o povo e pelo apoio do povo. Nas palavras de Mao: «A guerrilha move-se entre o povo como o peixe nada no mar». A Longa Marcha comprovou-o: foi uma imensa retirada militar do exército comunista chinês, entre Outubro de 1934 e Outubro de 1935, para fugir à perseguição do exército nacionalista do Kuomintang. Os comunistas cobriram cerca de 1000 km até chegar a um refúgio: a isolada província noroeste de Shaanxi. Neste processo, Mao Tsé-tung estabeleceu a sua liderança do Partido Comunista, enquanto o exército confiscava bens e armas aos mais abastados e aos nacionalistas, e recrutava camponeses e pobres. De aproximadamente 100 000 soldados que iniciaram a marcha, chegou ao destino menos de um quarto. Apesar disto, nos anos que se seguiram à Longa Marcha, o exército de Mao começou a consolidar a sua estrutura em Yan'an, o seu novo refúgio.

Depois de derrotar definitivamente as forças de ocupação japonesas e as forças nacionalistas do Kuomintang, o exército da República Popular da China tornou-se mais como um exército tradicional, orientado para a guerra industrial entre Estados. Ironicamente, nas décadas que se seguiram, nas províncias muçulmanas ocidentais da China e no Tibete, o exército chinês tornou-se presa de acções de guerrilha locais. Tendo já criado exércitos convencionais, os revolucionários, depois de conquistarem o poder, assumiram todas as características e poderes – ou mais – dos governos que substituíram. Este é o verdadeiro paradoxo da antítese da guerra industrial conduzida com êxito por revolucionários: evolui para um ponto no qual se funde com o paradigma convencional.

A Segunda Guerra Mundial assistiu a uma evolução contínua desta antítese com as operações da Resistência e dos *partisans* nos territórios ocupados por Alemães e Japoneses. Na perspectiva dos Aliados, tratava-se de «operações profundas», similares às levadas a cabo pelas guerrilhas espanholas na campanha peninsular e pelos irregulares árabes na Primeira Guerra Mundial. Para os participantes, existia sempre o objectivo político – pelo menos nas primeiras fases –, de manter viva a chama da liberdade. Notavelmente, os movimentos baseados na estrutura do partido comunista local saíram-se melhor do que os outros. Este facto não é surpreendente, e por várias razões: possuíam uma visão de um mundo melhor e não apenas de um regresso ao *status quo* anterior à guerra, dispunham de uma estrutura celular e eram experientes em medidas de segurança para evitar a infiltração dos serviços de inteligência. Também possuíam ligações internacionais, principalmente a Moscovo, e com a aproximação dos Aliados e a vitória à vista, estas valiosíssimas guerrilhas aumentaram cada vez mais os seus esforços para garantirem que a sua posição política estaria segura no futuro. Neste sentido, a decisão de Churchill de apoiar, na Jugoslávia, os *partisans* comunistas de Josip Broz Tito e não os monárquicos, pela razão de que os primeiros matavam mais Alemães, foi uma decisão inegavelmente correcta na perspectiva estratégica militar. Todavia, acarretou consequências políticas, uma das quais se tornou aparente perto do fim da guerra, quando a visão de Tito de uma Grande Jugoslávia, incluindo a Eslovénia e o porto de Trieste, chocou contra os interesses britânicos, nomeadamente a manutenção deste porto do Norte do Adriático em mãos ocidentais.

Os *partisans* jugoslavos, liderados por Tito a partir de Junho de 1941, apelaram abertamente à resistência armada contra a ocupação imposta pelo III *Reich*. Pouco depois, Tito tornou-se o comandante supremo do Exército de Libertação do Povo da Jugoslávia (NOVJ). Os seus *partisans* desencadearam uma campanha de guerrilha por todo o território nacional. Forças militares e regulares, ligeiramente equipadas, opuseram-se ao controlo alemão e começaram a libertar áreas nas quais organizaram comités populares para agirem como um governo civil. Os Alemães retaliaram punindo a população civil e executando reféns, mas isto não foi suficiente para quebrar a vontade de resistir dos *partisans*. As actividades do NOVJ recebiam frequentemente o apoio directo das forças dos seus aliados – uma inversão de modelos anteriores, nos quais as guerrilhas apoiavam as forças convencionais aliadas. Em Junho de 1944, os Aliados formaram a Força Aérea dos Balcãs para comandar operações principalmente destinadas a auxiliar as forças do NOVJ. Em finais de 1944, o NOVJ conseguiu expulsar o Eixo da Sérvia, e em 1945, com a ajuda do Exército Vermelho, do resto da Jugoslávia.

Um exemplo menos conhecido mas excelente da formulação da antítese ao estilo *partisan* foi o Exército Insurgente Ucraniano (Ukrainska Povstanska Armiya ou UPA), fundado em 1942. O seu objectivo era o estabelecimento de um Estado ucraniano soberano e independente. Embora o exército alemão mantivesse o controlo das principais cidades, vastas extensões das regiões montanhosas do Oeste e do Norte da Ucrânia eram controladas pelo UPA. Uma das suas características singulares foi que, não obstante o seu gigantesco sucesso local – em Junho de 1944, atingiu o número extraordinário de meio milhão de membros –, nunca recebeu qualquer ajuda externa. Na verdade, é um bom exemplo da situação em que o objectivo político de um grupo de guerrilha é diferente do do aliado que está a apoiar, pelo menos nominalmente. Na verdade, juntamente com outros grupos de guerrilha, o UPA combateu contra os exércitos da Alemanha nazi e da URSS, sua suposta aliada. Além do mais, nos primeiros dias da guerra, os Russos descobriram que os seus conscritos tendiam a simpatizar com os guerrilheiros ucranianos. De facto, o UPA apelou a todos quantos quisessem combater Estaline e Hitler, e entre as suas fileiras podiam encontrar-se várias nacionalidades, incluindo Tártaros, Uzbeques, Arménios e outros. Dado que a sua propaganda também era dirigida aos soldados do Exército Vermelho, Moscovo teve que recorrer a tropas especiais, como as forças do NKVD (serviços secretos) ou *partisans* pró-russos, para combater o UPA.

A operação dos guerrilheiros ou *partisans* ucranianos oferece um bom exemplo da diferença entre os objectivos estratégicos políticos e os objectivos estratégicos militares. O UPA tinha como objectivo libertar a Ucrânia dos Soviéticos, mas enquanto os Alemães ocuparam a sua terra, combateu ao lado dos Soviéticos para os derrotar. Repelidos os Alemães, os objectivos estratégicos político e militar fundiram-se num único propósito: o seu comandante supremo, o general Roman Shukhevich manteve a guerra de guerrilha contra a URSS. Foi morto em combate, em 1950, cinco anos após o fim da Segunda Guerra Mundial. Apesar de inegavelmente bravos e bem sucedidos – ele e os seus homens mantiveram a insurreição activa durante quase uma década –, os guerrilheiros não aprenderam uma das lições mais importantes dos vitoriosos revolucionários da Revolução Russa: apesar de controlarem vastas áreas rurais, o poder pertencia sempre às pessoas das cidades. Eram os Soviéticos que detinham as cidades e controlavam o proletariado urbano, que constituía a maioria do povo, e os meios de produção e distribuição, nomeadamente a indústria e os caminhos-de-ferro. Na vastidão da Rússia e da Ucrânia, pequenos grupos de *partisans* nas florestas e pântanos não poderiam alcançar uma massa crítica suficiente para ter impacto no povo.

Um exemplo mais conhecido da formulação da antítese ao estilo *partisan* na Segunda Guerra Mundial foi a Resistência, um movimento que lutou contra as forças nazis de ocupação em França e seus colaboradores. Os grupos da Resistência eram de várias cores políticas: alguns eram gaullistas, outros socialistas (incluindo republicanos espanhóis) e uma grande proporção pertencia ao Partido Comunista, particularmente após a invasão da Rússia por Hitler. A Resistência cooperou com os serviços secretos aliados e foi particularmente útil a fornecer informações sobre a Muralha do Atlântico e a coordenar sabotagens e outras acções, que contribuíram para o êxito da Operação Overlord([76]). O Special Operations

---

([76]) O desembarque na Normandia, em 1944. (*N.T.*)

Executive (SOE), baseado em Londres, começou a ajudar e a aprovisionar a Resistência em Novembro de 1940, lançando de pára-quedas armas, rádios, operadores de rádio e conselheiros. As suas operações foram continuadas pelo Secret Intelligence Service e pelo Special Air Service (SAS).

Mais no estilo clássico dos guerrilheiros do século XIX, o *Maquis* era constituído pelos bandos da guerrilha predominantemente rural da Resistência. A palavra francesa *maquis* designa um tipo de terreno montanhoso do Sul de França, caracterizado pela abundância de arbustos. Os grupos de resistentes armados escolhiam este terreno para se esconderem. Os membros destes bandos chamavam-se *maquisards*, e recorriam a tácticas de guerrilha para flagelarem as forças alemãs e a Milícia, a força de segurança interna do regime de Vichy. A maioria dos grupos do *Maquis* dependia do apoio da população local para se abastecer. O tamanho de cada grupo poderia variar entre uma célula com doze membros e, no fim da guerra, bandos contendo centenas ou até milhares de homens. A resistência auxiliou as forças invasoras aliadas no Sul de França durante as operações Dragoon e Anvil, e desempenhou um papel crucial na preparação e apoio da invasão da Normandia, recolhendo informações preciosas sobre as defesas e guarnições alemãs.

Com o evoluir da guerra na Frente Leste, alguns grupos do *Maquis* sublevaram-se contra os Alemães e libertaram partes da França, mas com perdas enormes em vidas, pois as Waffen-SS responderam com extrema violência. Insurreições locais, combinadas com acções de sabotagem, podiam cortar unidades alemãs das suas fontes de abastecimento e deixá-las isoladas, cercadas por forças inimigas. Na região montanhosa do Auvergne, em Junho de 1944, 7000 *maquisards* travaram uma batalha contra 22 000 soldados das SS. Por outras palavras, uma pequena força de guerrilheiros podia fixar tropas SS, de elite, três vezes superiores em número. Em 1944, as operações do SAS, em colaboração com a Resistência, terão morto ou ferido 7500 inimigos e feito quase 5000 prisioneiros, destruindo 700 veículos e 29 locomotivas, entre outro material rolante, tendo ainda dirigido bombardeiros para cerca de 400 alvos.

Em Londres, o líder exilado da França Livre, o general Charles de Gaulle, criou uma estrutura de comando para estas operações dos *partisans* franceses e atribuiu o comando das Forças Francesas do Interior (FFI) ao general Marie Pierre Koenig. Quando as forças aliadas se aproximaram de Paris, em Agosto de 1944, as células da Resistência tomaram o controlo da cidade. Combateram com armas pessoais, granadas e espingardas de atirador especial, prendendo e executando colaboracionistas. A maioria das forças policiais parisienses juntou-se-lhes e não tardou que os Alemães começassem a abandonar a cidade. Isto permitiu ao general Leclerc entrar em Paris como vencedor, à frente da sua divisão da França Livre. Muitos membros da Resistência aderiram às FFI durante o seu avanço pela França, e alguns foram incorporados no Exército Francês quando o general de Gaulle decidiu dissolver as Forças da França Livre e as organizações da Resistência, em 28 de Agosto de 1944. Isto revela o brilhantismo de Gaulle. Ele providenciou um mecanismo credível para formalizar o informal, para o neutralizar enquanto força política e depois dissolvê-lo. Ao contrário da Rússia, da China e até da Jugoslávia, não foi permitida a conversão da guerrilha numa força política em tempo de paz. Em França, após a Libertação, a força que dispunha de uma utilidade comprovada foi reconhecida pelo que era, uma ameaça, e por isso neutralizada[77].

No fim da Segunda Guerra Mundial, tinham sido estabelecidas as características definidoras da antítese da guerra industrial, como uma combinação de guerra de guerrilha e revolucionária. Ambos os tipos de forças armadas partilhavam uma via evolutiva, sendo informes nas fases iniciais para conseguirem sobreviver. Ainda hoje, consistem tipicamente de células pequenas e de base local que apenas operam na sua zona. Não existe cadeia de comando, antes uma autoridade geral orientadora, que nas primeiras fases pode ser ideológica e política, não dando ordens no sentido habitual da palavra mas fornecendo as ideias em função das quais os actos são orientados. Esta autoridade e os seus acólitos funcionam reforçando e capitalizando as iniciativas locais, onde e quando estas têm êxito. As forças são conduzidas até ao objectivo final através de um processo de selecção natural de tipo darwiniano. Com o tempo, o movimento é obrigado a adquirir alguma coerência para dar enfoque aos seus esforços e dirigir os seus recursos, e a comunicação entre as células torna-se mais frequente. Neste ponto, é particularmente

---

[77] Através da dissolução das suas unidades ou, na sua maioria, integrando-as no Exército Francês. (*N.T.*)

vulnerável à infiltração pelas forças de segurança. Um bom indicador de que um grupo se encontra nesta fase é quando o movimento se divide em braço armado e braço político. Finalmente, tal como no modelo maoísta, o braço armado assume a aparência de uma força mais formal. Contudo, embora reflicta poder, este desenvolvimento também encerra vulnerabilidades: a força de guerrilha vai jogar o jogo das forças de segurança. As armas e a capacidade profissional dos oficiais dos exércitos industriais para gerirem e manobrarem massas são invariavelmente superiores às dos guerrilheiros, que são obrigados a trocar vidas por experiência. Mas a vitória dos guerrilheiros ou revolucionários sobre as forças estabelecidas – se e quando alcançada – possibilitará a transição final para um exército industrial, de tipo mais convencional.

Não é apenas o método que faz deste modelo de guerra um contraste ou antítese: a guerra industrial tem como propósito primordial alcançar o resultado político pretendido através da destruição da capacidade de resistência do adversário. É essencialmente um teste de força, que conduz à perda da vontade de resistir. No entanto, a sua antítese permite aos militarmente fracos enfrentarem os fortes com vantagem. Baseia-se no emprego da força militar *unicamente* em acções tácticas, com o objectivo, ao nível estratégico, de vencer o choque de vontades: enfraquecer a capacidade de governar e moldar as intenções do povo. O proponente deste modelo de guerra procura os testes de força tácticos nos seus próprios termos e, sempre que possível, recusará o combate em quaisquer outras condições. Usando a relação triangular de Clausewitz – povo-Estado-exército –, amplamente interpretada, como um instrumento analítico, podemos contrastar os dois modelos. Na guerra industrial, o objectivo é destruir o exército do inimigo para impedir o seu governo de fazer a guerra e proteger o povo, quebrando assim a ligação triangular. Na antítese, o objectivo é minar constantemente e dispendiosamente o exército mais forte, quebrando assim a vontade do governo e do povo prosseguirem a guerra. Começando com a Guerra Peninsular, as guerrilhas representavam simultaneamente o exército e o espírito do Estado espanhol como força independente de resistência ao ocupante – e por este motivo, o povo era um elemento de apoio necessário. Os Franceses, devido à ameaça dos exércitos de Wellington e à sua falta de forças para perseguirem os guerrilheiros, não conseguiram quebrar ou desequilibrar esta ligação. A mesma análise aplica-se aos Bóeres, mas neste caso os Britânicos conseguiram quebrar a ligação. As forças bóeres foram acossadas e reduzidas ao ponto de estarem constantemente em fuga e de serem incapazes de influenciar os acontecimentos, pois os habitantes do *veldt* foram removidos do contacto com os comandos e a Grã-Bretanha ofereceu uma governação para um futuro de paz. Deste modo, os Bóeres perderam duplamente: a sua relação triangular foi quebrada, e eles não conseguiram desequilibrar a relação triangular britânica depois de estarem integrados nela.

Mas a trindade não pode ser aplicada da mesma forma aos dois tipos da antítese. Na guerra de guerrilha, ambos os lados possuem claramente os seus triângulos distintos. A guerra revolucionária, apesar de ainda baseada em relações triangulares opostas, apresenta a característica de um lado comum aos dois triângulos: o povo. O governo, as forças de segurança e o povo formam os lados de um triângulo; os revolucionários, a sua ideologia e a sua administração putativa, e o povo formam os lados do outro triângulo. Ambos os antagonistas consideram o povo fundamental para a sua posição e combate – e os revolucionários não se pouparão a esforços para quebrar o triângulo governamental, para que seja o seu a dominar o povo. Em paralelo, o governo também não se poupará a esforços para afastar os combatentes revolucionários do povo – e um dos primeiros sinais de êxito contra guerrilheiros e revolucionários é quando o Estado contra o qual combatem monta uma operação de contra-insurreição. Vimos, na Guerra dos Bóeres, como os Britânicos responderam à guerra de guerrilha, e este exemplo contém as regras principais que são relevantes para todas as operações «contra» de sucesso, incluindo contra a guerra revolucionária. Estas são, na essência, que a área na qual operam os guerrilheiros ou revolucionários, o santuário, lhes deve ser progressivamente negada – as forças da autoridade devem penetrar nela e controlá-la, e dominar as comunicações dentro e para a área. Deste modo, os guerrilheiros ou revolucionários ficarão isolados da área geográfica e dos respectivos habitantes, particularmente daqueles que lhes poderiam dar abrigo. Se o santuário for entre o povo, como acontece quando a guerra decorre numa grande área urbana, continua a aplicar-se o mesmo princípio, mas a aproximação será necessariamente mais difícil. Ainda assim, o objectivo continua a ser separar o povo dos activistas – não apenas fisicamente, mas ao ponto em que se recuse a apoiá-los e informe as autoridades sobre eles. As forças devem ser equiparadas às dos guerrilheiros ou revolucionários nas circunstâncias tácticas prevalecentes; não devem ser excessivamente superiores, como se procuraria numa guerra industrial, para não irem ao encontro da estratégia dos guerrilheiros, a provocação e a propaganda do acto: uma força manifestamente esmagadora seria vista a atacar uma força muito menor e mais fraca. A vantagem táctica adquire-se através de operações de recolha de informações bem conduzidas. Por fim, o governo deve oferecer ao povo perspectivas de futuro credíveis: só um programa viável e substantivo, a exemplo do oferecido à população bóer, afastará a maioria do povo da alternativa guerrilheira ou revolucionária, baseada na ideologia.

Esta questão será explicada em maior pormenor na Parte III, até porque o problema da guerrilha entre o povo e o modo como deve ser combatida não se alteraram em substância com o passar dos anos. Porém, neste ponto, importa sublinhar que nenhum dos princípios será provavelmente de valor isolado, e que todos devem ser postos em prática sob um propósito e uma orientação comuns. Existe um outro método de contra-ataque que constitui uma excepção a esta regra, e que é a decisão de aterrorizar o povo ou expulsá-lo. Exemplos notáveis deste método são a solução romana para os Judeus, em 70 d. C., quando estes foram simultaneamente vítimas do terror e expulsos[78], ou a «Pilhagem do Norte»[79], levada a cabo por Guilherme, *o Conquistador*, na década de 1080, e a política de Estaline na Ucrânia, na década de 30, quando as populações locais foram aterrorizadas e severamente reduzidas. Decidida a adopção desta política, a sua implementação tem apenas «uma tentativa»: se falhar, e apenas parte das pessoas forem expulsas ou removidas, as restantes constituirão o núcleo vingativo do inimigo. Quando as forças estabelecidas não podem ou não querem adoptar o método do terror, como acontece hoje habitualmente – daí a repulsa perante o genocídio do Ruanda ou a limpeza

---

[78] Após a conquista de Jerusalém, durante a Guerra dos Judeus (66-73 d. C.). (*N.T.*)

[79] Série de campanhas conduzidas por Alain Le Roux ou Alan Rufus, sobrinho de Guilherme, *o Conquistador*, no Inverno de 1069-1070, para subjugar o Norte de Inglaterra. Praticando uma política de terra queimada e destruição indiscriminada, os normandos terão provocado cerca de 150 000 mortos. (*N.T.*)

étnica na Bósnia e na Croácia –, devem então montar operações de contra-guerrilha ou contra-insurreição seguindo todos os princípios atrás referidos, e persistirem até a ameaça do grupo de guerrilha ou revolucionário ser completamente eliminada.

Um exemplo clássico de um grupo de guerrilha efectuando todo o percurso de transição – operações de guerrilha, conversão num exército convencional e montagem das suas próprias operações de contra-guerrilha – é a Força de Defesa de Israel (IDF). Nasceu em 1920, quando a Palestina se encontrava sob mandato britânico, na forma do Haganah («defesa», em hebraico), uma organização militar de raízes populares destinada a proteger a comunidade judaica, e sob a supervisão de um comité composto por políticos de esquerda e de direita. Em 1931, por não aceitar a liderança política, um grupo afastou-se e formou uma organização de guerrilha clássica, conhecida como Irgun (Etzel em hebraico, que é o acrónimo da organização militar nacional[80]). Em 1940, registou-se uma nova cisão com a criação do Lehi, também conhecido por Gangue Stern, que se separou do Irgun e adoptou basicamente as tácticas do terrorismo. Estas distinções são importantes dado que, não obstante um curto período de resistência unida aos Britânicos, em 1945--1946, reflectem três gradações claras. O Haganah era ilegal, mas via-se a si próprio como uma força armada nacional. Num contexto global, os seus membros eram combatentes pela liberdade, ainda que, durante a maior parte da sua existência, a organização se tenha limitado a proteger a comunidade judaica na Palestina dos ataques árabes, sem atacar as forças de ocupação britânicas; de facto, uns e outros chegaram a cooperar activamente, incluindo durante toda a Segunda Guerra Mundial, quando se uniram para combater os Alemães. O Haganah também colaborou com os Britânicos durante um breve período, perto do fim do conflito, na caça aos activistas do Irgun e do Lehi, pois discordava da violência extremista; este período tornou-se conhecido, no âmbito das organizações judaicas, como a «época da caça». Todavia, a partir de 1945, totalmente dedicado à criação de um Estado judaico, o Haganah esteve na primeira fila do combate contra os Britânicos, levando a cabo uma grande variedade de actividades, desde a sabotagem de

---

[80] Irgun Tzvai-Leumi. (*N.T.*)

linhas férreas e de instalações de radar no interior da região, até à destruição de estradas e pontes ferroviárias nas fronteiras. Ao mesmo tempo, a organização continuou a manter as suas outras actividades, tais como a condução da imigração judaica clandestina para a Palestina, a protecção do estabelecimento de novos colonatos e a prossecução da luta contra os Árabes. Em Outubro de 1945, ao tornar-se clara a política de dureza do regime britânico do pós--guerra, David Ben Gurion, chefe da comunidade judaica na Palestina e futuro primeiro-ministro de Israel, afirmou:

> Não devemos limitar a nossa reacção na Palestina à imigração e ao povoamento. É essencial que adoptemos tácticas de S[abotagem] e represálias. Não o terror individual, mas a retaliação por cada judeu assassinado pelo Livro Branco [que limitava a imigração judaica para a Palestina]. A acção S deve ser de peso e espectacular, e haverá que ter o cuidado, sempre que possível, de evitar baixas.

*

O Irgun assemelhava-se mais uma organização de guerrilha clássica, procurando atacar as forças britânicas com actividades como a destruição, à bomba, do quartel-general britânico no King David Hotel, em Jerusalém, em Julho de 1946, ou o ataque ao Clube de Oficiais Britânicos, em Março de 1947. O Gangue Stern, uma organização terrorista, tinha motivações ideológicas – anti--imperialista –, pelo que procurava activamente matar soldados britânicos como aviso aos outros, seguindo assim nitidamente a estratégia revolucionária da «propaganda do acto». Os seus ataques mais significativos foram, em 1944, o assassinato de Lord Moyne, um funcionário governamental britânico considerado responsável pela política de limitação à imigração de judeus para a Palestina e, em 1946, o assassínio do conde Bernadotte, o mediador das Nações Unidas incumbido da divisão da Palestina que insistia no direito de regresso dos refugiados palestinianos.

Estas três organizações reflectem as gradações das forças no âmbito do molde da «antítese»: em 1939, o Haganah dispunha já de um corpo militar profissional, incluindo uma força de ataque, e de um estado-maior general e respectivo chefe. Em 31 de Maio de 1948, duas semanas após a proclamação do Estado de Israel, o

Haganah deixou de existir. Foi substituído pela IDF, para a qual todas as suas estruturas foram transferidas. Na verdade, o Haganah fora uma organização militar nacional em potência. O Irgun e o Lehi comprometeram-se a fundir-se com a IDF, com base num acordo datado de Março de 1948, dois meses antes da fundação do Estado, e no caso do segundo registou-se um pequeno problema, pois tratava-se de uma organização minúscula. Contudo, o Irgun contava aproximadamente 3000 combatentes, e embora a maioria se tenha transferido para a IDF, persistiu um mau relacionamento entre as duas organizações devido à «época da caça». A situação agudizou-se em Junho de 1948, com a chegada de um navio financiado pelo Irgun, o *Altalena*, que trazia a bordo 900 voluntários e uma grande quantidade de armas. Ben Gurion, receando que o Irgun pretendesse armar os seus homens enquadrados na IDF, ordenou que as armas fossem entregues ao exército nacional. Um impasse, seguido de uma série de falhas de comunicação, levou a que a IDF disparasse sobre o navio, matando dezoito membros do Irgun e ferindo dez. Apesar de furioso, Menahem Begin, o chefe do Irgun, ordenou aos seus homens que não retaliassem. Mais tarde, o Irgun fundiu-se com a IDF e deixou de existir.

Este exemplo mostra claramente como as forças de guerrilheiros ou *partisans* do Haganah evoluíram ao ponto de se converterem em forças «convencionais», muito semelhantes às que haviam combatido pela independência – e depois tiveram que assumir imediatamente as operações de contra-guerrilha ou contra-insurreição. Ao mesmo tempo, reflecte o ponto crucial expresso na introdução deste livro: toda a força armada tem que ser convertida numa força militar para adquirir legitimidade. Assim, no recém-formado Estado de Israel, todas as forças armadas tiveram que ser incorporadas na força nacional ou eliminadas enquanto ameaça.

Em 1946, existiam claramente dois modelos de guerra: o paradigma da guerra industrial entre Estados, um teste de força no qual um dos antagonistas obrigava o outro a aceitar a sua vontade, e a respectiva antítese, a guerra de guerrilha e revolucionária, um choque de vontades entre fortes e fracos no qual os fracos, empenhando-se em acções tácticas exclusivamente da sua escolha, tentam virar o poder do Estado contra si próprio – procurando vencer o choque de vontades e não o teste de força. A guerra industrial entre

Estados já deixara de existir mas ainda era o único modelo adoptado pelos militares que haviam ganho a guerra mundial, enquanto que a antítese começava a evoluir em novas direcções. O paradigma seria uma parte integral da Guerra Fria, e a sua antítese constituiria a base para todos os conflitos paralelos. Ambos fariam o seu caminho lado a lado durante mais de quarenta anos, obscurecendo o novo paradigma que evoluíra no seguimento da Segunda Guerra Mundial: a guerra entre o povo.

5

Confronto e Conflito:
Um Novo Propósito para o Emprego da Força

Com a derrota da Alemanha e a erradicação do fascismo, desapareceu o propósito comum que levara a Rússia e os Aliados Ocidentais a cooperarem. As tensões ideológicas e estratégicas inerentes às suas posições saltaram para primeiro plano, cristalizadas nas proféticas palavras de Churchill em Fulton, no Missouri, em 1946, ao falar de uma Cortina de Ferro que descera sobre a Europa, «de Stettin, no Báltico, a Trieste, no Adriático». Tudo isto conduziria rapidamente ao período fundamental conhecido como Guerra Fria – um nome que, tal como observei no início deste livro, é um grosseiro erro histórico, já que nunca se tratou de uma guerra, mas sim um confronto prolongado. As forças militares estavam estruturadas e podiam ser concentradas e utilizadas no âmbito do paradigma antigo, mas a força nunca foi aplicada: o confronto nunca se transformou num conflito, particularmente ao nível estratégico de uma grande guerra industrial. E é esta dinâmica de confronto e conflito, e não de guerra e paz, que está no cerne da guerra entre o povo.

No paradigma da guerra industrial, a premissa é a sequência paz-crise-guerra-resolução, da qual resultará novamente a paz, sendo o factor decisivo a guerra, a acção militar. No novo paradigma, não existe uma sequência pré-definida, mas antes um entrecruzar contínuo entre confronto e conflito, e a paz não constitui necessariamente o ponto de partida ou de término; e enquanto os conflitos acabam por ser resolvidos, o mesmo não acontece necessariamente com os confrontos. A Guerra Fria é um exemplo de um confronto resolvido – mas somente após quarenta e cinco anos; decorridos cinquenta e sete anos, o conflito israelo-palestiniano ainda está por resolver. Tanto os confrontos como os conflitos envolvem armas e forças militares, mas a sua utilização é invariavelmente diferente: num confronto, são objecto de *deployment* – posicionadas e em prontidão para reflectirem a força –, e quando *empregues* são utilizadas para alcançar apenas objectivos subestratégicos: não conquistam um Estado nem se apoderam de território para manter a sua posse; atacam alvos importantes para o adversário para atraírem a sua atenção e modificarem as suas intenções. Isto deve-se à principal diferença entre confrontos e conflitos: o seu objectivo. Nos confrontos, o objectivo é influenciar o oponente, alterar ou formar as suas intenções, estabelecer condições e, acima de tudo, vencer o choque de vontades. Nos conflitos, o objectivo é destruir, tomar, manter; atingir um resultado decisivo através da aplicação directa da força militar.

Como consequência, um confronto inclui, além dos militares, os corpos político e diplomático – na verdade, liderando frequentemente os militares. A Guerra Fria nunca foi um acontecimento militar, nem foi ditada pelos militares. Foi, antes de mais, um confronto político e ideológico, negociado por políticos e diplomatas e apoiado pela aparência da força militar. Aconteceu praticamente o mesmo com os confrontos que decorreram em paralelo com a Guerra Fria, algo que também se verifica hoje em muitas das nossas situações. Em todos estes conflitos, o objectivo global dos militares foi e é expresso como uma condição: «manter a lei e a ordem», «garantir um ambiente salvo e seguro», «manter uma zona de exclusão aérea». Estas actividades militares, em apoio das entidades políticas, destinam-se a pressionar o adversário até lhe quebrar ou alterar a vontade. Pelo contrário, os conflitos são testes de força: actividades militares que podem enquadrar-se num contexto político ou diplomático, mas que não envolvem estas entidades na prossecução do objectivo depois de a actividade militar estar a desenrolar-se. Por outras palavras, quando um confronto passa a conflito, os militares assumem a liderança e as outras entidades devem apoiá-los até que o objectivo seja alcançado – mas ao mesmo tempo, podem continuar a trabalhar, a outro nível, para resolver o confronto que deu origem ao conflito. Na sua essência, os conflitos envolvem a aplicação de força para atingir um objectivo desejado, quer seja ao nível táctico, operacional ou estratégico. E quando se chega ao nível estratégico, anuncia-se uma guerra no sentido industrial. Isto não aconteceu com frequência desde 1945, e quando aconteceu foram conflitos nos quais não existiu a ameaça das armas de destruição maciça.

Visto sob este prisma, o paradigma da guerra entre o povo reflecte um mundo muito diferente do da guerra industrial: trata-se de um mundo no qual as esferas política e militar fazem ambas parte do mesmo contínuo, trabalhando muitas vezes juntas – sendo a principal diferença o facto de que as entidades civis não participam em acções militares, mas os representantes militares podem integrar as negociações políticas e diplomáticas. Nem o confronto, nem o conflito nem a transformação do primeiro no segundo resultam necessariamente em guerra. Porque embora os confrontos sejam essencialmente da esfera política e os conflitos da militar, um confronto não é apenas um acto político, assim como um conflito não é exclusivamente uma actividade militar. A estrutura do paradigma explica bem este aspecto. O ponto de origem é sempre um confronto: a disputa central, que é sempre de ordem política. Depois de estabelecida, a situação original de confronto – por exemplo, como entre a URSS e os EUA e os seus Aliados Ocidentais no seguimento da Segunda Guerra Mundial, entre o Reino Unido e a Argentina pela soberania das Ilhas Falklands, entre Indonésios e Britânicos relativamente à formação da Federação da Malásia, ou entre o IRA e a Grã-Bretanha por causa do estatuto da Irlanda do Norte –, pode permanecer um confronto (apesar da sua resolução) ou tornar-se um conflito. A URSS e os EUA, com as suas alianças respectivas, estiveram em permanente confronto durante o período conhecido por Guerra Fria, enquanto que o confronto relativo às Falklands se transformou num conflito quando a Argentina se apoderou das ilhas e o Reino Unido empreendeu a sua recuperação. Se o Reino Unido tivesse aceite a ocupação argentina mas continuado a argumentar que as ilhas eram britânicas, o confronto teria prosseguido, ainda que numa base diferente. Todavia, se o Reino Unido tivesse abandonado as suas pretensões ao território, o confronto teria sido ganho pelos Argentinos, através do *deployment* e não do emprego da força – já que não se verificou verdadeiramente nenhum combate, exceptuando uma pequena escaramuça táctica com a minúscula força britânica existente nas ilhas quando os Argentinos desembarcaram.

O melhor exemplo moderno de um confronto é a Guerra Fria, pois foi simultaneamente abrangente e prolongada, e ambos os lados bateram-se nos três níveis. Ao nível estratégico, as forças, após o seu *deployment*, foram mantidas num elevado estado de prontidão; a obtenção de informações foi uma actividade contínua e altamente desenvolvida, e registou-se simultaneamente uma corrida aos armamentos. Quando a Rússia procurou adquirir uma vantagem estratégica colocando mísseis no teatro das Caraíbas, o confronto quase se transformou em conflito ao nível de teatro ou operacional, que poderia facilmente ter-se tornado total. A deslocação de mísseis para Cuba foi um exemplo da importância do nível operacional, dado que se tivesse sido concretizada com êxito teria alterado materialmente a situação estratégica em desfavor dos EUA. No nível táctico, ambos os lados patrulharam extensivamente, intrometendo-se nos exercícios do adversário em águas e no espaço aéreo internacionais, e com unidades especiais em águas e no espaço aéreo nacionais. No entanto, apesar de estas patrulhas serem militares, não se dispararam tiros nem se aplicou a força: os confrontos nunca passaram a conflitos. Os confrontos entre estas patrulhas no espaço internacional foram regulados através de extensas Regras de Confronto – um tópico importante por direito próprio e ao qual voltarei na Parte III –, destinadas a evitar que os confrontos descambassem em conflitos sem aprovação política. Porém, quando ocorreram no espaço nacional, verificou-se o recurso a acções de combate tácticas, sendo um exemplo o avião de reconhecimento americano U-2 que, em Maio de 1962, entrou no espaço aéreo russo e foi abatido. Este pagamento na mesma moeda foi uma passagem para o conflito, mas não houve seguimento e deu-se um regresso imediato ao confronto.

Na Guerra Fria, em paralelo com o confronto militar, os antagonistas digladiaram-se num constante confronto político-ideológico, nos três níveis, procurando influenciar o bloco adversário e os seus povos. Expandiram-se as alianças, despenderam-se somas avultadas no desenvolvimento de sistemas de armas – particularmente para operações aéreas e espaciais –, e realizaram-se grandes manobras para demonstrar a credibilidade da ameaça das alianças. Além do mais, os avanços nas comunicações possibilitaram aos povos do Ocidente mostrar aos do Leste a disparidade existente em riqueza e perspectivas de futuro. Embora as medidas militares mantivessem o confronto mais ou menos estável, também alimentavam a intenção do Kremlin de não atacar mas estar sempre preparado para uma guerra total. Como tal, os Aliados ocidentais, que mantinham a sua capacidade militar mas também prosperavam economicamente, acabaram por vencer o confronto através de medidas diplomáticas, políticas e económicas: modificaram as intenções dos povos do Bloco de Leste, levando a melhor no choque de vontades.

Quando um confronto não tem solução, um ou ambos os oponentes podem decidir resolver a questão pela força das armas, uma passagem ao conflito, o qual também ocorre aos três níveis. A disputa entre a Grã-Bretanha e a Argentina sobre as Falklands oferece um exemplo de um confronto prolongado que os Argentinos transformaram em conflito, em 1982. Eles tomaram a decisão, ao nível estratégico, de se apoderar das ilhas e confrontar os Britânicos com um facto consumado, considerando que estes não estariam aptos nem dispostos a recuperá-las pela força. Para o efeito, montaram uma operação que se concretizou numa breve escaramuça entre a força invasora argentina e um pequeno contingente de fuzileiros britânicos. Neste ponto, os Argentinos esperavam que a questão retrocedesse para o confronto, no qual estariam agora na posse das ilhas e poderiam agir a partir de uma posição de força. No entanto, os Britânicos responderam permanecendo em conflito, e chegando mesmo a entrar em guerra: no nível estratégico, a Grã-Bretanha enviou uma força para libertar as ilhas, e empregou o seu considerável peso diplomático para estabelecer um contexto favorável para a acção militar. Declarou uma zona de exclusão em redor das ilhas – efectivamente, o teatro de operações – e, não obstante os esforços da força aérea argentina, conseguiu desembarcar tropas nas ilhas, que as libertaram após uma série de batalhas. Vemos, assim, um confronto passar a conflito e escalar posteriormente para o nível estratégico, primeiro através do nível táctico e depois do operacional ou de teatro, para atingir o objectivo estratégico.

A guerra entre o povo não é um paradigma de evolução exclusivamente linear no âmbito de um confronto ou conflito, dado que não é assim que o mundo funciona. Na verdade, vai muito mais longe e reflecte o facto de que os confrontos e os conflitos raramente evoluem de modo tão simples: os antagonistas podem passar do confronto ao conflito e vice-versa em qualquer um dos três níveis. As várias intervenções na região do Golfo Pérsico por causa do Iraque constituem um bom exemplo. A Operação Desert Shield, desencadeada em 1990 em resposta à invasão iraquiana do Kuwait, foi um confronto clássico ao nível de teatro: houve uma concentração militar de forma a apoiar as negociações político-diplomáticas, procurando alterar as intenções do Iraque de atacar mais a sul e apoderar-se dos campos petrolíferos sauditas, ao longo da costa do Golfo. Esta operação evoluiu depois para a Operação Desert Storm, inicialmente para apoiar os esforços diplomáticos no sentido de levar Saddam Hussein a retirar do Kuwait apresentando uma ameaça convincente. No entanto, quando o Iraque não retirou, a Coligação passou ao ataque e o confronto transformou-se num conflito ao nível de teatro para a coligação internacional: a Operação Desert Storm, em 1991. Quando esta terminou com a vitória conclusiva da Coligação, a situação regressou a um confronto. Talvez a Coligação pudesse ter capitalizado melhor a sua nova posição, dado que o Iraque estava mais fraco e as suas tensões internas eram evidentes, aumentando as suas exigências com base na ameaça demonstrável e inequívoca que poderia constituir – mas ficou-se por deixar Hussein no poder e o Iraque confinado às suas fronteiras originais. O confronto foi sustentado pelas inspecções da ONU às instalações iraquianas de produção de armas nucleares, químicas e biológicas, por sanções económicas impostas pela ONU e pelo estabelecimento de duas zonas de exclusão aérea (NFZ([81])), também aprovadas pela ONU. As NFZ foram uma medida militar de nível táctico em apoio do confronto; passavam ao conflito, embora ainda no nível táctico, quando os Iraquianos decidiam ignorar a proibição ou ameaçar um avião em patrulha. Contudo, após a resolução de qualquer destes conflitos tácticos, a situação regressava imediatamente a um confronto de nível táctico. Em Dezembro de 1998, em reacção ao não cumprimento, por parte de Saddam Hussein, do regime de sanções imposto pela ONU, as forças aéreas dos EUA e da Grã-Bretanha em patrulha nas NFZ foram reforçadas e lançaram uma série de ataques aéreos punitivos – ainda no nível táctico – que atingiram 100 alvos militares iraquianos: a Operação Desert Fox. Esta operação de grande visibilidade, iniciada na véspera do mês sagrado do Ramadão, não foi sancionada pela ONU e originou um protesto internacional – tratou-se de um caso de força empregue sem utilidade, já que muita gente passou a ver o Iraque

---

([81]) «No-fly zone». (*N.T.*)

como uma vítima e não como um agressor. A partir de Janeiro de 1999, os EUA e o Reino Unido continuaram a lançar ataques aéreos regulares contra o Iraque – como consequência das suas violações das NFZ, e mais geralmente quando se apercebiam de tentativas de abate dos seus aviões – sem nenhum comentário internacional, mantendo a situação num confronto com constantes passagens a conflito táctico. Em Março de 2003, o confronto transformou-se num conflito ao nível de teatro, com a invasão do Iraque, a Operação Iraqi Freedom, que derrotou os defensores, ocupou o país e depôs os governantes e o seu aparelho. Todavia, este sucesso militar ao nível operacional não conduziu directamente ao objectivo estratégico: a vontade do povo do Iraque não fora conquistada. A resistência prossegue ao nível táctico e os ocupantes, a coligação liderada pelos EUA, reagem militarmente e mantêm-se em confronto com outras partes relativamente ao futuro do Iraque, também no nível táctico. Assim, considerando estes acontecimentos no seu conjunto, desde 1990, torna-se claro que nunca houve uma guerra – e muito menos uma guerra no sentido industrial – no ou contra o Iraque, mas antes um confronto prolongado que se tem ocasionalmente convertido em conflito, e apenas duas vezes (brevemente), no nível operacional ou de teatro.

Esta cronologia não é coerente com o paradigma da guerra industrial. Embora tenha havido tentativas constantes de explicar este confronto como tal, e ainda que o seu ponto de partida, em 1990-1991, possa ter sido uma sequência paz-crise, nunca se verificou na região uma verdadeira guerra em grande escala envolvendo as forças internacionais, e desde a crise até hoje ainda não houve uma resolução nem um retorno à paz. Porém, quando observada no contexto do paradigma da guerra entre o povo, a cronologia adquire coerência e, ao mesmo tempo, é explicada a razão da passagem do confronto ao conflito e vice-versa: reside na natureza do próprio objectivo. Em 1990-1991, quando a Operação Desert Storm estava a ser preparada, a força militar foi empregue como ameaça no confronto entre a Coligação e Saddam Hussein para tentar obrigá-lo a retirar do Kuwait: o objectivo era influenciar as suas intenções. Nas circunstâncias do momento, a ameaça não foi convincente e não funcionou. No nível de teatro, o objectivo passou então a ser a destruição da Guarda Republicana e das outras forças de Saddam no Kuwait, de modo a libertar o país e enfraquecer o Iraque. Foi uma passagem clara do confronto ao conflito: de influenciar as suas intenções para destruir as suas forças. Na minha visão, o primeiro meio de reconhecermos se nos encontramos num confronto ou num conflito reside em sabermos se o objectivo é alterar intenções ou destruir, e a que nível da guerra deverá este acto destrutivo ter lugar. A importância deste exercício é crucial para a condução da operação como um todo, pois cada nível da guerra está enquadrado no contexto do nível imediatamente acima – e cada conflito está enquadrado num confronto, do qual deriva. Deste modo, quanto mais baixo for o nível no qual ocorre o conflito, mais terão os factores que contribuem para a vitória no confronto – entre os quais as medidas militares podem ser apenas de apoio – de ser tidos em conta pelo quartel-general que dirige a acção militar. Sem este contexto de confronto, os actos puramente militares do conflito não promovem a prossecução do objectivo global ou resultado, e servem com frequência para reforçar a posição do adversário. Além do mais, esta análise mostra que, nestas circunstâncias, os militares têm uma tarefa difícil a desempenhar porque os actos militares para influenciar intenções não são necessariamente os mesmos destinados a alcançar os objectivos concretos da destruição. No caso da Operação Desert Storm, é possível que as medidas de segurança para dissimular a natureza das capacidades e do plano da Coligação para o conflito tenham tido demasiado êxito, impedindo a Coligação de apresentar uma ameaça suficientemente visível. Isto poderia ter sido uma desvantagem crucial caso o objectivo fosse modificar as intenções de Saddam Hussein durante o período de confronto. Mas por outro lado, embora ele possa não se ter assustado, este objectivo de confronto talvez fosse irrelevante; talvez a Coligação desejasse inequivocamente o conflito.

Esta discussão do paradigma da guerra entre o povo fornece o enquadramento para o resto do presente capítulo e dos que se lhe seguem. Em primeiro lugar, porque deve explicar porque é que a força já não tem utilidade no sentido industrial: se a sequência industrial é paz-crise-guerra-resolução, com a força militar maciça aplicada na guerra para garantir uma resolução, na guerra entre o povo a força militar deve estar presente e ser credível, e ser aplicada, em muitos casos, para outros fins que não apenas a resolução. Além do mais, aplicar a força maciça no meio de um confronto não o resolverá necessariamente, particularmente se as pressões político-diplomáticas não se fizerem também sentir. Em segundo lugar, porque deve já ser claro não só que a Guerra Fria não foi uma guerra mas sim um confronto prolongado – e que as operações militares, apesar de grandes, que ocorreram a par do confronto e desde então, foram principalmente combinações complexas de confrontos e conflitos. É para estas décadas que nos voltaremos agora.

Em 1948, a Rússia e o Ocidente encontravam-se em confronto directo relativamente ao estabelecimento do governo da Alemanha Ocidental nos sectores americano, britânico e francês de Berlim. Em 24 de Junho, os Russos bloquearam todas as entradas e saídas de Berlim. Os Aliados ocidentais, recorrendo principalmente à Força Aérea do Exército dos EUA (USAAF) e à Royal Air Force (RAF), estabeleceram a ponte aérea de Berlim e abasteceram a cidade e as suas próprias guarnições até ao levantamento do bloqueio, em Maio de 1949. Para dar uma ideia da magnitude deste esforço e da impressão que terá seguramente causado no Kremlin, a mesma tonelagem total que foi transportada para Sarajevo pela ONU entre 1992 e 1996 – considerada uma das maiores pontes aéreas de sempre – foi transportada para Berlim todos os meses. No auge deste empreendimento, aterrava em Berlim um avião por minuto. Provavelmente, os Russos acreditavam que a ponte aérea só conseguiria aprovisionar as guarnições, e quando ela passou a abastecer a cidade eles não puderam interferir com receio de iniciar uma guerra que não queriam. Ou então, não quiseram arriscar uma guerra antes de estarem absolutamente prontos – como se tornou aparente em Agosto de 1949.

No seguimento da Segunda Guerra Mundial, os Estados Unidos, prósperos e triunfantes, sentiam-se seguros com o seu monopólio da bomba atómica. Mas os Russos não perderam tempo. Tinham começado a conceber a sua arma nuclear em 1943. A qualidade da sua investigação e os recursos da vasta rede de espiões comunistas significaram que eles sabiam provavelmente tanto sobre o assunto como os seus aliados do tempo da guerra. O progresso foi abrandado pela atrasada base industrial russa e pela sua falta de infra-estruturas. Todavia, em Agosto de 1949, a recém-definida União

Soviética surpreendeu o mundo ao detonar a sua primeira bomba atómica. No mesmo ano, foi assinado o Tratado do Atlântico Norte e estabelecida a organização para a sua implementação, a OTAN. Alguns anos depois, em 1952, os EUA construíram a primeira bomba termonuclear de hidrogénio. um ano depois, a URSS respondeu com a sua própria bomba H: começara a grande corrida aos armamentos. A partir deste ponto, a política mundial foi dominada pelo relacionamento entre os líderes dos dois grandes blocos, Leste e Ocidente, e baseada na dissuasão nuclear.

A essência da dissuasão – nuclear ou não – é considerar que a força que será empregue em resposta a um ataque será tão destrutiva e as suas consequências tão certas que o preço a pagar é considerado demasiado elevado para os ganhos pretendidos com o ataque inicial. O elemento importante a observar aqui é que o lado que tem de pensar que a força adversária é destrutiva e certa, e que o preço a pagar é demasiado elevado relativamente aos ganhos esperados, é o lado que decide se vai atacar ou não. Podemos pensar que a nossa arma tem estas características, mas para ser dissuasora, o nosso adversário tem de pensar o mesmo – e além do mais, tem de pensar que a empregaremos, e com eficácia. Em suma, o verdadeiro alvo de alguém que pretende dissuadir é a mente do decisor adversário e não, antes de mais, as suas forças ou qualquer outra coisa que seja valiosa para ele. Obviamente, este homem que pretendemos dissuadir pode pensar que consegue suportar o efeito com que o ameaçamos, e continuar a tentar alcançar os seus desígnios pela força das armas. Neste caso, para a dissuasão funcionar, temos de ser capazes – e ele tem de acreditar que somos capazes e estamos dispostos a tal – de prosseguir os nossos ataques com peso e efeito crescentes: é a escalada. Em alternativa, o adversário pode calcular que se conseguir desencadear um primeiro ataque devastador, nós ficaremos incapazes de ripostar. Assim, para o dissuadirmos verdadeiramente, ele tem de acreditar que conseguiremos suportar um ataque e manter a capacidade de retaliar: ter a capacidade para um segundo ataque.

Foi com base nesta lógica que Leste e Ocidente se enfrentaram. Cada bloco acreditava que o outro tinha de ser dissuadido de atacar. Ambos procuraram aliados. Os Soviéticos tinham o apoio dos países do Pacto de Varsóvia e também da China e de Cuba, enquanto que os EUA tinham a seu lado a OTAN, a CENTO (Organização do Tratado Central)([82]) e a SEATO (Organização do Tratado do Sudeste Asiático)([83]), embora, com a continuação do confronto, o apoio de todas as organizações tenha diminuido, à excepção do Pacto de Varsóvia e da OTAN. Ambos os blocos adoptaram a estratégia da dissuasão, que evoluiu para a «destruição mútua assegurada» (MAD): a criação e sustentação de máquinas de guerra industrial segundo o velho paradigma, a serem alimentadas pela conscrição ou, se necessário, pela mobilização em massa, opondo economias gigantescas e tecnologias de vanguarda. Ambos os blocos dispunham de forças substanciais posicionadas ao longo da Cortina de Ferro. Ambos estavam preparados para passar inteiramente à guerra num curtíssimo espaço de tempo, pelo que desenvolveram grandes operações de serviços de informação e vigilância para não serem apanhados de surpresa. Em ambos os lados, todas as forças estavam organizadas e constituídas à maneira da guerra industrial. Caso a dissuasão falhasse, ambos previam um período de guerra convencional – entenda-se, guerra ao estilo antigo, mas travada melhor, com tecnologias e comunicações modernas –, seguido de ataques nucleares quando um dos blocos começasse a perder a batalha convencional: «estratégicos» sobre o território do adversário e «tácticos» sobre as suas forças. De facto, a lógica da dissuasão assentava na certeza de que quaisquer fracassos na fase convencional seriam seguidos de ataques nucleares: a MAD estava verdadeiramente garantida.

Mas era também esta a falha no esquema, já que a bomba significava que a capacidade de concentrar um exército era tornada irrelevante por este único produto da tecnologia. A melhor defesa contra uma arma de destruição maciça, a seguir a impedir a sua utilização, não é concentrar e oferecer-lhe um alvo; nestas circunstâncias, um grande exército é mais bem empregue disperso do que

---

([82]) Originalmente chamada Organização do Tratado do Médio Oriente (METO), ou Pacto de Bagdad, formada, em 1955, pelo Irão, Iraque, Paquistão, Turquia e Reino Unido. Os EUA aderiram em 1958. O objectivo foi a criação de uma aliança poderosa ao longo da fronteira sudoeste da União Soviética. A invasão turca de Chipre, em 1974, e a Revolução Iraniana, em 1979, ditaram o fim da organização. (N.T.)

([83]) Organização de defesa colectiva criada, em 1954, pelo Tratado de Defesa Colectiva do Sudeste Asiático ou Pacto de Manila. Tendo por membros a Austrália, as Filipinas, a França, a Nova Zelândia, o Paquistão, a Tailândia, os Estados Unidos e o Reino Unido, o objectivo da organização era bloquear o avanço do comunismo no Sudeste Asiático. A organização foi dissolvida em 1977. (N.T.)

concentrado. Deste modo, ambos os lados cooperaram nesta estratégia de dissuasão, mantendo grandes forças configuradas para travar um desenvolvimento moderno da guerra no paradigma industrial, mas sabendo sempre que isto as tornava vulneráveis às armas nucleares que ambos os antagonistas possuíam. Foi esta necessidade que manteve vivo o paradigma da guerra industrial entre Estados. Como veremos, o Ocidente aproveitou para reduzir as suas forças e prosperar, sem deixar de possuir a capacidade de destruir os volumosos alvos garantidos: as cidades soviéticas. Entretanto, as mesmas forças eram utilizadas para travar alguns dos conflitos paralelos à Guerra Fria – que constituem o cerne deste capítulo e do seguinte.

Mesmo com estas imensas estruturas militares, os dois blocos implementaram as estratégias da dissuasão de modo diferente. Os Soviéticos permaneceram organizados para passarem directamente a uma guerra total. Tinham aprendido como fazer isto e a vencer durante a Grande Guerra Patriótica, como era conhecida a Segunda Guerra Mundial na URSS, e não faziam tenção de voltar a ser apanhados de surpresa: assim que fossem atacados, pretendiam passar à ofensiva. E também era adequado aos propósitos do Kremlin conduzir os assuntos internos da União Soviética nesta premissa: a dissuasão ofensiva completamente armada era ideologicamente apropriada e dava à liderança política e militar motivos e meios para controlar a população e as nações satélites do Pacto de Varsóvia. E foi a este fim que a URSS dedicou as suas consideráveis capacidades científicas, industriais, militares e de recolha de informações, de dois modos. Primeiro, estabelecendo uma capacidade nuclear estratégica e uma defesa contra a dos EUA e seus aliados – daí a corrida espacial. A utilização de armas nucleares com precisão, e as necessárias operações de vigilância e recolha de informações para confirmar os alvos e a necessidade de os atacar, não poderiam ser conseguidas sem o estabelecimento de uma presença no espaço. Além do mais, a dissuasão depende de o nosso oponente compreender a extensão das nossas capacidades; assim, além de testarmos as nossas ogivas, que melhor forma de o conseguir do que demonstrando a nossa capacidade tecnológica? Em segundo lugar, a URSS procurou desenvolver nas forças armadas soviéticas uma capacidade ofensiva que destruiria rapidamente as forças inimigas e conquistaria territórios, particularmente os dos aliados europeus, pelos quais, feitas bem as contas, os EUA poderiam não estar dispostos a trocar Detroit e Chicago. Por outras palavras, para abocanhar território, muito à semelhança da aquisição da Áustria e da Checoslováquia pela Alemanha em 1937-1938.

O Ocidente – e refiro-me mesmo ao Ocidente, porque Washington nunca possuiu a influência controladora sobre os seus aliados da OTAN que o Kremlin exerceu sobre o Pacto de Varsóvia – adoptou uma postura defensiva. Não se via a si próprio como uma ameaça à União Soviética, ainda que o Kremlin o visse sob este prisma. Devido a esta percepção e à postura ofensiva soviética, todas as acções do Kremlin serviam para reforçar a opinião de que a URSS pretendia atacar o Ocidente à primeira oportunidade. Além disso, o Ocidente nunca esteve totalmente em pé de guerra. É certo que muitas nações mantiveram a conscrição e grandes forças para sua defesa, mas na década de 60 a indústria e o comércio tinham regressado a uma lógica de tempo de paz e as pessoas começaram a prosperar. De facto, os povos da Europa e da América prosperaram como nunca e a Europa Ocidental teve o mais longo período de paz da sua história. Militarmente, pela primeira vez, as forças armadas da Europa Ocidental prepararam-se para combater um inimigo comum e não entre si, tendo por objectivo conter o assalto soviético e providenciar o «sistema de alarme» para os ataques nucleares ocidentais. Por conseguinte, as forças armadas da Europa, com a excepção das da Grã-Bretanha e da França, foram desenvolvidas quase exclusivamente para defender a linha da Cortina de Ferro. E ao defenderem individualmente e colectivamente o seu espaço nacional, poderiam apoiar as formações navais e aéreas dos EUA com capacidade nuclear, permitindo-lhes atacar em profundidade o território do Pacto de Varsóvia e da União Soviética. Estes ataques nucleares estratégicos destinavam-se a destruir a capacidade de fazer a guerra da União Soviética.

No âmbito destas estratégias diferentes, que se apoiaram mutuamente, tal como frequentemente acontece em confrontos prolongados, passaram-se décadas enquanto cada bloco, seguindo a lógica da dissuasão, procurava provas de que a equação da dissuasão estava desequilibrada – e quando as encontrava, desenvolvia outra arma ou postura para a reequilibrar. Nas economias de Leste, sob controlo estatal, e nas do Ocidente capitalista, o negócio da guerra correu bem: os militares garantiam empregos e sustentavam nações, as indústrias de defesa prosperaram, e os centros de educação e pesquisa que forneciam tecnologia e alimentavam todos os elementos do negócio da guerra expandiram-se a bom ritmo. Houve momentos de grande tensão, tais como a construção do Muro de Berlim, em Agosto de 1961, e a Crise dos Mísseis de Cuba, em Outubro de 1962, mas no geral, a dissuasão funcionou. Entretanto, tiveram lugar outras guerras: a Grã-Bretanha e a França retiraram dos seus impérios, os EUA intervieram no Vietname e a Rússia no Afeganistão, e o Leste e o Ocidente apoiaram os seus representantes no Médio Oriente e em África. Mas como veremos, todas estas guerras tiveram lugar no âmbito das estruturas conhecidas da dissuasão: os dois blocos reforçaram constantemente estas estruturas mas nunca as ultrapassaram, principalmente nunca em confronto directo entre si.

Vale a pena considerar brevemente a magnitude das estruturas, já que, mais uma vez, foi o aspecto industrial, na sua dimensão, produção e capacidade tecnológica, que sustentou a MAD. Tal como reflectem as tabelas dos apêndices nas páginas 262-265, a generalidade das capacidades de ambos os lados, já poderosas no princípio da década de 60, continuou a expandir-se e a crescer, até 1991. Como nota de cautela, deve sublinhar-se que é difícil fazer uma comparação precisa das estatísticas porque o confronto foi muito prolongado, a composição das alianças alterou-se e os sistemas de combate nem sempre eram comparáveis – com um sistema inimigo aparentemente similar ou quando um sistema novo substituía um antigo. Por exemplo, em termos gerais, um bombardeiro Tornado pode transportar uma tonelagem de bombas semelhante à transportada por um esquadrão de bombardeiros Lancaster da Segunda Guerra Mundial, e a sua capacidade de voar em todo o tipo de condições meteorológicas e os seus sistemas de bombardeamento de precisão aumentam a probabilidade de as bombas atingirem o alvo. Contudo, carece da autonomia do Lancaster e requer aviões-cisternas para ser reabastecido de modo a conseguir chegar a qualquer objectivo que não seja relativamente próximo. Outra questão a considerar juntamente com as estatísticas é que ambos os lados do confronto, a OTAN e o Pacto de Varsóvia, estavam equipados e organizados de acordo com conceitos de guerra diferentes. Tal como observámos, em termos gerais, o Pacto de Varsóvia estava organizado para uma batalha ofensiva na Europa, motivo pelo qual dispunha de mais tanques, mas as forças terrestre da OTAN estavam configuradas para uma batalha de defesa da Europa Ocidental, enquanto as forças navais e aéreas estabeleciam a superioridade no Atlântico e sobre a Europa, um requisito básico para trazer mais forças americanas para o teatro enquanto os EUA apoiavam Europa e lançavam ataques nucleares.

Tendo em mente estas condições, podemos ver que, em trinta anos de Guerra Fria, os recursos humanos disponíveis para ambas as alianças permaneceram praticamente os mesmos e nas mesmas proporções. O equipamento aumentou em quantidade, com os tanques do Pacto de Varsóvia passando de cerca de 35 000 em 1961 para mais de 51 000 em 1991, enquanto a OTAN possuía aproximadamente 23 000. Esta diferença verificou-se porque o planeamento soviético se baseava numa invasão da Europa Ocidental. Em oposição a esta realidade, embora ambos os lados possuíssem activos navais mais ou menos similares, os EUA dispunham do dobro de aviões navais – uma das suas principais fontes de poder global. Os sistemas de mísseis aumentaram de cerca de 250 para 2300, com os activos da OTAN crescendo proporcionalmente. A manutenção destes arsenais, em termos da substituição de equipamentos obsoletos e de igualar a ameaça colocada pelos progressos no campo adversário, foi a base da Guerra Fria: as engrenagens que mantinham a gigantesca máquina em funcionamento. Ambos os lados empregaram enormes departamentos de serviços de informação para estarem a par dos desenvolvimentos do inimigo, as instituições de investigação e desenvolvimento (I&D) gastaram milhões para se adiantarem às suas congéneres do outro lado, e os governos despenderam fortunas para equipar as respectivas máquinas de guerra. Depois, utilizaram-nas noutros locais, em conflitos como o Vietname, a Irlanda do Norte ou o Afeganistão: teatros de guerra onde esse equipamento nem sempre foi muito apropriado ou utilizável.

Apesar destas actividades paralelas, existia uma profunda diferença de abordagem entre Leste e Ocidente. Os Soviéticos permaneceram em prontidão para uma guerra industrial total, e as linhas de produção para travar este tipo de guerra continuaram a existir no seio da sua economia estatal. No Ocidente, não foi mantida a capacidade para travar uma guerra total industrial: a prosperidade sobrepôs-se às armas. Para alguns, a corrida aos armamentos foi vigorosa mas, no geral, depois de efectuadas as aquisições iniciais, as linhas de produção foram encerradas e mantiveram-se nos depósitos quantidades limitadas de munições. Assim sendo, se o Ocidente não conseguisse conter um ataque soviético, teria de passar à opção nuclear ou capitular. Os Soviéticos e, em particular, os seus serviços de informação, ao tentarem descobrir ou deduzir as intenções da OTAN, optaram pela hipótese segura de que o Ocidente planeava ser o primeiro a atacar. Quantas mais provas procuraram disto, e quanto mais viram a falta de preparação do Ocidente para sustentar uma guerra, mais deram como certo um plano de primeiro ataque por parte do Ocidente – tanto na ofensiva como na defensiva. E sendo um primeiro ataque o pior cenário para eles, esta foi a sua premissa de trabalho. Mas estava errada: o Ocidente não tinha intenções de desencadear um primeiro ataque, pois as suas forças convencionais não poderiam ser apoiadas durante tanto tempo como as soviéticas: as forças permanentes destinavam-se apenas a agir como um «sistema de alarme».

E assim foi prosseguindo a Guerra Fria, custando milhões e milhões; e embora ambos os blocos se tenham envolvido em iniciativas diplomáticas e negociações, as verdadeiras tensões tenderam a vir a superfície, como veremos, nos conflitos, não relacionados entre si, que ocorreram durante todo este período. Deste modo, a Guerra Fria ofereceu a enorme segurança da previsibilidade – até que, em paralelo com as actividades de confronto conhecidas de ambos os lados, algo aconteceu: o Kremlin e os militares permaneceram fortes, mas perderam o povo. O apoio das populações dos aliados do Pacto de Varsóvia nunca foi uma certeza absoluta, embora os seus governos pudessem ser considerados fiáveis ou ser substituídos, tal como aconteceu na Checoslováquia, em 1968. Todavia, lenta mas seguramente, o povo da Rússia e dos seus satélites começou a afastar-se do Estado e, em particular, dos seus governos; vozes de dissenção, previamente inauditas na URSS, começaram a fazer-se ouvir. E o ponto crucial foi a aventura soviética no Afeganistão, em 1980, um empreendimento intervencionista para controlar uma região fronteiriça instável – por outras palavras, um acto de segurança e não de defesa, que não era, por este motivo, absolutamente essencial para a sobrevivência do Estado e do povo. Pior ainda, foi uma operação que não conseguiu produzir um resultado rápido e decisivo, causando um número de baixas constante e significativo – fazendo o Kremlin começar a perder o apoio do povo russo([84]). A trindade essencial, fundação da guerra, começou a desligar-se e depois separou-se. A título de exemplo oposto, os EUA, com a sua intervenção no Vietname, perderam o apoio do povo, mas somente durante a guerra. O povo continuou a apoiar o propósito defensivo dos militares. Em resultado desta experiência, os EUA reorganizaram o seu exército como uma força de voluntários, mas colocaram elementos consideráveis das suas capacidades na Guarda Nacional, que só pode ser empregue com um amplo apoio político. O objectivo desta reforma foi distanciar o Exército da população em geral, garantindo simultaneamente que não seria utilizado em nenhum empreendimento substancial sem uma forte base de apoio popular.

Estes exemplos reflectem um desenvolvimento que se tornou relevante desde 1945, e que continua particularmente a sê-lo nas circunstâncias actuais: a primazia da defesa sobre o ataque. Isto não quer dizer que, à defesa, permaneçamos inactivos ou indolentes numa posição até sermos atacados, mas sim, tal como disse Clausewitz: «A forma defensiva da guerra não é um simples escudo, mas sim um escudo de golpes bem dirigidos»([85]). Ao estabelecer a relação triangular com o povo e os militares, o Estado favorece ou prefere maioritariamente a defesa, por várias razões. Em primeiro lugar, o povo está disposto a pagar a sua defesa, e quanto mais o Estado e os militares corresponderem aos seus interesses, mais o povo estará disposto a pagar. Em segundo lugar, na defesa existe a simplicidade de igualar o objectivo político com o militar. Em terceiro lugar, derivando das duas primeiras razões, a defesa possibilita a formação e manutenção da vontade política de um modo que o ataque ou a ofensiva nunca conseguem. Finalmente, a defesa garante uma vantagem moral, que o povo aprecia e de que ocasionalmente necessita, que é considerada um bónus pelo Estado – ou pelo menos, pela sua liderança política – e da qual os militares preferem beneficiar.

([84]) Cerca de 14 500 mortos ou desaparecidos e 54 000 feridos em combate ou acidentes. Devido ao clima e às deficientes condições sanitárias do país, registou-se ainda um total de 416 000 casos de doença (Krivosheev, G. F., *Soviet Casualties and Combat Losses in the Twentieth Century*, Londres, Greenhill Books, 1997). (N.T.)

([85]) *Da Guerra*, Secção I, cap. 1, Livro 6 (Ed. Penguin, p. 357). (Nota do Autor)

É com base neste enquadramento conceptual que podemos compreender o fim do confronto que foi a Guerra Fria: a passagem de uma postura defensiva constante para a ofensiva no Afeganistão foi insustentável para o povo russo. Os militares e o Estado não conseguiram reenquadrar o povo na trindade, até porque elementos de ambos apoiavam o povo. Em 1985, Mikhail Gorbachev tornou-se secretário-geral do Partido Comunista e, numa tentativa de reformar e reorientar o apoio do povo, introduziu as políticas de *glasnost* (abertura) e *perestroika* (reestruturação). Esta abordagem, só por si, poderia ter mantido o confronto com o Ocidente, ainda que numa forma relaxada e alterada. Mas em finais da década de 80, o enfraquecimento dos laços com o Pacto de Varsóvia e a perda de apoio popular foi reforçada pela compreensão, particularmente pelos europeus de Leste, do quão melhor viviam os povos do Ocidente. Além da ineficiência inata das economias controladas pelo Estado, foi a consequência de, durante décadas, as armas se terem sobreposto à manteiga, à prosperidade. A diplomacia liderada pelos EUA, baseada numa posição de força estabelecida pelo êxito na execução da estratégia de dissuasão e do apoio das nações da OTAN, conduziu a uma série de medidas para reduzir as tensões entre os dois blocos. Em Dezembro de 1988, Gorbachev anunciou a retirada de 500 000 soldados da Europa de Leste e, durante os 12 meses seguintes, agora sem o peso do Exército Vermelho, os vários Estados da Europa de Leste declararam-se livres do Pacto de Varsóvia. Terminara a Guerra Fria.

O confronto desapareceu, mas as suas estruturas militares permaneceram como um legado: as instituições e forças de que hoje dispomos são produto da necessidade de preparação para uma guerra total e de dissuadir com sucesso. Nunca ninguém saberá se, face ao inimigo, teriam conseguido fazer o que se pretendia, nem se os planos elaborados por tantos comandantes e estados-maiores – ou as organizações e estruturas que eles desenvolveram – teriam funcionado, mas, para que a dissuasão funcionasse, bastou que ambos os lados acreditassem que o adversário poderia actuar com eficácia. Contudo, as forças equipadas e organizadas para o efeito são, no geral, aquelas com as quais temos hoje que trabalhar. Estas forças nunca se destinaram a ser utilizadas em conflitos não industriais mas, na verdade, é assim que a maioria dos efectivos e equipamento tem sido, quando necessário, aplicada. De facto, pouco depois do fim da Segunda Guerra Mundial, já estavam a travar a guerra entre o povo: conflitos não industriais nos quais a maioria do equipamento actual não pode ser utilizada, conflitos baseados em confrontos políticos entre o Estado e agentes não estatais, com muitas das características da antítese da guerra industrial que abordámos no capítulo anterior. Estes conflitos decorreram em paralelo à Guerra Fria. Na verdade, o período de 1946-1991 pode ser definido como o de um confronto fundamental (a Guerra Fria) mantido por estruturas industriais, contendo conflitos não industriais, as guerras paralelas. É nestes conflitos que observamos os primeiros sinais do novo paradigma, particularmente na natureza e objectivos dos antagonistas, e na constante adaptação dos meios existentes – as máquinas militares industriais – a conflitos não industriais. Nestas situações, a força foi aplicada de diferentes modos, nem sempre com a melhor utilidade. Foi o início de uma tendência com a qual continuamos a viver.

No fim da Segunda Guerra Mundial, as forças japonesas que ocupavam a Península da Coreia renderam-se aos Americanos e aos Russos, e a Coreia foi dividia em duas zonas, separadas pelo paralelo 38. Esta linha divisória não resultou de uma decisão ministerial ou diplomática: foi escolhida por razões práticas, após negociações entre oficiais de patente relativamente baixa. No entanto, as conveniências administrativas transformaram-se rapidamente em factos políticos concretos, particularmente à medida que os dois antigos aliados se tornaram inimigos, e todas as tentativas para dotar a Coreia de um governo único falharam. Em 1947, os EUA levaram o problema às Nações Unidas, que decidiram nomear uma comissão (Comissão Temporária das Nações Unidas sobre a Coreia – UNTOK) para reunificar o país através de eleições. No ano seguinte, tiveram lugar eleições no Sul, mas a comissão foi impedida de funcionar no Norte. O governo resultante destas eleições, chefiado por Syngman Rhee, declarou governar toda a Coreia mas não possuía autoridade nem existência a norte do paralelo 38, onde os Russos tinham instalado um governo rival, liderado pelo militante comunista revolucionário Kim Il Sung.

Não tendo chegado a acordo quanto às condições de reunificação, Russos e Americanos retiraram as suas forças armadas. A Coreia tornou-se um país com governos com ideologias opostas, cada qual armado e aprovisionado por uma das superpotências, e reclamando ambos a soberania sobre a totalidade da península. Este vulcão não tardou a entrar em erupção. Em 25 de Junho de 1950, desencadeando um ataque de surpresa maciço, as forças norte-coreanas atravessaram a fronteira e invadiram a Coreia do Sul. Dois dias depois conquistaram a capital, Seul. Os invasores tinham apoio soviético, e haviam provavelmente interpretado como garantia de impunidade o famoso discurso proferido, em Janeiro, pelo secretário de Estado americano, Dean Acheson, no qual ele excluíra a Coreia do perímetro de defesa asiático pelo qual os EUA estariam dispostos a lutar. Assim, globalmente, podemos ver um confronto convertendo-se num conflito, no contexto do confronto mais alargado entre os dois blocos.

A pedido dos Estados Unidos, o Conselho de Segurança das Nações Unidas reuniu-se imediatamente. Os Russos não estiveram presentes, pois vinham boicotando as sessões do Conselho de Segurança desde Janeiro, numa demonstração de solidariedade com o novo regime comunista de Pequim (o lugar chinês ainda pertencia aos nacionalistas). O Conselho aprovou uma resolução pedindo aos membros das Nações Unidas para apoiarem a Coreia do Sul com todos os meios necessários para repelir o agressor. O Presidente Truman havia já instruído o general Douglas McArthur, comandante das forças de ocupação americanas no Japão, para cobrir a retirada do exército sul-coreano com apoio aéreo e naval. A 29 de Junho, Truman deu outro passo em frente: com as forças sul-coreanas à beira de um colapso, ele ordenou a transferência de duas divisões americanas do Japão para a Coreia. Alguns dias depois, a 4 de Julho, ainda sem o delegado soviético, o Conselho de Segurança aprovou uma resolução para a criação e envio de um corpo expedicionário das Nações Unidas para a Coreia, com o objectivo de restaurar a paz depois de repelir o ataque. Esta resolução aceitou efectivamente a acção americana de responder à força pela força. O general McArthur foi nomeado comandante supremo do corpo expedicionário, pelo que o conflito se converteu uma guerra travada por um general americano responsável perante o presidente americano, actuando este como agente das Nações Unidas. Em Setembro, outros vinte Estados, a maioria dos quais aliados dos Estados Unidos por outros motivos políticos, haviam já contribuído com unidades para o exército da ONU. Contudo, os Americanos representavam metade das forças terrestres envolvidas, 93% das forças aéreas e 86% das forças navais.

Os combates favoreceram inicialmente a Coreia do Norte, e os Sul-Coreanos e as forças da ONU que tinham ido em seu auxílio foram expulsos da ponta da Península Coreana. Mas a situação inverteu-se em Setembro de 1950, quando o general McArthur, baseado na experiência que ele e o seu estado-maior haviam ganho nos assaltos anfíbios contra os Japoneses na campanha do Pacífico, e aproveitando a sua supremacia naval, desembarcou tropas num audacioso ataque em Inchon, 350 km a norte, perto de Seul. O êxito deste ataque ao nível de teatro desequilibrou as forças norte-coreanas no Sul: decorridas poucas semanas, as forças da ONU atravessavam o paralelo 38 em perseguição das desorganizadas tropas norte-coreanas. Este espantoso sucesso encorajou a Assembleia-Geral das Nações Unidas a aprovar uma resolução apresentada pelos EUA para garantir uma situação estável em toda a Península Coreana. Esta iniciativa constituiu outro exemplo de o conflito estar integrado num confronto mais abrangente. A Assembleia não possuía qualquer autoridade legal para aprovar esta resolução, mas como os Russos estavam novamente presentes no Conselho de Segurança, os EUA, violando a Carta das Nações Unidas, decidiram contornar o veto russo concedendo à Assembleia a capacidade de tomada de decisões.

McArthur reagiu rapidamente e, a 9 de Outubro, ordenou às suas forças que atravessassem o paralelo 38. Três semanas mais tarde, depois de conquistarem, Pyongyang, a capital norte-coreana, aproximavam-se da fronteira chinesa da Manchúria. Com as forças norte-coreanas em debandada total, a guerra parecia ter chegado ao fim mas, em finais de Novembro, a China, profundamente desconfiada dos desígnios americanos, entrou na guerra. Os frequentes avisos chineses às forças da ONU e dos EUA para que não atravessassem o paralelo 38 haviam sido ignorados. Todavia o que actuou como um detonador foi a decisão americana de posicionar a 7.ª Esquadra entre a China e Taiwan, onde se tinham estabelecido as últimas forças nacionalistas chinesas, combinada com a rapidez da profunda ofensiva de McArthur na Coreia do Norte. Em 26 de Novembro, as forças chinesas atacaram numa extensa frente. Decorrido menos de um mês, a situação invertera-se: as forças da ONU e da Coreia do Sul encontravam-se em total retirada, e as tropas chinesas e norte-coreanas desciam pela península. Em Janeiro, Seul caiu pela segunda vez.

A intervenção chinesa alterou a natureza da guerra e deu origem a um novo debate acerca da sua prossecução. Entre Junho e Novembro, ao ser inicialmente travada por tropas americanas, a guerra fora apresentada como uma expedição punitiva internacional. A partir de Novembro, pareceu tornar-se cada vez mais um conflito sino-americano. McArthur pretendia reconhecer este facto e combater a China através dos meios militares mais eficazes, desde a perseguição transfronteiriça de aviões inimigos até ao bombardeamento estratégico do território chinês, sem excluir a eventual utilização da bomba atómica. Nos EUA, na era do mccarthismo, um vociferante segmento da população apoiava esta abordagem. O presidente, os seus conselheiros civis e os chefes dos estados-maiores fugiam da perspectiva de iniciarem numa guerra prolongada e dispendiosa contra a China pela Península da Coreia, com a possibilidade acrescida, caso seguissem o conselho de McArthur, de se virem a encontrar em conflito com o resto do bloco comunista e terem de utilizar a bomba atómica. Entretanto, na ONU, à medida que a guerra evoluía para um conflito entre a China e os EUA, muitos membros começaram a considerar que houvera um desvio do objectivo político que presidira à entrada da ONU na guerra. Com a divergência dos objectivos políticos, os EUA começaram a sentir menos apoio dos seus aliados.

A entrada da China na guerra oferece um exemplo, frequentemente repetido no pós-guerra, da diferença, em termos da sua natureza, entre forças baseadas no número de efectivos e forças baseadas no poder de fogo. As forças dos EUA tinham derrotado e posto os Norte-Coreanos em debandada com uma manobra bem executada baseada na rápida aplicação do poder de fogo concentrado. As forças chinesas tiveram êxito porque dispunham de efectivos em número suficiente para oferecerem às forças da ONU mais alvos do que estas podiam atingir ao mesmo tempo, razão pela qual atacaram numa extensa frente. As forças dos EUA tinham sido desenvolvidas para travar guerras industriais, com ênfase na tecnologia e no processo para a sua aplicação eficaz. Pelo contrário, os Chineses haviam evoluído dando enfoque ao número de efectivos e ao processo de os aplicarem eficazmente em massa. Confrontado com uma potencial derrota, a proposta de MacArthur foi utilizar a sua vantagem tecnológica para atacar as fontes dos recursos humanos chineses e impedi-los de entrarem na contenda. Porém, fazê-lo teria alterado o teatro e modificado o objectivo estratégico – removendo-o por consequência do desígnio político. Não era, pois, uma opção viável, e foi rejeitada por Washington. Isto reflecte a importância de o objectivo estratégico estar sempre firmemente enquadrado no contexto do objectivo político, de modo a garantir coerência e contribuir para a prossecução do objectivo político. Neste caso, o objectivo estratégico proposto por MacArthur, a destruição da capacidade de intervenção chinesa na península coreana, não se enquadrava com o objectivo político. Por muito que os Estados Unidos pudessem querer neutralizar a China comunista como influência regional, não estavam preparados para correr os riscos de recorrer à força militar. De facto, na realidade, os riscos eram os de uma nova guerra mundial, possivelmente atómica, e a perda do apoio aliado na ONU. Nesta perspectiva, as forças dos EUA, com o seu poder de fogo de longo alcance, aéreo e, em última análise, atómico, não tinham utilidade.

A administração Truman optou por prosseguir as operações unicamente na península, tentando simultaneamente chegar a um acordo. Com efeito, os objectivos político-estratégicos haviam sido redefinidos: combater até que os EUA, em nome da ONU, pudessem conduzir negociações vantajosamente, e aceitar uma Coreia dividida. Em suma, a força não deveria ser empregue estrategicamente, para obter directamente o resultado político, mas sim para possibilitar que ele fosse alcançado à mesa das negociações. As críticas bem publicitadas de MacArthur acerca das orientações que estava a receber acabaram por levar à sua demissão por insubordinação, em Abril de 1951. A 25 de Junho, os EUA aceitaram uma proposta soviética de cessar-fogo, à qual deveria seguir-se o início de negociações de um armistício. Apenas se chegou a acordo em Julho de 1953. O acordo final garantiu a criação de uma zona desmilitarizada na fronteira entre os dois Estados. A fronteira foi redesenhada mais ou menos ao longo do paralelo 38, com a Coreia do Sul adquirindo 2500 km^2 de território adicional. E assim ficaram as coisas, até hoje; no Sul, os exércitos da Coreia do Sul e dos EUA têm pela frente os da Coreia do Norte, apoiados pela China. Mas agora, a China dispõe de armas nucleares, e os Norte-Coreanos também afirmam possuí-las.

Esta foi a primeira operação militar da ONU, e também a ultima a ser conduzida deste modo unilateral. Como consequência do efeito destabilizador provocado, no seio da ONU, pelo aval do Conselho de Segurança às acções americanas, vigorou, durante algum tempo, a regra de que as principais potências não deveriam ser convidadas a contribuir militarmente para as operações da ONU. Esta política permaneceu válida até ao fim da Guerra Fria, excluindo a crise de Chipre, na década de 70, quando a vantagem de utilizar as forças britânicas já presentes na ilha pareceu óbvia a quase todos os membros. A Coreia constituiu uma excepção, embora tenha sido útil, durante algum tempo, para reforçar a imagem da ONU como uma organização preparada para actuar no terreno, em oposição à sua débil antecessora, a Sociedade das Nações, nas décadas de 20 e 30.

O confronto da Guerra Fria também forneceu a estrutura fundamental para outro tipo de conflitos, os resultantes do fim dos impérios coloniais. Um dos exemplos mais importantes desta tendência, que emergiu com base no modelo da antítese e veio a demonstrar todos os primeiros sinais da guerra entre o povo, foi a Emergência da Malásia. A Carta do Atlântico, assinada, em 1941, entre o presidente Roosevelt e o primeiro-ministro Winston Churchill, e que se tornaria a base da Carta da ONU, deixou claro que a Grã-Bretanha acabaria por conceder às suas colónias o direito de autodeterminação. Mas além disso, a vitória japonesa sobre as forças britânicas, em 1942, destruiu a aura de invencibilidade associada às forças da Europa Ocidental, enquanto que em 1947 a partida britânica da Índia estabeleceu um precedente para as potências coloniais em declínio e para os aspirantes a Estados soberanos. No entanto, enquanto esta se processou pacificamente – não obstante a divisão do Paquistão e as subsequentes disputas e guerras por causa de Caxemira –, noutras colónias germinavam sementes de confronto e até de conflito.

O Exército Antijaponês do Povo Malaio (EAJPM) foi formado como braço militar do Partido Comunista Malaio (PCM) para resistir à ocupação japonesa da Malásia. A maioria dos seus membros era de origem chinesa. Os Britânicos tinham apoiado o EAJPM com armas, instrução e conselheiros, tal como haviam feito com outros «movimentos de resistência» nos territórios ocupados pelo

Eixo. Depois da guerra, o EAJPM foi tratado como um aliado heróico, e uma delegação foi convidada para assistir ao desfile da vitória, em Londres. Contudo, o casamento de conveniência entre o PCM e os Britânicos não durou: já não partilhavam um inimigo ou desígnio político comum, e a visão britânica de uma Federação da Malásia independente era marcadamente diferente da do PCM. O EAJPM foi rebaptizado Exército Anti-britânico do Povo Malaio (EABPM), mas pouco depois, numa tentativa de granjear o apoio dos diferentes grupos raciais que compunham a população, foi novamente rebaptizado para Exército de Libertação das Raças Malaias (ELRM).

Em Junho de 1948, três plantadores britânicos foram assassinados. Em poucos meses, a «Emergência Malaia» escalou: unidades de guerrilha do ELRM atacaram plantações e sabotaram infra-estruturas para expulsar os Britânicos e impedir a colónia de funcionar, enquanto aterrorizavam a população para garantir o seu apoio. Em resposta, a Grã-Bretanha declarou o estado de emergência, e tropas malaias e britânicas começaram à procura dos terroristas comunistas (alcunhados de TCs.) Todavia, sabia-se que para vencer não bastaria responder à força com a força. Os guerrilheiros do ELRM beneficiavam de anos de experiência em operações contra os Japoneses, e estavam na posse de depósitos de armas constituídos no fim da Segunda Guerra Mundial pelo Partido Comunista. Além do mais, podiam refugiar-se na selva, e eram apoiados por um segmento da população que incluía uma parte considerável da minoria chinesa – na sua maioria, o povo da Malásia estava dividido quanto à insurreição.

Enquanto as atenções internacionais se encontravam centradas na Guerra da Coreia, os Britânicos, socorrendo-se de uma experiência que remontava, no mínimo, à Guerra dos Bóeres, decidiram começar por remover os simpatizantes da guerrilha. Seguindo um plano concebido pelo tenente-general Sir Harold Briggs, director de operações de antibanditismo, foi lançado um programa de realojamento para deslocar centenas de milhares de camponeses que viviam à beira da selva para 500 «aldeias novas» construídas para o efeito.

As aldeias novas foram cuidadosamente planeadas de antemão: não se esqueceram estradas, abastecimento de água, locais para lojas, escola, uma clínica e todas as outras necessidades básicas. À chegada, cada família recebia alguma ajuda financeira e material de construção para edificar uma casa. O perímetro de cada aldeia estava protegido por arame farpado e por um posto de polícia com um máximo de vinte homens. Logo que a aldeia ficava habitada, eram recrutados guardas locais para reforçarem a polícia à noite, durante a qual era imposto o recolher obrigatório fora da aldeia e ocasionalmente no interior do próprio perímetro. Para os recém-chegados, a principal atracão era o facto de receberem títulos de propriedade das terras. Até então, a minoria chinesa fora geralmente muito pobre e possuía poucos direitos dignos desse nome, pois haviam-lhe sido negados a propriedade da terra e o direito de voto. O PCM jogara com todos estes factores mas o plano Briggs contra-atacou, oferecendo à população chinesa um interesse no futuro tal como os Britânicos o viam – tornaram-se proprietários, com motivos para apoiarem um futuro no qual esta situação se manteria –, afastando o povo da guerrilha, protegendo-o do terrorismo e da politização, e impedindo-o de poder apoiar os guerrilheiros existentes na selva.

Depois de o programa de realojamento ser completado num distrito, era introduzido um rígido controlo alimentar. Os alimentos levados para as aldeias tinham de ser guardados, e não podiam ser levados para o exterior. Patrulhas impediam os simpatizantes do ELRM de abastecerem os guerrilheiros. Nalgumas áreas, o arroz era até racionado e fornecido cozido para que se estragasse em poucos dias. Como qualquer bloqueio, estas medidas levaram tempo a fazer-se sentir mas, no longo prazo, a subnutrição começou a atacar as unidades da guerrilha, obrigando-as a correrem riscos em busca de alimentos e enfraquecendo a sua determinação. Em paralelo, os Britânicos perseguiam os TCs na selva. Foi estabelecida uma escola de guerra na selva, as unidades de infantaria – ainda baseadas em conscritos britânicos – foram treinadas e aclimatizadas para conseguirem operar tão bem ou melhor do que os TCs. Unidades de especialistas, tais como o Special Air Service (SAS), foram reconfiguradas para efectuar patrulhas de longa duração nas profundezas da selva. Com a polícia a desenvolver operações de inteligência nas vilas e aldeias, e a inteligência proporcionada pela penetração na selva, as patrulhas da infantaria treinada para operar na selva foram empurrando os TCs para o seu interior com crescente sucesso. Decorrido algum tempo, as unidades britânicas começaram a prestar ajuda médica e a distribuir alimentos aos

Malaios e às tribos indígenas, os Sakai, e tudo isto contribuiu para eliminar o apoio do povo aos TCs que com ele partilhavam o território.

Em Outubro de 1951, o ELRM emboscou e assassinou o alto comissário britânico. O seu sucessor, o tenente-general Gerald Templer, tomou a situação energicamente em mãos. Apesar de seguir o plano Briggs, acelerou a formação de um exército malaio, realizou reformas administrativas, implementou medidas para garantir à etnia chinesa residente o direito ao voto e atribuiu cargos cruciais a líderes indígenas, encarreirando-os na via da autodeterminação. Templer continuou a desenvolver a recolha e análise de informações e instituiu recompensas para quem ajudasse a detectar os guerrilheiros. Num ponto crucial, Templer prometeu que a Malásia seria independente quando a insurreição terminasse. Em meados da década de 50, com a independência no horizonte, o PCM compreendeu que a insurreição estava condenada ao fracasso. Em Agosto de 1957, a Malásia tornou-se um Estado independente. A última oposição séria por parte dos guerrilheiros do ELRM chegou ao fim em 1958, e os sobreviventes das forças do ELRM retiraram para áreas perto da fronteira com a Tailândia. Em 31 de Julho de 1960, o governo malaio declarou o fim do estado de emergência e Ching Peng, o líder da guerrilha, fugiu para a China.

A Emergência Malaia ainda é considerada, nos meios militares de todo o mundo, como um exemplo de sucesso de contra-insurreição e contra-guerra revolucionária. Entre os dois, Briggs e Templer eliminaram o principal objectivo político da campanha do PCM. A representação do conflito como uma luta de libertação contra os opressores colonialistas que nunca abdicariam da sua posição de controlo perdeu credibilidade face à promessa de independência, apoiada pela concessão de terras. Subtraíram o povo à influência da guerrilha e depois desenvolveram as forças e a inteligência adequadas para perseguir os guerrilheiros no seu próprio território – e nos termos por si impostos. Os Britânicos conquistaram a vontade do povo e derrotaram o exército do PCM – e fizeram-no com um exército de conscritos e segundo os parâmetros de tolerância do seu próprio povo, a opinião pública britânica. Eu compreendi a importância deste feito no Zimbabué, em 1980, ao falar com os Rodesianos brancos derrotados, os quais, na realidade, haviam sido vencedores na maioria dos recontros tácticos. Eles tinham copiado e adaptado, com vantagem, quase tudo o que os Britânicos haviam feito na Malásia – mas com uma diferença essencial, que não conseguiam ver. Os Britânicos tinham sido claros quanto ao facto de irem sair da Malásia; a questão era a quem deveriam entregar o poder. Os Rodesianos não iam partir nem se preparavam para entregar o poder a ninguém. Os Britânicos tinham conseguido deslocar segmentos da população para «aldeias protegidas», no pressuposto de que os aldeãos herdariam a aldeia e as terras; os Rodesianos eram considerados culpados de manter as pessoas em áreas vedadas e de lhes negarem as suas terras.

A Emergência Malaia é também um exemplo clássico de um importante participante na Guerra Fria, a Grã-Bretanha, a construir e manter um exército industrial como contributo para esse confronto, mas que se adaptou e utilizou forças pertencentes a esse mesmo exército num confronto de natureza completamente diferente. Em termos puramente operacionais, trata-se de um exemplo claro de mobilidade organizacional, e as forças tiveram êxito nas suas operações. O que torna diferente este e outros conflitos paralelos à Guerra Fria é o facto de terem sido travados nos pressupostos da guerra industrial quando, na verdade, eram guerras entre o povo: estas operações eram vistas como aberrações temporárias relativamente à verdadeira guerra, e não como uma nova realidade de conflito. Foi um dos primeiros exemplos do paradigma: um confronto prolongado que se convertia constantemente num conflito ao nível táctico. Embora os guerrilheiros e as tropas britânicas e posteriormente malaias tivessem uma presença abundante no terreno, não se registou nenhum recontro de escala superior à de companhia. Tratou-se, pois, de uma série de conflitos tácticos, enquadrados num confronto mais abrangente. E foi neste contexto que se escreveu a página seguinte da história malaia: o Confronto da Indonésia.

A Malásia tornou-se independente em 1957, e os Britânicos começaram a retirar das suas colónias no Bornéu, na altura dividido em quatro territórios administrativos distintos. Kalimantan, uma província indonésia, localizava-se no Sul da ilha. No Norte, situavam-se o Reino do Brunei e as duas províncias de Sarawak e Bornéu do Norte, posteriormente rebaptizado Sabah. A Grã-Bretanha planeava criar a Federação da Malásia, que incluia a Malásia, Sabah e Sarawak, deixando o Reino do Brunei independente. As Filipinas e a Indonésia concordaram formalmente em aceitar a formação da Malásia após um referendo organizado pelas Nações Unidas. Contudo, na Indonésia, o presidente Sukarno permaneceu declaradamente oposto à constituição da Federação, argumentando que se tratava de um pretexto para manter o domínio colonial britânico na área – mas além disso, ele pretendia apoderar-se de toda a ilha do Bornéu, particularmente dos campos petrolíferos do sultão do Brunei, para a Indonésia.

No Brunei, o Exército Nacional de Kalimantan do Norte (TKNU), apoiado pela Indonésia, sublevou-se no dia 8 de Dezembro de 1962. As forças do TKNU tentaram capturar o sultão, apoderar-se dos campos petrolíferos e fazer reféns europeus. O sultão conseguiu escapar e apelou ao auxílio britânico. Foram enviadas tropas britânicas de Singapura e, a 16 de Dezembro, o Comando do Extremo Oriente podia declarar que as principais concentrações rebeldes tinham sido destruídas. Em Abril de 1963, o comandante rebelde foi capturado e a rebelião chegou ao fim. No entanto, em Janeiro do mesmo ano, o ministro dos Negócios Estrangeiros da Indonésia havia declarado publicamente a postura hostil do seu país face à Malásia, apelando a uma política de «confronto», e tropas irregulares indonésias começaram a infiltrar-se em Sarawak e Sabah. Deram início a incursões, acções de sabotagem e distribuição de propaganda indonésia nas aldeias, e o comandante do exército indonésio, o general Suharto, jurou «esmagar a Malásia». Aumentou a frequência das incursões indonésias, a partir das suas bases em Kalimantan. Unidades tipo pelotão vagueavam por ambas as regiões, apoiadas por simpatizantes comunistas chineses. As populações locais foram lentas a unir-se, principalmente porque não eram da mesma raça.

Em 1964, as tropas indonésias começaram a realizar incursões sobre alvos na própria Península da Malásia. Em Agosto, na cidade de Johore, foram capturados agentes indonésios armados. Em Setembro e Outubro, a Indonésia lançou ataques anfíbios e com pára-quedistas contra Labis e Pontian, no Sudoeste da península. O número das forças em presença foi aumentando até que, no princípio de 1965, estavam no terreno cerca de 15 000 soldados britânicos e da Commonwealth, juntamente com consideráveis contingentes navais e aéreos, sendo a maioria das unidades do exército enviada para as províncias ameaçadas do Bornéu. A partir de 1964, foram instaladas em bases na selva, de modo a interditarem as incursões indonésias e protegerem os centros populacionais. Depois desta medida essencialmente defensiva começar a surtir efeito, e baseando-se na experiência da campanha na Malásia, estas forças foram enviadas para as selvas junto à fronteira, com o objectivo de garantirem a lealdade das tribos que lá habitavam. Um filtro de patrulhas ao longo da fronteira e as informações obtidas junto do povo foram de grande valor. Em Junho de 1964, estes dados começaram a ser suficientemente fiáveis para se actuar em conformidade, e as forças da Commonwealth passaram à ofensiva. As Forças Especiais, com a sua experiência acrescida adquirida na Malásia, desencadearam operações transfronteiriças secretas com o objectivo de obterem informações e obrigarem os Indonésios a permanecer na defensiva em Kalimantan, do seu lado da fronteira. Obviamente, estas incursões não foram publicitadas, e a sua condução decorreu no âmbito da secretíssima Operação Claret. Desconhecendo onde as forças da Commonwealth poderiam atacar, os Indonésios dedicaram cada vez mais recursos à protecção das suas posições, e proporcionalmente menos em operações ofensivas. Em paralelo com estas medidas militares, foi lançada uma ofensiva diplomática a vários níveis. A Grã-Bretanha usou a sua posição na ONU e na aliança militar regional, a SEATO (Organização do Tratado do Sudeste Asiático), para obrigar os Indonésios a porem fim às incursões e às suas pretensões sobre o Bornéu. Mais localmente, os Britânicos encorajaram a Federação da Malásia a agir e a demonstrar a sua coesão e independência. Estes esforços militares e diplomáticos expuseram as tensões internas existentes no regime de Sukarno: os militares indonésios estavam a perder e a ser atacados no seu próprio território, o povo de Sarawak e Sabah deixara de apoiar a sua campanha, e a Indonésia encontrava-se isolada internacionalmente. Em Março de 1966, o Presidente Sukarno foi derrubado, e o general Suharto assumiu o poder. As operações em solo malaio diminuíram durante esta crise interna e pouco depois, em Maio, os governos indonésio e malaio proclamaram o fim das hostilidades numa conferência em Banguecoque. Um tratado de paz foi assinado a 11 de Agosto, e ratificado dois dias depois.

Esta crise é oficialmente denominada Confronto da Indonésia, e torna-se óbvio que o título descreve apropriadamente os acontecimentos: todos os ensinamentos decorrentes da Emergência Malaia foram aperfeiçoados e implementados com elevado grau de precisão. A campanha global – militar e política – foi conduzida com subtileza. As acções militares complementaram as políticas e limitaram-se a atingir objectivos tácticos. Garantiu-se a lealdade do povo de Sabah e Sarawak, e conduziram-se operações para obter informações. Depois de lançadas estas bases, negando aos Indonésios o seu objectivo, foram levadas a cabo operações para exercer pressão sobre as suas forças existentes em Kalimantan, uma pressão que, combinada com iniciativas diplomáticas, levou ao colapso do regime. A Grã-Bretanha socorreu-se da sua considerável experiência em operações na selva e efectuou várias mudanças organizacionais para criar as unidades de patrulha ao longo da fronteira. Observamos aqui um excelente exemplo das acções militares – o conflito táctico – firmemente enquadradas no contexto das actividades político-diplomáticas, o confronto ao nível de teatro que escalou ocasionalmente para o nível estratégico. E todos estes processos estiveram enquadrados no grande confronto político entre os dois blocos, a Guerra Fria.

Até aqui, vimos dois modelos de conflito enquadrados em confrontos: a Guerra da Coreia, que quase escalou para uma guerra nuclear mas que permaneceu limitada a uma operação de teatro, e os dois conflitos na Malásia, nos quais os recontros tácticos se mantiveram firmemente no contexto da actividade político-diplomática. Ambos os modelos pertencem ao paradigma da guerra entre o povo, o qual, como já explicámos, combina as actividades políticas com as militares. Assim, a relação político-militar é mais complexa do que na guerra industrial, e absolutamente crucial para garantir um desfecho de sucesso. Tal como observei na Introdução, a decisão de entrar em guerra – passar do confronto ao conflito – é sempre tomada no nível político, e é também neste nível que se decide parar de combater. Os militares implementam estas decisões, nos três níveis. No início de um conflito, depois de tomada a decisão, a actividade passa para os militares, começando no nível estratégico. O contexto da decisão é sempre a discussão da estratégia que ocorre em qualquer governo, definida em contínuas reavaliações e debates entre as várias entidades que decidem as políticas: os ministérios dos Negócios Estrangeiros e da Defesa, o presidente ou o primeiro-ministro, os serviços de informação militares, etc. Em tempo de paz, os debates sobre políticas a seguir tendem a ser de carácter geral e a concentrar-se na identificação de ameaças – mas estas são sempre e unicamente potenciais. É necessária a existência de um inimigo real para dar origem a uma ameaça real, e de uma iniciativa real com um objecto real numa situação real para calcular o risco. Este ponto deve ser sempre considerado pelos decisores políticos, reconhecendo o potencial inimigo ou sublinhando a sua ausência, pois são eles que constroem o enquadramento para aqueles que terão, algures no futuro, de optar por uma estratégia específica. Na verdade, é o aparecimento de um inimigo real que coloca em jogo o nível estratégico, pois embora seja possível possuir, em tempo de paz, uma política geral que identifica as ameaças, não é possível montar uma estratégia sem adversário. Do mesmo modo, o estratego de uma operação tem que compreender a natureza e os limites do enquadramento político no qual se encontra, e conceber a sua estratégia em conformidade. Uma estratégia afastada do contexto político tem poucas hipóteses de sucesso. Tal como Clausewitz afirmou excelentemente:

> Vemos, pois, em primeiro lugar, que em todas as circunstâncias a Guerra deve ser considerada não como algo independente, mas como um instrumento político; e somente adoptando esta perspectiva poderemos evitar encontrar-nos em oposição a toda a história militar. Este é o único meio para desvendar o grande livro e torná-lo inteligível. Em segundo lugar, esta perspectiva mostra-nos como as Guerras diferem obrigatoriamente em carácter, consoante a natureza dos motivos e circunstancias que lhes dão origem.
> Mas o primeiro e maior acto de decisão que o Estadista e o General exercem é compreender correctamente neste sentido a Guerra na qual vão entrar, e não tomá-la por algo ou pretender fazer dela algo que, devido à natureza das suas relações, ela não pode ser. Esta é, pois, a primeira e mais abrangente de todas as questões estratégicas.[86]

Depois de o nível político ter tomado a decisão de entrar em conflito, o debate sobre a política a seguir deve centrar-se em três questões principais: objectivo a atingir, modo como deve ser atingido,

---

[86] *On War*, secção 27, cap. 1, livro 1 (ed. Penguin), p. 121. (Nota do Autor)

meios a alocar para o efeito. Não faz diferença em que ponto iniciamos este processo – o que conta é que estes três factores estejam equilibrados. Podemos decidir os meios e o modo e aceitar o objectivo que alcançarão, mas definir um objectivo com o qual os meios e o modo não se coadunem é, no mínimo, arriscar uma desilusão. Da mesma forma, optar por um modo que nos está disponível sem lhe alocarmos os meios necessários ou, mais criticamente, sem o adequarmos à natureza do objectivo pretendido, confundirá muito provavelmente os nossos esforços, por muito eficientes que sejam. Descobri que esta simples ferramenta analítica – identificar claramente o objectivo, o modo e os meios – era muito útil para abrir caminho por todos os pormenores e interesses contraditórios que inevitavelmente se imiscuem no debate sobre a política a adoptar, e esta mesma ferramenta pode ser utilizada para compreender os níveis mais baixos da guerra e a forma como se relacionam entre si.

O objectivo é, na verdade, o resultado pretendido pela política adoptada. Pode ser o restabelecimento de um *status quo* ou a criação de um regime amigável, ou a eliminação de uma ameaça. O modo deve ser o percurso geral ao longo do qual os recursos alocados – militares, diplomáticos e económicos – serão utilizados, e com que equilíbrio. Os meios são os recursos – incluindo intangíveis como o capital político – alocados para atingir o objectivo. Ao fazê-lo, o nível político deve compreender – embora muitas vezes não o compreenda – que os recursos também estarão em risco, que os meios estão a ser arriscados para atingir o objectivo do modo pretendido. Se os recursos – pessoal, material, finanças e reputação – estiverem a ser orientados para obter um resultado de um modo específico, terão de estar necessariamente em risco para que a relação entre objectivo, modo e meios permaneça equilibrada. Se se considerar que o objectivo não vale o risco para os meios, o modo ou o objectivo terão que ser alterados até se conseguir um equilíbrio. Por exemplo, se o envio de tropas para um cenário de violações de direitos humanos ou até de conflito declarado não pode contemplar o emprego da força por receio de perdas em homens, não fará sentido enviar as tropas, ou o modo da sua operação deverá ser alterado. Ou então, tomando um exemplo histórico, podemos ver como o equilíbrio entre objectivos, modos e meios funcionou na Guerra das Falklands. Os Argentinos invadiram as ilhas na convicção de que os Britânicos careciam da capacidade de as recuperar: que não dispunham dos meios suficientes e, em particular, da determinação de lutar pelas ilhas. Contudo, enganaram-se quanto à vontade política e talvez em relação ao moral das forças, e foram enviados os meios disponíveis para libertar as Falklands. E conseguiram-no, ainda que em inferioridade numérica no ar e em terra, porque o comandante descobriu como vencer o teste de força e o choque de vontades.

A decisão sobre a alocação de recursos é a mais sensível para o nível político, e também a mais crucial. Tal como vimos, desde Napoleão, o poder absoluto do Estado tem sido tipicamente aglutinado para vencer guerras quando o objectivo é a sobrevivência do Estado. Mas para fins políticos menores são alocados menos recursos, algo que ficou patente nas duas operações na Malásia. Nos tempos de hoje, muito longe da guerra total, podemos observar esta questão, numa ou noutra formulação, em debate nos parlamentos de todo o mundo. Em todos os Estados, existe uma política de defesa e uma política de segurança: a primeira lida com os imperativos absolutos da sobrevivência do Estado, a segunda com os imperativos menores – e situam-se ambas no contexto internacional. Por outras palavras, embora a defesa e segurança da nação dependam das políticas a adoptar, o que estas verdadeiramente abordam é a sobrevivência do Estado no seio do sistema internacional vigente. Além do Ministério da Defesa, muitos outros ministérios têm um papel a desempenhar na componente de defesa das políticas, ainda que de uma forma algo dormente – e devem entrar em acção na eventualidade de uma guerra industrial; todavia, estes mesmos ministérios – particularmente o dos Negócios Estrangeiros – são os que assumem a liderança na componente de segurança das políticas. O equilíbrio na alocação de recursos entre os dois e para efeitos de uma intervenção militar é habitualmente decidido, pelo menos nas democracias, através da avaliação da vontade política do povo para atingir o objectivo e suportar os custos – em vidas dos filhos e filhas dos seus eleitores e no erário público, com o consequente impacto negativo na economia, educação, saúde e todos os outros elementos da vida nacional.

Na busca dos meios, incluindo os intangíveis como a legitimidade e a força moral, os países aderem a alianças onde vêem os seus propósitos comummente partilhados. Ao fazê-lo, não só aumentam as forças disponíveis, como também desdobram o risco. Importa observar que existem diferenças assinaláveis, ignoradas, entre uma aliança e uma coligação: a primeira é de natureza mais permanente e denota igualdade entre todos os seus membros; as coligações são geralmente iniciativas *ad hoc*, lideradas por um ou dois membros poderosos. Todavia, a manutenção da aliança ou coligação requer muito trabalho diplomático e, inevitavelmente, algum compromisso quanto às posições dos seus membros e ao dispêndio de capital material e diplomático, particularmente pelos membros principais. E quanto menos imperativa e ameaçadora for a situação, menos sintonia existirá entre os membros e mais difícil será manter a aliança ou coligação. Por exemplo, a OTAN é uma aliança permanente, e é mantida através de uma contínua interacção diplomática no seu quartel-general, onde todos os membros têm embaixadores que se reúnem regularmente para discutir e negociar assuntos da aliança. As forças internacionais que travaram as guerras no Iraque, em 1991 e 2003, foram coligações – e embora a primeira fosse cimentada por enormes esforços diplomáticos liderados pelos EUA e, muito em particular, pelo seu secretário de Estado, James Baker, a segunda apresentou-se mais como um remendo num cenário de tempestuosas interacções diplomáticas. A primeira incrementou bastante o capital político de todos os participantes, a segunda diminuiu o de quase todos.

Depois de decidirmos, no nível político, o equilíbrio entre objectivo, modo e meios, definimos, no nível estratégico militar, os objectivos a atingir através da força militar – e também decidimos a sua relação com outros objectivos a alcançar, por exemplo, através da diplomacia ou com o auxílio da economia. Esta selecção, como aliás a maioria dos aspectos da estratégia, é uma arte – tal como explicou o general Alanbrooke, chefe do estado-maior general imperial durante a maior parte da Segunda Guerra Mundial:

> A arte da estratégia é determinar o objectivo, que deverá ser político: derivar do objectivo uma série de Objectivos Militares a atingir: avaliar estes objectivos quanto aos requisitos militares que originam, e as condições que cada um deles necessitará provavelmente que se cumpram para que seja atingido: comparar os recursos disponíveis e potenciais com as necessidades e, a partir deste processo, estabelecer um padrão coerente de prioridades e um rumo racional a seguir.[87]

---

[87] Alanbrooke, *War Diaries 1939-1945* (org. Alex Danchev e Daniel Todman), Londres, Phoenix Press, 2001. (*N.T.*)

Olhando para as campanhas da Coreia e da Malásia, deve ser agora claro que, em ambos os casos, a relação com outros objectivos a alcançar decidiu a estratégia final e o desfecho. Na Coreia existiu, durante muito tempo, uma coerência absoluta entre os objectivos políticos e militares, situando-se os segundos no contexto dos primeiros. Mas quando o contexto político se alterou, e o objectivo e o modo militares ficaram desalinhados com ele, o fim ou resultado das políticas mudou, e com ele os objectivos militares. Na Malásia, as operações militares foram equilibradas pelos objectivos políticos, económicos e diplomáticos, servindo as actividades militares de sublimador, sem constituírem a actividade principal. É crucial que os objectivos militares sejam escolhidos pelo seu valor na prossecução do objectivo ou fim político, e não apenas por serem militarmente exequíveis: importa evitar a armadilha de confundir actividade com resultado, como tantas vezes acontece com a escola de pensamento do «é preciso fazer alguma coisa». Fazer «alguma coisa» porque é possível ou porque é aparentemente necessária uma reacção – qualquer reacção – a uma situação indesejada raramente atingirá o resultado pretendido, e implicará muito provavelmente custos substanciais em vidas humanas e material.

Depois de seleccionarem os objectivos militares, os estrategos devem alocar os meios militares a partir de todas as forças ao seu dispor e, em termos gerais, concordar quanto ao modo para atingir o objectivo escolhido. E a questão aqui é concordar e não ordenar, pois hoje em dia o estratego não é o comandante que vai alcançar o objectivo. Não é um Napoleão ou um Moltke, que elaboravam o plano e o executavam no terreno: é o moderno comandante estratégico, sentado no quartel-general, liderando um estado-maior general, comunicando com os seus comandantes de teatro, os quais são, em muitos casos, multinacionais. Por fim, como sempre, os objectivos, modos e meios devem ser equilibrados no nível estratégico militar, estabelecendo-se prioridades para os vários objectivos militares. Todas estas decisões fornecem o contexto para as decisões do comandante de teatro.

Durante todo o conflito ou confronto, a relação entre os níveis político e estratégico deve ser sempre muito estreita, ao ponto de existir uma discussão contínua que só termina quando é atingido o fim ou objectivo global. As considerações políticas fornecem o contexto para a estratégia, e assim deverá ser durante todo o conflito:

as considerações e acções militares devem funcionar sempre subordinadas ao objectivo político e contribuir para a sua prossecução – e em harmonia com todas as considerações políticas, pois são estas que mantêm o povo na trindade e possibilitam a sustentação do conflito. Estado e povo devem estar sempre em evidência, mesmo quando se trata da mais pequena operação militar. No caso particular das democracias, sem esta coordenação poderá não haver vontade política para prosseguir. Aliás, quanto mais o povo de um Estado se considerar directamente ameaçado, mais cooperante será na subordinação dos seus interesses em nome da sobrevivência, e mais tolerará o dispêndio de vidas – e mais lhe poderá o Estado exigir, já que a defesa do povo constitui o seu primeiro dever político e, em consequência, a legitimação da sua soberania. Foi claramente este o caso na maior parte dos Estados durante a Segunda Guerra Mundial, ou ainda mais recentemente, quando os EUA, após os ataques terroristas de 9/11, aprovaram o Patriot Act: não obstante ser considerado uma violação dos direitos civis, foi aprovado em ambas as câmaras do Congresso e aceite pelo público americano, receoso da ameaça de novos ataques terroristas.

Dada esta correlação entre o receio de uma ameaça e aceitação da interferência do Estado, segue-se que uma das maneiras mais rápidas de um Estado ou líder político adquirirem poder sobre o povo é este encontrar-se ameaçado ou a liderança criar uma ameaça. Como vimos, os Soviéticos foram um exemplo disto mesmo durante toda a Guerra Fria, utilizando as estratégias da dissuasão para manterem o Império Soviético em pé de guerra. Mas a intervenção no Afeganistão foi a sua ruína, pois não pôde ser apresentada como uma ameaça: não havia necessidade de se estar em pé de guerra, pelo que o povo retirou o seu apoio. Entretanto, no outro lado, os Estados do Ocidente tinham alocado meios para alcançarem o objectivo de defender as suas fronteiras, através de uma estratégia defensiva apoiada por armas nucleares. Contudo, também foram capazes de alocar outros recursos para alcançar a prosperidade económica. Ao fazê-lo, mantiveram o apoio popular ao esforço militar, o qual se pôde juntar aos outros objectivos nacionais ocidentais.

Este exemplo demonstra outro ponto importante: o objectivo político e o objectivo estratégico militar não são a mesma coisa e nunca são os mesmos. O objectivo estratégico militar é alcançado pela força militar, enquanto que o objectivo político é alcançado como resultado do êxito militar. Por exemplo, o objectivo político do presidente Sadat, ao desencadear a guerra de 1973 contra Israel, foi obrigá-lo a negociar a devolução da Península do Sinai ao Egipto. Todavia, o objectivo militar das suas forças era atravessarem o Canal do Suez e apoderarem-se de uma extensão mínima de território para pressionarem os Israelitas. O objectivo militar integrava-se claramente no contexto do objectivo político, mas era distinto. Henry Kissinger reflectiu apropriadamente sobre esta matéria:

> O que ninguém compreendeu antecipadamente foi a mente do homem: Sadat não pretendia ganhos territoriais, mas sim uma crise que alteraria as posturas às quais as partes estavam presas – obrigando-as a entrarem em negociações... Raro é o estadista que, no início de uma guerra, possui uma percepção tão nítida do seu objectivo político... A audácia da estratégia de Sadat residiu no seu planeamento para o que ninguém imaginaria; foi esta a razão principal pela qual os árabes garantiram a surpresa... De facto, Sadat usou as ideias préconcebidas do adversário para o paralisar.([88])

Não só agiram os militares no contexto do objectivo político, como também observamos aqui um exemplo de um estadista procurando resolver um confronto dando início a um conflito para modificar intenções. Também é um exemplo claro da diferença entre guerra industrial e um grande combate no âmbito do novo paradigma: o propósito de Sadat não foi a resolução do problema político através da derrota militar absoluta do inimigo, antes a criação de condições políticas favoráveis para uma solução negociada através do emprego da força. E apesar de os combates terem todo o impacto visual de uma guerra industrial moderna, eram insustentáveis porque nenhuma das partes – os combatentes ou os seus apoiantes respectivos, soviéticos e americanos – dispunha de linhas de produção para o equipamento pesado utilizado.

É o modo como o êxito militar é alcançado que define se pode ou não ser traduzido em vantagem política. Se o êxito militar for alcançado bombardeando alvos civis e provocando a morte de muitos civis, resultando numa forte reacção da opinião pública

---

([88]) Henry Kissinger, *Years of Upheaval*, Boston, Little Brown & Co., 1982, p. 460. (Nota do Autor)

nacional e internacional, não deverá ser facilmente convertido em capital político. Como veremos, até certo ponto, a experiência dos EUA no Vietname reflecte esta realidade: os EUA estavam a vencer em termos técnicos, mas o modo como o faziam teve enormes custos políticos nacionais e internacionais, ao ponto de o benefício das vitórias ser anulado pelo seu custo.

Finalmente, ao listar estas características dos níveis político e estratégico, não estou a sugerir a elaboração de um «grande plano», no qual todos os aspectos são considerados e trabalhados em pormenor. Pelo contrário, esta relação deve produzir uma expressão simples, em termos muito gerais, do objectivo ou resultado desejados, uma declaração quanto à alocação dos meios para atingir o objectivo, e uma descrição da ideia geral do modo com o empreendimento deve ser realizado. Caso o objectivo deva ser atingido em várias fases e por diferentes vias, militares ou não, devem também ser explicitadas as respectivas prioridades e sequência. Dar início a uma variedade de missões ao mesmo tempo será sinónimo de incoerência – mesmo que todos os objectivos sejam atingidos, dado que é difícil ganhar capital político quando, por exemplo, um alvo secundário é atingido antes do primário ou à sua custa. Além do mais, deve compreender-se que estas decisões políticas e estratégicas devem ser reavaliadas em função dos acontecimentos circunstanciais do confronto e do conflito. Existe sempre o perigo de se efectuar uma alteração local ou específica sem a devida consideração da operação global. Somente tendo sempre presente o objectivo global se podem efectuar os ajustamentos apropriados.

Até aqui, lidei com a relação entre os níveis político e militar no contexto de Estados nos quais existe uma divisão reconhecível entre os corpos político e militar. Mas esta análise aplica-se a todos os confrontos e conflitos, entre Estados ou não, com excepção dos puramente criminosos, envolvendo uma ou poucas pessoas. A linha divisória entre política e estratégia poderá ser ténue; na verdade, as ideias podem estar na cabeça de um único homem ou mulher. Mas a melhor forma de compreendermos estas ideias e intenções é separando o político do estratégico, e reconhecendo que o estratégico se enquadra no político. Nesta base, é sempre possível elaborar um plano e implementá-lo eficazmente – dar utilidade a qualquer força empregue.

Apêndice:
O Equilíbrio Militar 1961-1991

Algumas estimativas comparativas de poder estratégico, princípio de 1962

Categoria	Aliança Ocidental (inclui OTAN, Alianças Ocidentais e outras potências com tratados assinados com os EUA)	Bloco Comunista (inclui Pacto de Varsóvia, China, Coreia do Norte e Vietname do Norte)
ICBMs[89]	63	50
MRBMs[90]	186	200
Bombardeiros de longo alcance	600	190
Bombardeiros de médio alcance	2200	1100
Porta-aviões	58	—
Submarinos nucleares	22	2
Submarinos convencionais	266	480
Cruzadores	67	25
Pessoal mobilizado	8 195 253	7 994 300
	OTAN	Pacto de Varsóvia
Forças totais	6 061 013	4 790 300

Os números que se seguem foram compilados do texto nuclear do *Military Balance 1961-1962*[91], que ainda era mais um relatório do que uma ferramenta estatística. Embora não seja verdadeiramente um instrumento comparativo tão poderoso como as tabelas, fornece estimativas do seguinte tipo:

---

[89] Mísseis balísticos intercontinentais. (*N.T.*)
[90] Mísseis balísticos de médio alcance. (*N.T.*)
[91] Relatório sobre as capacidades militares e economia relacionada com a defesa referente a cerca de 170 países, publicado anualmente pelo International Institute for Strategic Studies de Londres (http://www.iiss.org/publications/the-military-balance). (*N.T.*)

URSS

Forças terrestres
2 500 000 efectivos
160 divisões de linha activas. Uma divisão de infantaria em estado de prontidão compreende 12 000 efectivos, uma divisão blindada 10 500 e unidades de artilharia e antiaéreas de apoio. A maioria das divisões no activo é blindada ou mecanizada.
Potencial de mobilização: 7 000 000

Forças aerotransportadas
100 000 efectivos, formados em 9 divisões

Tanques
20 000 de primeira linha e 15 000 de segunda linha

Forças navais
500 000 efectivos
Marinha: 1 600 000 toneladas (total)
Submarinos: 430 unidades
Cruzadores: 25
Contratorpedeiros: 130
Outras embarcações: 2 500 000

Nações do Pacto de Varsóvia

Potencial estimado em 68 divisões regulares
 Total de 990 300 efectivos em armas
 360 000 efectivos em unidades paramilitares
 Forças aéreas satélites: 2900 aviões (80% caças a jacto)

Coreia do Norte
 Total 338 000

Vietname do Norte
 Total 266 000

Sistemas nucleares de longo e médio alcance no teatro europeu, 1979-1980

	OTAN	Pacto de Varsóvia
Mísseis balísticos	326	1213
Aviões	1679	4151
Sistemas centrais dos EUA (Poseidon)	40	—
Total	2045	5364
Ogivas disponíveis (estimativa)	1065	2244

Tanques e aviões tácticos operacionais na Europa, 1979-1980

	OTAN	Pacto de Varsóvia
Tanques	11 000	27 200
Aviões tácticos	3300	5795

Forças terrestres disponíveis sem mobilização e formações de reforço disponíveis para o teatro europeu, 1979-1980

	OTAN	Pacto de Varsóvia
Forças terrestres disponíveis (equivalentes divisionais)	64([92])	68
Formações de reforço disponíveis	52 $^2/_3$	115 $^1/_3$

Forças armadas da OTAN e Pacto de Varsóvia (em milhares), 1979-1980

	OTAN	Pacto de Varsóvia
Exército	2016,2	2617
Marinha	1056,5	492
Força aérea	1103,9	729
Forças armadas (total)	4176,6	3838
Reservistas (estimativa)	4278,1	7145

([92]) Estes números não incluem as forças terrestres da Grã-Bretanha, França e Portugal. (Nota do Autor)

Forças terrestres:
do Atlântico aos Urais, 1990-1991

	OTAN	Pacto de Varsóvia
Pessoal	2 896 200([93])	2 905 700
Divisões no activo	93	103 $^1/_3$
Divisões na reserva	36 $^1/_3$	100
Divisões (total)	129 $^1/_3$	203 $^1/_3$

Tanques e aviões de combate:
do Atlântico aos Urais, 1990-1991

	OTAN	Pacto de Varsóvia
Tanques	23 022	51 714
Aviões de combate	4884	6206

Forças nucleares estratégicas americanas
e soviéticas, 1990-1991

	EUA	URSS
Mísseis balísticos	1624	2322
Bombardeiros	306	185
Ogivas	9680	10 996

Forças navais, 1990-1991

	OTAN	Pacto de Varsóvia
Submarinos	227	254
Porta-aviões	20	5
Couraçados/cruzadores	51	43
Contratorpedeiros/fragatas	392	202
Anfíbios	102	111
Aviões navais	1207	569

([93]) Excluindo as forças navais mas incluindo os fuzileiros. (Nota do Autor)

6
Capacidades:
Em Busca de uma Nova Via

A descolonização, principalmente a levada a cabo pela Grã-Bretanha e pela França, forneceu o cenário para os conflitos paralelos que eclodiram durante o confronto da Guerra Fria – e que no entanto, como vimos, se enquadraram firmemente no seu contexto. Em primeiro lugar, porque ocorreram em paralelo com a Guerra Fria. Em segundo lugar, porque foram travados com as mesmas forças: por exemplo, o Reino Unido, os EUA ou a França, durante o seu envolvimento na Malásia, no Vietname ou na Argélia, recorreram às suas forças permanentes – as forças industriais reunidas e estruturadas como parte da Guerra Fria – e adaptaram-nas para a natureza diferente destas operações. Finalmente, em terceiro lugar, porque em muitos casos existiram ligações políticas subjacentes entre os conflitos e o confronto, à medida que cada bloco procurou estender a sua influência a esferas cada vez mais alargadas – mas sem entrar em conflito com o outro. Por conseguinte, nalguns casos, estes conflitos serviram como substitutos: a antipatia e desconfiança face à potência imperial passaram a integrar a retórica democrática dos movimentos políticos populares ou o discurso anti-imperialista dos movimentos comunistas clandestinos. Por sua vez, cada um destes movimentos foi acolhido por um dos blocos em confronto, garantindo assim que o conflito local assumia um significado muito maior. No capítulo anterior, observámos esta dinâmica na Guerra da Coreia e, particularmente, nas operações na Malásia, que ocorreram a meio e depois de uma retirada britânica. Por sua vez, a retirada francesa da Indochina lançou as sementes da Guerra do Vietname, que atolou os EUA no seu pior conflito desde a

Segunda Guerra Mundial – e a retirada da Argélia atolou o governo e os militares franceses num confronto que colocou o próprio Estado em crise. Estes foram os primeiros conflitos nítidos da guerra entre o povo – mas embora os militares franceses tenham compreendido que a Guerra da Argélia era uma forma diferente de conflito, as guerras da Indochina e do Vietname foram travadas segundo os conceitos da guerra industrial.

Tal como antes, estes conflitos apresentaram diferentes tipos de inimigos: não estatais, com armamento ligeiro e ideologicamente motivados. Inimigos que recorreram a tácticas oriundas da antítese da guerra industrial, mas desenvolveram-nas muito mais. Para melhor compreendermos estas tácticas e as respectivas respostas americana e francesa, é necessário explorarmos as ideias-base do termo «densidade», que nos permite compreender a dinâmica do campo de batalha moderno em grande escala – o que é importante, dada a amplitude dos teatros indochinês e argelino. A densidade é a manifestação moderna e a continuação da questão táctica da massa de efectivos contra a massa do poder de fogo, discutida na Parte I em relação a Napoleão e Wellington. Imaginemos, por exemplo, um campo de batalha onde combatem homens armados apenas com mocas: dez atacam cinco. Pressupondo que tudo o resto é igual, é provável que dez homens vençam cinco, dado que o lado mais numeroso possui maior densidade de força. Suponhamos agora que os cinco se posicionaram atrás de um obstáculo, talvez um fosso, de modo que os dez não podem entrar todos em acção ao mesmo tempo, possivelmente porque metade tem que ajudar a outra metade a transpor o fosso. Neste caso, os cinco podem vencer, desde que consigam concluir cada combate rapidamente, que possuam resistência suficiente para combater duas ou mais vezes mais do que o adversário, e que o obstáculo abrande a aproximação do inimigo a um ritmo com que os defensores consigam lidar com êxito. Nesta situação, os cinco, ao fazerem uso de um obstáculo, alteraram vantajosamente – talvez para uma igualdade – a sua densidade em relação à do adversário. Porém, confrontado com o obstáculo, o comandante atacante pode decidir utilizar dois ou três dos seus homens para atirarem pedras aos defensores, para os ferir, distrair e atrasar a sua concentração contra os atacantes que atravessam o obstáculo. Desde que se consiga atingir o equilíbrio correcto entre o número de atiradores de pedras e de homens armados com mocas, que os atiradores consigam ver e acertar nos defensores, que sejam suficientemente hábeis para manter a cadência e a precisão, e que existam pedras suficientes com o tamanho certo – outro exemplo claro da importância da logística –, os dez podem conseguir uma densidade de força suficiente sobre o obstáculo e vencer os cinco.

Assim, a densidade não é apenas uma medida do tamanho das forças em presença, mas da força empregue contra os alvos ao alcance. Tomemos como exemplo os populares jogos com bola, entre os quais o futebol, o râguebi ou o futebol americano: todos eles podem ser compreendidos em termos de densidade, dado que cada lado procura dar criar uma situação na qual um dos seus jogadores possa romper a defesa adversária e marcar. As complexidades de o tentar fazer durante cerca de uma hora e numa área claramente definida (o campo) constituem o jogo. O campo de batalha, particularmente o moderno, é infinitamente mais complexo. No campo de batalha pré-industrial, também ele claramente definido, os quadrados da infantaria britânica derrotavam as cargas da cavalaria porque o quadrado, ainda que em inferioridade numérica, alcançava uma maior densidade de força que a cavalaria. Um cavaleiro só era eficaz dentro do alcance da sua lança ou espada, e o infante, com o seu mosquete, era eficaz até cerca de cinquenta metros. Mas o cavaleiro conseguia cobrir esta distância no tempo que o infante demorava a carregar a arma, pelo que dois cavaleiros podiam derrotar um infante. Contudo, ao formar-se em quadrados com três ou quatro fileiras, a infantaria conseguia alcançar uma cadência de tiro de três a quatro disparos por cinquenta metros por fileira disparando em sucessão. Além do mais, os infantes reduziam o seu tamanho como alvo por um factor de três ou quatro, o que significava que muito menos cavaleiros conseguiriam atacá-los à lança ou à espada caso conseguissem aproximar-se do quadrado. No entanto, o quadrado, um grupo estático de homens densamente aglomerados, era vulnerável ao fogo da artilharia, razão pela qual Wellington tentava sempre colocar a sua infantaria na contra-encosta em relação aos canhões inimigos.

Tendo presente a premissa básica de que o combate é um evento circunstancial, podemos agora ver que a densidade é um rácio da força empregue por cada antagonista num determinado conjunto de circunstâncias. Contudo, cada um é livre para alterar as circunstâncias, as quais, por sua vez, alterarão a densidade, pois esta só pode ser medida em relação ao oponente e às circunstâncias. A nossa abordagem da Guerra da Coreia forneceu um exemplo excelente, quando os Chineses atravessaram o rio Yalu, atacaram as forças da ONU empurraram-nas para sul do paralelo 38. Os Chineses conseguiram uma densidade maior dos que as forças da ONU: eram mais numerosos, avançavam numa extensa frente e estavam dispostos a aceitar baixas consideráveis. As forças da ONU estavam demasiado alongadas no terreno devido ao seu rápido avanço para norte, e só conseguiam oferecer uma defesa viável nos eixos principais. Estas posições defensivas foram rapidamente flanqueadas pelos Chineses, que se deslocavam a pé, através de eixos secundários. Além do mais, as forças aéreas da ONU não conseguiram localizar as colunas chinesas infiltradas, e também não possuíam uma arma adequada para as atacar e travar. Somente depois de as forças da ONU terem cedido todos os seus ganhos e algum território adicional, e a península se ter estreitado o suficiente para que a sua densidade adquirisse alguma paridade com a do inimigo, é que a vantagem chinesa se atenuou. O único modo através do qual MacArthur, com as forças de que dispunha e com a capacidade tecnológica das forças que poderia chamar como reforços, poderia ter alcançado uma maior densidade sem ceder terreno, teria sido atacando os Chineses em profundidade. Mas as consequências eram politicamente inaceitáveis. Como tal, o contingente da ONU, com as suas forças aéreas e armas atómicas, carecia de utilidade – pelo que o resultado pretendido foi ajustado em conformidade.

Ao discutir a densidade, toquei num ponto que lhe está relacionado: a inovação tecnológica e táctica. Os exemplos que utilizei mostram claramente como os vários beligerantes procuraram uma arma ou táctica alternativa para modificar a densidade da força em proveito próprio, quer fosse através da utilização de obstáculos, do quadrado, de fogo de apoio com pedras, do fogo destruidor da artilharia ou de um posicionamento na contra-encosta. O teórico britânico general John Fuller escreveu sobre o «factor táctico constante» ao descrever esta interacção. Toda a inovação tecnológica é, a seu tempo, contrariada pela adopção de uma táctica adequada, a qual, por sua vez, gera a necessidade de outra inovação tecnológica. A situação é muito mais complexa no campo de batalha actual, que é muito maior, entre o povo, e pejado de inovações tecnológicas. A inovação de desviar um avião e utilizá-lo como um míssil de cruzeiro, em 11 de Setembro de 2001, ou de utilizar projécteis de artilharia activados por telemóvel como bombas à beira da estrada no Iraque, e as reacções técnicas e tácticas a estas inovações, constituem precisamente aquilo que Fuller quis dizer com o seu «factor táctico constante». Os exemplos referidos mostram precisamente que este factor é hoje duplamente relevante, e deve ser considerado como um aviso a todos os comandantes quando é anunciada mais uma nova solução tecnológica: adoptá-la e utilizá-la, mas não partir do princípio de que o engenho que originou a tecnologia não é igualado pela capacidade de descobrir a solução táctica ou vice-versa.

Este problema da densidade – e da utilidade militar em conflito com a viabilidade política – esteve na base das experiências francesa e americana na Indochina. Tal como o Reino Unido, a França acabou por compreender, devido à alteração do contexto internacional do pós-guerra, à agitação local e à diminuição de recursos, que seria obrigada a descolonizar. O processo de compreensão foi lento e doloroso. Em termos militares, os Franceses tendem a ver a sua guerra na Indochina como constituída por três fases diferentes. Primeiro, em 1945-1946, deu-se a tentativa de reafirmação do controlo total. Durante os três anos seguintes, o exército francês – subestimando a crescente insurreição – esteve envolvido numa guerra colonial local. Finalmente, a partir de finais de 1949, a guerra evoluiu para um conflito em grande escala que incluiu uma nova dimensão internacional: o Vietname transformou-se numa luta entre os dois blocos da Guerra Fria.

O Japão invadiu a Indochina em 1940, mas esta permaneceu sob autoridade nominal da França de Vichy durante a maior parte da Segunda Guerra Mundial, com os Japoneses a controlarem o território nos bastidores. Em 1941, Ho Chi Minh, um experiente revolucionário comunista, regressou ao Vietname e formou o Viet Nam Doc Lap Dong Minh Hoi[94] ou «Viet Minh»: uma organização aglutinadora de todos os movimentos de resistência nacionalistas. Este movimento esteve em actividade durante toda a guerra contra os Japoneses, preparando-se também para combater o regresso da ocupação francesa no fim do conflito. Em Março de 1945, os

---

[94] Liga para a Independência do Vietname. (*N.T.*)

Japoneses apoderaram-se do controlo de toda a Indochina, embora este fosse mais eficaz no Sul, onde possuíam uma concentração de tropas. Na Conferência de Potsdam, em Julho de 1945, os Aliados concordaram que os Chineses aceitariam a rendição dos Japoneses na Indochina, a norte do paralelo 16, e que os Britânicos fariam o mesmo a sul dessa linha. A 13 de Agosto, o Viet Minh instou os Vietnamitas a sublevarem-se, e declarou formalmente a independência da República Democrática do Vietname. No dia 17, as forças japonesas renderam-se aos nacionalistas chineses a norte, e aos Britânicos no Sul. Em Setembro, sob a liderança de Ho Chi Minh, os guerrilheiros ocuparam Hanói, capital do Norte, e proclamaram um governo provisório. Em França, em Junho, Charles de Gaulle nomeara o general Leclerc de Hauteclocque para comandar um corpo expedicionário destinado a restabelecer a soberania francesa na Indochina. Todavia, foram necessários meses até que este contingente pudesse ser reunido e embarcado. Por esta razão, até Dezembro de 1946, o confronto com o Viet Minh foi mais de natureza política do que militar. Estes dois anos caracterizaram-se por uma série de negociações entre a França e o Viet Minh, dado que ambas as partes careciam de tropas em número suficiente para tentar alcançar a vitória. Em Outubro de 1945, à sua chegada a Saigão, Leclerc, com um punhado de tropas francesas apoiadas por um grande contingente britânico, restabeleceu rapidamente o controlo francês sobre a Cochinchina, a região a sul do paralelo 16. Em Fevereiro de 1946, Leclerc tinha já restaurado a vida económica e as forças francesas tinham penetrado nos vizinhos Laos e Camboja.

A movimentação seguinte constituiu uma hábil combinação de perícia militar e política. Para reafirmar a soberania francesa sobre a Indochina, Leclerc tinha que recuperar Tonquim e o Norte de Annam([95]). Estas regiões estavam sob controlo do Viet Minh, e as forças francesas não eram em número suficiente para o desalojar. A solução do problema consistia em fazer uso do interesse comum de ambas as partes, nomeadamente a remoção das forças chinesas de ocupação, que se comportavam mais como conquistadoras do que libertadoras. O plano de Leclerc assentou numa combinação de pressão sobre os Chineses, para retirarem os seus 150 000 soldados, de negociações com Ho Chi Minh e da concentração de 65 000 homens

---

([95]) A região norte do Vietname. (*N.T.*).

para ocupar o Vietname do Norte. As negociações com o Viet Minh levaram a um acordo preliminar, no qual o Vietname foi reconhecido como um Estado livre da Federação Indochinesa, no seio da União Francesa. Em troca, Ho Chi Minh aceitou que as forças francesas substituíssem as tropas nacionalistas chinesas, muito necessárias como reforços contra os comunistas na China. Em Março de 1945, Leclerc conduziu as forças francesas a Hanói, e subsequentemente a todo o Tonquim.

No entanto, a situação deteriorou-se rapidamente. Em Paris, falharam as negociações com o Viet Minh: Ho Chi Minh passou quatro meses a tentar negociar a independência total e a unificação do Vietname, mas não conseguiu obter qualquer garantia. Entretanto, em Saigão, o alto comissário iniciou a criação de um Estado cliente separatista na Cochinchina. O Viet Minh aumentou os seus preparativos para um conflito, e Leclerc demitiu-se. Em Paris, o seu aviso de que a França ia ao encontro de uma guerra de guerrilha que não poderia ignorar nem sustentar caiu em saco roto. Foi um excelente exemplo de incoerência entre o contexto da política a adoptar e a estratégia militar. A solução ao nível de teatro concebida por Leclerc para o confronto com o Viet Minh, baseada na compreensão das suas motivações e capacidade para alcançar a independência, não se enquadrava na política e na estratégia global da França, que ainda julgava controlar a colónia e acreditava que conseguiria negociar sem ter que ceder a independência. Eram incoerentes. Em contraste, o Viet Minh usou o período de negociações para consolidar a sua posição política junto do povo, reforçando a sua trindade clausewitziana antes do início do conflito. As suas acções foram coerentes.

Em Novembro de 1946, após uma série de violentos recontros com o Viet Minh – o qual, não tendo conseguido alcançar o seu objectivo à mesa das negociações, dera início a uma política de terror –, as forças francesas bombardearam o porto de Haiphong e 1000 homens da Legião Estrangeira entraram nas províncias do Norte. Isto obrigou Ho Chi Minh e as suas tropas do Viet Minh a retirarem para a selva, o seu santuário. Mas não tardaram a retaliar, desencadeando o seu primeiro ataque em larga escala contra os Franceses, em Hanói. Começara a fase de guerra colonial declarada. Os Franceses deram imediatamente início a uma série de ataques contra posições da guerrilha do Viet Minh no Vietname do Norte, perto da fronteira com a China. Embora o Viet Minh sofresse pesadas baixas, o grosso das suas forças conseguiu escapulir-se por brechas existentes no dispositivo francês. Estas actividades lançaram as bases de um padrão recorrente, no qual os comandantes franceses lançavam ataques cada vez mais frequentes e com êxito local, mas sem nunca conseguirem erradicar a presença do Viet Minh.

O Viet Minh concentrou-se no desenvolvimento do seu santuário e na organização do seu esforço de guerra: intensificou as operações de guerrilha para distrair os Franceses e expandir a sua área de influência, e montou uma economia de guerra baseada no apoio dos camponeses para obter provisões, armas, medicamentos e recrutas para os seus exércitos, cada vez maiores. Nesta fase do conflito, nenhum lado procurava a aniquilação do outro. Tentavam, isso sim, adquirir vantagem militar para conseguir o maior acesso possível à população de forma a publicitarem as vantagens da sua ideia de paz. Em 1947, os Franceses estavam preparados para conceder a independência, mas não ao Viet Minh. Tentaram destruir a credibilidade do Viet Minh como futuro governo instalando um governo alternativo liderado pelo imperador Bao Dai, mas dado que ele fora usado do mesmo modo pelo governo controlado pelos Japoneses durante a guerra, a sua administração era evidentemente fantoche e nunca lhe foi concedido um grau suficiente de independência; em consequência, tinha poucos seguidores. O Viet Minh era muito claro quanto ao seu objectivo político de independência total e aos actos militares de apoio a este desígnio, mas sabia que necessitava de persuadir o povo e estava preparado para esperar o tempo que fosse preciso para obter o seu apoio activo. De facto, como sempre, o Viet Minh necessitava do povo para todas as partes da trindade: como fornecedor de efectivos e apoio às suas forças, e para consubstanciar a sua visão ideológica do futuro de um Vietname independente. Com este objectivo, e para manter a guerra contra os Franceses, o Viet Minh efectuou operações de guerrilha – mas com forças cada vez maiores – e procurou ganhar espaço e tempo para a prossecução do seu objectivo político.

Entre Agosto de 1949 e Outubro de 1950, o equilíbrio de poder começou a alterar-se, com as forças francesas assistindo à erosão gradual da sua vantagem militar e política. Em Janeiro de 1950, a República Popular da China e a União Soviética reconheceram a

República Democrática do Vietname, proclamada por Ho Chi Minh. Seguidamente, a China começou a fornecer ao Viet Minh conselheiros militares e equipamento moderno, incluindo armas automáticas, morteiros, *howitzers* e camiões. Com este influxo de novo equipamento e a assistência dos conselheiros, o general Vo Nguyen Giap, no comando das forças do Viet Minh, transformou os seus guerrilheiros em unidades de exército regular. Em finais de 1950, o Viet Minh possuía no terreno cinco divisões de infantaria ligeira que entraram em combate com grande perícia, derrotando duas colunas francesas durante a Campanha da Fronteira (Cao Bang), que valeu ao Viet Minh o controlo sobre 750 km de fronteira com a China. Agora, o Viet Minh controlava inteiramente o seu santuário e realizava operações com formações regulares – havia entrado na terceira fase da guerra revolucionária de Mao, tal como explicámos anteriormente.

Com o envolvimento chinês, o conflito tornou-se lenta mas seguramente parte do confronto da Guerra Fria, com a URSS a apoiar também o Norte e os EUA a ajudar o Sul. Em Outubro de 1952, 75% dos custos franceses com a guerra eram suportados pelos EUA. Para justificar o empenhamento financeiro americano para com a causa, o presidente Eisenhower recorreu substancialmente à «teoria do dominó», que afirmava que uma vitória comunista no Vietname seria inevitavelmente seguida da queda dos países vizinhos, como uma fila de dominós. Esta teoria do dominó seria posteriormente usada por uma sucessão de presidentes e respectivos conselheiros em defesa do crescente envolvimento americano no Vietname.

Em 1953, com o Viet Minh intensificando as operações de guerrilha em todas as áreas, o estado-maior general francês decidiu procurar um desfecho decisivo. O seu conceito centrou-se na construção de uma série de postos entrincheirados protegendo uma pequena base aérea num vale isolado na selva em Dien Bien Phu, no Noroeste do Vietname, localizado sobre rotas importantes para o Viet Minh e perto do seu santuário. Esta base aeroterrestre, supostamente inexpugnável, destinava-se a obrigar o general Giap a concentrar as suas tropas e travar uma batalha decisiva. A Operação Castor foi iniciada em finais de Novembro de 1953, mas os Franceses haviam subestimado seriamente o poderio militar e as tácticas vietnamitas. Giap, apercebendo-se do potencial para assestar um golpe decisivo aos Franceses, respondeu ao desafio e começou imediatamente a concentrar tropas e artilharia do Viet Minh na área. As forças do Viet Minh foram concentradas para cercar a base francesa. Uma grande parte desta concentração, efectuada através de marchas forçadas pelos trilhos da selva, principalmente de noite, não foi detectada pelos Franceses; quando se obtiveram informações que indicavam o que se estava a passar, foram ignoradas por não corresponderem aos pressupostos. O Viet Minh também transportou pela selva artilharia, canhões antiaéreos e munições fornecidas pelos Chineses. Os canhões foram dissimulados em posições subterrâneas cuidadosamente preparadas nas colinas que rodeavam a base, sendo cada peça transportada – à mão – para a respectiva posição de tiro durante a noite.

A 13 de Março de 1954, em poucas horas, a artilharia do Viet Minh despedaçou o mito da superioridade de fogo francesa. Giap iniciou o seu assalto destruindo a única pista de aviação, obrigando os Franceses a abastecer-se através de arriscadas largadas de provisões em pára-quedas. De 30 de Março a 1 de Maio, quase 10 000 soldados franceses permaneceram encurralados no vale de Dien Bien Phu, cercados por 45 000 homens do Viet Minh. O poder aéreo francês não era suficiente para apoiar a defesa: não existia em quantidade, não conseguia localizar os alvos, carecia da tecnologia para atacar com nuvens baixas e fraca visibilidade. E também não existiam forças disponíveis para desencadear uma operação de socorro àquela distância. Giap estabelecera uma densidade de forças vantajosa. Confrontados com esta situação sem saída, os Franceses apelaram ao auxílio de Washington. O estado-maior general das Forças Armadas considerou três opções militares: o envio de soldados americanos, um ataque aéreo convencional maciço com bombardeiros B-29, ou a utilização de armas nucleares tácticas. O presidente Eisenhower afastou a hipótese do ataque aéreo convencional e a opção nuclear depois de os Britânicos terem expressado a sua oposição. Os Americanos decidiram também que o envio de forças terrestres seria demasiado arriscado, devido à probabilidade de sofrerem elevadas baixas nas selvas em redor de Dien Bien Phu. Por esta razão, acabaram por não fazer nada. A vantagem de Giap era esmagadora. A 1 de Maio, oito dias antes do início da Conferência de Genebra sobre a Indochina, Giap lançou um ataque decisivo contra as posições francesas – um excelente exemplo de uma acção militar em apoio directo do confronto estratégico. A guarnição francesa rendeu-se a 7 de Maio. Em Genebra, as Grandes Potências chegaram subsequentemente a um compromisso e o Vietname foi temporariamente dividido ao longo do paralelo 17, em dois Estados, com eleições gerais agendadas para 1956.

A actuação francesa na Indochina constitui outro exemplo de um confronto que se converteu num conflito militar, travado maioritariamente ao nível táctico mas escalando ocasionalmente para o nível de teatro. No entanto, permaneceu um confronto político-ideológico que ficou integrado no grande confronto da Guerra Fria. Os Franceses foram duplamente derrotados: perderam o confronto político e o conflito militar. Giap, descrito por um general francês como um sargento que estava a aprender a comandar um par de batalhões, transformara aquilo que os Franceses – com o seu treino para a guerra industrial – consideravam inferioridade em superioridade. De que serve possuir armas capazes de esmagarem o inimigo se o inimigo consegue escapar? Como encontrá-lo sendo ele invisível? Como compreendê-lo se ele não vive, não pensa nem está organizado como nós? Como pode ser descoberto e interceptado quando o seu sistema logístico depende de bicicletas? Em 1963, Giap disse ao jornalista francês Jules Roy, «se foram derrotados, foram-no por vós próprios».

Após a partida das tropas francesas, e após oito anos de vida clandestina na selva, Ho Chi Minh regressou a Hanói e assumiu formalmente o controlo do Vietname do Norte. Pouco depois, no Sul, Bao Dai escolheu para seu primeiro-ministro o anticomunista Ngo Dinh Diem. Os Estados Unidos apostaram em Diem para conter o comunismo; no entanto, ele teve a clarividência para prever que não tardaria a eclodir outra guerra pelo futuro do Vietname, uma guerra ainda mais letal.

Ngo Dinh Diem era um católico que tinha a sua base de apoio na minoria formada pelos seus correligionários, muitos dos quais haviam pertencido à elite nativa na época do domínio francês. A sua resoluta postura anticomunista atraiu a simpatia dos Estados Unidos, pelo que, em Janeiro de 1955, chegou a Saigão o primeiro carregamento de ajuda militar americana. Os EUA também se ofereceram para dar instrução ao exército sul-vietnamita. Do outro lado, Ho Chi Minh, durante uma visita a Moscovo, concordou aceitar auxílio soviético. O patrocínio americano, juntamente com a chegada de 900 000 refugiados do Norte, maioritariamente católicos, encheu Diem de renovada confiança. Em 1956, recusou-se a realizar as eleições unificadoras acordadas em Genebra. Consolidou o poder através de um referendo, dando a escolher ao povo sul-vietnamita entre si próprio e o imperador Bao Dai como monarca eleito. Os apoiantes de Diem manipularam o acto eleitoral e ele obteve uma vitória fácil.

A partir dos seus primeiros dias no poder, Diem viu-se confrontado com a dura oposição de uma série dos seus oponentes: estudantes, intelectuais, budistas e outros grupos sociais descontentes não tardaram a juntar-se à oposição. O regime era repressivo e impopular, mas Diem apostou no receio americano da propagação do comunismo para manter a sua alternativa contra-revolucionária. Com auxílio dos EUA, começou a atacar sucessivamente todos os seus opositores, recorrendo à Central Intelligence Agency (CIA) para identificar os que procuravam derrubar o seu governo. Prendeu milhares de pessoas mas, no campo, não implementou a muito exigida reforma agrária, e não tardou a ver-se a braços com acções de guerrilha. Diem afirmou que a República Democrática do Vietname (RDV), instaurada no Norte por Ho Chi Minh, pretendia apoderar-se da República do Vietname do Sul pela força. Na verdade, o governo de Ho Chi Minh tentou provocar a queda de Diem exercendo uma intensa pressão política interna, e utilizando o Partido Comunista como meio para unificar o Estado.

Em 1959, durante uma conferência do Partido Comunista, no Norte, foi aprovado o recurso à violência revolucionária para derrubar o governo de Ngo Dinh Diem. Desta decisão resultou a criação de uma frente unida de base abrangente para ajudar a mobilizar os sulistas na oposição ao governo de Saigão. A frente congregou comunistas e não comunistas numa organização que agrupou todos quantos se opunham ao regime de Diem. Em Dezembro de 1960, foi formada a Frente Nacional para a Libertação (FNL) – ou Viet Cong (VC), como lhe viria a chamar Washington (uma abreviatura pejorativa com o significado de *vietnamese communist*)([96]).

Para apoiar Diem, o novo presidente dos EUA, John F. Kennedy, enviou uma equipa de conselheiros militares para o Vietname do Sul, em 1961 – a primeira das muitas que se seguiram em rápida sucessão. Com a intensificação da guerra de guerrilha contra Diem,

---

([96]) «Viet Cong» provém do termo vietnamita para «communist vietnamita» (*Vi t Nam C ng S n*), e foi popularizado por Diem. (*N.T.*)

cada vez mais impopular, os EUA aumentaram a ajuda militar ao Vietname do Sul, incluindo o envio de helicópteros de combate pilotados por americanos. Continuaram a chover dólares, conselheiros e equipamentos, mas Kennedy permanecia relutante em empregar forças regulares americanas no terreno. Washington e Saigão elaboraram um plano de contra-insurreição – o Programa Aldeia Estratégica –, mais baseado na forma do que na substância da experiência britânica na Malásia. O objectivo do programa era isolar a guerrilha da sua base de apoio. Para atingir este objectivo, as forças do Sul, apoiadas pelos Americanos, iniciaram a construção de estruturas fortificadas para proteger os aldeãos da influência do Viet Cong. Todavia, a gigantesca magnitude da tarefa significava que os seguidores de Diem tiveram que recrutar mão-de-obra. Desde o início, os camponeses demonstraram a maior relutância em abandonar os seus campos para construir defesas contra uma ameaça que sabiam ser dirigida aos funcionários governamentais e não contra si próprios. Além do mais, não foram realojados longe dos santuários da guerrilha, em terras que haveriam de possuir – pelo contrário –, ao passo que era do conhecimento geral a reforma agrária levada a cabo no Norte e nas aldeias controladas pelo Viet Cong.

No Verão de 1963, o governo de Diem estava à beira do colapso. O golpe final ocorreu quando ele desencadeou uma violenta repressão sobre os monges budistas: num país onde 90% da população era budista, as consequências foram imensas. Os monges reagiram com auto-imolações públicas. Os protestos internacionais que se seguiram causaram consternação em Washington, onde foi considerado que Diem perdera o contacto com o povo. Foi por esta razão que a administração Kennedy decidiu dar luz verde a um golpe apoiado pela CIA. Em Novembro de 1963, Diem foi deposto por uma junta militar, que viria a assassiná-lo. Na altura da sua morte, os EUA possuíam mais de 16 000 conselheiros militares no Vietname. Estavam cientes da inevitabilidade de uma guerra.

Em 2 de Agosto de 1964, em resposta à vigilância americana e sul-vietnamita ao longo da sua costa, o Vietname do Norte lançou um ataque contra o contratorpedeiro americano *Maddox*, no Golfo de Tonquim. A administração Johnson aproveitou a ocasião para garantir uma resolução do Congresso concedendo ao presidente meios adequados para travar a guerra, seguindo-se ataques aéreos contra o Vietname do Norte. O Viet Cong retaliou atacando duas bases do exército americano no Vietname do Sul, pelo que, em Março de 1965, Johnson aumentou a pressão e ordenou bombardeamentos aéreos continuados sobre o Vietname do Norte. Concebida para durar oito dias, a Operação Rolling Thunder decorreria durante três anos. Alguns dias depois, chegavam ao Vietname as primeiras tropas de combate americanas – 3500 fuzileiros, para protecção de uma base militar.

A introdução de tropas de combate americanas alterou dramaticamente o cenário e forçou Ho Chi Minh e os seus conselheiros a reavaliarem a sua estratégia. A estratégia do Norte baseara-se no pressuposto de que conseguiria derrotar as forças sul-vietnamitas no terreno e reunificar o Vietname; face ao envolvimento americano, os norte-vietnamitas desenvolveram uma estratégia de guerra prolongada. O objectivo já não era alcançar uma vitória decisiva no terreno, mas sim evitar a derrota às mãos do inimigo e, em simultâneo, criar condições desfavoráveis para a sua vitória política – por outras palavras, vencer o confronto e não o conflito. De facto, os norte-vietnamitas consideraram que os Estados Unidos careciam de uma estratégia clara e que, se confrontados com um impasse militar, acabariam por se cansar da guerra e procurariam negociar um acordo.

Decorridos três anos, tornou-se óbvio que os Estados Unidos e os seus aliados não estavam a fazer progressos. Com o aumento do número de mortos e a continuação do envio de jovens conscritos americanos para o Vietname, o governo viu-se confrontado com violentas críticas e protestos contra a guerra. A contestação começara por surgir nas universidades e nas grandes cidades, mas em 1968 todo o país estava já a viver um nível de agitação social inaudito desde a Guerra da Secessão. A guerra entrou num impasse por várias razões. A primeira e principal era a assimetria dos objectivos: os EUA procuravam um recontro decisivo ao nível de teatro – seguindo a lógica da guerra industrial – para manterem no poder o regime da sua escolha. O Norte procurava activamente evitar este recontro decisivo, enquanto que, em simultâneo, causava o máximo de danos e custos às forças americanas. Em segundo lugar, os EUA e seus aliados enfrentavam dois tipos de forças: os guerrilheiros do Viet Cong, recrutados entre a população do Sul, e as unidades do Exército do Vietname do Norte (NVA)([97]), que mantinham muitas

---

([97]) North Vietnamese Army. (*N.T.*)

das características de uma força de guerrilha mas estavam treinadas e equipadas para travar grandes recontros. E a terceira razão era a incapacidade dos ataques aéreos americanos destruírem os simples sistemas de aprovisionamento do NVA ou a vontade do povo em prosseguir a guerra. Na verdade, existem hoje algumas provas de que foram contra-producentes ou que, pelo menos, foram utilizados pelo governo do Norte para motivar o seu povo. À medida que o NVA foi crescendo em força no Sul, os EUA concentraram-se cada vez mais na sua derrota; mas ao fazê-lo, alienaram o povo do Sul e o Viet Cong aumentou a sua força – as acções das forças governamentais sul-vietnamitas contribuíram bastante para esta alienação. Assim, a vontade de o povo apoiar o regime sustentado pelos EUA, um componente necessário do *status quo* pelo qual se combatia, foi sendo progressivamente minada. E ao mesmo tempo, a vontade do povo americano continuar a sacrificar os seus filhos pela causa do Vietname do Sul evaporou-se rapidamente. Em última análise, os Estados Unidos não conseguiram quebrar a trindade governo-povo-militares que mantinha unido o seu inimigo vietnamita, e a sua foi posta em perigo.

Em finais de Janeiro de 1968, os exércitos da República Democrática do Vietname e do Viet Cong lançaram ataques coordenados contra as principais cidades do Sul na ofensiva do Tet, destinada a obrigar Washington a sentar-se à mesa das negociações. A operação saiu cara às forças atacantes, que sofreram aproximadamente 32 000 mortos e 5800 prisioneiros; todavia, também se revelou um ponto de viragem. Em Março, o presidente Johnson começou a negociar secretamente com Hanói para pôr fim à guerra. Porém, o seu sucessor, Richard Nixon, decidiu que ainda não era o momento de negociar. Optou por prosseguir com a estratégia de «vietnamização», que procurava aproveitar a superioridade tecnológica americana limitando o envolvimento dos seus soldados em acções de combate. As forças americanas no terreno foram gradualmente reduzidas e substituídas por tropas sul-vietnamitas. De um pico de 500 000 em 1969, o número de soldados americanos no Vietname caiu para 300 000 em 1971 e 150 000 em 1972. Entretanto, os ataques aéreos foram intensificados, e o conflito transbordou para os países vizinhos: em 1970-1971, na tentativa de destruírem as bases e linhas de abastecimento do Viet Cong, as tropas americanas e sul-vietnamitas invadiram o Laos e o Camboja.

Depois de uma ronda negocial sem resultados, em Paris, em finais de 1972, a campanha de bombardeamento aéreo voltou a intensificar-se. As maiores cidades do Vietname do norte, Hanói e Haiphong, foram bombardeadas, mas estes ataques não surtiram o efeito desejado. E apesar de reduzirem a exposição das tropas americanas ao combate, estas medidas, na sua globalidade, fizeram pouca diferença na situação do Vietname do Sul. Com o emprego da força ao nível de teatro revelando-se insuficiente, os EUA procuraram destruir a capacidade do Norte travar e sustentar a guerra, e efectuaram bombardeamentos aéreos e ataques terrestres adicionais contra os países vizinhos. Ao atacarem Estados soberanos, intensificaram o conflito porque, na verdade, estavam a empregar a força ao nível estratégico. Mas a escalada fracassou: as simples comunicações e base industrial do Norte eram pouco susceptíveis a ataques aéreos e, tal como na Coreia, os EUA não estavam dispostos recorrer ao seu poderio nuclear nem a invadir o país. Além do mais, estes ataques mereceram a condenação internacional e fizeram aumentar as críticas internas. Em Janeiro de 1973, os Estados Unidos assinaram um tratado de paz com a República Democrática do Vietname e começaram a retirar as suas forças. Todavia, os Acordos de Paz de Paris não puseram fim ao conflito, pois as forças do Vietname do Sul prosseguiram a sua luta contra o Viet Cong por mais dois anos. Saigão caiu a 30 de Abril de 1975. Chegara ao fim a segunda guerra da Indochina.

Fora um longo e esgotante conflito, o qual – se incluirmos a ocupação japonesa durante a Segunda Guerra Mundial –, manteve o povo do Vietname efectivamente envolvido durante trinta anos. Em termos militares, foi iniciado com a resistência ao restaurado regime francês, em 1945, como uma guerra de guerrilha clássica, no âmbito da antítese da guerra industrial. Mas os Franceses, e subsequentemente os Americanos, responderam a estas tácticas com as da guerra industrial, utilizando as suas forças, aviões e equipamento – concebidos para combaterem no Armagedão – contra as forças locais, relativamente simples e inegavelmente dotadas de armamento modesto. E à medida que se foram complicando as divisões políticas no Vietname, também o conflito se complicou – algo que se tornou um exemplo do novo paradigma. De facto, as forças ocidentais consideravam-se no meio de uma guerra movida pela tecnologia, no âmbito do paradigma industrial, e conduziram-se como tal, quando, na realidade, estavam atoladas numa guerra entre o povo. Foi um confronto de fim de império, que começou entre os Franceses e os Vietnamitas, converteu-se num conflito e depois inseriu-se no grande confronto da Guerra Fria. Derrotados os Franceses, foi com base na Guerra Fria que os EUA se envolveram, passando para o conflito ao nível de teatro e intensificando-o até ao nível estratégico com o bombardeamento do Camboja e do Laos. No entanto, durante toda a actividade militar, persistiu o confronto político-ideológico contra o povo vietnamita – contra o Sul, que apenas procurava libertar-se da ocupação, e contra o regime comunista do Norte –, e foi esta a razão da derrota final dos EUA: nunca ofereceram uma alternativa ao povo. Em quase todas as ocasiões, recorrendo à sua superioridade tecnológica, garantiram a densidade que lhes permitiu vencer o teste de força local – mas ao fazê-lo saíram derrotados no choque de vontades. Embora fossem o lado mais fraco, os norte-vietnamitas, de modo a vencerem o choque de vontades, empregaram a força para alcançar o seu objectivo estratégico de libertação do Sul e unificação do país sob o seu domínio. A sua força foi a que teve maior utilidade: compreenderam como empregá-la no âmbito dos seus objectivos políticos e, nos níveis inferiores, para possibilitar a politização do povo em apoio da luta de libertação.

Uma lição importante a aprender com a Guerra do Vietname – aliás, com todas as guerras e conflitos descritos no presente livro – é a de que raramente é possível prever o desfecho, particularmente com base nas forças conhecidas que nele participam e nos respectivos arsenais. Os Franceses eram considerados a força superior em 1870-1871 mas foram derrotados pelos Prussianos, mais bem liderados; pelo contrário, os Alemães consideraram os exércitos belga, francês e inglês como ameaças reduzidas em 1914 – e possivelmente eram-no, no papel –, mas viram-se confrontados com uma resistência tenaz que minou o Plano Schlieffen, travou as suas forças e, quatro anos mais tarde, provocou a sua derrota. Por outras palavras, o poder de uma força armada não é apenas uma questão de números, de uma contagem de homens e material. Esta questão de avaliar uma força armada foi sempre importante, mas tornou-se mais necessária e mais difícil com o decorrer do século XX e até chegar aos nossos dias. De facto, depois das grandes guerras mundiais industriais, os conflitos têm sido cada vez mais entre antagonistas aparentemente assimétricos ou excessivamente desequilibrados – forças estatais industriais tecnologicamente armadas contra actores não estatais muitas vezes mal equipados –, mas têm maioritariamente sido os «fracos» a prevalecer ou a transformar a vitória militar num desastre político para os vencedores. Tal como vimos, os Franceses e os Americanos eram considerados superiores a quaisquer forças alinhadas pelo Vietname do Norte, mas acabaram ambos derrotados. Apesar disto, ainda tendemos a considerar melhor e mais poderosa uma força militar convencional, em grande medida porque necessitamos de acreditar no seu poder, em particular quando entramos num conflito. Em muitos aspectos, isto constitui um retrocesso para as tendências de pensamento prevalecentes nos círculos públicos e militares antes da Grande Guerra, quando a quantidade, a tecnologia e a indústria eram consideradas provas de uma capacidade militar superior. Este tipo de pensamento não lhes foi útil, e continua a ser um erro hoje.

Mas a nossa inclinação natural é para medirmos: antes de iniciarmos o combate, queremos saber o que temos, o que tem o adversário e se temos o suficiente para alcançarmos o nosso objectivo. Tendemos a medir a força militar potencial contando os efectivos, os navios, os tanques e os aviões pertencentes a todas as partes envolvidas, e comparamos os respectivos arsenais, medindo o equilíbrio de poder em conformidade. A quantificação não é necessariamente um método de avaliação ilógico, dada a existência de poucas outras medidas objectivas, mas comparar arsenais pode levar a conclusões perigosamente simplistas logo à partida. Do mesmo modo, medir o efeito da aplicação da força militar durante ou após uma batalha é praticamente impossível, mas tendemos a fazê-lo através da contagem dos mortos e do equipamento destruído. Se isto for feito de forma honesta – os mortos e o equipamento destruído pertenciam ao arsenal do inimigo, e nós sabemos qual era no início –, poderá constituir uma boa medida do êxito local e táctico, mas fornece poucas indicações quando ao efeito global sobre a capacidade de uma força militar aplicar a força ou resistir à força adversária. Ou seja, dá poucas indicações quanto à verdadeira capacidade de uma força militar – na qual os adversários devem ser considerados, na relação que mantêm entre si, não apenas como arsenais mas também, e provavelmente de forma mais importante, como entidades dinâmicas, com imaginação, recursos e, acima de tudo, vontade de vencer. Refira-se, mais uma vez, que estas avaliações nunca podem ser absolutas: podemos conhecer a potência de uma bomba, mas o poder da força que a aplica é diferente em cada conjunto de circunstâncias.

Assim, basicamente, dada a inexistência de uma força militar genérica, também não existe nenhuma medida absoluta da potência ou poder de uma força. Em primeiro lugar porque mesmo com a tecnologia mais avançada uma força armada é, em última análise, humana: são pessoas que operam todas as plataformas, sistemas e armas, e são pessoas que as dirigem. Em resultado, uma força é uma unidade orgânica com corpo, mente e vontade. Podemos contar soldados, armas e equipamento, mas isto só nos dará uma ideia do poderio potencial de uma força, não da sua verdadeira capacidade. E isto deve-se a uma segunda questão, que é a própria natureza do combate como actividade adversarial, emanando de confrontos aparentes e potenciais. Existe sempre um adversário, quer seja potencial – como no caso de um exército permanente não envolvido em nenhuma actividade específica –, quer seja um inimigo real. Deste modo, a avaliação de uma força é sempre em comparação com a que se lhe opõe, nunca é absoluta nem um dado adquirido. Ou como argumenta o filósofo Michel Foucault, em *Vigiar e Punir: Nascimento da Prisão*: o poder é uma relação, não uma posse. O poder de uma força militar compõe-se de três factores relacionados: os meios – humanos e materiais; o modo como são utilizados – doutrina, organização e propósito; e a vontade que os sustém na adversidade. Na combinação destes três factores, reside o verdadeiro potencial de uma força, a sua capacidade global, que pode ser avaliada mas não medida – mas não se trata de uma ciência exacta, em virtude das duas razões apresentadas atrás.

Quando, na Parte I deste livro, abordámos Clausewitz, descobrimos que ele reflectiu efectivamente no poder como uma relação da guerra, ao definir o teste de força e o choque de vontades como os seus dois componentes básicos. No entanto, feita na íntegra, a citação lança ainda mais luz sobre esta questão:

> Se desejarmos derrotar o inimigo, deveremos adequar os nossos esforços em proporção à sua capacidade de resistência. Isto é expresso pelo produto de dois factores que não podem ser separados, nomea-

damente *a soma dos meios disponíveis* e *a força da Vontade*. A soma dos meios disponíveis pode ser estimada numa medida, já que depende (mas não inteiramente) dos números; mas a força da volição é mais difícil de determinar, e só pode ser estimada, até certo ponto, através da força das motivações.([98])

Assim, a relação é o equilíbrio, estabelecido em combate, entre a soma dos *meios disponíveis* a ambos os lados e a força das suas *vontades*. No entanto, para mim, o factor em falta é o modo como os meios são utilizados em comparação com o adversário, e se existe ou não vontade para os utilizar desse modo. Cabe ao general conceber o modo de utilização dos seus meios dentro dos parâmetros da vontade dos seus amos políticos, e da sua força para derrotar o inimigo. Tal como observa Clausewitz, o teste de força é, na realidade, uma questão de números, de examinar os arsenais dos antagonistas, mas como podemos observar na história de David e Golias, a quantidade, o tamanho e o poder cinético dos meios não são, por si só, suficientes: o que faz a diferença é o modo como são utilizados em relação ao adversário. Assim, o poder potencial de uma força armada para o teste de força pode ser compreendido como o produto dos seus arsenais – os meios de que dispõe – e como são utilizados, o modo.

Isto também se aplica, em grande medida, ao choque de vontades. A vontade de vencer é o factor supremo em qualquer combate: sem vontade política nem liderança para criar e manter a força e dirigi-la para atingir o objectivo custe o que custar, nenhuma força militar pode triunfar sobre um oponente mais resoluto. No campo de batalha, chamamos a isto «moral», o espírito que triunfa na adversidade – e é crucial. Nos níveis político e estratégico, a recompensa é definida em termos de desígnio político e objectivo estratégico: os grandes prémios. Mas quando entramos na arena do combate táctico, estes objectivos parecem mais distantes e relativos. Em combate, os homens matam para não serem mortos, e por objectivos pelos quais consideram valer a pena darem a vida. Estes tendem, no extremo, a ser objectivos emocionais e abstractos como a raça, o credo, a honra, o regimento ou o grupo. Na Primeira Guerra Mundial, por exemplo, a vida nas trincheiras da Frente Ocidental estava

---

([98]) *On War*, cap. 1, livro 1 (ed. Penguin), pp. 104-105 (em itálico no original). (Nota do Autor)

completamente isolada do mundo exterior, e a camaradagem entre os homens foi um dos factores de maior apoio. Em muitas batalhas, foi esta camaradagem que fez com que os homens avançassem e os manteve em combate, para apoiarem os seus irmãos de armas. A vontade de triunfar sobre o adversário na adversidade e no campo de batalha chama-se «moral», e é um produto, antes de mais, da liderança, da disciplina, da camaradagem e do amor-próprio. Um moral elevado constitui um requisito absoluto para qualquer força vencedora. A diferença de motivação entre a vontade política e a moral da força, e a diferença entre o objectivo político e o objectivo pelo qual os homens combatem e estão dispostos a dar a vida, constituem potenciais fraquezas estratégicas. Quanto mais alinhados estiverem a motivação e os objectivos entre os níveis, melhor. Um exemplo claro de desalinhamento pode observar-se na Guerra da Argélia, que discutiremos a seguir. O moral ou espírito de combate da Legião Estrangeira e dos páras nunca esteve em dúvida, mas a vontade da França metropolitana para continuar a utilizar os meios do modo como estavam a ser utilizados evaporou-se. A motivação política e o moral divergiram de tal forma que de Gaulle retirou da Argélia e os generais amotinaram-se.

Observámos, nestas páginas, como a vontade política é um ingrediente essencial para o sucesso na guerra. A vontade de triunfar, de correr riscos e suportar custos, de conquistar a recompensa da vitória, é imensa; nas palavras de Napoleão, «O moral está para o físico como três para um». E na verdade, ao avaliarmos a capacidade, deveríamos pesar este factor em conformidade. Mas tal como sucede com os meios e o teste de força, também aqui o modo é importante: o modo como a força é empregue terá um impacto directo sobre a vontade de correr os riscos, suportar o ónus e prosseguir até ao fim. E mais uma vez, o modo é da competência do general: os seus homens e os seus amos políticos devem confiar que ele conhece o modo. E assim, agora que analisámos e compreendemos os componentes necessários, podemos finalmente tentar avaliar a capacidade global de uma força como produto do teste de força e do choque de vontades: os meios multiplicados pelo modo multiplicado pela vontade vezes três. Para os leitores dados à matemática, expresso esta avaliação como uma fórmula:

$$\text{Capacidade} = \text{Meios} \times \text{Modo}^2 \times 3\text{Vontade}$$

Mas tenhamos sempre presente a máxima de Foucault: o poder não é uma posse, é uma relação. Assim, só podemos compreender a capacidade de uma força em relação à do seu adversário. Assim sendo, devemos avaliar a capacidade de cada uma, e depois compará-las.

Utilizo uma formulação matemática para ilustrar a complexidade de avaliar a verdadeira capacidade de uma força – distinguindo-a de uma contagem dos seus arsenais. Permite uma avaliação dos outros factores, em particular do papel dos líderes, na prossecução de um confronto ou conflito face às acções do adversário. De facto, nesta óptica, torna-se evidente que a capacidade de uma força é o produto dos três factores comparados com os do inimigo; se algum deles for zero, não existirá capacidade. Como veremos, um dos problemas endémicos dos nossos conflitos modernos é a falta de vontade política para empregar a força em vez de simplesmente efectuar o *deployment* das forças – o que significa uma vontade próxima do zero –, e é por este motivo que muitas intervenções militares fracassam: a capacidade da força é anulada. Igualmente, os meios para fazer a guerra, em particular, a disponibilidade de efectivos, são cruciais: terá que existir pelo menos um soldado, senão a capacidade será novamente zero. Indo na direcção oposta, podemos recordar a máxima de Lenine: «A quantidade possui uma qualidade própria».

Se aplicarmos agora esta fórmula à Guerra do Vietname, poderemos ver que os Norte-Vietnamitas descobriram um modo de utilizar os seus recursos, relativamente escassos, contra os EUA de uma forma que anulou as suas forças industriais, muito mais bem equipadas e instruídas, e as suas capacidades tecnológicas. Isto provocou o colapso da vontade americana, um factor que anulou a capacidade das suas forças. Na Malásia, na década de 50, os Britânicos descobriram um modo de utilização dos seus meios que igualou não só a vontade das forças e da opinião pública doméstica, mas também a da maioria do povo Malaio. Sem apoio popular, os terroristas comunistas deram conta de que o seu modo era inadequado e desistiram do seu objectivo.

Em termos globais, o cálculo da capacidade pode ser usado para explicar o resultado de um combate entre duas forças opostas – mas não servirá provavelmente para mais nada, porque é muito difícil medir o modo e a vontade antes do evento. De facto, ambos os lados desenvolverão grandes esforços no sentido de esconderem estas informações ao inimigo, e por quaisquer meios. Na verdade, na guerra – e tal como vimos com Napoleão, o período anterior ao combate faz parte das hostilidades – os adversários não têm que jogar pelas mesmas regras. E Napoleão, exemplo acabado do verdadeiro comandante, impôs sistematicamente as suas próprias regras e preferências aos adversários, em detrimento deles e forçando-os a combater nos seus termos. É uma marca da verdadeira arte do comando, pois baseia-se na profunda compreensão de que as guerras não são competições: ficar em segundo é perder. É por isto que o general deve avaliar a verdadeira capacidade da sua força antes de entrar em combate, mesmo que só possa controlar totalmente o modo, e que dependa do nível político, acima dele, para que lhe forneça os meios adequados e exiba a vontade política de vencer.

Um exemplo clássico de assintonia entre os níveis militar e político, que anulou totalmente a capacidade da força militar, é a Guerra da Argélia. A Argélia fora convertida num Território francês em 1830 e em 1848 passou a ser um Departamento associado à França. Em 1954, encorajado pelas notícias, provenientes da Indochina, da derrota francesa em Dien Bien Phu, e das concessões feitas pela França na Tunísia, o Comité Révolutionnaire d'Unité et d'Action (CRUA) começou a planear uma revolução para expulsar os Franceses da Argélia. O seu plano contemplava a criação de uma frente política, a Front de Libération National (FLN), que comandaria um exército de resistência: o Armée de Libération Nationale (ALN). O seu objectivo era alcançar a independência total criando uma atmosfera de medo no território através do lançamento de uma insurreição nacional e, em simultâneo, apelando à opinião pública mundial e construindo uma plataforma política para constituir o futuro governo nacional.

A FLN baseou-se principalmente no Viet Minh como modelo organizacional, e nalguns princípios da Resistência francesa (na verdade, alguns dos seus membros haviam combatido os nazis uma década antes, em nome da França): a liderança permaneceu colectiva e os grupos de combate eram pequenos. As operações eram dirigidas por um comando de zona (*wilaya*), que agia sob o comando global e centralizado do CRUA. O ALN considerava-se a si próprio demasiado fraco para defender uma grande área geográfica como santuário, como o Viet Minh fizera no Norte do Tonquim; assim, as tácticas da FLN basearam-se no modelo clássico da guerrilha.

Em 1 de Novembro de 1954, os guerrilheiros da FLN lançaram ataques contra instalações militares, esquadras de polícia, armazéns, instalações de comunicações e redes de serviços públicos em diversas partes da Argélia. A partir do Cairo, a FLN emitiu uma proclamação radiofónica apelando aos muçulmanos argelinos que se unissem numa luta nacionalista pela restauração de um Estado argelino soberano, democrático e social, de acordo com os princípios do Islão. As autoridades francesas da Argélia não estavam totalmente preparadas para responder a este desafio, e acreditavam estar a braços com uma revolta de pequenas dimensões. A sua resposta militar às matanças e atentados à bomba iniciais foi limitada mas inapropriada, e vários líderes políticos foram detidos e interrogados implacavelmente. Isto alienou muitos deles, atirando-os directamente para os braços da FLN. Durante 1956 e 1957, o ALN empregou, com êxito, tácticas de ataques rápidos, em conformidade com os cânones clássicos da guerra de guerrilha. Especializando-se em emboscadas e ataques nocturnos, e evitando o contacto directo com o superior poder de fogo francês, as forças da guerrilha tomaram como alvos patrulhas do exército, campos militares, esquadras e fazendas, minas e fábricas, e instalações de transportes e comunicações. Os raptos eram comuns, bem como o assassínio e a mutilação rituais de militares franceses capturados, colonos, suspeitos de colaboracionismo e traidores. As forças revolucionárias começaram por atacar somente os funcionários muçulmanos do regime colonial, mas depois passaram a intimidar e até a matar os civis que recusavam apoiá-las.

De maneira a aumentar o nível da atenção francesa e internacional para a sua luta, a FLN decidiu estender o conflito às cidades. A manifestação mais notável da campanha urbana foi a Batalha de Argel, que começou em 30 de Setembro de 1956, quando três mulheres colocaram bombas em três locais, incluindo os escritórios da Air France. A campanha escalou na fase seguinte, durante toda a Primavera de 1957, quando o ALN executou uma média de 800 atentados a tiro e à bomba por mês, dos quais resultaram muitas baixas civis, e desencadeou uma série de acções políticas, incluindo uma greve geral. Contudo, embora a FLN tivesse conseguido criar uma atmosfera de medo nas comunidades francesa e argelina, a sua insistência nas tácticas intimidatórias indicava que ainda não inspirara a maioria dos muçulmanos a revoltar-se contra o domínio colonial. Além do mais, a perda de comandantes competentes – no campo de batalha e por deserção –, as rivalidades internas e as purgas políticas criaram dificuldades ao movimento. No entanto, a FLN apoderou-se gradualmente do controlo de certos sectores do Auris, da Cabília e de outras zonas montanhosas. Nestas áreas, o ALN estabeleceu uma administração militar simples mas eficaz – embora muitas vezes temporária –, capaz de cobrar impostos e alimentos e de recrutar efectivos, mas sem nunca conseguir manter-se em grandes posições fixas.

Não obstante as reclamações do comando militar de Argel, o governo francês demonstrou-se relutante, durante muitos meses, em admitir que a situação estava fora de controlo, e que algo que era oficialmente considerado uma operação de pacificação interna escalara dramaticamente. Todavia, em 1956, dois decretos estipularam a chamada dos conscritos e o prolongamento do serviço militar obrigatório. Em Agosto, o número de soldados franceses na Argélia totalizava 390 000, atingindo o pico de 415 000 em finais de 1957. Os militares franceses, muitos dos quais tinham combatido na Indochina, estavam convictos de que compreendiam a situação que enfrentavam e trataram de aplicar o que pensavam ter aprendido no Oriente. Em 1956, o general Lorrillot introduziu o sistema de quadrículas – uma combinação de guarnições estáticas e grupos móveis de perseguição – para conter o ALN, sistema que, com o tempo, se tornou bastante eficaz. Lorrillot aplicou o princípio da responsabilidade colectiva às aldeias suspeitas de darem abrigo, aprovisionarem ou colaborarem de qualquer outra forma com os guerrilheiros. As aldeias onde as unidades móveis não conseguiam chegar eram sujeitas a bombardeamentos aéreos. Os Franceses também deram início a um programa de concentração de grandes segmentos da população rural, incluindo aldeias inteiras, em campos sob supervisão militar, para os impedir de auxiliarem os rebeldes – ou, segundo a explicação oficial, para os proteger da extorsão da FLN. Mas foi na Batalha de Argel que os seus métodos alcançaram a maior predominância: o general Jacques Massu, comandando a 10.ª Divisão Pára-Quedista, instruído no sentido de recorrer a quaisquer meios necessários para restaurar a ordem na cidade, combateu frequentemente o terrorismo com o terrorismo. Utilizando os seus pára-

-quedistas, pôs fim à greve geral e erradicou sistematicamente as células da FLN.

Os Franceses venceram a batalha em termos militares, mas a FLN demonstrou a sua capacidade de atacar no coração da Argélia francesa. Além do mais, a publicidade dada aos métodos brutais utilizados pelo exército para vencer a Batalha de Argel, incluindo o recurso generalizado à tortura, lançaram a dúvida, em França, sobre o seu papel na Argélia. Em 1958, os Franceses modificaram as suas tácticas, passando da dependência do sistema de quadrículas para a utilização de forças móveis em enormes missões de busca e destruição contra os bastiões do ALN. Decorrido um ano, a principal resistência rebelde parecia suprimida. Em finais de 1958, o ALN aproximava-se da derrota militar, e em meados do ano seguinte essa derrota era quase total. Todavia, em termos políticos e internacionais, a FLN permanecia invicta; na verdade, os desenvolvimentos políticos já tinham ultrapassado os sucessos do exército francês. Na Argélia, a repressão militar destruíra quaisquer hipóteses que pudessem restar de um diálogo entre os muçulmanos moderados e o regime francês. Em França, a opinião pública começava a cansar-se de uma guerra travada por conscritos, enquanto a constituição e as fraquezas inerentes à IV República impediam qualquer solução política liberal. A nível internacional, a França foi abandonada pelos seus principais aliados.

Tanto em França como na Argélia, os pensamentos viraram-se para o general de Gaulle, visto como o salvador que poderia resolver o problema argelino. De Gaulle terminara funções em 1946, e distanciara-se das políticas da IV República. Em 1958, convidado a assumir o cargo de primeiro-ministro, foi investido, a seu pedido, de plenos poderes por seis meses, mas a sua posição relativamente à Argélia foi ambígua. No entanto, a colónia foi convidada a votar a nova constituição francesa, aprovada por esmagadora maioria em França e na Argélia. A FLN respondeu criando o Governo Provisório da República Argelina (GPRA), liderado pelo líder nacionalista veterano Ferhat Abbas. De Gaulle tentou chegar a um acordo propondo uma *«paix des braves»*, mas o GPRA manteve-se firme. O Plano Constantine, um minucioso plano económico quinquenal para a Argélia destinado a reduzir o fosso entre os departamentos argelinos e os da França continental, foi denunciado pelo GPRA como uma nova forma de colonialismo. Em 1959, para evitar uma condenação pela Assembleia-Geral das Nações Unidas, de Gaulle reconheceu o direito da Argélia à autodeterminação.

O enorme desgaste em homens, moral e recursos provocado pelos acontecimentos na Argélia dividiu a França, e as tensões levaram o país à beira de uma guerra civil. Entretanto, os Franceses tinham iniciado conversações secretas com a FLN. Na Argélia, em Abril de 1961, elementos do Exército Francês sublevaram-se sob a liderança de quatro generais. O «*putsch* dos generais», como veio a ser conhecido, pretendia apoderar-se do controlo da Argélia e derrubar de Gaulle. Unidades da Legião Estrangeira ofereceram o seu apoio, e a bem armada Organisation de l'Armée Secrète (OAS) coordenou a participação dos colonos. Não obstante os breves receios de uma invasão sentidos em Paris, a revolta desmoronou-se em quatro dias, principalmente porque a Força Aérea, a Marinha e a maioria do Exército Francês permaneceram leais ao governo.

O *putsch* dos generais marcou o ponto de viragem na atitude oficial face à Guerra da Argélia. De Gaulle estava preparado para ignorar os colonos, e as conversações com a FLN foram retomadas em Evian, em Maio de 1961. Após várias tentativas infrutíferas, o governo francês decretou um cessar-fogo válido a partir de 19 de Março de 1962, e através dos Acordos de Evian, assinados no mesmo mês, reconheceu a soberania do Estado argelino.

A Guerra da Argélia foi um confronto entre o regime colonial francês e o povo argelino. Os Franceses alcançaram sucessos tácticos mas nunca conquistaram a vontade popular a um nível suficiente que lhes permitisse manterem a Argélia integrada na França. Além do mais, as vitórias tácticas tiveram um enorme custo político, o qual acabou por anular a utilidade da força militar. Ao contrário dos outros conflitos que ocorreram em paralelo com o confronto da Guerra Fria, a Guerra da Argélia não se tornou parte desta, mas acabou por evoluir para um confronto e quase conflito entre os níveis político e militar franceses. Foi este confronto que, mais do que qualquer escaramuça local ou evento militar, anulou a capacidade da força militar, e provocou a rápida resolução do confronto e do conflito entre a França e o povo da Argélia. Pela segunda vez numa década, e apesar das suas forças e capacidade industrial obviamente superiores, os Franceses não conseguiram triunfar numa guerra entre o povo.

Os conflitos paralelos à Guerra Fria foram muitos. Nem todas as descolonizações levadas a cabo pelas antigas potências imperiais necessitaram de força militar, a qual, noutras situações, foi empregue mais ou menos nos parâmetros definidos nos conflitos abordados nesta parte do livro. Todos estes conflitos reflectem a evolução do novo paradigma da guerra entre o povo, mas também é necessário sublinhar que, em simultâneo, existiram vários conflitos que permaneceram firmemente enraizados no paradigma antigo. Até certo ponto, isto sucedeu porque, nalguns casos, embora fosse sabido ou se supusesse que um dos antagonistas possuía armas nucleares, a sua utilização não foi considerada uma possibilidade credível – ou seja, uma eventual escalada do conflito não implicava uma ameaça catastrófica. Os mais significativos destes conflitos foram o conflito indo-paquistanês em Caxemira, a Guerra Irão-Iraque e o conflito israelo-árabe, que ainda prossegue. E embora se tenham verificado tentativas de os integrar aos três no confronto mais alargado da Guerra Fria, com cada um dos dois blocos assumindo o seu lado, permaneceram eventos essencialmente locais, ainda que extremamente perniciosos. E também partilham a distinção de não terem conseguido alcançar uma decisão militar estratégica; de facto, como veremos, no caso israelo-árabe, a guerra industrial deu lugar à guerra entre o povo.

O conflito de Caxemira, que decorreu da independência da Índia e da sua divisão em dois Estados, em 1947, foi e continua a ser um confronto sobre um território específico que ascendeu, por três vezes, ao nível estratégico, e se converteu muitas vezes num conflito de nível táctico, com escaramuças locais. Todavia, a partir de 1998, quando ambos os lados testaram as suas armas nucleares para se dissuadirem mutuamente, deixaram praticamente de se verificar escaramuças – embora a tensão tenha ascendido ao nível de confronto estratégico uma vez, em 2002, quando um extremista apoiado pelo Paquistão efectuou um atentado bombista no parlamento indiano. Mas as tensões desanuviaram-se e as partes deram início a negociações sérias sobre o território em disputa, compreendendo que a guerra, no paradigma industrial, só pode ter lugar se todos os antagonistas aceitarem o limite da *não* utilização de armas nucleares. Tanto a Índia como o Paquistão possuem os recursos humanos, a base industrial e a inclinação ideológica para a guerra industrial ao estilo antigo. Porém, nem um nem outro podem garantir que não escalarão para o nível nuclear. Por conseguinte, estão atolados num confronto estratégico, muito similar à Guerra Fria, que pode estar a aproximar-se de uma resolução.

O número terrível de 1,5 milhões de mortos nos oitos anos da Guerra Irão-Iraque (1980-1988) faz fé de um conflito à escala verdadeiramente industrial, pelo menos em termos de efectivos. Também foi travado numa área relativamente pequena, o terreno facilmente defendido do vale do Tigre-Eufrates, e em condições que evocam a Frente Ocidental da Primeira Guerra Mundial. Enormes quantidades de material foram gastas durante um prolongado período de tempo, e ambos os Estados concentraram-se totalmente na guerra e na busca da vitória. Contudo, esta guerra ao estilo industrial também não proporcionou resultados operacionais ou estratégicos, e acabou por conduzir a um acordo.

O conflito de Caxemira e a Guerra Irão-Iraque também podem ser entendidos como industriais devido aos seus objectivos de fundo: foram e são entre exércitos e por território, e não pela vontade e intenções do povo. O terceiro destes grandes conflitos, que escala ocasionalmente para um conflito estratégico de natureza industrial, é o conflito israelo-árabe; de facto, tal como observámos no início do presente livro, as batalhas travadas em 1973, nos Montes Golan e no deserto do Sinai, foram provavelmente as últimas nas quais forças blindadas se enfrentaram directamente. Este confronto teve início em 1947, e ainda não chegou ao fim. Contudo, embora tenha começado como um confronto claro com objectivos concretos, veio a evoluir para um confronto muito mais complexo, um confronto de intenções – entre o povo. Apresenta períodos relativamente curtos que rotulamos de «guerras», mas no seu conjunto, desde o início até hoje, este conflito tem sido um período de matanças e violência, à medida que os antagonistas procuram promover os seus desígnios pela força das armas. Este processo complexo constitui um dos exemplos mais paradigmáticos da interacção entre confronto e conflito; e embora eu inclua as suas raízes na guerra industrial, todo o período, de 1947 até hoje, oferece um exemplo do novo paradigma.

Em 29 de Novembro de 1947, a Assembleia-Geral das Nações Unidas aprovou um plano para a divisão da Palestina, contemplando a criação de um Estado árabe e de um Estado judaico, com Jerusalém colocada sob um estatuto internacional([99]). Registaram-se imediatamente duros combates, pois a liderança árabe local rejeitou o plano em absoluto. A 15 de Maio, o Reino Unido renunciou ao seu mandato sobre a Palestina; na véspera, em antecipação, David Ben Gurion declarara Israel uma nação independente. Os Estados Unidos e a União Soviética, seguidos de muitos outros países, reconheceram diplomaticamente Israel. A Liga Árabe, fundada em 1945 para coordenar a política dos Estados árabes, reagiu prontamente. Quase de imediato, os árabes palestinianos, apoiados por tropas libanesas, sírias, iraquianas, egípcias e transjordanas, abriram as hostilidades contra a recém-formada Força de Defesa de Israel (IDF). Os Israelitas e a Liga Árabe entraram em conflito, com os Árabes procurando, pela força das armas, uma resolução estratégica: a destruição do Estado de Israel.

A IDF conseguiu expulsar os exércitos das nações árabes vizinhas e proteger as suas fronteiras através de três grandes operações ofensivas, pelo que, em 1949, Israel assinou acordos de cessar-fogo separados com o Egipto, o Líbano, a Transjordânia e a Síria. Os sucessos de Israel ao nível operacional permitiram-lhe traçar as suas próprias fronteiras, que passaram a incluir 70% da Palestina do mandato, em vez dos 55% que lhe haviam sido originalmente atribuídos pelo plano da ONU. A Faixa de Gaza e a Margem Ocidental foram respectivamente ocupadas pelo Egipto e pela Transjordânia. Apesar da vitória operacional de Israel, nenhum dos lados conseguira uma decisão estratégica, e a situação regressou a um estado de confronto estratégico. No entanto, o confronto traduzia-se em conflitos tácticos, pois os antagonistas atacavam-se mutuamente com incursões transfronteiriças. Em 1956, o número de escaramuças entre Israel e o Egipto aumentou, com os irregulares *fedayeen* realizando incursões frequentes em território israelita e Israel respondendo na mesma medida. O Egipto, sob a liderança do presidente Gamal Abdel Nasser, bloqueou o Golfo de Aqaba e fechou o Canal do Suez aos navios israelitas. Em Julho do mesmo ano, Nasser nacionalizou o canal, que constituía uma rota vital para o Oriente e do qual a Grã-Bretanha possuía 44%. Ao fazê-lo, Nasser aumentou e expandiu o confronto ao nível estratégico com a inclusão da

---

([99]) Sob administração da ONU. (*N.T.*)

Grã-Bretanha e da França, esta última receando que o encerramento do canal interrompesse o envio do petróleo do Golfo Pérsico para a Europa Ocidental. Nos meses que se seguiram, e num complexo desenrolar de acontecimentos, Israel, França e Grã-Bretanha planearam resolver o confronto recuperando o canal e reduzindo a área de influência militar do Egipto.

Em 29 de Outubro de 1956, Israel invadiu a Faixa de Gaza e a Península do Sinai, e avançou rapidamente sobre a Zona do Canal. A 31 de Outubro, o Reino Unido e a França desencadearam a Operação Musketeer, destinada a forçar a reabertura do canal. Nasser reagiu afundando os quarenta navios que se encontravam no canal, encerrando-o à navegação até princípios de 1957. Em 5 de Novembro de 1956, um ataque anfíbio e aerotransportado, executado por forças britânicas e francesas, apoderou-se do canal. A operação foi decisiva, mas carecia de um contexto estratégico e não tardou a transformar-se num desastre político e diplomático. Britânicos e Franceses foram alvo de intensas críticas por parte dos países do Terceiro Mundo e da União Soviética. Além do mais, embora condenassem a repressão soviética na Hungria, que ocorria na mesma altura, os EUA recusaram-se a pactuar com a embaraçosa actuação dos seus principais aliados europeus no Egipto. No contexto da Guerra Fria, os Americanos também receavam uma eventual escalada do conflito, particularmente depois de a União Soviética ter intervindo ao lado do Egipto. Exercendo considerável pressão financeira e diplomática, a administração Eisenhower impôs um cessar-fogo à Grã-Bretanha e à França e, em Março de 1957, as forças invasoras retiraram. O seu papel foi assumido pela Força de Emergência das Nações Unidas I (UNEF I), a primeira de todas as forças de manutenção de paz das Nações Unidas, criada pela primeira sessão especial de emergência da Assembleia-Geral, que decorreu entre 1 e 10 de Novembro de 1956. A Crise do Suez não foi uma guerra: foram duas operações militares, desencadeadas por Israel e posteriormente pela Grã-Bretanha e França. Estas duas potências foram derrotadas no confronto com o Egipto, dado que a força carecia de utilidade no contexto em que estava a ser empregue. A força foi empregue estrategicamente com o propósito de modificar as intenções de Nasser, e até para o substituir por um líder mais submisso. Não funcionou. Operacionalmente, a força foi empregue para ocupar e salvaguardar o canal. Atingiu o primeiro objectivo operacional e fracassou inegavelmente no segundo, já que quarenta navios afundados no canal não garantiam uma travessia livre e desimpedida. Faltou o contexto estratégico para dar valor a estes actos, o qual teria traduzido o objectivo concreto da ocupação do canal num efeito que atingiria o objectivo estratégico de modificar as intenções de Nasser. No entanto, Israel aliviou a pressão ao nível estratégico e, com a interposição das forças da ONU, libertou-se dos conflitos tácticos no Sinai. Neste sentido, o seu emprego da força foi útil, dado que os seus objectivos no confronto e no conflito estavam relacionados com a defesa do território do Estado – e foram alcançados.

Em Maio de 1967, o Egipto exigiu a retirada da UNEF I, e Nasser começou imediatamente a remilitarizar o Sinai. Depois, encerrou o Estreito de Tiran aos navios israelitas, bloqueando efectivamente o porto de Eilat, no Norte do Golfo de Aqaba. Esta medida foi considerada um *casus belli* pelos Israelitas, também ameaçados a norte, pela Síria. As negociações com os EUA para a reabertura do Estreito de Tiran fracassaram. O Egipto e a Síria prepararam-se para a guerra, mas Israel lançou um ataque preventivo: a 5 de Junho de 1967, a força aérea israelita destruiu a força aérea egípcia e estabeleceu a superioridade aérea até ao fim da guerra. Em poucos dias, as forças israelitas alcançaram uma série de vitórias notáveis: no Sul, ocuparam Gaza e o Sinai, até à margem oriental do Canal do Suez; no centro, Jerusalém e a Margem Ocidental do Jordão foram conquistadas aos Jordanos; no Norte, os Montes Golan, que dominam os acessos orientais ao Mar da Galileia, foram tomados aos Sírios. Em 11 de Junho, foi assinado um cessar-fogo que pôs fim à Guerra dos Seis Dias – mas o confronto continuou. Israel alcançara uma série de vitórias operacionais espantosas: a instrução, organização e equipamento da IDF tornaram-se modelos para a prossecução bem sucedida da guerra de manobra a alta velocidade. As forças suas opositoras haviam sido destruídas. Não só tinha o Estado de Israel sido defendido pela estratégia da defesa ofensiva, como fora expandido: o seu território quadruplicou e passou a incluir um milhão de árabes nas áreas conquistadas. Cerca de 300 000 palestinianos fugiram para a Jordânia, onde contribuíram para a crescente agitação. Estes palestinianos dos Territórios Ocupados e dos campos de refugiados tornar-se-iam, na sua esmagadora maioria, apoiantes da Organização para a Libertação da Palestina (OLP), fundada em

1964, cuja carta, datada de 1968, apelava à erradicação de Israel. Após a guerra, o Conselho de Segurança da ONU aprovou a sua Resolução 242, apelando a uma «paz justa e duradoura, na qual todos os Estados da região possam viver em segurança», e instando Israel a retirar dos Territórios Ocupados. Esta resolução tornou-se o texto essencial das relações israelo-árabes.

As vitórias operacionais de Israel tinham feito regressar a situação ao confronto estratégico anterior à guerra, mas com uma diferença fundamental: Israel passava a estar em confronto com um povo, e não com Estados definidos. Dado que o cerne do confronto entre Israel e os seus inimigos árabes fora – e até certo ponto, ainda é – a existência do Estado judaico, até à Guerra dos Seis Dias bastara a Israel prosseguir uma estratégia de sobrevivência para garantir contexto a todas as suas acções militares: para atacar e, se atacado, punir, toda e qualquer ameaça ao direito de existência dos judeus num Estado próprio, e para conduzir estas acções dentro ou fora das fronteiras do Estado. Os objectivos militares desta estratégia haviam sido dissuadir e derrotar ataques da guerrilha, ou derrotar as forças dos países árabes vizinhos. Depois da guerra, estes objectivos, simples e concretos, deixaram de ser suficientes, pois uma parte substancial do confronto estava a transformar-se rapidamente numa competição contra outro povo, não contra um Estado, estando em jogo a sua existência no mesmo espaço do que Israel. Vencer o teste de força fora mais do que suficiente até então, mas a partir de agora, como novo confronto com o povo palestiniano, vencer o choque de vontades tinha que ser o objectivo primário. Assim, a partir de 1967, Israel necessitou de uma estratégia abrangente para lidar com este novo confronto, sem se esquecer – e esqueceu-o durante muitos anos – do que os pais fundadores da IDF tinham aprendido com as suas origens durante o mandato britânico: a iniciativa militar pertence a quem está sob ocupação.

Durante os seis anos seguintes, o confronto entre Israel e os seus vizinhos árabes e os palestinianos prosseguiu, mas também deu alguns sinais de se vir a tornar parte do grande confronto da Guerra Fria. Com o auxílio de recursos e conselheiros soviéticos, o Egipto conseguiu recuperar as suas perdas materiais na Guerra dos Seis Dias muito mais rapidamente do que se previa, e entre 1967 e 1970 Israel e o Egipto travaram uma guerra de atrito: uma passagem constante do confronto ao conflito no nível táctico. Em 7 de Agosto de 1970, foi acordado um cessar-fogo. Nasser morreu em Setembro, sucedendo-lhe o seu vice-presidente, Anwar Sadat, que respeitou o cessar-fogo mas manteve presente o sonho nasseriano de libertar o canal. A 6 de Outubro de 1973, dia santo do Yom Kippur no calendário judaico, o Egipto e a Síria lançaram a Operação Badr ("lua cheia»), um ataque de surpresa coordenado contra Israel. Tal como já referimos, o objectivo de Sadat, ao montar esta operação, era criar uma situação na qual pudessem decorrer negociações vantajosas para o Egipto. As forças sírias atacaram as fortificações dos Montes Golan, enquanto as tropas egípcias atacavam as defesas ao longo do Canal do Suez e na Península do Sinai. Nos Montes Golan, cerca de 108 tanques israelitas enfrentaram o ataque de 1400 blindados sírios. No Canal do Suez, algumas centenas de defensores israelitas foram atacados por 80 000 egípcios. Inicialmente, a IDF, apanhada de surpresa, cedeu terreno e sofreu pesadas baixas. Pelo menos nove Estados árabes, incluindo quatro nações não pertencentes ao Médio Oriente, auxiliavam activamente o esforço de guerra sírio-egípcio, fornecendo aviões, tanques, tropas e recursos financeiros.

Israel mobilizou as suas reservas e, com o apoio dos Estados Unidos, que organizaram uma ponte aérea para fornecer munições e materiais e equipamentos cruciais, montou uma série de brilhantes contra-ataques. Quando se apelou a um cessar-fogo, a IDF encontrava-se já nos arredores de Damasco, e atravessara o Canal do Suez e cercara o III Exército egípcio. Mas não obstante o êxito da IDF, a guerra foi considerada um fracasso diplomático e militar em Israel, que deixara quase 2700 soldados mortos no campo de batalha. No Egipto e na Síria, apesar de o colapso militar ter sido evitado por muito pouco, a guerra foi vista como uma vitória: a «inexpugnável» Linha Bar Lev, ao longo do Canal do Suez, fora rompida, as tropas egípcias tinham estabelecido uma testa-de-ponte no lado oriental do Canal, a Força Aérea israelita sofrera pesadas baixas e, no Sinai e nos Montes Golan, fora destruído o mito da invencibilidade das armas israelitas. A IDF voltara a triunfar operacionalmente e a preservar as fronteiras do Estado, mas o confronto estratégico continuava por resolver. Além do mais, as terríveis batalhas tinham demonstrado as limitações da guerra industrial até a Israel, uma sociedade preparada para a travar: não dispunha de recursos humanos suficientes para serem consumidos a um ritmo industrial, nem de equipamento ou munições para manter o combate com tanta intensidade durante tanto tempo. Ambos os lados tinham necessitado dos respectivos apoiantes, a URSS e os EUA, para sustentarem o seu esforço de guerra –, e embora as superpotências parecessem dispostas a cooperar em função dos seus interesses associados à Guerra Fria, fizeram-no cautelosamente porque sabiam que o confronto poderia descontrolar-se, afectando todo o Médio Oriente e talvez não só, pondo em perigo o fornecimento de petróleo. Em consequência, foram as superpotências que travaram os árabes e os israelitas, fazendo retroceder claramente o conflito para um confronto mais controlável. Nos meses que se seguiram à Guerra do Yom Kippur, Henry Kissinger, secretário de Estado norte-americano, desencadeou uma ofensiva diplomática para ajudar a estabilizar a situação no Médio Oriente. Em 8 de Janeiro de 1974, o Egipto e Israel assinaram um primeiro acordo de separação de forças. O Egipto manteve o controlo de todo o território a oeste do Canal do Suez e de toda a margem oriental. Israel, embora recuando cerca de 20 km para leste do Canal, ficou na posse do resto do Sinai, incluindo a cidade de Sharm el-Sheikh, que domina o Estreito de Tiran. Um segundo acordo israelo-egípcio foi formalmente assinado em Genebra, em Setembro de 1975, segundo o qual Israel abriu mão de outros territórios e activos egípcios. Kissinger também conseguiu firmar um acordo entre a Síria e Israel, em Maio de 1974, pondo fim a oitenta e um dias de trocas de fogo de artilharia na frente dos Montes Golan. Israel retirou do território conquistado em Outubro de 1973 e de algumas áreas que ocupava desde a Guerra dos Seis Dias, incluindo a cidade de Quneitra. Desde então, esta linha tem sido policiada por uma força da ONU, aparentemente a contento de ambos os lados.

Durante os seis anos seguintes, e com o envolvimento activo da diplomacia norte-americana, Israel e o Egipto resolveram o seu prolongado confronto estratégico. Em Novembro de 1977, o presidente Sadat deslocou-se a Jerusalém, na primeira visita de um chefe de Estado árabe a Israel. Esta iniciativa deu origem a negociações de paz entre Israel e o Egipto, que prosseguiram esporadicamente em 1977 e 1978, ano em que as partes chegaram a acordo em duas áreas. Israel aceitou retirar totalmente do Sinai em três anos, e desmantelar as suas bases aéreas perto do Golfo de Aqaba e da cidade de Yamit. O Egipto prometeu manter relações diplomáticas com Israel, e autorizou o trânsito de navios israelitas no Canal do Suez, no Estreito de Tiran e no Golfo de Aqaba. O segundo acordo foi a definição de um formato para a conduta de negociações sobre o estabelecimento de um regime autónomo na Margem Ocidental e em Gaza, de modo a resolver definitivamente a questão palestiniana. Estes dois acordos conduziram a uma paz negociada entre Israel e o Egipto, em 1979, a primeira entre Israel e qualquer um dos seus vizinhos árabes. Em reconhecimento dos seus esforços, Sadat e o primeiro-ministro Begin receberam o Prémio Nobel da Paz. Contudo, no mundo árabe, muita gente viu o reconhecimento de Israel por parte de Sadat e a sua ruptura da frente árabe como um acto de traição. Sadat foi assassinado em 1981.

Entretanto, o confronto com o povo da Palestina adquiria proeminência. A OLP, depois de levar a cabo uma série de ataques contra Israelitas no estrangeiro, incluindo o assassínio de onze atletas israelitas durante os Jogos Olímpicos de Munique, em 1972, e do desvio de um avião da Air France para Entebbe, em 1976, estabelecera-se no Líbano. A partir das suas bases na fronteira sul, os guerrilheiros palestinianos lançavam ataques intermitentes contra alvos militares e civis em Israel. Em Março de 1978, depois de os palestinianos terem sequestrado um autocarro, Israel desencadeou uma importante incursão no Sul do Líbano, que originou uma declaração formal dos EUA em defesa da «Integridade Territorial do Líbano». A 19 de Março de 1978, o Conselho de Segurança da ONU adoptou a Resolução 425, apelando à retirada israelita e constituindo uma força internacional de manutenção de paz para o Sul do Líbano, a Força Interina das Nações Unidas no Líbano (UNIFIL), que ainda se encontra no território. As bases da OLP no Sul do país permaneceram activas, e prosseguiu o ciclo de ataques e retaliações transfronteiriços. Em 1982, as tropas israelitas invadiram o Líbano pela segunda vez. Os objectivos operacionais israelitas eram a destruição do poderio militar da OLP no Sul do Líbano e a criação de uma zona de segurança na região. Os objectivos militares estratégicos eram a erradicação do controlo militar, político e económico exercido pela OLP sobre o Líbano e a expulsão das forças sírias, de modo a facilitar a criação de um Líbano dominado por cristãos que assinaria um tratado de paz com Israel, pondo fim ao confronto relativo às suas fronteiras.

Em 6 de Junho de 1982, foi lançada a operação Paz na Galileia. As tropas israelitas chegaram rapidamente a Beirute, onde a OLP tinha a sua sede, e sitiaram a cidade. Algumas tentativas sírias localizadas para conter o avanço israelita foram dominadas, e os dois países decidiram não intensificar o conflito para níveis acima do táctico. Em Agosto, o embaixador Philip Habib, enviado especial americano ao Médio Oriente, negociou a retirada de Yasser Arafat e das forças da OLP do Líbano para a Tunísia. Foi criada uma força multinacional (FMN) para supervisionar a evacuação, que foi rapidamente completada, até 10 de Setembro, e para garantir a protecção dos civis palestinianos que ficavam no Líbano. Durante as semanas que se seguiram, a situação entrou em colapso. A 15 de Setembro, forças militares israelitas ocuparam o sector muçulmano de Beirute Ocidental após o assassinato de Bashir Gemayel, o recém-eleito presidente cristão do Líbano, com o qual Israel esperava chegar a um acordo. Dois dias mais tarde, alguns seguidores de Gemayel massacraram centenas de palestinianos nos campos de Sabra e Shatila, guardados por Israel. Dado que os EUA tinham prometido a Arafat que os Israelitas protegeriam os civis palestinianos que permanecessem em Beirute após a retirada dos combatentes da OLP, o presidente Reagan tratou apressadamente do regresso do contingente militar multinacional de forma a providenciar alguma segurança.

Durante o Outono de 1982, desenrolaram-se negociações entre os Estados Unidos, Israel e o Líbano sobre a retirada das forças israelitas e os termos de um possível tratado entre o Líbano e Israel. Em Maio de 1983, foi assinado, entre o Líbano e Israel, um acordo pondo fim ao estado de guerra entre os dois países e estabelecendo uma retirada israelita do Líbano, mas a Síria negou-se a discutir a retirada das suas tropas. Em Junho de 1985, Israel retirou a maioria do seu contingente, deixando no Sul do Líbano uma força residual e uma milícia apoiada por Israel (o chamado Exército do Sul do Líbano). Estas forças estabeleceram uma zona tampão de segurança de entre 5 km a 8 km ao longo de toda a fronteira israelo-libanesa, destinada a proteger Israel de ataques lançados a partir do Líbano.

Israel não conseguira resolver o confronto estratégico através do emprego da força. Inicialmente, as operações foram aparentemente bem sucedidas, e todos os recontros tácticos lhe correram de feição, mas as vitórias tácticas não se traduziram em êxito operacional.

Com o passar dos anos, a IDF evoluira como uma força de ataque para derrotar rapidamente quaisquer ameaças às fronteiras de Israel, e ao longo de toda a sua história tinha lançado incursões tácticas para prevenir ou punir ataques aos seus colonatos. Ocasionalmente, a máquina militar foi empregue, em peso, na obtenção de vitórias operacionais, como foi o caso em 1948, 1956, 1967 e 1973. Contudo, em 1982, no Líbano, a IDF foi empregue para atingir objectivos operacionais e estratégicos que se prendiam com as intenções – e não com as forças – dos seus adversários. Os contingentes da IDF entraram no complexo teatro de um Estado disfuncional, no qual grupos antagónicos combatiam pela sua governação. Este teatro também continha as forças de outro Estado, a Síria, com o qual Israel já se encontrava em confronto, e dos palestinianos, que careciam de um Estado e com os quais Israel estava também em confronto. Nenhuma destas forças enfrentou a IDF no nível operacional, e os objectivos tácticos e o modo de serem alcançados não adquiriram as características que Israel desejava – ao nível de teatro. Em Israel, a invasão do Líbano não teve um apoio popular idêntico ao das grandes operações transfronteiriças do passado, e a IDF revelou-se ao inimigo como uma ameaça menos séria do que habitualmente. A impressionante máquina blindada começou por ser restringida pelo acidentado terreno do Líbano e depois, com a cabeça firmemente enfiada na área urbana de Beirute, revelou-se mais vulnerável do que os combates de rua fariam prever. E de uma perspectiva diplomática, o mundo, na generalidade, não viu um pequeno povo a defender-se, mas sim um poderoso actor regional a intervir e a piorar uma situação já de si perigosa.

Após 1982, Israel permaneceu em confronto com os seus inimigos; os confrontos com os Estados vizinhos mantiveram-se relativamente estáveis, mas o confronto com o povo palestiniano aumentou de intensidade. Em Dezembro de 1987, a frustração palestiniana colectiva explodiu numa revolta popular contra o domínio israelita, conhecida por *intifada* (insurreição), que envolveu manifestações, greves, tumultos e violência. A Intifada começara por ser um movimento espontâneo, mas converteu-se rapidamente numa rebelião organizada. O apedrejamento das forças de segurança e de civis israelitas levado a cabo por jovens e rapazes, e a reacção de soldados fortemente armados em veículos blindados, observados a espancar prisioneiros isolados e desarmados, transformaram-se nos símbolos da Intifada. O exército israelita, treinado e organizado para alcançar os objectivos concretos dos conflitos e confrontos entre Estados, perdeu muitos recontros tácticos e todos os confrontos operacionais e estratégicos decorrentes da estratégia da Intifada: a provocação e a propaganda do acto.

A força revelou-se inadequada para o seu novo desígnio. Consideremos a infantaria, uma arma cujo propósito é aproximar-se do inimigo e eliminá-lo. Foi sempre assim, mas nos nossos tempos é conduzida ao combate em veículos blindados, de modo a conseguir acompanhar o ritmo da contenda, travada com tanques, aviões e modernos sistemas de comunicação, e é protegida durante o percurso até ao objectivo. Mas no caso da Intifada – e de muitos outros exemplos da guerra entre o povo –, quem era o inimigo a atacar e eliminar? Em termos técnicos, eram os terroristas no seio do povo palestiniano, mas eles eram parte do povo e estavam junto do povo. E se todo o Palestiniano fosse tratado como um inimigo e sujeito às técnicas do combate próximo, então todo o Palestiniano converter-se-ia indubitavelmente num inimigo de Israel. As opções eram a realização de buscas meticulosas, em função das informações obtidas, procurando o inimigo num ambiente extremamente hostil, ou a destruição colectiva. Escolhida a primeira opção, a grande força da IDF, o seu maciço poderio blindado, de elevada mobilidade e poder de fogo, foi de pouco valor; pelo contrário, tornou-se dependente da infantaria, que não fora seleccionada, instruída nem equipada para a missão. No teatro desta guerra entre o povo, o público assistiu a uma força de ocupação brutal suprimindo o legítimo desejo de autodeterminação de um povo. As medidas tácticas adoptadas por Israel para lidar com este confronto começaram a dar frutos; no entanto, dada a ausência de outra estratégia que não o regresso ao *status quo*, e de um plano de teatro ou campanha abrangente para orientar a escolha dos alvos e traduzir os sucessos tácticos numa vitória, os Israelitas não resolveram o confronto, contiveram-no.

A Intifada foi notável pelas capacidades de organização da sua liderança. A perseguição movida com êxito por Israel a estes líderes enfraqueceu a sua capacidade de resistência ao desafio de outros grupos palestinianos, entre as quais o Hamas e a Jihad Islâmica, organizações fundamentalistas – ao contrário da OLP, que é secular e nacionalista – que apelam à destruição total do Estado judaico. De 1989 a 1992, a «Intrafada», travada entre as facções opostas, roubou a vida a centenas de Palestinianos. Em 1992, com a maioria da liderança palestiniana atrás das grades, a Intifada começou a enfraquecer. No entanto, teve um impacto assinalável na opinião pública e nas políticas israelitas durante toda a década seguinte, originando o impulso necessário para as negociações de paz que teriam lugar nos anos que se seguiram. A Intifada deu aos Palestinianos uma identidade que nunca tinham possuído – no seu espírito ou no mundo –, e a confiança para resistirem e afirmarem esta identidade através de actos militares. Também criou um quadro de activistas, alguns com opiniões extremistas, localizados na Margem Ocidental e na Faixa de Gaza, senhores de si próprios e não servos de entidades externas baseadas na diáspora palestiniana ou em Estados árabes. Este fenómeno reflectiu-se na Conferência de Madrid, em 1991, após a Guerra do Golfo, quando todas as partes do conflito e do Médio Oriente se reuniram para abrir vias de negociação – e a OLP foi representada por civis palestinianos agindo em seu nome. Os Palestinianos pensavam ter vencido o choque de vontades contra Israel: na sua óptica, as suas acções haviam eliminado a vontade do povo israelita de continuar a trilhar o caminho do conflito. Estavam correctos na sua análise de que a opinião pública israelita sofrera uma profunda mudança, preferindo um acordo negociado à continuação do conflito. Mas também se enganaram, pois a vitória no choque de vontades não produzira uma vitória no teste de força: Israel ainda possuía o poderio maciço de um exército industrial, e ainda o via como o meio para alcançar directamente os seus objectivos políticos.

O confronto estratégico israelo-árabe prosseguiu com toda a sua complexidade. Graças aos consideráveis esforços diplomáticos internacionais e à vontade de negociar, Jordanos e Israelitas chegaram a uma resolução para o seu confronto e, a 26 de Outubro de 1994, assinaram um tratado de paz. No Sul do Líbano, a situação continuou a ser de conflito táctico, habitualmente iniciado pelo Hezbollah, operando a partir de território libanês. Os Montes Golan permaneceram na posse de Israel, com a pequena força de observadores da ONU mantendo a «condição» de estabilidade. O confronto com o povo palestiniano também avançou, aparentemente para a resolução. Em meados de 1992, os Israelitas contactaram o líder norueguês de um instituto europeu de investigação para a paz([100]), para conduzir uma série de conversações informais e secretas entre dois académicos israelitas e três altos representantes da OLP. As conversações tiveram início em Janeiro de 1993, em Oslo, com o objectivo de elaborar um documento informal definindo os princípios básicos para futuras negociações de paz entre Israel e os Palestinianos. Esta vontade negocial tornou possível a perspectiva de um compromisso. Os encontros de Oslo, reformulados para incluírem altos diplomatas israelitas e o ministro dos Negócios Estrangeiros norueguês, Johan Jorgen Holst, deram origem aos Acordos de Oslo, assinados em Washington, em Setembro de 1993. Os acordos continham um conjunto de princípios gerais mutuamente aceites, relativos a um período interino de cinco anos de autodeterminação palestiniana. A discussão sobre o «estatuto permanente» era adiada para futuras negociações, a terem lugar, o mais tardar, no terceiro ano do período interino. A OLP reconheceu o direito de existência do Estado de Israel, em paz e segurança, declarou o seu empenho no processo de paz para o Médio Oriente, e renunciou ao terrorismo. Em troca, Israel reconheceu a OLP como representante do povo palestiniano, e declarou estar disposto a negociar com a OLP no âmbito do processo de paz para o Médio Oriente iniciado em Madrid. Em Maio de 1994, no Cairo, Israel e a OLP assinaram o Acordo Gaza-Jericó, que conduziu ao estabelecimento da Autoridade Palestiniana (AP). Pareciam ter sido criadas as condições para a resolução do confronto estratégico, mas Israel continuou a fundar e expandir colonatos nos Territórios Ocupados e as organizações terroristas prosseguiram o desenvolvimento das suas operações entre os Palestinianos. Pior ainda, as mentes dos dois povos não tinham sido conquistadas: as suas intenções não apoiavam totalmente a concretização do estipulado pelos acordos. Em Novembro de 1999, o primeiro-ministro de Israel, Ytzhak Rabin, foi assassinado por um extremista israelita. Foi o início de outra espiral descendente no confronto.

Na fronteira com o Líbano, o conflito táctico prosseguiu com um constante avolumar de baixas israelitas sem quaisquer ganhos, a não ser a ocupação de uma zona de segurança por parte de Israel. Surgiu um forte movimento, em Israel, a favor da retirada, para pôr

---

([100]) Terje Rød-Larsen, um dos fundadores da FAFO Research Foundation. (*N.T.*)

fim às baixas resultantes da ocupação e ficar nas fronteiras reconhecidas do Estado. O Líbano recuperava da guerra civil, e havia uma pressão internacional para que Israel respeitasse as fronteiras do país. Israel retirou finalmente as suas forças em 1999, e o confronto estratégico com o Líbano chegou ao fim. Todavia, prosseguiram os confrontos com a Síria, o Hezbollah e as organizações terroristas baseadas na Palestina. Nos territórios palestinianos, aumentou o descontentamento popular devido à corrupção e incompetência administrativa da AP; ao mesmo tempo, havia fúria e frustração face à continuada expansão dos colonatos israelitas, apesar das promessas em contrário. Em Israel, diminuiu a confiança na capacidade da AP para garantir a segurança nas suas fronteiras e lidar com os grupos terroristas que operavam a partir do seu território. No entanto, de cada vez que a IDF realizava uma incursão para defender Israel ou impunha uma ou outra medida em nome da segurança, reforçava a sua imagem negativa na mente dos Palestinianos e do mundo. Impotente, a AP foi ficando cada vez mais enfraquecida e as facções ganharam força. Arafat aprendeu – se é que não o sabia já – a evitar aceitar a identidade de um Estado para o seu povo, pois fazê-lo seria assumir as responsabilidades de um Estado – responsabilidades que ele e a AP eram incapazes de cumprir mesmo que tivessem querido.

Em Setembro de 2000, desencadeada pela visita de Ariel Sharon, um político israelita de direita, ao Monte do Templo, explodiu uma segunda Intifada. Em dois dias, estendeu-se a toda a Palestina e a Israel. A violência apoderou-se de Israel, com ataques suicidas, e dos Territórios Ocupados, com a IDF a retaliar e a impor restrições. O confronto entre os povos da Palestina e Israel atingiu uma nova intensidade de conflito ao nível táctico, com ambos os lados incapazes de aproveitarem os sucessos tácticos a nível operacional e estratégico. Através das suas vitórias tácticas, Israel melhorou inegavelmente a segurança do seu povo, mas ao fazê-lo reforçou a opinião dos observadores do teatro e dos palestinianos de que eram um ocupante brutal. Do mesmo modo, ao recorrerem ao terrorismo na era pós-9/11, os Palestinianos reforçaram a sua imagem negativa, em particular nos EUA, empenhados na sua Guerra contra o Terrorismo. Por conseguinte, verificou-se um impasse, sem nenhum dos lados conseguir vencer o choque de vontades – um impasse que continuou mesmo após Agosto de 2005, depois de Israel ter retirado unilateralmente de Gaza e o Hamas ter sido democraticamente eleito nos Territórios Palestinianos, em Janeiro de 2006. Isto deu origem a uma situação na qual dois movimentos fundamentalistas que não reconhecem o direito de Israel à existência– o Hamas e o Hezbollah – passaram a controlar duas das fronteiras reconhecidas a nível internacional de Israel, o Líbano e Gaza. Ambas as organizações continuaram a atacar Israel, geralmente disparando *rockets* contra alvos civis. Estes ataques mereceram uma pronta resposta punitiva de Israel, que atacou nos Territórios Palestinianos, prosseguindo a sua política de assassínios selectivos. Em finais de Junho de 2006, este padrão escalou dramaticamente quando o Hamas raptou um soldado israelita em Israel, e o Hezbollah fez o mesmo a outros dois militares, na fronteira norte. No Sul, a IDF respondeu quase estrangulando Gaza, destruindo as suas centrais eléctricas e parando praticamente a vida na cidade. No Norte, a IDF respondeu com extensos ataques aéreos contra alvos do Hezbollah e infra-estruturas libanesas, enquanto o Hezbollah disparava centenas de *rockets* por dia contra as vilas e cidades do Norte de Israel, chegando a atingir a cidade costeira de Haifa. Estas duas operações são exemplos claros da guerra entre o povo, que prosseguiu durante trinta e dois dias. Tornou-se rapidamente evidente que este conflito não resolveria o confronto, embora pudesse ser considerado com potencial para o alterar estrategicamente dado envolver interesses vitais da Síria e do Irão, bem como de Israel, do Líbano e do Hezbollah. Contudo, o conflito acabou novamente com a ONU chamada a garantir a fronteira internacional entre Israel e o Líbano, e efectivamente entre o Líbano e o Hezbollah.

O conflito israelo-árabe incorporou três períodos distintos discutidos no presente livro: a guerra industrial, os conflitos paralelos à Guerra Fria e a guerra entre o povo. De facto, as duas intifadas são expoentes máximos do novo paradigma, e das insuficiências das forças convencionais e do pensamento institucional baseados na guerra industrial para lidarem com este tipo de eventos. A Parte III é dedicada a estas questões.

PARTE III

A GUERRA ENTRE O POVO

7
Tendências:
As Nossas Operações Modernas

Não existe nenhuma data específica na qual a guerra entre o povo tenha começado. Como vimos, a sua definição básica como um mundo de confrontos e conflitos emergiu no seguimento da Segunda Guerra Mundial, ainda que, na realidade, a guerra industrial tivesse deixado de constituir uma opção exequível com a invenção da bomba atómica. No interim, tal como explanámos na Parte II, os conflitos paralelos à Guerra Fria começaram, em maior ou menor grau, a exibir as tendências do novo paradigma. Somente a partir de 1991 é que a maioria dos conflitos passou a reflectir todas as tendências, isto por dois grandes motivos. Em primeiro lugar, o fim do «Grande Confronto» eliminou as balizas nas quais os conflitos emergentes tinham sido mantidos pelos interesses dos dois blocos. Como vimos, muitos confrontos pós-coloniais no seio de Estados ou entre potências imperiais de saída e as populações locais tinham sido contidos por um dos blocos ou pelo equilíbrio de poder entre ambos. Desaparecidos os blocos, estes conflitos latentes começaram a emergir – em muitas partes do globo, mas particularmente nos Balcãs e em grandes regiões de África – e, na maior parte dos casos, não foram entre Estados, mas sim dentro dos Estados: entre o povo.

A segunda razão pela qual o novo paradigma se tornou dominante em 1991 foi por ser este o ponto em que o exército industrial se tornou efectivamente obsoleto. Na verdade, foi a Guerra Fria, baseada na «destruição mútua assegurada», que necessitou da manutenção das estruturas e da aparência exterior do paradigma da guerra industrial entre Estados. Terminado o confronto, tornou-se evidente a verdadeira falta de substância do paradigma: o Ocidente vencera sem ter sido disparado um único tiro. Não houvera uma guerra, apenas um confronto que nunca se transformara em conflito e, no fim, o Pacto de Varsóvia ruiu com a União Soviética, eliminando da agenda internacional a hipótese de uma guerra total entre os dois blocos. Mas os Estados das duas alianças ainda possuíam forças industriais. Eram relativamente grandes, muitas ainda dependiam da conscrição, e todas dispunham de meios industriais de guerra – veículos blindados de combate, canhões, caças-bombardeiros e, nalguns Estados, navios de guerra –, e das indústrias de defesa necessárias à sua manutenção. Durante os quinze anos subsequentes, os exércitos tornaram-se mais pequenos e essencialmente profissionais, pois a maioria dos Estados aboliu a conscrição e até a Rússia pondera fazê-lo. Mas as armas e o equipamento são praticamente os mesmos, intencionalmente substituídos por tipos e modelos muito similares, como sucede nos EUA, ou envelhecendo e convertendo-se em testemunhos de guerras doutros tempos e doutros conceitos, tal como acontece na maioria dos Estados europeus, onde um menor interesse em gastar dinheiro na defesa tornou a sua substituição pouco prioritária. Esta situação começou por verificar-se porque estes Estados viram o fim do confronto da Guerra Fria como o fim de todas as ameaças, e optaram por beneficiar dos «dividendos da paz». Assim, quando as forças eram enviadas para o terreno, eram-no apenas em «manutenção de paz». Ao mesmo tempo, este conceito coadunava-se bem com o interesse crescente pela moralidade e legalidade do emprego da força. O conceito de guerra justa é debatido há séculos, mas nos tempos modernos centrou-se nestas questões, que começaram a surgir com o Julgamento de Nuremberga e, na verdade, estavam no cerne da própria noção de ONU e das definições da Carta da ONU quanto ao emprego da força na resolução de conflitos. Durante a Guerra Fria, estas questões permaneceram em grande parte adormecidas, mas terminado o confronto avançaram para primeiro plano – e têm efectivamente mantido uma posição dominante no discurso público internacional. Os ataques terroristas do 11 de Setembro abalaram a percepção dos dividendos da paz na Europa, mas não forneceram uma ideia nítida das ameaças e inimigos que exigiam uma resposta militar, a não ser o amorfo e omnipresente miasma do «terrorismo». E como observámos no início deste livro, o terrorismo, enquanto tal, não constitui um inimigo formulado: é um conceito ameaçador, ocasionalmente implementado por indivíduos, alguns trabalhando em equipa no seio de organizações relativamente indefinidas. Contudo, sem inimigo não é possível elaborar uma estratégia, e sem estratégia só é possível tomar decisões muito gerais acerca de armas e equipamento. Por estas razões, as forças europeias foram reduzidas, mas mantêm a forma e o equipamento de outra época e destinados para outros combates.

É com estas armas e exércitos que entramos hoje em conflito – «nós» somos todas nações da OTAN, mas também a Rússia, a maioria dos antigos satélites soviéticos e muitos outros países –, organizados para travarmos guerras industriais mas envolvidos em guerras entre o povo. Pior ainda, como veremos, ao utilizarmos estas forças nos nossos conflitos, podemos contribuir inadvertidamente para os esforços dos nossos adversários, tornando necessariamente mais difíceis de atingir os nossos próprios objectivos. Isto pode ser considerado uma anomalia, e não é a única. Para muitos, os conflitos que, desde 1990, se tornaram familiares através dos *media*, também são uma anomalia: aviões que lançam bombas de precisão, mísseis disparados de armas tecnologicamente avançadas, soldados com capacetes e coletes à prova de bala conduzindo tanques, líderes políticos lançando solenemente as tropas para o combate, sublinhando a importância do acto e prometendo sucesso. Em suma, os conflitos recentes apresentam todos os ornamentos e imagens icónicas da guerra industrial, mas dá a sensação de que estas guerras nunca são ganhas. O propósito dos capítulos que se seguem é explicar estas anomalias aparentes, com base na análise histórica realizada nas Partes I e II, e no contexto das seis tendências básicas que constituem o paradigma da guerra entre o povo, que voltamos a referir:

- Os objectivos pelos quais combatemos estão a mudar, dos objectivos concretos que determinam um resultado político para o estabelecimento de condições nas quais o resultado possa ser decidido.
- Combatemos entre o povo, não no campo de batalha.
- Os nossos conflitos tendem a ser intemporais ou mesmo infindáveis.
- Combatemos para preservar a força, não arriscando tudo para atingirmos o objectivo.
- Em cada ocasião, descobrem-se novas utilizações para armas e organizações que são produtos da guerra industrial.

- Os beligerantes são maioritariamente não estatais, compreendendo uma ou outra forma de agrupamento multinacional contra um ou mais adversários não estatais.

É chegado o momento de examinarmos estas tendências em maior pormenor.

OS OBJECTIVOS PELOS QUAIS COMBATEMOS ESTÃO A MUDAR

A guerra industrial tinha objectivos estratégicos bastante nítidos. Serviu para criar Estados, destruir o fascismo e pôr fim ao Império Otomano. No entanto, na guerra entre o povo, os fins para os quais empregamos a força militar estão a mudar para algo mais complexo e menos estratégico. Tal como vimos, segundo a ideia motriz por detrás da guerra industrial, o objectivo político era alcançado atingindo-se um objectivo militar estratégico de tamanho significado que o adversário era obrigado a conformar-se com a nossa vontade – a intenção era, pois, decidir a questão pela força militar. Estes objectivos estratégicos tendiam a ser expressos em termos como «conquistar», «defender», «destruir». Nas duas guerras mundiais, ambos os lados procuraram alcançar todos estes objectivos no campo de batalha, partindo do princípio de que, ao fazê-lo, decidiriam o resultado político – e assim aconteceu. Em contraste com estes objectivos estratégicos concretos, tendemos hoje a conduzir operações para atingir objectivos subestratégicos, mais «macios», mais maleáveis e complexos. Não intervimos para conquistar ou defender território; na verdade, depois de uma intervenção, uma das principais preocupações é como abandonar o território e não ficar na sua posse. De facto, intervimos em conflitos – ou decidimos mesmo escalar para conflitos – para estabelecermos uma condição na qual o objectivo político possa ser alcançado com outros meios e de outros modos. Procuramos criar um espaço conceptual para a diplomacia, para os incentivos económicos, para a pressão política e outras medidas destinadas a criar um resultado político desejado: estabilidade e, se possível, democracia. Os objectivos dos nossos adversários também são desta natureza, dado que não possuem meios para travar uma guerra industrial; e os que pensavam que possuíam, como o Iraque, em 1991, foram derrotados. Como consequência, também eles procuram estabelecer uma condição. Como veremos, o objectivo das intervenções internacionais nos Balcãs, na década de 90, nunca foi parar uma guerra ou destruir um atacante, mas sim empregar a força militar para criar uma condição na qual pudessem ter lugar actividades humanitárias, e a negociação ou uma administração internacional conduzissem ao resultado político pretendido. De igual modo, no Iraque, em 1991 e 2003, a força militar destinou-se menos a garantir a capitulação incondicional do Estado do que a criar a condição na qual um novo regime pudesse ser instaurado por outros meios.

Assim, globalmente, se uma vitória estratégica decisiva foi a marca da guerra industrial entre Estados, o estabelecimento de uma condição pode ser considerado a marca do novo paradigma da guerra entre o povo. Esta tendência surgiu imediatamente após a Segunda Guerra Mundial, por duas razões: primeiro, porque o modo e os meios para atingir o objectivo militar estratégico eram politicamente inaceitáveis: uma resposta militar industrial completa, muitas vezes contra inimigos mal armados, significaria um emprego desproporcionado da força e seria muito dispendiosa, enquanto que a escalada final, para as armas nucleares, seria um preço irrealista a todos os níveis, até porque poderia também, embora sem o pretender, levar a outra guerra global. Em segundo lugar, não existia um inimigo estratégico a vencer: regra geral, o adversário não constituía um alvo susceptível de ataque estratégico, já que, na maioria dos conflitos da guerra entre o povo, o inimigo é constituído por pequenos grupos que operam no nível táctico, contra os quais as manobras e o poder de fogo maciço da guerra industrial são ineficazes – tal como mostraram os muitos exemplos dos capítulos anteriores. Estas duas razões significam que, tal como os objectivos políticos se alteraram, também o emprego da força mudou: os conflitos são travados por objectivos subestratégicos.

O termo «subestratégico» nasce da confusão entre *deployment* e emprego. Podemos efectuar o *deployment* das forças estrategicamente, em termos de distância ou do nível no qual a decisão de o fazermos é tomada. Por exemplo, retirar forças da Irlanda do Norte e enviá-las para o Iraque seria um *deployment* ou *redeployment* estratégico: realocar forças entre teatros de operações é uma decisão de nível estratégico, dado que requereria recursos de transporte estratégico para as deslocar e um subsequente reequilíbrio das medidas estratégicas – efectivos, material e armas – para sustentar as forças em ambos os teatros ao nível do *redeployment*. No entanto, nada disto indica o nível ou objectivo em relação ao qual a força deverá ser empregue. De facto, na Irlanda do Norte, a força militar é empregue reactivamente, em apoio do poder civil e no nível táctico mais baixo. No Iraque, em 2003, a força militar foi inicialmente empregue para alcançar um objectivo operacional: a destruição das forças iraquianas e a remoção de Saddam Hussein e do seu aparelho do Partido Ba'ath. Subsequentemente, a aplicação regressou ao nível táctico, à medida que a Coligação enfrentou a insurreição que se seguiu. O emprego da força não conseguiu, em nenhum dos casos, alcançar o objectivo estratégico de um Iraque democrático, e nunca o poderia ter feito dado que exige a cooperação voluntária da maioria do povo. Em consequência, na Irlanda e no Iraque, a força foi aplicada subestrategicamente: os efeitos decorrentes da força militar não contribuem, directa ou cumulativamente, para alcançar o objectivo estratégico.

A retórica política que acompanha qualquer conflito moderno não reflecte esta mudança de objectivos – o que, por si só, é indicativo da nossa confusa compreensão da utilidade da força. Quando se entra num conflito, todas as intenções declaradas tendem a referir objectivos estratégicos concretos, de «entrar em guerra» no sentido industrial, mas as acções e desfechos são inteiramente subestratégicos, relacionados com o mundo do confronto e do conflito. Por exemplo, uma das razões pelas quais, na Guerra da Coreia, em 1950, os EUA passaram do confronto ao conflito, foi porque o presidente Truman se encontrava sob uma intensa pressão interna por ser demasiado brando para com o comunismo, pelo que, dadas as circunstâncias, lhe foi útil aparentar agressividade contra os Norte-Coreanos, que eram apoiados pelos Soviéticos. Porém, em 1953, quando o conflito escalou ao ponto de ser contemplada a utilização de armas atómicas, e esta opção foi posta de lado, uma decisão militar estratégica tornou-se inatingível ao preço que os aliados, e particularmente os EUA, estariam dispostos a pagar. Por isso, foi estabelecida uma condição – o cessar-fogo e uma Coreia dividida – na qual se pretendeu chegar a uma solução através da diplomacia. Decorridos mais de cinquenta anos, a solução ainda não foi encontrada e, dado que a Coreia do Norte afirma ter testado a sua própria bomba atómica, o confronto é hoje nuclear.

As várias guerras de libertação colonial durante as descolonizações levadas a cabo pelas antigas potências imperiais ilustram a capacidade do inimigo para evitar ataques estratégicos. Mais uma vez, independentemente da retórica da época – que foi, geralmente, uma determinação de partir ou ficar a qualquer custo –, as potências imperiais procuraram estabelecer uma condição de estabilidade suficiente na qual pudessem transferir o poder e partir mantendo alguma influência. Nestes casos, o inimigo foi geralmente uma força de guerrilha operando no âmbito dos conceitos da guerra revolucionária, como sucedeu, por exemplo, na Malásia, ou uma organização terrorista, tal como o EOKA, em Chipre. Em qualquer dos casos, como vimos, este tipo de inimigo não era e não é susceptível de derrota estratégica através de meios militares. Este tipo de vitória militar exige a supressão do povo – flagelando-o com uma campanha de terror até que, por medo, ele rejeita os terroristas no seu seio, torna-se tão controlado que os terroristas não conseguem operar, ou é realojado. Os custos políticos de enveredar por este tipo de acções são estrategicamente elevados em termos de moralidade, legalidade, efectivos e finanças. Além do mais, o seu valor operacional é duvidoso, dado que, como vimos, estes métodos muitas vezes servem a estratégia do adversário. A tentativa francesa de combater o terror com o terror em Argel, já abordada, constitui precisamente um exemplo de fracasso: o método foi militarmente eficaz na cidade, mas criou condições políticas que quebraram a vontade de a França metropolitana prosseguir o conflito. O resultado foi a retirada francesa e o motim dos generais face a essa decisão. Independentemente da eficácia do emprego da força a um nível, careceu de utilidade nos níveis superiores.

A Guerra das Falklands, em 1982, é a única de que me recordo durante o meu serviço militar na qual o objectivo estratégico – a libertação das ilhas da ocupação argentina – foi atingido directamente através da força militar numa única campanha: foi uma guerra industrial entre Estados, ao estilo antigo. Ao recuperar as ilhas, a Grã-Bretanha restaurou o *status quo* anterior à guerra, mas a questão política da soberania continua em aberto. À primeira vista, a Guerra do Golfo, em 1991, parece semelhante, dada a rápida libertação do Kuwait pela força militar. Mas esta não é a história toda, uma vez que, além da libertação e da restauração do *status quo* regional, a intenção estratégica era criar condições nas quais o comportamento de Saddam Hussein se modificasse significativamente ou, melhor ainda, que o seu povo o depusesse. O objectivo de libertar o Kuwait foi alcançado, mas a condição estratégica não se revelou decisiva e teve que ser mantida através das zonas de exclusão aérea e de sanções e inspecções da ONU, até 2003. Nessa altura, uma coligação liderada pelos EUA invadiu o Iraque com a intenção de depor Saddam Hussein e o seu Partido Ba'ath, e de criar uma condição de teatro na qual um governo democraticamente eleito estabelecesse um regime satisfatório para os EUA. Os objectivos ao nível de teatro, a ocupação e a remoção de Hussein e do seu aparelho, foram alcançados com grande rapidez e sucesso; todavia tratava-se apenas de objectivos intermédios no estabelecimento da condição estratégica. Esta condição ainda não foi estabelecida, e até que o seja a meta estratégica de estabelecer um governo democrático amigável num Estado estável será muito difícil de atingir.

Para dizer a verdade, estabelecer uma democracia é militarmente difícil quando implica uma ocupação, tal como Israel descobriu nos Territórios Ocupados e as potências imperiais após a Segunda Guerra Mundial, quando as colónias procuraram a independência. A razão é simples: numa ocupação, a força militar perde a iniciativa estratégica. Depois de conquistados ou destruídos todos os objectivos tangíveis, e depois de garantida a posse do território, o que resta para a força alcançar estratégica ou até operacionalmente? A iniciativa passa para os ocupados, que podem optar ou não por cooperar com os ocupantes, e quando beneficiam do apoio popular, os que decidem não cooperar encontram-se na clássica posição dos guerrilheiros espanhóis que combateram Napoleão: podem desencadear as suas destrutivas ofensivas tácticas, quando e onde decidirem, que desgastam e esgotam o ocupante, apesar de ser militarmente mais forte.

As intervenções de forças sob a égide da ONU e da OTAN também têm sido para estabelecer ou manter condições nas quais uma decisão estratégica possa ser alcançada. Durante a Guerra Fria, a ONU desenvolveu um tipo de operação militar chamado «manutenção de paz», cujo propósito era manter – e não estabelecer – uma condição. Geralmente, isto verificou-se quando dois beligerantes aceitavam interromper os combates mas não confiavam um no outro, necessitando da interposição de uma terceira parte. A ONU era habitualmente solicitada a constituir a terceira parte, dado que a iniciativa beneficiava da autoridade da sua Carta, e a força fornecida era composta por contingentes de nações sem qualquer interesse na disputa. O contingente da ONU não deveria empregar a força excepto em autodefesa, e mesmo assim sem alterar a situação entre as partes em confronto – o que torna a utilização do termo «força» no seu nome algo enganadora. Operações de longa duração da ONU, tais como as de Caxemira e Chipre, constituem exemplos clássicos e de êxito de manutenção de paz. O melhor reflexo deste tipo particular de manutenção de uma condição sem fim à vista encontra-se possivelmente nas muitas missões da ONU realizadas no âmbito da complexa cronologia do conflito israelo-árabe.

A primeira de todas foi estabelecida em 29 de Maio de 1948, quando o Conselho de Segurança, na Resolução 50, apelou ao fim das hostilidades na Palestina e decidiu que a trégua deveria ser supervisionada por um mediador da ONU, ajudado por um grupo de observadores militares. O primeiro grupo de observadores militares, que se tornou conhecido por Organização das Nações Unidas para Supervisão de Tréguas (UNTSO), chegou à região em Junho de 1948, e ainda lá permanece. Para a resolução da Crise do Suez, em 1956--1957, o Conselho de Segurança criou a Força de Emergência das Nações Unidas I (UNEF I), mandatada para garantir e supervisionar o fim das hostilidades, incluindo a retirada das forças armadas da França, de Israel e do Reino Unido de território egípcio e, após a retirada, para servir de tampão entre as forças egípcias e israelitas, e supervisionar imparcialmente o cessar-fogo. Após a Guerra do Yom Kippur, a Resolução 350 do Conselho de Segurança, de 31 de Maio de 1974, criou a Força Observadora de Separação de Forças das Nações Unidas (UNDOF), para manter o cessar-fogo entre Israel e a Síria, supervisionar a separação das forças israelitas e sírias, e vigiar as áreas de separação e limitação, em conformidade com o estipulado no Acordo sobre Separação de Forças. Desde então, o mandato da UNDOF tem sido renovado a cada seis meses, com ambas as partes apresentando-se em datas pré-estabelecidas para aporem a sua assinatura – podemos deduzir que pretendem a manutenção destas condições. Como já referimos, a Resolução 425, de 19 de Março de 1978, criou uma força de manutenção de paz internacional e ainda existente para o Sul do Líbano, a Força Interina das Nações Unidas no Líbano (UNIFIL). Foi mandatada para confirmar a retirada israelita – que teve lugar em Junho de 1978 –, restaurar a paz e a segurança, e auxiliar o governo libanês a reafirmar a autoridade efectiva na área.

A maioria destas missões tem tido sucesso no âmbito da limitada incumbência de manutenção de uma linha de cessar-fogo e de qualquer outras condições de carácter geral determinada pelo mandato; a UNIFIL é a que tem tido menos êxito, dado que, não obstante os seus esforços, prosseguem as incursões transfronteiriças entre Israel e o Líbano – um «fracasso» proclamado por todo o mundo, particularmente pelos *media*. Contudo, trata-se mais de um caso de incompreensão da infeliz combinação das palavras «força» e «manutenção de paz» – já que todos estes contingentes são conhecidos por «forças de manutenção de paz» –, o que tem muitas vezes criado expectativas de intervenção e imposição de paz que não podem ser cumpridas, dado que o único propósito destas missões é a manutenção de um cessar-fogo acordado pelos beligerantes. Os piores exemplos desta incompreensão – ou antes, dissonância cognitiva pública – podem encontrar-se na longa saga de intervenções da ONU nos Balcãs, que serão explicadas no capítulo seguinte. Por agora, bastará dizer que a escolha do nome da missão que nasceu em 1992, e esteve profundamente envolvida nos horrores da Guerra da Bósnia, UNPROFOR, acrónimo de UN Protection Force, pode ser considerado retrospectivamente algo irónico. Mais significativamente, e apesar da operação da ONU e dos ataques aéreos da OTAN que puseram fim ao conflito na Bósnia, em 1995, e dos bombardeamentos no Kosovo, em 1999, nenhum destes confrontos foi resolvido pelo emprego da força – e as forças internacionais que continuam presentes no terreno estão mandatadas para manter o cessar-fogo até se encontrar uma resolução.

Esta tendência de objectivos em mudança – e da procura enérgica de uma condição – revela outro aspecto dos nossos conflitos modernos: não respeitamos o inimigo. Tal como sublinhámos ao longo do presente livro, o combate é uma actividade adversarial com um inimigo, e este inimigo não está inerte, à espera que o ataquemos e pronto a adequar-se ao nosso plano. É um adversário muito alerta e sensível, que procura constantemente frustrar os nossos planos e fazer-nos o que tentamos fazer-lhe a ele – e pior. No entanto, na nossa abordagem aos conflitos modernos, persistimos no pressuposto tácito de que o nosso adversário e, em particular, o povo no seio do qual ele opera, se comportará de acordo com o nosso plano e partilha as nossas ideias acerca da condição futura. Quando as coisas não nos correm de acordo com o planeado, tendemos a não por em causa os pressupostos e atribuímos as culpas aos «elementos descontrolados» ou aos «combatentes estrangeiros». Contudo, e praticamente por definição, o nosso opositor combate sempre por um resultado diferente e resistirá à imposição da nossa visão do futuro. Se não respeitarmos a existência e o exercício do seu livre arbítrio – que não é o mesmo do que respeitarmos os seus valores ou motivações –, estaremos a arriscar a derrota. Pior ainda, o inimigo servir-se-á de nós para atingir o seu desígnio de conquistar o apoio do povo, e depois humilhar-nos-á e derrotar-nos-á pela força. Ao combater entre o povo, o inimigo decide conscientemente manter o nível e a natureza do conflito onde a nossa superioridade numérica e em equipamento é neutralizada. Ele desenvolve a sua actuação exactamente nas linhas estabelecidas pela antítese da guerra industrial: cria desordem, promove a sua causa através de acções públicas (a propaganda do acto) e, recorrendo à provocação, testa a nossa vontade e capacidade de agir ou induz-nos a reagir em excesso (estratégia da provocação). A fatídica intervenção da ONU no Ruanda (UNAMIR), constitui um exemplo de um teste provocatório à disposição para agir. A UNAMIR tinha por objectivo impedir o auxílio militar aos rebeldes ruandeses e, entre outras coisas, criar a condição na qual se pudesse minorar o sofrimento das populações e realizar eleições democráticas. Todavia, embora a UNAMIR tenha recebido luz verde em 1993, as tropas só foram devidamente colocadas no terreno em Fevereiro de 1994, e bastaram algumas provocações insignificantes por parte dos rebeldes e de outros grupos para expor o contingente da ONU como um tigre de papel, apoiado por muito pouca – ou nenhuma – vontade política internacional de empregar a força. De facto, com a deterioração da situação, alguns países retiraram as suas tropas da UNAMIR, pelo que, no auge da crise, havia menos de 400 efectivos da ONU no terreno. Os rebeldes compreenderam que os limites da tolerância internacional eram muito elevados, e massacraram quase um milhão de pessoas em cem dias.

As acções dos «insurrectos» do Iraque, após o fim do conflito oficial, em Maio de 2003, também têm sido provocações às forças da coligação, não só para as flagelar mas inclusivamente para determinar a sua tolerância até entrarem em acção. Todavia, em qualquer dos casos, o verdadeiro objectivo principal é provocar uma reacção violenta ou, de preferência, uma escalada da violência, que pode ser utilizada para mostrar ao povo iraquiano a implacabilidade dos invasores liderados pelos EUA. Como tal, as provocações fazem parte do método estratégico dos insurrectos. O objectivo estratégico das forças da Coligação é mostrar ao mesmo povo que os insurrectos são os maus e os seus soldados são os bons. Os beligerantes digladiam-se entre o povo, pelo apoio do povo – o que constitui o aspecto final da primeira tendência: quando procuramos estabelecer condições, o nosso verdadeiro objectivo político, na prossecução do qual empregamos a força militar, é influenciar as intenções do povo. Trata-se de uma inversão da guerra industrial, na qual o objectivo era vencer o teste de força e quebrar a vontade do inimigo. Na guerra entre o povo, o objectivo estratégico é conquistar a vontade do povo e dos líderes, e vencer o teste de força. Os perigos e custos de coagir o povo já foram abordados, e se, tal como a história continua a mostrar-nos, se continuarem a praticar estes métodos, as medidas coercivas terão que ser mantidas, ou o espírito de liberdade e independência virá ao de cima.

Conquistar a vontade do povo é um conceito muito claro e elementar, mas é incompreendido ou ignorado pelas instituições políticas e militares de todo o mundo. Os políticos continuam a aplicar a força para chegarem a uma condição, no pressuposto de que os militares a criarão e manterão. E embora os militares compreendam, desde há muitos anos, a necessidade de conquistarem os «corações e mentes» das populações locais, esta actividade ainda é vista como de apoio à derrota dos insurrectos e não do objectivo global e, muitas vezes, recebe recursos insuficientes e restringe-se a medidas de baixo nível para melhorar localmente as condições e a sorte do povo. Isto traz-nos de volta à relação entre o teste de força e o choque das vontades. Dado que o objectivo global que procuramos atingir empregando a força é vencer o choque de vontades, daqui decorre que todos os testes de força têm de ser vencidos de forma a que cada vitória complemente e apoie as medidas destinadas a vencer o choque das vontades. Só então as nossas forças terão utilidade e alcançarão o resultado político desejado.

COMBATEMOS ENTRE O POVO

A segunda tendência evidente é o facto de conduzirmos cada vez mais as nossas operações entre o povo. O povo, nas cidades, nas vilas, nas ruas e em sua casa – todas as pessoas, em qualquer sítio – pode encontrar-se no campo de batalha. Os combates podem travar-se contra grupos de inimigos formados e reconhecíveis que se movimentam entre os civis, contra inimigos disfarçados de civis e – com e sem intenção – contra civis. Tal como as forças inimigas, os civis podem ser alvos. Em primeiro lugar, porque são confundidos com o inimigo ou se encontram próximos do inimigo, e em segundo lugar, para os aterrorizar. Isto acontece porque a movimentação entre o povo é um método comprovado do guerrilheiro para neutralizar a força superior do adversário. Os civis também podem tornar-se alvos porque o objectivo é a vontade do povo, e o ataque directo ao povo afecta essa mesma vontade. E finalmente, os *media* levam o conflito aos lares de milhões de pessoas: pessoas que votam e cujas opiniões influenciam os políticos – que decidem sobre o emprego da força.

Como vimos, o povo tornou-se um objectivo durante a Segunda Guerra Mundial, quando as cidades da Europa e do Japão foram bombardeadas para modificar a sua vontade pelo terror. O povo continuou a ser um objectivo, com «limpezas étnicas», tais como na Bósnia ou no Ruanda, e ataques terroristas, como por exemplo, do IRA na Grã-Bretanha ou da ETA em Espanha. O povo atacado durante a Segunda Guerra Mundial era o povo do Estado inimigo: era considerado a base de apoio das forças inimigas. Os atentados à bomba do pós-guerra são diferentes, dado que os atacantes dependem do povo para conseguir levar a efeito os seus ataques, quer ele seja cooperante ou não: os ataques são executados contra e entre o povo. A principal semelhança e a mais significativa entre as duas formas de ataque é o objectivo político, o qual, na Segunda Guerra Mundial e desde então, tem sido as intenções ou vontade do povo – tal como já observámos na primeira tendência([101]).

O guerrilheiro necessita do povo para se dissimular. Movimenta-se entre o povo como por entre as árvores da floresta, e para o fazer procura parecer o mais normal possível aos olhos das pessoas

---

([101]) «Os objectivos pelos quais combatemos estão a mudar». (*N.T.*)

entre as quais se move, mesmo quando ele e a sua espécie são uma minoria no conjunto da sociedade. O guerrilheiro necessita do povo na sua forma colectiva para se sustentar. À semelhança de um parasita, depende do hospedeiro para conseguir transporte, calor, luz, receitas, informações e comunicações. Os Russos compreenderam este fenómeno e, antes de atacarem Grozny, a capital chechena, em 1994-1995, numa tentativa de forçarem os Chechenos a uma batalha decisiva, removeram o povo antes de arrasarem a cidade. E no Kosovo, em 1998-1999, com a sua lógica directa e simplista, o exército jugoslavo funcionou de acordo com o mesmo princípio: sem povo, não haveria ameaça, daí a limpeza étnica, que levou a OTAN a bombardear a província. Ou então, as forças dos EUA, que no seu ataque a Fallujah, em 2004, esperaram até que a cidade estivesse praticamente vazia antes de iniciarem um grande ataque aos insurrectos locais. Mas estas soluções baseiam-se em dois pressupostos que muitas vezes estão errados: primeiro, que o adversário combaterá nos nossos termos, algo que ele não fará se o puder evitar; segundo, que o povo é impotente para reagir ao que lhe fazem, algo que, a longo prazo, não se verifica.

Para compreendermos as operações entre o povo, e para conquistarmos a sua vontade, temos que compreender primeiro o que é «o povo». O povo é uma entidade, mas não um bloco monolítico. Forma entidades de base familiar, tribal, nacional, étnica, religiosa, ideológica, estatal, profissional, vocacional, comercial e em função de muitos interesses diferentes. A posição destas entidades é incoerente e as perspectivas e opiniões são diversas e variadas. As posições somente se tornam coerentes com liderança política. A família discute um assunto; quando, onde e como depende da família, mas um membro do clã assume a liderança e esta pequena e específica entidade forma uma opinião. O presidente de uma comissão – política ou social – executa uma função semelhante, de um modo mais formal. E os líderes políticos dos Estados existem claramente para liderar, orientar e representar o discurso e a posição política dos Estados. No seio de todos estes círculos, o guerrilheiro necessita de dispor do apoio de uma entidade, uma entidade cuja posição ele controla. Para o fazer, tem que conhecer as necessidades do povo e apelar-lhe de um modo diferente do Estado ou de outras lideranças.

Na base, o povo pretende coisas que podem ser divididas em «liberdade de» e «liberdade para». Pretende liberdade do medo, da fome, do frio, da incerteza. Pretende liberdade para prosperar e exercer um livre-arbítrio razoável. E pretende a companhia da família, dos amigos e correligionários. O povo segue o líder que, na sua análise e tendo em conta as circunstâncias, lhe parece o mais indicado para lhe garantir estas coisas. Mesmo nos regimes totalitários, nos quais o povo tem pouca ou nenhuma escolha de líderes, é interessante observar que os líderes recorrem à retórica do preenchimento das necessidades e anseios, cientes de que o povo se pode revoltar, mesmo que leve muito tempo a fazê-lo e os custos sejam elevados. Quando as circunstâncias são de medo e incerteza, o povo é célere a procurar um líder que as possa minorar ou, melhor ainda, alterar. A disposição para ceder nos seus outros anseios será directamente proporcional ao nível dos receios que tem. Compreendendo este fenómeno, o guerrilheiro pretende criar uma situação na qual ele ou alguém que ele controla é o líder que melhor satisfaz os anseios do povo. Quanto mais conseguir retratar o adversário como um agressor que ameaça directamente o povo, mais provável será que o povo procure nele a sua protecção.

Excluindo uma situação na qual enfrente uma ameaça armada directa, o povo pretende uma administração que possa compreender e com a qual lhe seja possível identificar. Isto é muito mais importante para o povo urbano do que para o povo rural. Nas áreas rurais, o povo pretende habitualmente que o deixem em paz para suprir as suas próprias necessidades; nas cidades e vilas, as vidas estão tão interligadas e dependentes que é necessária uma administração para suprir essas necessidades. Na prática, a fronteira entre o urbano e o rural está longe de ser nítida, e quanto mais desenvolvida é a sociedade, mais a área rural constitui uma zona de dormitório e recreação para a urbana. Em termos gerais, a administração não necessita de ser muito eficiente financeiramente, nem de funcionar com padrões democráticos quando as exigências que lhe são colocadas têm mais a ver com a garantia dos factores essenciais da vida, as «liberdades de». Mas quando estas necessidades básicas são satisfeitas, o povo anseia outras coisas, e é quando se centra na «liberdade para» que o povo pretende eficiência, padrões éticos elevados, etc. É importante compreendermos bem esta questão, dado que à partida, muitas vezes, as necessidades do povo são mais bem satisfeitas através de uma administração consistente e justa na qual as minorias estão em igualdade, uma igualdade que todos reconhecem ser garantida pelas forças da administração. A premissa tácita mas essencial sobre a qual assenta a democracia é que a minoria acredita que a maioria não se aproveitará irrazoavelmente da sua posição. Para que os valores democráticos possam prosperar, esta base tem que ser lançada logo à partida. Em muitas áreas onde eclodiram os nossos conflitos modernos, a maioria não respeitava os direitos da minoria, ou esta considerava-se injustamente tratada. Quando este sentimento é acompanhado de medo provocado por ataques – contra a maioria ou contra a minoria –, a situação torna-se potencialmente explosiva.

Compreendi isto pela primeira vez em 1980, no recém-independente Zimbabué, quando participei na constituição das suas novas forças armadas. A população africana compunha-se principalmente de duas tribos, os Shona, maioritários, e os Ndebele, que constituíam uma minoria considerável. As forças que tinham combatido na «Luta de Libertação» eram compostas pelos braços armados de dois partidos políticos, cada um firmemente baseado na sua respectiva tribo. Inicialmente, os dois partidos e a liderança dos dois exércitos estavam representados no governo e no Exército Nacional do Zimbabué, em formação; mas não confiavam uns nos outros, nem nos Rodesianos. Cada um dos exércitos de guerrilha mantinha reservas de homens e armas nos seus respectivos santuários, na Zâmbia e em Moçambique. Durante os dois anos seguintes, a ZANU, o partido maioritário de base shona, estabeleceu-se firmemente no poder e, com a ajuda da Coreia do Norte, conseguiu constituir a 5.ª Brigada, uma formação adicional às quatro brigadas que estávamos a formar. Não era fácil conseguir autorização para observar a instrução desta brigada, mas tornou-se claro que os Ndebele estavam a ser desmobilizados e que a unidade se estava a converter numa força inteiramente composta por Shona. Ao mesmo tempo, as reservas de armas na posse dos Shona começaram a ser trazidas às claras para o país. Como consequência ou em antecipação destes acontecimentos, os Ndebele também vinham trazendo secretamente as suas armas para o país, e construindo um movimento na Matabelelândia. Cerca de dois anos após a independência, o governo, maioritariamente constituído por membros da ZANU, atacou. Os líderes ndebele foram marginalizados ou presos e, pouco depois, a 5.ª Brigada entrou em acção na Matabelelândia, onde esmagou a «revolta» com uma série de atrocidades nos territórios tribais ndebele.

Desde então, Mugabe e a ZANU têm mantido e reforçado o seu poder sobre o povo do Zimbabué.

O que aconteceu no Zimbabué é um exemplo do povo dividindo-se e combatendo entre si. Noutras áreas, tal como vimos em muitos dos conflitos paralelos à Guerra Fria e a partir de então – a situação no Iraque é um exemplo acabado –, as forças adversárias, os insurrectos, não só pertencem ao povo, como também combatem entre o povo para atacar os ocupantes e estabelecer uma posição dominante, pelo menos a nível local, para a sua facção ou grupo étnico. Ao conduzirem operações entre o povo, os insurrectos, terroristas, guerrilheiros, combatentes da liberdade, etc., seguem um padrão relativamente genérico, sempre adaptado às circunstâncias particulares com as quais se vêem confrontados. Possuem um «santuário», onde se sentem suficientemente seguros para se juntarem aos seus correligionários. Não chegam ao ponto de confessar a sua identidade e desígnios, mas deslocam-se na proximidade – talvez até no seio – dos representantes do movimento na sua forma declarada. Por exemplo, no Afeganistão dos talibãs, a al-Qaeda sentia-se suficientemente segura para se movimentar nos seus próprios círculos, mas sem se declarar abertamente na sociedade. Os guerrilheiros possuem também uma «área de preparação», onde escondem armas, constroem bombas e planeiam e treinam os seus ataques. Nesta área, os guerrilheiros correm o risco de ser descobertos, pelo que têm o maior cuidado com a sua segurança, adoptando técnicas tais como o funcionamento em células, onde apenas três ou quatro pessoas se conhecem umas às outras. As comunicações são limitadas e efectuadas tentando evitar ao máximo a sua proveniência e intercepção, recorrendo, por exemplo, a cabines telefónicas públicas seleccionadas ao acaso ou utilizando numerário em vez de cartões de crédito ou débito. A «área de preparação» para os ataques da al-Quaeda em 11 de Setembro de 2001 parece ter sido na Alemanha e na Florida. Finalmente, existe a «área operacional», na qual se situa o alvo: os guerrilheiros procuram permanecer nesta área o mínimo de tempo possível, pois estão armados e organizados para o ataque e as suas intenções são óbvias para todos. A escolha do momento, o disfarce e o engano são os principais elementos que o ajudam a actuar de surpresa – e é a surpresa que garante o ataque e torna mais fácil a fuga.

O guerrilheiro corre um perigo acrescido ao entrar na área operacional, porque o seu comportamento é alterado enquanto ele executa o plano e os defensores podem descobri-lo a tempo de reagirem eficazmente. Ele procura permanecer na área o mínimo de tempo possível, e abandoná-la de modo a confundir aqueles que tentam segui-lo – literal ou forensicamente. Os atacantes suicidas, comparáveis a uma V-1 ou a um míssil de cruzeiro, são particularmente eficazes porque podem ser «lançados» a alguma distância da área operacional e não é necessário considerar a sua extracção. Os ataques de 11 de Setembro tiveram estas características, e ainda a dupla utilidade de utilizarem os aviões como armas. A área operacional foi o interior dos aviões. Ao deslocarem-se pelo aeroporto, os atacantes estavam em trânsito da área de preparação para a área operacional, e mesmo que um ou dois tivessem sido impedidos de embarcar, ainda haveria conspiradores e aviões suficientes para cumprir a missão, e o terrorista ou terroristas detidos não proporcionariam provas suficientes da enormidade que ia acontecer.

Embora eu tenha descrito estas três áreas num sentido espacial, não devemos supor que este é necessariamente o caso, em particular quando o conflito tem lugar entre o povo numa área urbana. As três áreas podem ser definidas temporalmente; por exemplo, o guerrilheiro só leva a cabo actividades relacionadas com cada área em determinadas alturas do dia. Talvez a sua área de preparação seja quando ele vai para o emprego, e no comboio pode encontrar-se com os seus camaradas como se fossem estranhos. Alternativamente, as áreas podem ser definidas por actividade, sendo talvez uma determinada área quando ele está no clube de golfe ou na igreja. Mesmo no nível mais baixo, no qual o guerrilheiro não sai da sua aldeia ou comunidade, as três áreas são evidentes. Aos olhos de estranhos, ele é um pastor ou moço de entregas, reúne-se em grupos discretos e fora de horas, e as suas armas estão escondidas. Apenas se revela quando o alvo se apresenta, talvez uma patrulha militar ou um funcionário governamental. O movimento entre as áreas é uma altura de vulnerabilidade para o guerrilheiro ou terrorista. Ele está a deslocar-se de uma forma para outra, de um meio para outro, e ao fazê-lo revela as suas intenções.

Não pretendo sugerir que estes padrões de comportamento são planeados antecipadamente, a não ser, talvez, pelos indivíduos mais astutos; pelo contrário, evoluem através de um processo de tentativa e erro. Como se torna óbvio do exposto, o guerrilheiro só ataca nos seus termos, e as forças de segurança reagem. Ocorre então um processo darwiniano: o guerrilheiro aprende, sobrevivendo e até beneficiando do combate, quais as tácticas e técnicas que funcionam. Tal como acontece com um povo sob ocupação, a iniciativa operacional pertence ao guerrilheiro. Porém, quando ele entra em acção, as forças de segurança passam a integrar este processo, e aqui está a sua oportunidade. Se as forças de segurança conceberem as suas operações para conhecer melhor o adversário em vez de tentarem derrotá-lo, adquirirão a inteligência e a capacidade de penetração para poder assumir a iniciativa operacional. Até este conhecimento vital ser obtido, o guerrilheiro não pode ser separado do povo, pelo que, até à sua separação, todas as acções tácticas das forças de segurança correm o risco de servir a estratégia global da guerrilha – a provocação e a propaganda do acto.

Chegamos agora ao outro modo como combatemos e operamos entre o povo num sentido mais lato: através dos *media*. A televisão e a Internet, em particular, levam os conflitos aos lares de todo o mundo – aos lares de líderes e de eleitores. Os líderes são influenciados pelo que vêem e pela sua compreensão da atitude do público, o seu eleitorado. E agem com base nestas percepções, frequentemente por motivos que têm mais a ver com os seus próprios desígnios políticos do que com o que está em causa no próprio conflito. De facto, em função das percepções formadas pelos *media*, os confrontos podem transformar-se em conflitos, escalar em níveis de intensidade, ou fazer o percurso inverso e diminuir de intensidade. Quem quer que tenha sido o autor da frase «teatro de operações» foi muito presciente. Hoje em dia, conduzimos as operações como se estivéssemos num palco, num anfiteatro ou numa arena romana. Existem dois ou mais conjuntos de actores, cada um com o seu produtor, o comandante, cada um com uma ideia muito própria acerca do guião. No terreno, no teatro, estão todos em cima do palco, misturados com espectadores que tentam chegar aos seus lugares, com os aderecistas, os arrumadores e os vendedores de gelados. Ao mesmo tempo, estão a ser observados por um público parcial e faccioso, confortavelmente sentado e com a atenção centrada na parte do auditório onde há mais barulho, assistindo aos acontecimentos espreitando pelas palhinhas dos seus refrigerantes – porque é esta a extensão da visão de uma câmara.

Deduzi alguns princípios para conduzir operações neste teatro, baseado na perspectiva de que os *media* são simplesmente um meio colectivo. Neste caso, é um meio no qual operamos, como as condições meteorológicas. Em grande medida, o meio é comum a todas as partes do teatro, quer se encontrem em confronto ou conflito, ou sejam aliadas. É um meio de comunicação, embora seja de esperar que a mensagem que pretendemos transmitida seja substituída por uma história melhor, distorcida em função de parcialidades pessoais ou editoriais, mal interpretada por falta de conhecimento ou mal apresentada devido à ausência de informação contextual. Acima de tudo, nunca devemos esquecer que o interesse de um jornalista ou produtor – habitualmente genuíno – é motivado pela necessidade de preencher espaço com palavras e imagens. Utilizei esta compreensão no Golfo, em 1990, ao seleccionar o meu método para conduzir operações contra os Iraquianos. Compreendi a necessidade de efectuar preparativos específicos para lidar com aquilo a que chamei «apresentação», de modo a garantir o apoio contínuo do nosso povo e aliados, para transmitir ao inimigo uma impressão específica que pretendíamos que ele tivesse, e para que as minhas tropas se sintam bem apresentadas. O cargo de «correspondente de guerra» possui um estatuto legal: o indivíduo que se oferece para este cargo aceita e obedece às instruções dos militares quanto às suas deslocações, enverga um uniforme se receber ordens nesse sentido, e apresenta o material aos censores; em troca, o correspondente de guerra recebe acesso, informações, uma perspectiva vantajosa, alimentação, abrigo e segurança. Eu decidi que, iniciado o combate, lidaríamos apenas com correspondentes de guerra acreditados. Seriam adstritos a várias unidades da divisão, e o meu estado-maior censuraria o material. Dado que o material de todos os outros jornalistas tinha que passar pelo Comando Central americano, em Jubayl, ofereci aos meus correspondentes uma vantagem sobre os outros, dado que o processo de censura britânico é muito mais rápido do que o americano. No âmbito destes parâmetros mutuamente benéficos, lançámos as bases de uma relação e, para garantir o seu bom funcionamento, formei um novo ramo de Relações Exteriores no meu QG. O chefe das Relações Exteriores era responsável por lidar com toda a gente que não integrasse directamente a cadeia de comando operacional, desde o Príncipe de Gales, durante a sua visita, passando pelo xeque local até aos *media*. Dado que ele estava a par de todos os desenvolvimentos, participando até em alguns, os membros dos *media* beneficiaram de um contacto constante, que tornou muito mais fáceis a vida deles e a nossa.

No teatro, as forças de todos os beligerantes e, em particular, os líderes políticos e os comandantes militares, mantêm uma relação simbiótica com os *media*: os *media* necessitam dos militares porque estes são a causa e a fonte da história; os comandantes necessitam dos *media* para contar a história em proveito das suas forças, mas também para dizer ao seu povo e ao seu governo quão bem se estão a sair ou, na pior das hipóteses, quão gloriosamente estão a perder. Além do mais, os comandantes e os líderes necessitam dos *media* para conhecer as percepções do outro lado, e para explicar a sua própria versão dos acontecimentos. Neste sentido, os *media* são um elemento útil e crucial, nos conflitos modernos, para alcançar o objectivo político de conquista da vontade do povo. E os *media* tornaram-se também o elo de ligação entre povo, governo e exército, os três lados do triângulo clausewitziano. Na situação simples de dois Estados em guerra, os *media* de um triângulo podem ser considerados independentes dos *media* do outro. De facto, na época da guerra industrial, a maioria dos governos dispunha de um Ministério da Informação para dirigir e controlar os *media*. Mas os conflitos complexos e as modernas comunicações alteraram este cenário: com emissões noticiosas de 24 horas por dia e redes globais, os *media* são, em grande medida, comuns a todos os triângulos de todos os participantes; são um meio comum. Apesar desta relação simbiótica, a relação entre o jornalista e o sujeito é fraca e dada a quebrar-se, já que o sujeito – o comandante militar ou o líder político, o que inclui o líder da insurreição – a vê baseada numa promessa implícita cujo cumprimento é muito improvável. O líder político e o comandante esperam que o repórter conte a história tal como gostariam que ele a contasse e como lha contaram. Mas o jornalista vê-os como fonte da história, e os acontecimentos e reuniões do dia são apresentados mais para apoiar a «sua» história do que a história do líder político ou militar. Não estou a sugerir que as partes distorcem deliberadamente a história (embora isto aconteça). O que se verifica é que os *media* afirmam ser objectivos e tendem a não o ser, enquanto que os líderes políticos e militares contam persistentemente com a objectividade de uma percepção partilhada que muito provavelmente não existe. Por outras palavras, sabem que os *media* não são objectivos – mas falam com eles, servem-se deles, ficam desiludidos e depois queixam-se. Isto sucede principalmente porque procuram uma plataforma ou, na melhor das hipótese, um canal, não compreendendo que os *media* são um meio no qual todos os acontecimentos são misturados, apresentados como se acontecessem simultaneamente e fossem todos da mesma importância, relatados em minúsculas porções digestíveis e depois ignorados. As tentativas para controlar esta relação e impedi-la de correr mal vão do controlo apertado das pessoas autorizadas a falar aos jornalistas e do teor das suas palavras, até ao recurso à censura, à atribuição de «minders»([102]) aos jornalistas e várias outras medidas. Todas estas iniciativas são evidentemente contra-producentes, pois dão a entender aos jornalistas que existe algo a esconder, lançando-os em busca de uma conspiração, à procura do esqueleto no armário ou à descoberta do delator. Assim, estas medidas, em lugar de enformarem a história jornalística, passam a fazer parte dela – mas é esta história que é contada ao povo, entre o qual decorre o combate, e à audiência.

Os *media* não fazem parte da operação mas é necessário ter em conta a sua omnipresença no teatro, particularmente ao escolhermos o método para garantirmos a surpresa. A dissimulação das nossas intenções e presença enquanto procuramos descobrir as do adversário é uma actividade tão antiga como o próprio conflito, e era definitivamente importante para Sun Tzu, que dedicou vários capítulos da sua *Arte da Guerra* ao assunto. Durante as últimas centenas de anos, os *media*, sob várias formas, têm sido vasculhados em busca de informação para este efeito – Napoleão era um leitor assíduo da imprensa britânica. Actualmente, existem *media* internacionais que não podem ser controlados, cujos sistemas de comunicação são frequentemente melhores do que os dos militares, e que prestam informações conjunturais sobre o teatro aos actores e ao público em geral. Nestas circunstâncias, e para garantir a dissimulação, julgo que é melhor iludir do que enganar. Quando enganamos, procuramos mentir; quando iludimos, procuramos fazer com que o adversário se engane a si próprio. A título de exemplo, em 1990, no Golfo, não queríamos que os Iraquianos compreendessem que o principal ataque seria ao Iraque e não ao Kuwait.

([102]) Pessoas designadas pelas autoridades de alguns regimes para acompanhar (vigiar/controlar) visitantes estrangeiros. (*N.T.*)

Pensámos que estariam à procura da divisão britânica por ser a única, e sendo a única pertencente a um aliado principal seria provável que se posicionasse no principal eixo de ataque. Assim, era importante escondermos o facto de que nos havíamos deslocado da costa, frente à fronteira entre o Iraque e o Kuwait, para o deserto, para nos juntarmos aos dois corpos de exército americanos no eixo principal. Partindo do princípio de que os canais de TV raramente informam que estão a utilizar imagens de arquivo, autorizámos muitas filmagens antes do início do bombardeamento, procurando sempre ter o mar em segundo plano. Quando os bombardeamentos começaram, entrámos no deserto e não autorizámos mais filmagens. Meses depois, ao ver uma gravação das notícias do período anterior ao nosso ataque, constatei uma frequência considerável de imagens noticiosas com o mar em segundo plano. Talvez isto tenha ajudado a formar uma imagem na mente do general iraquiano, um dos sete, tanto quanto me recordo, que capturámos no ataque. Ele referiu aos seus captores que não sabia que tinha os Britânicos à sua frente; pensava que os Challengers([103]) estavam na costa.

Finalmente, as histórias ou imagens dos *media* também constituem um forte motivo pelo qual ainda vemos os conflitos de acordo com o modelo industrial entre Estados, dado que são habitualmente transmitidas da perspectiva das forças militares convencionais, enviadas para o terreno pelos Estados-nações. À semelhança dos políticos e dos militares, os *media* continuam agarrados ao conceito de guerra industrial, sem compreenderem que actualmente a guerra é entre o povo. Em simultâneo, devido ao pouco tempo ou espaço que os *media* têm para transmitir informação – um ou dois minutos no ar, alguns centímetros na imprensa diária –, são obrigados a trabalhar com gíria e imagens cognitivas para serem apelativos e compreendidos pelas audiências. As imagens e a gíria são integralmente de indivíduos e situações envolvendo exércitos convencionais numa guerra industrial. Este fenómeno criou uma nova realidade, dado que uma grande parte do público, e até alguns segmentos dos *media*, compreendem que existe uma dissonância entre o que é mostrado e vivido, e o que está a ser explicado – imagens ilustrando claramente outras formas de guerra, tentando recorrer desesperadamente ao contexto da guerra entre Estados para inter-

---

([103]) O Challenger 2 é o principal tanque britânico. (*N.T.*)

pretarem a guerra entre o povo. Tomando um exemplo dos nossos telejornais diários, vemos frequentemente soldados fortemente armados patrulhando, em tanques, ruas cheias de mulheres e crianças, quer seja no Iraque, nos Territórios Ocupados pelos Israelitas ou em qualquer outro local, ou vemos civis esfarrapados atacando soldados equipados. As imagens chocam contra a nossa compreensão cognitiva, mas a interpretação que delas faz o repórter ou o comentador no estúdio – tentando explicar as acções militares dos soldados – confunde-nos ainda mais, porque as imagens são explicadas numa perspectiva militar convencional, como se duas forças equiparadas estivessem a travar uma escaramuça num campo de batalha. Por outras palavras, uma nova realidade está a ser reestruturada com base num paradigma antigo, quase sempre sem sucesso.

Em suma, esta segunda tendência, a do combate entre o povo, reflecte a especificidade dos nossos conflitos actuais mas também a sua natureza abrangente: o guerrilheiro ou líder político alternativo desloca-se e combate entre o povo, o povo específico que lhe interessa, enquanto que o público destes conflitos se tornou, graças aos *media*, o povo de todo o mundo. As decisões dos líderes políticos acabam por ser tão influenciadas – e nalguns casos mais – pelas audiências como pelos acontecimentos no terreno. E aqueles que fazem a guerra entre o povo também recorrem aos *media* para influenciar decisões e, acima de tudo, a vontade do povo que procuram liderar e cooptar. Não se trata de uma aldeia global: trata-se de um teatro de guerra global, com participação da audiência.

OS NOSSOS CONFLITOS TENDEM A SER INTEMPORAIS

A guerra entre o povo não tem remédios ou soluções rápidas, particularmente quando nos vemos confrontados com um adversário de nível. Além do mais, agir no momento certo é mais importante do que simplesmente agir, o que me leva à terceira tendência: as nossas operações tornaram-se cada vez mais intemporais; parecem nunca mais acabar. Todos os confrontos e conflitos mencionados no capítulo anterior reflectem bem este fenómeno, desde o contínuo confronto na Coreia ao de Chipre, e aos trinta anos de conflito na Indochina. Mais recentemente, decorrem operações no Iraque desde 1990, e a comunidade internacional interveio pela primeira vez nos Balcãs em 1992, e não há fim à vista. Esta tendência infindável verifica-se por três motivos. O primeiro tem a ver com o objectivo ou fim escolhido, o segundo com o método ou modo (combinados), e o terceiro diz respeito à mudança de paradigma.

A primeira tendência da guerra entre o povo, os objectivos em mudança, reflecte o facto de que conduzimos maioritariamente operações para estabelecer uma condição na qual o objectivo militar estratégico para atingir o objectivo político é alcançado com outros meios ou de outro modo. Por vezes, a condição é estabelecida rapidamente, numa única campanha, tal como nas Falklands, mas é mais comum que resulte de uma operação prolongada contra adversários que recorrem à guerrilha ou ao terrorismo. Um dos princípios fundamentais do guerrilheiro ou terrorista é combater somente na altura certa. Combate quando existem condições de sucesso e não antes, evitando o recontro decisivo, excepto nos seus termos. Mesmo quando combate, as «decisões» são quase sempre tácticas e não operacionais. Como vimos, é difícil vencer rapidamente este tipo de adversário. Porém, aquilo que, em quaisquer circunstâncias, já seria um processo lento, torna-se ainda mais vagaroso quando temos que considerar o povo entre o qual decorre o combate. Dado que os objectivos de teatro e estratégicos implicam a obtenção do seu apoio ou, pelo menos, a negação do seu apoio ao inimigo, a rapidez com a qual a sua vontade é conquistada é a medida do progresso em direcção ao objectivo. Tentarmos alcançar uma vitória rápida contra um adversário que se recusa a cooperar, a combater nos nossos termos, particularmente quando operamos entre o povo, tem mais probabilidades de alienar o povo do que de o conquistar. Podem encontrar-se provas deste indesejável desfecho em muitos conflitos pós-1945, sendo um caso exemplar o assalto russo a Grozny para esmagar a rebelião chechena. Não estou a sugerir que não pretendemos vencer rapidamente o combate que escolhemos; este é sempre o modo preferível, particularmente porque os combates são menos dispendiosos quando travados com rapidez, e um ritmo elevado de golpes bem assestados permite-nos ditar o rumo do combate. Mas o guerrilheiro sabe isto, razão pela qual prefere pequenos combates e nos seus termos. Mas a soma destes pequenos combates, mesmo quando ocorrem diariamente e com rapidez, não equivale a uma batalha;

só por si, não são decisivos. O que garante uma decisão decisiva é o combate global para estabelecer a condição.

Em todos os casos, depois de estabelecida, a condição tem que ser mantida até que o objectivo estratégico seja alcançado. Por exemplo, na Coreia, existe uma presença impressionante de tropas americanas desde a assinatura do cessar-fogo, em Julho de 1953. De facto, mesmo depois de uma redução significativa, resultante de uma reorganização geral das forças armadas americanas, em 2005, ainda permanecem 25 000 soldados americanos na Coreia do Sul – e lá continuarão a permanecer, em número superior ou inferior, até se chegar a um acordo final. As operações prolongadas da ONU também reflectem esta tendência em termos simples. Por exemplo, a UNFICYP, a missão da ONU em Chipre, foi criada em 1964, como uma medida estabilizadora no seguimento da violência entre as comunidades grega e turca – e ainda lá continua, devido à incapacidade de se chegar a uma solução para o confronto; até lá, a Linha Verde, entre as duas comunidades, terá que ser mantida por uma força militar. Esta força tem diminuído com o passar das décadas, mas a operação já vai no seu quinto decénio. Em situações onde as forças intervieram com dureza e, provocaram, em menor ou maior grau, as alterações necessárias à criação da condição, têm que a manter. Em 1999, a OTAN foi novamente usada para estabelecer uma condição através de bombardeamentos aéreos, desta vez no Kosovo. Neste caso, foi uma condição na qual Slobodan Milosevic, o presidente da Sérvia, entregaria a administração do Kosovo, uma província sérvia, à ONU, apoiada por uma força da OTAN. O objectivo imediato da condição era a eliminação da ameaça de opressão e limpeza étnica pendente sobre a maioria dos habitantes da província, a minoria albanesa da Sérvia. Todavia, nunca existiu, antes ou durante a campanha de bombardeamento, uma expressão clara do objectivo político a longo prazo. Esta iniciativa destinava-se a criar um Kosovo independente? Ou era para provocar a deposição de Milosevic, para mudar o regime de Belgrado para um regime que governasse o Kosovo a contento da ONU? Como já observámos várias vezes neste livro, sem um objectivo político claro não é possível ter um objectivo estratégico militar. Por conseguinte, os ataques da OTAN e dos EUA foram uma série de eventos tácticos coordenados pela Ordem de Missão Aérea[104] diária, que seleccionava alvos

---

[104] No original: Air Tasking Order. (N.T.)

que se julgava pressionarem Milosevic para retirar do Kosovo. A condição foi estabelecida após 78 dias de bombardeamentos e uma série de interacções diplomáticas entre os EUA, a Rússia e a OSCE, e Milosevic. Após negociações prolongadas, numa tenda na fronteira entre a Macedónia e a Sérvia, quanto às modalidades da ocupação, a OTAN ocupou o Kosovo e a ONU começou a administrá-lo. Este *deployment* e administração – a condição – têm permanecido exactamente os mesmos: não foi encontrada nenhuma solução estratégica.

Em suma, a tendência das nossas operações militares recentes é que quanto mais a operação se destina a conquistar a vontade do povo, quanto mais o adversário adopta o método da guerrilha e quanto mais complexas são as circunstâncias, mais tempo levará a estabelecer a condição na qual se possa tomar uma decisão estratégica e encontrar uma solução. E enquanto se procura a solução, a condição tem de ser mantida; e dado que, pelo menos parcialmente, foi estabelecida pela força, tem de ser mantida pela força devido à ausência da decisão estratégica. Todavia, esta situação é possibilitada pela terceira razão de intemporalidade citada atrás: a mudança de paradigma. Na guerra industrial, havia a necessidade de uma vitória rápida, pois toda a sociedade e o Estado estavam subjugados à causa. Todo o aparelho do Estado se encontrava centrado neste empreendimento, enquanto que a sociedade e a economia paravam completamente o seu fluxo e produtividade naturais e eram aglutinadas à causa. Portanto, a guerra tinha de ser concluída para permitir a retoma do comércio e da vida normal – quando isto não aconteceu, o preço pago pelas nações foi extremamente elevado, tal como sucedeu nas guerras mundiais. No novo paradigma, as operações militares são apenas mais uma actividade do Estado; na verdade, são especificamente concebidas como tal – como demonstram apropriadamente os exemplos das guerras na Coreia e no Vietname: assim que se verificou um perigo significativo de que a operação militar se expandisse demasiado e invadisse a sociedade civil além de determinadas barreiras, foi efectivamente terminada, com uma alteração do objectivo ou uma retirada do terreno. Por outras palavras, as operações militares modernas são, na prática, encaradas como uma das muitas actividades dos Estados, e podem ser mantidas quase indefinidamente: são intemporais.

COMBATEMOS PARA PRESERVAR A FORÇA

Esta quarta tendência leva-nos de volta à era pré-napoleónica, na qual os exércitos não podiam empenhar-se totalmente na batalha definitiva dado que, carecendo de um sistema de efectivos baratos, tal como a conscrição, e tendo em conta as despesas associadas ao material, não podiam substituir as suas forças. Estas questões tornaram-se novamente relevantes, por razões diferentes mas com o mesmo efeito: combatemos para preservar a força. Um motivo apontado com frequência para este fenómeno é o efeito «body bag» [saco para cadáver]: os governos democráticos que conduzem operações na prossecução de objectivos «macios» não estão absolutamente certos do apoio doméstico e, tal como repetidamente demonstrámos nestas páginas, todos os Estados e forças armadas têm de manter o apoio dos seus povos. A dimensão da incerteza dos líderes mede-se, com alguma precisão, pelo seu grau de aversão às baixas. É certamente este o motivo, mas eu penso que as razões para a existência desta tendência vão mais fundo do que a necessidade de manter o apoio popular doméstico, ainda que ele seja criticamente importante.

Em primeiro lugar, procurar preservar a força não é uma característica exclusiva de líderes democráticos incertos do apoio popular. A guerrilha e outras forças não convencionais e não estatais também conduzem a guerra nesta base porque é difícil, demorado e dispendioso substituir homens e material. Estas mesmas razões aplicam-se aos exércitos convencionais do pós-guerra – a única excepção é provavelmente o Exército Soviético, dado chamar um grande número de conscritos e as grandes indústrias de defesa controladas e financiadas pelo Estado. Mas até este exército acabou por considerar a necessidade de preservar a força, uma tendência fortemente reforçada pelo seu empobrecido sucessor, o Exército Russo. Os exércitos das nações que já não têm conscrição – provavelmente a maioria no mundo ocidental – são obrigados a competir com as outras profissões, o comércio e a indústria, pelo seu quinhão dos recursos humanos nacionais. Como tal, para poderem pagar um salário competitivo e disporem de dinheiro para equipamento e instrução, tendem a reduzir constantemente os efectivos. Mas mesmo nestes exércitos muito mais pequenos, e para poderem competir com êxito no mercado de trabalho, uma proporção significativa do orçamento para a defesa é geralmente cativada para salários e benefícios; no caso da

Grã-Bretanha, esta proporção é de aproximadamente 50%. Descontando os efeitos no moral de operações nas quais os soldados consideram existir uma elevada probabilidade de se tornarem baixas, o desperdício das vidas destes dispendiosos activos, particularmente dos que possuem largos anos de experiência, é muito má gestão.

Nos países que ainda têm conscrição, particularmente na Europa, as coisas não estão melhor. Muitas vezes, a lei apenas permite a utilização dos conscritos em operações de defesa das fronteiras da pátria, pelo que quando são necessárias forças para outras operações, é necessário que os conscritos se ofereçam como voluntários. Por vezes, por motivos de política interna, este fenómeno verifica-se mesmo quando a lei não o exige. Além disso, devido ao desejo de proporcionar educação e emprego aos recursos humanos nacionais, o conscrito cumpre um serviço militar relativamente curto e é treinado para uma tarefa num conjunto de circunstâncias específico. Assim, quando se oferece como voluntário, cumpre normalmente um período de serviço mais longo para cobrir a instrução adicional requerida pela operação específica. Em suma, os voluntários não abundam e são activos a não desperdiçar, particularmente quando escasseiam devido à elevada probabilidade de se tornarem baixas.

A situação não é muito melhor em relação ao material: não pode ser desperdiçado, também é demasiado escasso e dispendioso. Tal como a produção em série de efectivos para a guerra industrial já não existe, terminada que foi a conscrição na maior parte do mundo ocidental, também não existem as linhas de produção de material, fortemente subsidiadas em tempo de guerra. Assim sendo, além das armas ou sistemas que ainda são fabricados para outros clientes – outros exércitos –, não existe nenhum argumento comercial que sustente a manutenção de uma linha de produção exclusivamente para um único exército, excepto, talvez, numa pequena escala, produzindo componentes para grandes revisões. Na verdade, as tentativas da União Soviética para manter as linhas de produção do tempo de guerra quando a força não estava a ser empregue, e à custa da promoção global de benefícios materiais para a sociedade, contribuíram para o seu colapso. Assim, a nossa realidade dita que o equipamento perdido em grande quantidade só pode ser substituído lentamente e com grande despesa, algo que não é aceitável por nenhum Estado que tenha estabelecido outras áreas de progresso civil como prioridades nacionais. Na verdade, parece que, no mundo ocidental, só os EUA conseguem utilizar forças, ou pelo menos material, numa base mais alargada, mas ainda assim sob fortes reservas políticas e por parte da sociedade civil. Além do mais, dado o custo de muitos itens, até os grandes orçamentos têm limites: no Iraque, em 2003-2004, as forças americanas e britânicas queixaram-se de escassez de material, incluindo coletes à prova de bala e equipamentos de comunicação adequados. Finalmente, a fonte de muitos equipamentos importantes para a maioria dos exércitos de todo o mundo não é nacional mas sim internacional, e poucas ou nenhumas nações controlam completamente a sua indústria de defesa. Os Estados com economias poderosas e tendência para manterem grandes forças armadas, tais como os EUA, a China e a Rússia, são provavelmente os que têm mais controlo sobre as suas indústrias de defesa, mas até a produção de defesa americana é em cooperação com outras indústrias por todo o mundo. Qualquer país que pretendesse controlar totalmente a sua indústria de Defesa teria que investir biliões, e mesmo assim seria provavelmente obrigado a aceitar um leque limitado de capacidades.

Tudo isto conduz à realidade das nossas forças e empenhos modernos: os exércitos, tanto os homens como o equipamento, são muitas vezes preparados para um determinado número de eventualidades. No Golfo, em 1990-1991, no comando da Divisão Blindada britânica, senti de forma palpável estas pressões. Eu dispunha de todos os tanques modernos do exército britânico, e dado que os motores não eram fiáveis também recebi praticamente todos os outros motores de tanques constantes do arsenal. O resto do Exército fora privado do seu equipamento para me fornecer uma força sustentável. Eu estava ciente de ter comigo o grosso dos activos modernos do Exército, de que não havia linhas de produção prontas para substituir as perdas, e de que tínhamos outros compromissos que poderiam requerê-los. Nessa altura, pensei – e ainda penso – que era o primeiro general britânico, em muitos anos, a ter que considerar como combater de modo a não perder o seu exército. Não estou a sugerir que os meus antecessores eram descuidados com as suas forças, não o foram. Mas quando confrontados com a possibilidade de uma batalha, sabiam que existiam reservas de equipamento e uma base industrial capaz de produzir substitutos rapidamente. Nunca nenhum dos meus superiores me disse que eu tinha o comboio de brincar e que o queria de volta o mais completo possível, mas eu fiquei impressionado quando, ao ser visitado por qualquer comandante ou funcionário governamental oriundos da Grã-Bretanha, muitas das preocupações que expressavam tinham a ver com o equipamento. Na verdade, o facto de saber que necessitava de combater de modo a não perder a força moldou parcialmente o modo como planeei utilizar as minhas tropas no ataque ao Iraque. Mas o inimigo revelou-se medíocre, e nós conseguimos regressar a casa com quase todo o material.

Muitos países encontram-se actualmente numa posição semelhante. Estão a braços com demasiados compromissos, e não se podem dar ao luxo de sofrer quaisquer perdas. Os contribuintes pagam impostos para uma força que defenda os seus lares; podem aprovar a sua utilização noutro empreendimento, mas esperam que os seus defensores estejam prontos e disponíveis em caso de necessidade. A consequência é ser necessário decidir quanta capacidade de defesa é hipotecada, para que se possa participar noutros compromissos. E estes, como vimos, são intemporais. Uma nação pode empenhar forças numa nova operação, mas continuar envolvida na manutenção de uma condição noutro local. Tomemos como exemplo as principais operações internacionais desde 1991: ao Iraque seguiram-se a Bósnia e a Croácia, a que se seguiu o Kosovo, seguido do Afeganistão, seguido novamente do Iraque, e enquanto cada uma destas operações decorria, outras forças iam ficando para trás para manterem as operações ainda em progresso. Além disso, durante todo este período, houve bastantes operações de menores dimensões em África, incluindo no Ruanda, no Congo e na Serra Leoa, referindo apenas as mais óbvias, para as quais muitos países com forças já envolvidas nas situações atrás mencionadas também enviaram contingentes. Trata-se de um triplo empenhamento ou pior – e na maior parte dos casos, com exércitos pequenos e recursos reduzidos. Além do mais, se surgisse uma nova crise, ter-se-ia que encontrar novas forças para lhe responder e sustentá-las.

A escassez de forças e de recursos é uma das principais causas da situação em que nos encontramos, com dificuldades para mantermos as forças que já temos empenhadas. Os EUA, apesar das suas forças armadas relativamente grandes, estão em dificuldades para sustentar os seus compromissos actuais. Somadas, as forças dos Estados europeus seriam aparentemente de uma dimensão comparável às dos Estados Unidos, mas não dão origem a um número idêntico de tropas disponíveis para *deployment*. Isto verifica-se mesmo descontando os excessos de efectivos implícitos no agregado das estruturas dos diferentes países, tais como um estado-maior general e um QG, um Ministério da Defesa e assim por diante. A razão é que, em muitos casos, estas forças ainda estão estruturadas para a guerra industrial: as suas reservas de recursos humanos são instruídas, organizadas e mantidas até serem necessárias para aumentar o exército através da mobilização, e para lhe darem a capacidade de levar a cabo uma série de tarefas que têm que ser feitas pelos ou para os militares apenas em tempo de guerra. Por exemplo, a maioria dos exércitos diferencia entre os engenheiros militares que constroem ou transpõem obstáculos – instalando campos de minas ou construindo pontes –, e os que constroem edifícios e estradas. Os primeiros são geralmente unidades de combate, os segundos de reserva, a ser chamados numa emergência e subentendo-se que a sociedade civil não os poderá utilizar durante o seu período de serviço militar. Nas nossas guerras modernas, necessitamos mais dos engenheiros civis do que dos militares, que são necessários para a manobra de grandes forças no campo de batalha. Mas ter disponíveis estes engenheiros que constroem edifícios e estradas implica chamar as reservas por um longo período e reduzir a capacidade de manter, por exemplo, o sistema rodoviário nacional. De uma perspectiva política, este desconforto para a população civil seria desastroso – razão pela qual nunca é tentado. Assim, muitas forças que entram na guerra entre o povo carecem das competências e do material necessários para as tarefas que enfrentam.

As nossas forças ainda estão, pois, estruturadas em conformidade com o paradigma industrial, e nós reorganizamo-las constantemente para conduzirem estas operações modernas. E quando não as reorganizamos, apercebemo-nos de que dispomos, no teatro, de grandes forças que pouco contribuem para atingir o objectivo, mas que não deixam de ter de ser protegidas e alimentadas: a força não tem utilidade. Além do mais, sem reorganização temos dificuldade em sustentar a operação. Esta é a característica organizacional mais endémica das nossas operações modernas – e tal como observei no Prefácio, acabou por ser considerada normal. Mas a menos que deixemos de ver sob este prisma esta situação de constante fluxo, e comecemos a levar a cabo reorganizações fundamentais nas nossas forças, descobriremos que, em lugar de termos dificuldades para manter as forças no teatro, a situação tornar-se-á totalmente insustentável. E embora a reorganização para uma operação em circunstâncias específicas faça inegavelmente parte do importante conceito de mobilidade organizacional, que é crucial para qualquer emprego da força, a nossa situação actual é diferente. Não se trata de uma simples adaptação em resposta às acções do inimigo, mas sim de um fracasso conceptual, pois constitui uma tentativa contínua de utilizar forças de organizações estruturadas especificamente e para um propósito específico – a guerra industrial – de acordo com um conceito de conflito completamente diferente – a guerra entre o povo. Para as tropas possuírem utilidade em acção, necessitamos de reorganizar as forças permanentes para reflectir a mudança de paradigma e responder à necessidade de formar uma força apropriada para cada operação.

A CADA OCASIÃO, ENCONTRAM-SE NOVOS USOS PARA ARMAS E ORGANIZAÇÕES ANTIGAS

Decorrente de uma das falhas básicas nas estruturas das forças, a quinta tendência é estarmos a utilizar sistemas de armas de modos para os quais não foram concebidos nem adquiridos. O grosso do equipamento de que hoje dispomos foi adquirido para derrotar a ameaça soviética numa guerra industrial, mas os inimigos que enfrentamos são de natureza completamente diferente, geralmente armados com armas muito mais ligeiras. Na verdade, a arma mais eficaz dos últimos quinze anos é a catana, com a qual, em três meses, no ano de 1994, foi chacinado quase um milhão de pessoas no Ruanda. Em termos puramente numéricos, é um rácio mais elevado do que o de qualquer guerra industrial. A AK-47 e o bombista suicida têm sido igualmente eficazes mas não tão eficientes, e são absolutamente centrais na maioria dos conflitos actuais, nos quais uma variedade de Estados e coligações têm estado envolvidos desde o fim da Guerra Fria. Além do mais, os detentores destas armas utilizam-nas quase sempre com grande destreza. Não estou a propor que equipemos as nossas forças exclusivamente com catanas, mas temos que adaptar as nossas armas, industriais e de alta tecnologia, às novas circunstâncias.

Cada Estado tem um processo ligeiramente diferente para adquirir o equipamento de que as suas forças armadas necessitam, mas todos partilham características comuns. Este processo baseia-se na lógica da guerra industrial: deve existir uma ameaça identificável, constituída por um inimigo e respectivas armas, que deve ser enfrentado com armamento operado e organizado de modo a garantir a sua derrota. O segredo está em adquirir vantagem tecnológica sobre a ameaça. Os conceitos e organizações operacionais tendem a ser ajustados para aproveitar a tecnologia, e não a combater de modo diferente. O negócio da guerra está intimamente ligado a este processo: existem sempre dificuldades orçamentais, pelo que o equipamento é normalmente adquirido para melhorar equipamentos já comprovados, em lugar de se adquirirem equipamentos de tipo completamente novo, ou de lidar com algo mais do que a ameaça primária. Se a aquisição dos caças bombardeiros que hoje possuímos tivesse sido defendida com base na sua utilização para patrulharem zonas de exclusão aérea sobre o Iraque ou a Bósnia, ou para lançarem pequenas quantidades de bombas sobre pequenos alvos tácticos, duvido que tivessem sido adquiridos. E quando é desenhado novo equipamento, o seu custo é mantido baixo limitando-o à ameaça específica. Por exemplo, os tanques Challenger e alguns dos aviões que tive sob o meu comando no Golfo careciam de filtros adequados – os que os possuíam – contra a areia, porque tinham sido concebidos para enfrentar a ameaça soviética nas planícies do Noroeste da Alemanha. Aquando da sua aquisição, o orçamento não permitiu quaisquer extras, pelo que quando foram finalmente necessários tiveram de ser rapidamente adaptados à nova ameaça. Muitas das observações que têm sido feitas acerca do general Wesley Clark, comandante supremo aliado da OTAN na Europa (SACEUR) na época dos bombardeamentos no Kosovo, em 1999, e adequadamente explicadas no seu livro *Vencer as Guerras Modernas*, dizem respeito à sua busca de um modo de utilizar os meios ou sistemas de armas de que dispunha face às defesas sérvias para alcançar o seu objectivo. Esta procura de um novo modo de utilização de meios adquiridos e organizados para um objectivo e um inimigo diferentes, e as fricções que causou, estão na base de grande parte da sua história.

A principal razão para esta tendência é o facto de os nossos adversários terem aprendido a posicionar-se abaixo do nível de utilidade dos nossos sistemas de armas. Aprenderam a não oferecer alvos que favoreçam as armas que possuímos e o modo como as utilizamos. Quando cometem um erro, por orgulho ou excesso de confiança, sofrem as consequências mas, a menos que os golpes que recebam sejam demolidores, aprendem com a experiência e raramente repetem o erro. Consideremos o caso do general Aideed, o senhor da guerra somali de Mogadíscio, em 1993, onde enfrentou uma força americana operando em apoio da ONU. Se compararmos os arsenais de ambos os lados, a força dos EUA era qualitativamente – e talvez também quantitativamente – superior. No entanto, por acaso ou intencionalmente, Aideed descobriu um modo de operar ao nível táctico que ofereceu à força americana poucas alternativas a não ser combater nos seus termos, e a força americana foi retirada – depois de sofrer dezoito mortos e setenta feridos. Em teoria, os EUA tinham obviamente a opção de colocar em campo todo o peso do seu poderio militar industrial, mas esta alternativa não foi considerada exequível por razões políticas nacionais e internacionais: a dificuldade de identificar os alvos e a elevada probabilidade de um grande número de baixas civis, comparadas com o duvidoso apoio doméstico à operação, decidiram a questão em Washington. Talvez tivesse sido diferente se Aideed tivesse recusado entregar os cadáveres dos soldados americanos, mas ele compreendeu a ameaça muito bem – e seja como for, também já não precisava deles. Aideed operou certamente assim porque tinha que encontrar um modo de utilizar as armas que possuía, mas principalmente porque os seus objectivos eram apoderar-se do controlo da distribuição de alimentos, adquirindo poder e controlo sobre o povo. Ele pretendia que as forças dos EUA partissem, pretendia modificar intenções; não pretendia derrotá-las. Em contraste, Saddam Hussein, em 1991, mostrou ao mundo que cooperar com o conceito de guerra americano, particularmente num deserto, não era propício ao sucesso: os seus exércitos foram estrondosamente vencidos. Mas ele tinha-se colocado numa posição da qual não podia retirar sem que tal fosse visto como um recuo forçado; assim, quanto maiores e mais poderosas fossem as forças que o obrigavam a retirar, e mais ele pudesse ser visto em inferioridade e sem alternativas, melhor para os seus desígnios.

Os beligerantes que dependem de tácticas terroristas ou de guerrilha evitam, por norma, constituir alvos adequados para os ataque das armas e tácticas da guerra industrial, pelo menos até estarem prontos para competir nos mesmos moldes, tal como o general Giap fez com os franceses em Dien Bien Phu. O truque do guerrilheiro é obrigar o seu adversário militar convencional a combater nos seus termos, nos quais terá provavelmente vantagem, ou obrigá-lo a uma reacção inteiramente industrial contra a guerrilha que combate entre o povo, reforçando assim a estratégia da provocação e da propaganda do acto. O IRA, que se considera e em grande medida funciona como um exército, tem tido o máximo cuidado para operar abaixo do nível de utilidade dos sistemas de armas do Exército Britânico, e este, por sua vez, tem tido o cuidado de não os introduzir no teatro irlandês. Os batalhões de infantaria são reorganizados antes do seu envio para o teatro, a companhia de apoio, que tem a seu cargo as armas pesadas de infantaria, tais como os morteiros, é convertida numa companhia de atiradores, e é aumentado o número de efectivos nas unidades de vigilância e reconhecimento. Quando são necessários grandes efectivos para manter a operação, as unidades de artilharia, blindadas e de engenharia também são convertidas em companhias de atiradores. Todas as unidades passam por uma instrução específica antes do envio para o teatro, para garantir que conhecem as tácticas desenvolvidas em resposta às do IRA.

O negócio da guerra também reflecte esta tendência de outro modo: as indústrias que criam as armas e as plataformas insistem tendencialmente em fabricá-las segundo o modelo da guerra industrial. Assim, mesmo quando o equipamento é substituído – maciçamente, como no caso dos EUA, ou de modo mais parcelar –, a sua substituição é feita com base nos pressupostos do paradigma antigo. Isto significa que, mais uma vez, necessita habitualmente de ser reorganizado e adaptado para cada conflito; e se a reorganização não for bem sucedida, a força não terá utilidade. Por exemplo, em finais de 2004, as forças americanas no Iraque queixaram-se de falta de veículos adequados e devidamente blindados, e tiveram aparentemente que procurar metal em sucatas para providenciarem protecção adicional para os seus veículos. Não se tratou apenas de uma escassez de veículos blindados necessários para efectuar patrulhas em ambiente hostil, mas também de uma abundância de veículos não blindados, que constituem um modo de transporte habitual na retaguarda da frente na guerra industrial. Assim, mais uma vez, é óbvio que a mudança de paradigma não foi reconhecida, e é esta falha conceptual que influencia a produção de novo equipamento, muitas vezes inadequado para as formas actuais de operações militares.

OS BELIGERANTES SÃO MAIORITARIAMENTE NÃO ESTATAIS

A tendência final é que tentamos travar os nossos confrontos e conflitos numa ou noutra forma de agrupamento multinacional, quer seja em aliança ou coligação, e contra beligerantes não estatais. Na verdade, em muitos dos nossos conflitos modernos, somente os soldados representam Estados, mas operam integrados em agrupamentos e ambientes sub ou supranacionais. De uma perspectiva internacional, esta tendência, até certo ponto, é consequência de duas outras: a escolha de objectivos e a intemporalidade das nossas operações. Quanto mais os objectivos são «macios» e implicam estabelecer uma condição, e quanto mais tempo perduram, maior se torna o imperativo para os Estados interessados se unirem.

Entramos nestas uniões por vários motivos: necessitamos de mais forças ou de mais espaço; pretendemos a legitimidade do número; queremos diluir os riscos – de fracasso, para os recursos, da responsabilidade; e queremos garantir um lugar à mesa. Tal como observámos no capítulo 6, uma aliança é de natureza mais permanente e denota igualdade entre todos os membros; as coligações são geralmente improvisadas, e são lideradas por um ou dois membros poderosos. Uma aliança é formada na expectativa do acontecimento, tentando impedir uma determinada acção, e existe habitualmente alguma coordenação de planeamento e exercício para a tornar mais útil. A principal dificuldade inerente às alianças é a definição de um objectivo comum – e do objectivo estratégico – quando a situação não tem a ver com o evento para o qual a aliança foi formada. As coligações são produtos de um evento específico; os aliados juntam-se porque partilham o mesmo objectivo. As coligações não necessitam de ser formais: com efeito, a operação dos EUA no Afeganistão, em 2002-2003, foi em coligação com a Aliança do Norte, e a operação da OTAN no Kosovo, em 1999, foi em parceria com o Exército de Libertação do Kosovo (UCK) enquanto os bombardeamentos prosseguiram. Em operações de natureza humanitária, também se constituem coligações informais com as muitas organizações não governamentais (ONG). Todavia, estas coligações informais têm de ser geridas com sensibilidade e cautela, dado que, por definição, os propósitos dos dois tipos de organização – militar e ONG – são muito diferentes e uniram-se em função das circunstâncias e da necessidade e não por partilharem a mesma ideologia. Quer a coligação seja formal ou informal, devemos ter sempre presente que a cola que a mantém unida é o inimigo comum, e não um resultado político comummente desejado. Como tal, devem ser implementadas medidas para cobrir a perda de coesão que resulta da vitória. Exemplos da ausência destas medidas são as profundas divisões que se verificaram entre a Rússia e os Aliados após a Segunda Guerra Mundial, ou entre a OTAN e o UCK no Kosovo, depois do êxito da campanha de bombardeamento de 1999.

O comandante de uma força militar internacional, em especial de uma força constituída no seio de uma organização internacional, deve estar sempre ciente dos factores políticos que presidiram à constituição da aliança ou coligação. De facto, a natureza da relação entre aliados é um factor importante no contexto da operação: a base da colaboração, quer seja prática, moral ou legal, deve ser absolutamente clara ao nível mais elevado e transmitida para baixo, já que definirá os limites das actividades partilhadas. E quando se pretende empregar a força militar nos níveis mais baixos, este entendimento contextual deve também encontrar-se nesses níveis, particularmente no comandante do nível no qual se contempla a acção militar. Ele tem que compreender que a sua força não é um todo: cada contingente nacional terá sido enviado por razões diferentes, e os respectivos governo e povo terão um equilíbrio diferente entre riscos e benefícios. Até certo ponto, cada contingente possuirá equipamento, organização, doutrinas e instrução diferentes, possuirá uma fonte de material diferente, e também um apoio social, legal e político diferente. O resultado destas diferenças é que os aliados concordam habitualmente com objectivos que tendem para o mais baixo denominador comum das opções disponíveis. Cada um dos aliados procura o seu próprio benefício, cuja natureza deve ser compreendida pelo comandante.

Estes agrupamentos multinacionais de Estados têm pela frente agrupamentos não estatais. Podem ser as partes de uma guerra civil ou insurreição, operando como exércitos constituídos ou guerrilhas, ou ainda grupos terroristas ou o bando de um senhor da guerra. Em contraste com a formalidade das organizações multinacionais e da sua dependência das fórmulas e procedimentos que os Estados lhes impõem para gerir as suas actividades com o menor risco para si próprios, os actores não estatais surgem informes. Utilizam com frequência títulos políticos e militares retirados à terminologia dos Estados e usam as nomenclaturas dos exércitos industriais para descrever a organização das suas forças, mas não são Estados – legalmente, nem de facto. Além disso, mesmo quando uma ou mais partes parecem ter uma causa justa ou moral, não podemos julgar que são participantes constituídos, representando uma posição coerente com a da maioria da população e com estruturas e procedimentos que fiscalizam os comportamentos. Foi este pressuposto errado que se verificou, por exemplo, com o apoio dos EUA ao UCK, em 1999.

A trindade clausewitziana de Estado-exército-povo é um instrumento útil para analisar os propósitos e actividades destes actores, apesar de não serem Estados. Como já referi, o objectivo de todos os participantes, incluindo a força internacional de intervenção, é a conquista da vontade do povo. Deste modo, o actor não estatal também terá alguma relação de dependência e contacto com o povo, existirá uma força armada e alguma orientação política para o emprego dessa força. É muito possível, particularmente na fase inicial da vida destas organizações, que as decisões militares e políticas se encontrem nas mãos de um só homem ou de um pequeno grupo de indivíduos, mas não deixarão de ser decisões separadas. Um senhor da guerra cujo objectivo primário seja beneficiar dos diamantes extraídos na sua área terá que estabelecer relações políticas com o mercado, com outros senhores da guerra e com vizinhos através de cujo território possa movimentar os diamantes e as receitas da sua venda. Dependerá do povo, pelo menos como fonte de mão-de-obra, e talvez como fonte de aprovisionamento e efectivos. Disporá provavelmente de forças militares consideráveis, mais ou menos organizadas. Utilizá-las-á para defender e possivelmente expandir os seus interesses, e eventualmente para obrigar o povo a apoiar as suas políticas. Não importa que seja aparentemente informe: ele tem uma forma mas, tal como referimos, é uma forma que opera de acordo com a sua lógica, não com a nossa. Quando se procura a sua forma, parte-se de pressupostos que carecem frequentemente de fundamento. Durante a Conferência de Londres, em 1995, que levou às operações militares que puseram fim à guerra na Bósnia, recordo-me de o então SACEUR, o general Joulwan, ter informado a assistência de que os Sérvios bósnios possuíam três corpos concentrados em redor de Sarajevo. Não era verdade. Os seus oficiais dos serviços de informação tinham aparentemente partido do princípio de que o exército dos Sérvios bósnios estava organizado como um exército da OTAN, e haviam interpretado os títulos das unidades em conformidade, pressupondo que um corpo era uma formação de manobra e não uma organização estática para defesa territorial. Seguindo esta lógica, também temos de ter o cuidado de não legitimar o adversário nem de o tornar mais poderoso do que é. Só porque afirma ser um general ou o líder local do partido, ou porque consegue muita exposição nos *media* locais ou internacionais, isto não nos deve levar a cooperar com algo que é muitas vezes uma ficção. Se o fizermos, estaremos a dar credibilidade a essa ficção e, ao mesmo tempo, a dar importância a esse indivíduo aos olhos do povo, reforçando a sua posição. Quando entramos em operações nas quais o objectivo é o estabelecimento de uma condição, temos de ter o máximo cuidado para não cometermos nenhum erro. A operação no Kosovo, em 1999, constitui um bom exemplo. O objectivo era libertar a província da violência étnica, particularmente da agressão sérvia contra a etnia albanesa, colocando-a sob administração internacional. Ao empregarmos a força militar para atingir este objectivo, fizemos causa comum com o UCK, o que lhe conferiu legitimidade. Lamentavelmente, durante os combates e imediatamente após a ocupação internacional, os Sérvios, minoritários na província, foram expulsos dos seus lares. Além do mais, em 2005, com a administração internacional ainda em vigor, o primeiro-ministro do Kosovo, democraticamente eleito, um ex-líder do UCK, foi condenado pelo Tribunal Internacional Penal para a Ex-Jugoslávia (TPIJ) por crimes cometidos durante os combates de 1999; demitiu-se e partiu para Haia para ser julgado.

Isto conduz-nos à realidade final reflectida por esta sexta tendência, na qual os soldados da força internacional são os únicos representantes inequívocos dos Estados. Não existe um «soldado internacional», mesmo quando tem um capacete azul, combate sob a bandeira da OTAN ou integra uma «coligação internacional» como no Iraque. Ao ser recrutado, cada soldado jura fidelidade ao Estado ao qual pertence o exército, e permanece enquadrado nessa fidelidade e estrutura legal – enquanto que o Estado o empresta a uma aliança ou coligação durante um período limitado ou para uma operação. Assim, no terreno, trata-se de um soldado nacional representando uma coligação ou organização e não um Estado, combatendo contra um adversário informe ou não estatal. Nestas circunstâncias, o comandante de uma força multinacional, ele próprio um representante do Estado, tem que alcançar e manter um difícil equilíbrio enquanto procura atingir o seu objectivo.

A ausência de um inimigo formulado é uma das principais razões da improbabilidade de se travarem guerras industriais entre Estados, e constitui por isso um forte elemento subjacente ao novo paradigma da guerra. Esta ausência também reflecte o quase fechar de um círculo: a guerra industrial entre Estados assistiu à subordinação do indivíduo ao Estado-nação em nome da vitória no campo de batalha; os bombardeamentos aéreos estratégicos da Segunda Guerra Mundial e o Holocausto viram o Estado-nação atacar o indivíduo e assistiram ao obscurecimento das fronteiras definidas do campo de batalha; no novo paradigma da guerra, o indivíduo virou-se contra o Estado-nação, através de ataques terroristas ou empregando a força fora da estrutura do Estado contra os símbolos (incluindo os exércitos) do Estado-nação. Ainda está por esclarecer se vivemos num mundo pós-Estado-nação, mas é possível acreditar que o Estado-nação combate pela sua supremacia. E é no contexto deste combate que envia as suas forças em operações, procurando preservar e promover os seus interesses de Estado mas em formulações não estatais. É por esta razão que as forças do Estado carecem frequentemente de utilidade. O que devemos agora examinar são os mecanismos políticos e militares no âmbito dos quais essas forças operam, e como poderão ser melhorados.

8

Orientação: Definindo o Propósito para o Emprego da Força

Consideradas num conjunto, as seis tendências discutidas no capítulo anterior mostram que não podemos praticar a guerra industrial. Travamos conflitos por objectivos que não conduzem a uma resolução da questão directamente pela força das armas, dado que todos os objectivos, excluindo os de nível táctico mais básico, tendem a prender-se com as intenções do povo e dos seus líderes, e não com o seu território ou forças. Deste modo, estamos frequentemente em combate contra estes líderes pela vontade do povo, esperando fazê-la pender para as nossas intenções. Não utilizamos as armas que adquirimos ou produzimos com o objectivo ou do modo que pretendíamos, e combatemos com forças que não nos podemos dar ao luxo de perder; na verdade, é-nos difícil manter as forças que já empenhámos. Em suma, estamos envolvidos num paradigma da guerra diferente, manifestamente baseado em confrontos que se convertem em conflitos, mas insistimos em vê-los como guerras industriais em potência ou desvios da guerra industrial. Aliás, estão actualmente em moda as referências a «MOOTW»([105]) ou «capacidades bélicas», a «imposição de paz» e «operações de estabilização e implementação», e os soldados tornaram-se «beligerantes». Todos estes termos indicam que está a ser reconhecida uma alteração na realidade mas, quando examinados de perto, torna-se claro que

---

([105]) O conceito de «military operations other than war», desenvolvido pelo Exército dos Estados Unidos, refere-se à utilização das capacidades militares para uma variedade de operações que não incluem a guerra, mas que podem envolver acções bélicas; por exemplo, resolução de conflitos, apoio às autoridades civis em situações de crise, imposição de paz, etc. (N.T.)

estas frases, que até deram origem a doutrinas militares oficiais, são inteiramente formuladas no âmbito da visão e compreensão da guerra industrial – mas como um complemento, razão pela qual é necessário definir estas actividades e actores como algo que não é guerra. Parece não ser minimamente reconhecido que o que necessita de mudança é a visão e não o âmbito operacional nem a nomenclatura.

Nesta óptica, torna-se óbvio que as seis tendências reflectem efectivamente não apenas as características do novo paradigma, mas também os defeitos endémicos da nossa abordagem, estes manifestam-se nas esferas política e militar e, em particular, na relação entre as duas. Não são apenas os militares que ainda se encontram presos ao paradigma da guerra industrial, dado que é a liderança política que envia forças em busca de uma solução para um problema, pressupondo que este pode ser definitivamente resolvido pelo *deployment* da força. E também são os líderes políticos que alocam os fundos aos militares e são responsáveis pela criação e manutenção da vontade política para realizar operações militares, e também pela manutenção das forças permanentes nacionais. Igualmente, são os líderes políticos que formam coligações e alianças, e missões militares multinacionais com a inevitável complexidade nas cadeias de comando. Finalmente, é a liderança política que, ao procurar utilizar as forças que lhe estão disponíveis, pretende fazê-lo sem arriscar os activos – as próprias forças – e sem garantir que as acções militares são coerentes com as acções dos seus outros níveis de poder. Por outras palavras, procura empregar a força como uma ferramenta, mas sem um diagrama do que se pretende construir. Contudo, a verdade é que são os militares que continuam agarrados a conceitos de guerra ultrapassados, e insistem em organizar as suas forças em conformidade. E são também os militares que continuam à procura de soluções tecnológicas para ameaças de natureza bélica industrial, mesmo quando as ameaças existentes e emergentes são nitidamente outras.

Assim, a relação entre civis e militares subjacente ao paradigma actual é profundamente problemática e molda a sua aplicação em muitos aspectos. O cerne da questão são as instituições civis e militares, bem como os enormes mal entendidos, e possivelmente a ignorância, quanto aos diferentes propósitos e modos do emprego da força, particularmente entre o povo. Estas decisões são tomadas com

Definindo o Propósito para o Emprego da Força

base na inteligência e na informação sobre o inimigo, mas eu diria que os conceitos da guerra industrial deixaram uma marca tão profunda nas instituições que lidam com estas matérias que as diferentes realidades colocadas pela guerra entre o povo ainda estão para ser devidamente avaliadas. Compreender estes diferentes elementos da tomada de decisões, e o mundo do comandante que tem que os combinar na aplicação da força, é o objectivo do presente capítulo.

Tal como já afirmámos, a liderança política constitui a fonte de poder na qual é decidido o objectivo de entrar no conflito – bem como o processo de formulação do objectivo e da orientação política geral. Estes processos decorrem nas instituições do Estado-nação que regem o emprego da força militar – os ministérios dos Negócios Estrangeiros, da Defesa e da Justiça, e as Forças Armadas –, elas próprias produtos do desenvolvimento do Estado e da aplicação da guerra industrial. A sua existência e, logo, a sua visão do mundo, dependem da guerra industrial. Até os Estados cuja origem está na antítese da guerra industrial, tal como a China, com a Guerra Revolucionária de Mao, adoptaram as formas e instituições da guerra industrial ao tornarem-se Estados. Em consequência desta génese conceptual, o processo de emprego das forças militares para atingir objectivos inferiores à decisão militar estratégica da guerra industrial coloca dificuldades a estas instituições. Infelizmente, estas dificuldades estão relacionadas com cinco áreas endémicas de qualquer operação militar:

- Iniciar e manter a análise da força adversária, incluindo a recolha de informações para apoiar a análise.
- Identificar e declarar o propósito e objectivos da operação.
- Limitar os riscos da via de acção escolhida para atingir o objectivo.
- Dirigir e coordenar o esforço global.
- Constituir e manter a vontade de vencer.

Estas dificuldades de compreensão, constantemente aparentes nas actuais operações militares, sejam elas nacionais ou multinacionais – estas últimas compostas por forças nacionais mais ou menos dirigidas pelas suas próprias instituições –, são o resultado de as instituições de decisão política verem todas as situações como guerras ao velho estilo industrial ou como algo que não tem a ver com a guerra e para o qual a força armada tem uma valia duvidosa. Possivelmente, o melhor exemplo desta situação encontra-se nos seis princípios da Doutrina Weinberger, e nas suas consequências. Após a Guerra do Vietname, que envolvera o Estado em controvérsia interna e internacional, dedicaram-se muitas reflexões militares e políticas à questão do envolvimento dos EUA noutros conflitos. O pensamento mais notável e difundido teve origem no então secretário da Defesa, Caspar W. Weinberger, o qual, em 1994, definiu seis condições que um conflito teria que preencher para que os EUA contemplassem envolver-se:

1. Deve ser de interesse nacional vital para os Estados Unidos e seus aliados.
2. A intervenção deve ser resoluta e com uma clara intenção de vitória.
3. Devem existir objectivos políticos e militares claramente definidos.
4. A relação entre os objectivos e as forças deve ser reavaliada e ajustada sempre que necessário.
5. Deve existir uma certeza razoável de que o povo americano e o Congresso apoiam a intervenção.
6. O emprego de forças americanas deve ser o último recurso.

Weinberger definiu estas condições como um «teste de intervenção» que, no seu raciocínio, impediria os EUA de se deixarem atolar noutro pântano. Subsequentemente, o general Collin Powell, quando era chefe do Estado-Maior das Forças Armadas, durante a Guerra do Golfo, em 1990-1991, acrescentou outro princípio: caso os EUA interviessem, a operação deveria ser breve e causar poucas baixas às forças americanas, pelo que a força a empregar deveria ser decisiva e esmagadora.

Numa primeira leitura, estes princípios poderão parecer bastante sensatos e claros, e são-no – mas não para os nossos conflitos actuais, dado que, individualmente e na sua globalidade, descrevem um conjunto de circunstâncias nas quais os princípios políticos da guerra industrial se encontram satisfeitos. Na perspectiva de um sistema com um instrumento concebido para um propósito específico, a guerra industrial, são razoáveis como meio de garantir que o instrumento não é utilizado indevidamente. Mas os exércitos não são instrumentos. Os instrumentos são os meios que possuem e utilizam, as armas – é o modo do qual os meios são utilizados, e para que fins, que caracteriza os exércitos e a sua relação com os seus amos políticos. Numa análise mais próxima, podemos ver que muitas das questões que os princípios de Weinberger procuram definir antes do evento só são claras durante ou após o evento, e estão abertas a múltiplas interpretações. E o princípio adicional do general Powell pressupõe que o inimigo pode ser rapidamente derrotado, e que esta derrota conduzirá directamente ao objectivo político. Mas em situações nas quais o que está em causa é a vontade do povo, onde o inimigo opera em guerrilha ou onde devem ser criadas e mantidas condições para uma governação aceitável, é muito pouco provável que estes pressupostos sejam satisfeitos. E tal como é mais do que óbvio em muitos conflitos, do Iraque ao Haiti e do Kosovo ao Congo, nos quais os EUA e outras forças internacionais se envolveram, estas condições não estão minimamente preenchidas.

Durante um breve período que durou da altura em que foram formulados, em meados da década de 80, até ao fim da Guerra Fria, os princípios de Weinberger pareceram ser válidos porque as instituições podiam argumentar, e justificar, que o objectivo primário da dissuasão exigia que eles tivessem o aspecto credível de uma força capaz de travar uma guerra industrial em grande escala. Com o fim da Guerra Fria, esta razão desapareceu, mas continuamos a fazer a nossa análise nos parâmetros do modelo industrial. Na verdade, estes princípios e o *ethos* que representam tornaram-se um obstáculo ao emprego da força militar com utilidade, pois baseiam-se em pressupostos errados que, apesar disso, ficaram inscritos na pedra. Tomemos como exemplo a ideia de que «o emprego da força deve ser o último recurso». Deve? As premissas nas quais esta afirmação assenta parecem ser as seguintes:

- Existe um processo, ordeiro e reconhecido pelas partes, no qual a força é o último acto.
- A força é uma alternativa a outras opções, não sendo empregue concertadamente com elas.
- Esgotadas todas as alternativas, a força garantirá a solução.

Estas premissas são geralmente satisfeitas quando consideramos o percurso paz-crise-guerra que anuncia uma guerra industrial em busca de uma decisão militar estratégica. E se a força não conseguir garantir a solução? Acrescenta-se força? E caso isto funcione, será o preço demasiado elevado? Excluindo a capitulação, que outras opções existem? E se não existem, como pomos fim ao nosso envolvimento se o último recurso não está a funcionar? Ou será que a derrota é uma estratégia de saída?

Tal como demonstrámos nos capítulos anteriores, apesar dos princípios de Weinberger, as forças americanas têm continuado a envolver-se em conflitos por todo o mundo. Na verdade, tal como disse Madeleine Albright, ex-secretária de Estado norte-americana, quando um general recorreu a estes princípios para objectar contra a utilização de forças americanas num conflito: «Para que vale ter um exército se não o utilizamos?» E para que eu não seja considerado particularmente crítico dos EUA, devo sublinhar que me refiro a muitos governos que destacaram forças cujo envolvimento, em quase todos os casos, foi marcado por características que decorrem de uma compreensão do conflito nascida da guerra industrial e enraizada nas nossas instituições. Ouvi argumentos baseados nos princípios de Weinberger noutras capitais, incluindo em Londres, particularmente quando fui vice-chefe do Estado-Maior General das Forças Armadas para Operações e Segurança, no Ministério da Defesa, em 1993-1994. Tomemos como exemplo o genocídio no Ruanda, no Verão de 1994. Teve lugar um debate entre as instituições que decidiam as políticas a adoptar – o Ministério dos Negócios Estrangeiros e o Ministério da Defesa –, que decorreu durante as semanas do massacre. O ponto de partida foi o reconhecimento político de que estavam a decorrer coisas horríveis e, para que não restem dúvidas, um sentimento de profunda preocupação e consternação: a necessidade humana de agir face a coisas horríveis. O Reino Unido, sem ter ninguém no terreno, na inadequada missão da ONU no Ruanda descrita no capítulo anterior, fora surpreendido pelas notícias e tinha uma imagem incompleta do que estava a acontecer. Neste cenário, pode ficar-se com uma ideia do debate institucional baseado no pressuposto de que a força militar poderia e deveria ser empregue a partir das seguintes palavras:

Definindo o Propósito para o Emprego da Força

MNE: O que podemos fazer face aos acontecimentos no Ruanda?

MD: O que pretendem que façamos?

MNE: Temos que agir. Algo tem que ser feito. Não podemos permitir massacres. Enquanto membros permanentes do Conselho de Segurança da ONU, temos que ser vistos a fazer alguma coisa.

MD: Pretendem então que empreguemos uma força militar?

MNE: Sim.

MD: Para fazer o quê? Para pôr cobro às matanças?

MNE: Sim. Exactamente.

MD: Quem pretendem que combatamos? Não sabemos ao certo quem está a perpetrar as matanças: é tribo contra tribo, ou é uma força de uma tribo? E o Ruanda é um país grande. Por onde querem que comecemos? Por Kigali, presumivelmente, é a capital; e vamos necessitar de uma testa-de-ponte[106].

MNE: Bom, deverá criar-se uma força internacional, obviamente.

MD: E qual será o objectivo britânico ao juntar-se à força?

MNE: Desempenhar o nosso papel de membros permanentes do Conselho de Segurança da ONU.

MD: A força será liderada pela Grã-Bretanha?

MNE: Não, deverá ser liderada pela ONU – como uma missão da ONU.

MD: Levará algum tempo a reunir, pelo que será provavelmente tarde demais para pôr fim à matança.

MNE: Nesse caso, a missão deverá destinar-se à restauração da ordem pós-conflito.

MD: OK. Mas que não haja dúvidas sobre o número de soldados britânicos actualmente disponíveis. Dado o nosso envolvimento na Irlanda, na Bósnia e noutros locais, não são muitos.

MNE: Qual é a vossa sugestão?

MD: Quais são as prioridades do governo? Contribuir para esta força é uma prioridade maior do que as outras missões que estamos a cumprir?

---

[106] No original, *airhead*: área em território hostil ou ameaçado que, depois de tornada segura, permite a chegada de tropas e material através de uma ponte aérea. (*N.T.*)

MNE: Provavelmente, não.

MD: Nesse caso, essas forças da ONU têm sempre falta de apoio logístico expedicionário, pelo que se quisermos acelerar a intervenção da força, o nosso contributo mais valioso seria provavelmente oferecer uma unidade logística.

MNE: Haveria algum risco para os nossos soldados?

MD: Praticamente nenhum.

A conclusão do debate foi implementada, com o resultado de que não se pôs fim aos combates, o genocídio prosseguiu e foi finalmente constituída uma nova missão da ONU para ajudar a restaurar a ordem – a impotente UNAMIR fora entretanto reduzida para menos de 400 soldados –, e o Reino Unido contribuiu com a logística. Porém, na perspectiva do presente capítulo, o que mais importa é o *ethos* subjacente. Se tomarmos os seis princípios de Weinberger, podemos vê-los todos em acção – ou não, que é o motivo pelo qual não houve intervenção militar: o conflito não era de interesse nacional vital; não havia a mínima determinação nem intenção de vencer; não era possível definir objectivos políticos e militares; com o decorrer dos acontecimentos, e à medida que o horror se tornou evidente, a relação entre os objectivos e as forças potenciais foi reavaliada continuamente, reforçando a opção de não intervenção porque seriam necessárias demasiadas tropas; na época, existia pouco interesse ou apoio público pela intervenção; finalmente, a ONU ofereceu uma alternativa, o que significou que não se tinha chegado ao último recurso.

Os princípios são um modo útil para compreender estes acontecimentos, mas também é importante realçar que ambos os participantes no debate estavam a analisar se poderia ser travada uma guerra – uma guerra à antiga, industrial – e, tendo chegado à conclusão de que não poderia, perderam o interesse. Ou antes, enviaram uma missão de manutenção de paz sob a égide da ONU para pôr ordem na situação em vez de lhe pôr cobro – e se alguma vez existiu um exemplo de uma situação que poderia ter sido resolvida ou, pelo menos, muito melhorada através de uma intervenção breve e incisiva logo no início, foi o Ruanda, em 1994. Refiro-me ao emprego da força com o objectivo de deixar absolutamente claro aos líderes rebeldes que a violência étnica em violação de uma resolução da ONU seria punida. Dado o armamento limitado dos rebeldes – catanas e AK-47 –, esta intervenção não teria necessitado de nenhum contingente maciço. Mas tal não aconteceu, pois o corolário da formulação de Weinberger é que se a guerra não é possível, também não é possível aplicar a força, dado que a força só pode ser aplicada na guerra. Por outras palavras, a manutenção de paz deve ser – e é – um derivado da guerra industrial, o que a torna impotente.

Uma marca da guerra moderna, partilhada entre os níveis político e militar, é o frequente queixume de interferência política nos assuntos militares. Como era seu hábito, o duque de Wellington terá sido directo sobre esta matéria numa carta que terá enviado ao secretário de Estado da Guerra durante a Guerra Peninsular:

> Exmo. Senhor,
> Se eu tentasse responder ao volume de correspondência fútil que me rodeia, ficaria impossibilitado de travar a minha campanha militar... Enquanto eu mantiver a minha posição de independência, tratarei de que nenhum oficial sob o meu comando seja impedido, ao ocupar-se dos fúteis disparates de meros mangas-de-alpaca, de cumprir o seu primeiro dever, que é e sempre foi instruir os soldados sob o seu comando para que possam vencer inequivocamente qualquer força que se lhes oponha no terreno.

Outro exemplo é o estado-maior general Moltke, o Velho, ressentindo a interferência de Bismarck. Também consigo lembrar-me de ocasiões em que me irritei face ao que me pareceram exigências absurdas por parte dos políticos. No entanto, tal como se tornará evidente no exposto no capítulo seguinte, desde a minha experiência como comandante da UNPROFOR, em 1995, quando operei num vácuo político, não tenho dúvidas de que qualquer forma de envolvimento político é melhor do que nenhum. O envolvimento político adequado e continuado é um ingrediente vital para o êxito de uma operação, sendo tão ou mais vital num confronto do que num conflito, dado que as acções políticas e militares devem estar totalmente alinhadas. Isto aplica-se particularmente aos confrontos e conflitos modernos, ainda que, infelizmente, o facto de serem frequentemente travados com organizações multinacionais ou alianças improvisadas torna este envolvimento coordenado excepcionalmente difícil de conseguir, já que todas as *nuances* da relação entre os níveis político e estratégico, e entre as entidades políticas e militares, são multiplicadas várias vezes. Em teoria, as organizações ou coligações não dispõem de nenhum mecanismo central que possibilite a procura e estabelecimento de coerência de pensamento, planeamento, comando e actuação. Na prática, isto não é sempre assim. Na OTAN, existe um fórum permanente de embaixadores e representantes militares superiores para negociar todas as questões, em particular durante uma crise; cada delegação é informada e instruída pelo Ministério dos Negócios Estrangeiros e outros níveis políticos superiores do seu país, e entre eles estabelecem a orientação política para o nível estratégico: o quartel-general militar do comando aliado, em Mons. Este é constituído por oficiais de todos os países da OTAN, formando um estado-maior que pode emitir ordens e dirigir as movimentações no teatro. Todavia, embora cada oficial, teoricamente e na prática, apoie o comandante supremo aliado para a Europa (SACEUR), também permanece ligado às autoridades do seu país. Quanto mais elevada é a patente do oficial, mais directa e funcional é a sua ligação ao respectivo país.

Estas estruturas funcionam geralmente bastante bem, mas nem sempre assim acontece em alturas de crise. Os países falam uns com os outros enquanto dão instruções aos seus embaixadores e oficiais; do mesmo modo, também procuram contactar directamente com as suas forças no terreno, em vez de o fazerem através da cadeia de comando da OTAN. É uma rede muito delicada e complexa. A ONU configura uma situação ainda mais complicada, dado que carece de uma estrutura militar estratégica. Portanto, os países tratam directamente com os seus contingentes no terreno, confundindo ocasionalmente o comandante do teatro, que tenta utilizá-los de acordo com o seu plano. De facto, em última análise, cada contingente permanece às ordens do seu Estado, fonte da sua legitimidade e apoio administrativo. Para o efeito, cada Estado concede ao comandante multinacional uma autoridade de comando limitada, dependendo das circunstâncias. Os comandantes dos contingentes nacionais reportam simultaneamente aos seus comandantes nacionais e multinacionais. Esta dualidade de comando requer uma gestão cuidadosa, particularmente em função da actual facilidade de comunicação e da omnipresença dos *media*. Na verdade, a gestão de um comando aliado pode ser considerada um confronto: um confronto colaborativo, cimentado pelas intenções comuns de todos os países envolvidos. O comandante deve ter o cuidado de compreender a extensão destas intenções partilhadas. Deve procurar estabelecer uma relação com os diferentes governos de modo a que, em vez de procurar a sua autorização através do consenso, consiga o seu consentimento para utilizar as forças nacionais que lhe emprestaram. Isto é difícil de conseguir porque a decisão política de actuação em conjunto é consensual, e aquilo que se pretende é que as autoridades políticas nacionais consintam decisões militares que poderão ter um impacto político nos respectivos países. Os comandantes do nível estratégico devem envidar todos os esforços para facilitar esta tradução de consenso para consentimento. Mas em última análise, o grau em que isto é conseguido constitui uma medida directa da confiança que cada governo deposita no comandante multinacional – que ele compreende as suas posições, que tem os seus interesses em conta e que sabe quando e o que pedir. Esta característica do comando existirá enquanto possuirmos forças multinacionais, particularmente quando pertencem a Estados democráticos. Os políticos que decidem providenciar as forças são responsáveis perante o povo, o eleitorado; o grau de tolerância de risco para as forças é directamente proporcional ao valor da missão para o povo, e a confiança no comandante – um homem que talvez seja apenas conhecido pela sua reputação – conta muito na avaliação desse risco. Relativamente a esta questão, julgo que é sempre bom recordar o velho ditado de que a fama não tem presente e a popularidade não tem futuro.

Desde a Guerra do Golfo, em 1990-1991, na qual comandei uma operação nestas circunstâncias, tenho-me guiado por três regras, cujos efeitos estão interligados:

- *Em todas as iniciativas, garantir que existe um objectivo ou propósito comum.* Isto pode ser difícil de conseguir, particularmente quando os governos estão envolvidos e desejam limitar os riscos para as suas forças. Assim, poderá haver a necessidade de atribuir uma tarefa particular a um ou dois contingentes, mas isto limita a capacidade de acção, constitui uma fraqueza que o adversário pode explorar e é mau para uma aliança, dado que o ónus não é partilhado. Esta opção deve, pois, ser evitada ao máximo.

- *Garantir equidade no risco e no benefício.* Não quero dizer que os riscos e os benefícios devam ser iguais para todos os aliados, mas sim que cada aliado seja recompensado na proporção dos riscos que corre. Trata-se também de uma questão de apresentação, e deve estar bem presente na mente do comandante ao considerar a sua política de informação pública, na qual a partilha proporcional do ónus é estabelecida do modo mais positivo possível. Isto é muito mais importante – e não é a mesma coisa – do que dizer «os nossos excelentes aliados» sempre que falamos para a câmara.
- *Conduzir as forças com base na boa vontade para com todos os aliados.* Se o comandante e o seu estado-maior o fizerem, os outros fá-lo-ão também. Com atitudes corrosivas de desconfiança, inveja e antipatia, condena-se o moral das forças, já de si frágil. Os nossos melhores defensores junto dos governos que fornecem as tropas são os seus próprios comandantes.

Nos últimos anos, os militares de muitos países têm falado bastante de interoperabilidade e de uniformização de procedimentos e equipamento. A interoperabilidade significa as medidas necessárias para uma cooperação com êxito entre as diferentes organizações e equipamentos nacionais; em suma, impor alguma ordem. A uniformização significa as medidas necessárias para evitar a desordem. No entanto, não obstante a importância destas questões, elas dependem totalmente do valor dos três factores humanos que referi atrás. E o comandante de uma força multinacional que não os incorpore terá provavelmente problemas nas – e com – as suas forças.

A organização da força multinacional deve ser compreendida pelo que é capaz de fazer e não segundo aspirações abstractas como «impor a paz» ou quaisquer outros objectivos para os quais não está equipada nem os seus efectivos estão particularmente aptos. Chamo a esta noção o «nível da luta». Tal como já observei, todos os componentes nacionais da força estão ligados a uma fonte ou governo diferente, e têm diferentes limitações e constrangimentos à sua acção. Seria bom que isto não se verificasse, mas a realidade tem de ser tida em conta por aqueles que definem o contexto da operação e pelos que a executam. Cada luta ou recontro táctico específico só pode ser travado por um agrupamento nacional: o contrário, dada a pressão do momento, é exigir às competências linguísticas, à instrução, às culturas militares e à interoperabilidade mais do que seria razoavelmente seguro. Isto aplica-se a todos os ramos. Por exemplo, num ataque aéreo, o conjunto de tipos e funções dos aviões – bombardeamento, caça, guerra electrónica, anti-radar, comando e controlo – pode ser multinacional, mas todos os aviões que atacarão um alvo específico num momento específico serão do mesmo país. O combate terrestre é ainda mais complexo, dado que até num pequeno grupo como uma companhia de tanques existem entre nove e doze veículos envolvidos numa extensa área. Excepto num deserto plano, isto significa que os comandantes dos tanques têm uma compreensão diferente do combate, dependendo da natureza do terreno onde se encontram e da relação do mesmo com o objectivo. Acrescentando alguma artilharia e infantaria de apoio, e obviamente o fogo inimigo, as coisas tornam-se ainda mais complexas. Seria absurdo esperar, nesta altura, que os comandantes traduzissem as suas ordens para outra língua.

Compreender o «nível da luta» pode aplicar-se em duas circunstâncias. A primeira ocorre quando já nos encontramos na situação, tal como me aconteceu na Bósnia, em 1995. A minha força compunha-se, no essencial, de batalhões de diferentes países; cada um estava posicionado na sua própria área, cumprindo a sua missão e com uma base para defender. Assim sendo, nenhum batalhão podia ser manobrado na sua totalidade, o que significou que o meu nível de luta poderia ser, no máximo, o de uma companhia reforçada, uma subdivisão do batalhão.

Porém, os adversários que acabei por combater, os Sérvios bósnios, operavam em agrupamentos de companhia e batalhão, apoiados por artilharia, pelo que, para eu ter alguma hipótese de vencer, necessitava de ter comigo batalhões de um único país, que pudesse manobrar em conjunto com um grupo de artilharia. Com o desenrolar dos acontecimentos nesse ano, estes activos foram fornecidos pela França, pela Grã-Bretanha e pela Holanda. Dotado desta capacidade, pude então planear empregar a minha força vantajosamente, seleccionando objectivos de dimensão apropriada e sequenciando todos os combates nacionais individuais de modo a que cada um, ou pelo menos a sua soma, atingisse o objectivo global. Sem esta compreensão do «nível de luta» disponível, é provável que utilizemos a força com desvantagem e que ela se fragmente. Não terá utilidade.

No entanto, o melhor é que a análise seja realizada antes do acontecimento, e esta é a segunda circunstância quando a operação ainda está a ser considerada no nível estratégico. Por exemplo, em 1999, quando estávamos a planear a entrada da OTAN no Kosovo, inteirei-me de que as defesas sérvias se baseavam em agrupamentos ao nível de batalhão. Para serem convincentes como força dissuasora ou coerciva, os contingentes da OTAN a deslocar para o Kosovo teriam de ser capazes de combater ao nível de brigada. E na qualidade de oficial responsável pela criação da força, a «geração da força», na gíria da OTAN, solicitei brigadas aos países da aliança, que foram disponibilizadas pela Grã-Bretanha, França, Itália, Alemanha e EUA. Ao considerarmos esta questão antes do evento, conseguimos fornecer aos comandantes subordinados uma força que poderiam utilizar.

Esta discussão do «nível da luta» implica a compreensão da organização da força multinacional em relação ao adversário, de modo a identificar, no acontecimento, que força inimiga ela é capaz de vencer, ou antes do acontecimento, que força inimiga deverá vencer. Mas quando se combate, a natureza da contenda, a escolha de alvos e objectivos, e as armas e métodos utilizados para os atingir também são regidos por considerações legais. Quando o Conselho de Segurança da ONU dá início a uma operação, fá-lo sob o Capítulo VI da Carta da ONU, que apenas autoriza o emprego da força em autodefesa, ou seja, reactivamente e não para atingir o objectivo, ou segundo o Capítulo VII, que autoriza «todos os meios necessários... para cumprir a missão», isto é, proactivamente. Em todas as formas de operação multinacional – ONU, OTAN ou coligações –, o controlo político também é exercido através de Regras de Confronto (ROE), que surgiram, na sua forma moderna, durante a Guerra Fria, de forma a controlar as reacções ao adversário em todas as contingências possíveis, mesmo nas mais ínfimas, definindo quando a força deveria ser empregue, em que circunstâncias e a que nível. Acima de tudo, o propósito das ROE era impedir qualquer contingência de provocar uma guerra nuclear. Em consequência, as ROE proscrevem a acção, e estamos a aplicar esta lógica a circunstâncias que não são minimamente similares, o que é um factor inibidor para o emprego apropriado e atempado da força nas circunstâncias actuais.

Num nível mais prático, as ROE e a designação de uma operação sob os Capítulos VI ou VII da Carta da ONU devem ser coerentes entre si, já que não faz sentido, por exemplo, ter uma missão de acordo com o Capítulo VII cujas ROE apenas autorizam a autodefesa. Deve existir também alguma coerência com um terceiro instrumento legal comum aos modernos envolvimentos internacionais, o Acordo do Estatuto das Forças (SOFA) através do qual uma força está presente em qualquer Estado sem ser como resultado de uma intervenção violenta. Embora a maioria da opinião pública parta do princípio – quando pensa no assunto – de que a comunidade internacional ou qualquer país pode simplesmente estacionar as suas forças noutro país desde que possua armas para garantir a sua permanência, a verdade é completamente diferente. As missões da ONU e qualquer presença militar legal de um Estado estrangeiro têm que ser aceites pelo governo anfitrião, e o modo ou estatuto ao abrigo do qual as forças convidadas são acomodadas é pormenorizado. Por exemplo, nos Balcãs, a ONU, em nome de todas as tropas nacionais sob o seu comando, concluiu acordos SOFA com todos os governos da antiga Jugoslávia a partir de 1992. Estes acordos definiam explicitamente onde as forças da ONU podiam estar localizadas, o que lá podiam fazer e, entre outras coisas, quanto pagaria a ONU pela sua permanência. Pelo contrário, por exemplo, no Quirguistão, após a invasão americana do Afeganistão, em 2002, uma força constituída por vários países instalou-se num aeródromo nos arredores de Bishkek, a capital. Dado que não era uma força multinacional coerente e operando sob um único comando, todas as nações participantes assinaram acordos SOFA separados com o governo quirguize, e foram estes instrumentos que permitiram às suas tropas permanecer na base aérea e empregar a força a partir dela. Em contraste, o governo do Uzbequistão apenas autorizou, a partir do seu território, operações humanitárias, ditando consequentemente um SOFA em termos diferentes.

Todos estes instrumentos fazem parte dos factores que moldam e definem a natureza do teatro, e o comandante da força internacional ou multinacional deve tê-los em conta, e ao modo como funcionam combinados, de modo a poder planear e executar o emprego da força. Para o efeito, deve ser muito claro quanto ao objectivo a atingir e ao resultado pretendido – e ao modo de o obter.

A Utilidade da Força

Em 1993, quando trabalhava no Ministério da Defesa, em Londres, decidi que existiam apenas quatro coisas que os militares conseguiam alcançar quando postos em acção em qualquer confronto político ou conflito: melhorar, conter, dissuadir ou coagir, e destruir. Dei mais tarde uma palestra sobre este assunto na OTAN, mas não tenho a certeza de ter causado grande impressão. O que importa é que, em todas as minhas actividades durante os oito anos de serviço seguintes, operei tendo em conta estas quatro funções:

• *Melhorar* – Esta função não envolve qualquer emprego da força militar. Nesta situação, os militares entregam ajuda, montam campos, fornecem comunicações, constroem pontes e realizam todas as outras actividades de construção em apoio da vida civil, instruem soldados de outros exércitos, ou observam. Os militares são empregues nos casos que mais exigem auxílio humanitário porque estão à mão, porque são capazes de tomar conta de si próprios, e porque possuem algumas das competências necessárias. Em suma, conseguem, sozinhos, criar condições para a vida civil em qualquer espaço e apoiá-la. Quando a força é empregue, é-o somente em autodefesa. Contudo, importa sublinhar que embora os militares possam ser o meio mais rápido para reagir a uma emergência, até porque são controlados pelo governo, são dispendiosos e carecem frequentemente do leque de competências que lhes permita mais do que um desempenho simples, como observar, algo que está relacionado com a categoria seguinte, a de contenção. Os observadores e as missões de monitorização militares também executam esta função de melhoramento devido à sua presença e à sua capacidade para informarem sobre a situação os participantes no conflito e as partes não envolvidas. No entanto, se nada for feito em função destes relatórios, os observadores perdem o seu valor e podem tornar-se rapidamente parte do problema. Instruir ou aconselhar outros exércitos, ou até fornecer «conselheiros», como fizeram os EUA na primeira fase do seu envolvimento no Vietname (e os soviéticos no Egipto e na Síria, por exemplo), é uma actividade mais apropriada aos militares. Mas até neste caso, a força não deve ser empregue directamente pelo pessoal no terreno, dado que o seu único propósito é melhorar as capacidades das forças que está a instruir.

- *Conter* – Esta função implica algum emprego da força militar, dado que neste caso os militares impedem algo de se propagar ou atravessar uma barreira. Geralmente, são operações para impedir a violação de sanções comerciais ou o embargo ao fornecimento de armas, ou para estabelecer zonas de exclusão aérea para impedir a utilização de determinado tipo de armas. Os militares possuem os sistemas de informações e o armamento para levar a cabo estas operações. A força é empregue localmente e em resposta a tentativas de transposição da barreira, em autodefesa ou para fazer respeitar a zona de exclusão ou barreira. O controlo sobre o emprego da força consegue-se estabelecendo ROE para cada operação específica, e geralmente nada mais.
- *Dissuadir ou coagir* – Esta função implica um emprego mais alargado da força, já que os militares efectuam o *deployment* para concretizar uma ameaça contra terceiros, com o objectivo de alterar ou formar as suas intenções. Exemplos destas operações são todo o confronto da Guerra Fria, o *deployment* no Golfo, em 1990, na operação Desert Shield, para dissuadir o Iraque de se apoderar dos campos petrolíferos costeiros sauditas, as actividades internacionais relacionadas com o Kosovo, tais como, em 1998, as ameaças de bombardeamento por parte da OTAN para dissuadir os Sérvios de atacarem a minoria albanesa, e os bombardeamentos de 1999, para os obrigar a retirarem da província. No exercício da dissuasão, os militares são colocados no terreno numa postura ameaçadora e tomam medidas para preparar a concretização da ameaça; na coacção, empregam a força. No caso da dissuasão, o emprego da força é habitualmente controlado de perto pelos níveis políticos superiores através de ROE, e no caso da coacção através do escrutínio político das listas de alvos e de ROE.
- *Destruir* – Esta função implica o emprego da força militar, com os militares atacando as forças adversárias para destruírem a sua capacidade de se oporem à concretização do objectivo político. Nos tempos modernos, a Guerra das Falklands, em 1982, e a Operação Desert Storm, em 1990-1991, constituem exemplos deste emprego da força, à semelhança da sua utilização em conflitos industriais clássicos, como as guerras mundiais. As forças militares são treinadas e organizadas para esta

função e, tal como referimos, é isto que consideramos como propósito primário das forças militares, e foi em conformidade que desenvolvemos as instituições políticas, legais e militares para controlar e empregar as forças militares.

Estas quatro funções enquadram-se em dois pares. As duas primeiras, melhoramento e contenção, podem ser realizadas sem se conhecer o resultado político pretendido, embora seja preferível que este seja determinado de antemão. Quando as forças armadas de um Estado efectuam um *deployment*, até os motivos mais altruístas em resposta a um desastre natural como um terramoto ou um *tsunami* têm carga política. Nenhuma destas duas funções conduzirá a uma solução; qualquer uma delas pode criar uma condição na qual seja possível encontrar a solução, mas não é provável que a condição contribua directamente para a decisão, principalmente porque a liderança política das partes envolvidas pode continuar a operar no âmbito da contenção ou até beneficiar do melhoramento. As operações da ONU inserem-se quase sempre nestas duas categorias. Para executar as outras duas funções, a dissuasão e a destruição, as acções empreendidas devem estar enquadradas numa estratégia, a qual, por sua vez, exige o conhecimento do resultado político desejado. Se foram executadas sem a lógica orientadora da estratégia, o efeito final será, na melhor das hipóteses, o de uma das duas primeiras categorias. Infelizmente, muitas situações de conflito têm seguido esta via ineficaz. Por exemplo, integrando a chamada «Guerra ao Terrorismo», a invasão do Afeganistão em perseguição de Osama bin Laden e da al-Qaeda, destinada a dissuadir e destruir, acabou por se transformar, no melhor dos cenários, numa operação de contenção estratégica. Outro exemplo seria a imposição da zona de exclusão aérea no Sul do Iraque, em 1992. O seu objectivo era dissuadir os Iraquianos de perseguirem os «árabes do Pântano»[107]. Garantiu a contenção da força aérea iraquiana, impedindo a sua utilização contra os «árabes do Pântano», mas não impediu que estes fossem perseguidos.

As quatro funções podem ser desenvolvidas em qualquer um dos três níveis da actividade militar – estratégico, de teatro e táctico –, e diferentes funções podem ser desenvolvidas em níveis dife-

---

[107] Ou árabes de Al-ahwar, os habitantes da região da antiga Mesopotâmia, os pântanos aluviais do Sul do Iraque. (*N.T.*)

rentes. Por exemplo, a função estratégica pode ser coagir, enquanto que a de teatro ou táctica é destruir para concretizar a ameaça. Um exemplo disto são os bombardeamentos no Kosovo, em 1999. A função estratégica requerida era coagir Milosevic a retirar as suas forças da província sérvia do Kosovo, para que pudesse ser ocupada pelas forças da OTAN e administrada pela ONU. Sublinhe-se que este requisito não é o resultado político pretendido, pois este ainda não foi definido – decorridos seis anos. A ameaça foi bombardear as suas forças e infra-estruturas; a natureza da ameaça, as forças disponíveis e as limitações à sua utilização, juntamente com a falta de um resultado político definido, significaram que a função ao nível de teatro era idêntica à da estratégica, coagir, enquanto que a ameaça, a função destrutiva, foi executada no nível táctico. E depois de ocupar a província, a ONU, outras organizações como a UE e a Organização para a Segurança e Cooperação na Europa (OSCE), e os Estados-membros continuam à procura do resultado político, enquanto a OTAN desempenha a sua função de contenção nos três níveis. No caso da Operação Desert Storm, em 1991, como já referimos, a função destrutiva encontrava-se nos níveis de teatro e táctico mas, mais uma vez, dada a ausência de uma estratégia clara para atingir um resultado político declarado, a função militar estratégica regressou à contenção.

Compreender as coisas desta maneira é útil para todos os envolvidos na tomada de decisões sobre o emprego da força, tanto civis como militares. Também é cada vez mais importante, quando muitos militares, de ambos os lados do Atlântico, falam de «operações baseadas em efeitos». Cada uma das quatro funções deixa claro o que é esperado do emprego específico da força em cada nível, e a relação destes efeitos uns com os outros. Contudo, para decidir correctamente sobre a função necessária da força e o seu objectivo tendo em conta as circunstancias, os decisores devem estar na posse de informações adequadas e suficientes; e para o comandante das forças implementar as suas ordens, ele deve conhecer o inimigo e o terreno o melhor possível. Tudo isto exige informação adequada.

A recolha de informações é um elemento crucial de qualquer decisão sobre o emprego da força e subsequentemente, durante toda a operação. Consideremos o contexto da Operação Iraqi Freedom, em 2003, na qual o principal *casus belli* parecia ser a posse de armas de destruição maciça por Saddam Hussein. Uma parte significativa do debate baseou-se em relatórios dos serviços de informações do Reino Unido e dos EUA, que vieram a revelar-se infundados. No entanto, essa informação serviu de base para a aplicação de força maciça no nível de teatro: o confronto contra Saddam Hussein converteu-se num conflito e, enquanto ele era derrubado, nunca foram encontradas armas de destruição maciça. Tal como já referimos, a obtenção de informações fiáveis é essencial para o emprego eficaz da força em qualquer nível, quer seja para escolher a via de acção ou para prosseguir o ataque. Existem muitas fontes de informação: os serviços de informação, os militares, os diplomatas, as organizações internacionais como a OSCE, as ONG, as instituições da região em causa, as entidades comerciais e os meios de comunicação. Idealmente, os serviços de informação terão agentes no terreno, junto dos principais decisores do adversário. Este tratará obviamente de impedir tais ocorrências, mas no caso de um confronto prolongado contra um inimigo constituído e reconhecível, pode ser possível conseguir este tipo de posição vantajosa – mas o comandante nunca será informado do facto. Isto reflecte a própria essência das operações de informação militar, que depende do tempo, da sorte e dos caprichos da natureza humana; são estes factores que ditam a eventual existência de oportunidades, e se são aproveitadas ou não. A própria natureza da guerra entre o povo, particularmente a sua conduta entre entidades não nacionais quando a «informação» é essencialmente nacional, torna esta situação desejável extremamente improvável antes do emprego da força.

No meu caso, ao lidar com o enorme volume de informações – com frequência de carácter geral – que constituem a inteligência, vim a dar-me conta da importância de compreender as perguntas às quais tinha que dar resposta, e que somente poderia conhecer as perguntas depois de saber o que pretendia alcançar. Se eu não soubesse o que queria alcançar nem as perguntas que necessitariam de respostas, este facto não excluiria análise nem acção; dizia-me que eu tinha que recolher a informação que me permitisse decidir o que fazer. Além do mais, era necessário tomar uma decisão informada quanto à recolha: todos estamos rodeados por uma abundância de informação, a maioria da qual de livre e fácil acesso, mas o tempo e os recursos para a analisar são limitados. Por isso, é importante que nos concentremos nos pontos e questões específicos que nos são necessários – e temos que os deixar bem claros ao nosso estado-maior, e aos nossos serviços e fontes de informação. Isto deve ser feito por todos os decisores, para não actuarem em função de uma informação recolhida para responder a uma pergunta diferente.

Utilizei a palavra «informação» e não inteligência de forma intencional. Para mim, «inteligência» tem dois significados. O primeiro é a descrição do produto da avaliação ou análise, o nosso conhecimento ou inteligência. Deve ser protegido e escondido do adversário, excepto quando desejamos que ele saiba o que nós sabemos. Devemos esconder a nossa inteligência porque o adversário pode servir-se dela para deduzir as nossas intenções e acções, e mantendo-o na ignorância poderemos surpreendê-lo. O segundo uso da palavra «inteligência» é para descrever a informação recolhida secretamente: não deve ser revelada a posse desta informação, nem a forma da sua obtenção. A informação assim recolhida deve ser avaliada em conjunto com a restante para produzir a inteligência ou as respostas às nossas perguntas. Isto aplica-se tanto às actividades políticas e civis como às militares, dado que estão todas ligadas. Acima de tudo, importa evitar cair na armadilha de considerar a informação correcta ou valiosa só porque é secreta.

Assim, a informação é necessária ao comandante militar para responder a perguntas sobre dois tópicos gerais: itens e intenções. A informação sobre itens comporta duas grandes categorias: o campo de batalha ou meio, e os efectivos e material do adversário. Obtendo informações sobre itens, podemos deduzir as intenções prováveis do nosso opositor; encontrando os itens, poderemos atacá-los e frustrar as suas intenções. Escrevi intenções «prováveis» porque a avaliação vale tanto como os pressupostos nos quais se baseia; os pressupostos devem ser sempre questionados. A forma como Israel foi apanhado de surpresa durante o Yom Kippur de 1973 é um exemplo de pressupostos não questionados pelas instituições estatais: não obstante toda a informação que apontava para uma importante concentração de tropas nas fronteiras, continuaram a valer os pressupostos de que o Egipto e a Síria não possuíam a capacidade ou a vontade para atacar, e muito menos concertados. Desta forma, o acréscimo de actividade foi atribuído à rotação normal das tropas – embora talvez alargada –, uma teoria mais adequada aos pressupostos do que à realidade. Obter informação sobre intenções é muito mais difícil. As intenções que pretendemos conhecer são as de comandantes e estadistas, que estão protegidos e são pouco numerosos, e as suas intenções podem alterar-se rapidamente, nem que seja temporalmente. É bom não esquecer que os oponentes de Napoleão ficavam desconcertados com a sua capacidade de modificar a sua forma rapidamente e mover os seus corpos de exército em conformidade, causando confusão relativamente ao que pretendia fazer: quando o inimigo encontrava um item – um ou mais corpos –, não conseguia determinar as suas intenções; além do mais, carecendo de agentes ou fontes bem colocados, desconhecia as decisões de Napoleão – as quais, aliás, ele costumava tomar no último momento possível, algo que podia fazer devido à sua mobilidade organizacional.

Na verdade, a obtenção desta informação é tão antiga como o próprio tempo, e certamente como os tempos bíblicos. Enviam-se homens para baterem o terreno em busca dos melhores caminhos, de forragem e água. Outros são enviados à descoberta das posições do inimigo e para o provocarem, avaliando as suas reacções. Outros ainda são enviados para interceptar os mensageiros que transportam as missivas reais. São enviados espiões para o acampamento e as cidades do inimigo, para avaliar a força das suas posições, para penetrarem no conselho do líder, para informarem sobre as suas intenções e, idealmente, para as influenciarem. E todo o comandante envolvido em conflitos de alguma fluidez descobre que a sua capacidade de recolha desta informação é limitada pela sua necessidade de manter o alvo sob vigilância depois de o ter descoberto, dado que a unidade ou activo incumbido da tarefa se torna indisponível para qualquer outra missão. Cada antagonista procura fazer tudo isto ao inimigo, e impedi-lo de o fazer a si próprio. Em muitos aspectos, a *Arte da Guerra*, de Sun Tzu, é um longo tratado sobre informação e espiões, em que o objectivo é preferencialmente atingido sem o emprego da força ou apenas permitir que a força seja empregue mais eficazmente. E não obstante toda a tecnologia, agências e acrónimos de hoje, nada mudou, excepto o pormenor das perguntas que têm de ser respondidas.

Na guerra industrial, a ênfase é na recolha de informações sobre itens. Partimos do princípio de que a intenção do adversário é garantir a decisão estratégica derrotando-nos pelas armas, e que o seu resultado pretendido é directamente oposto ao nosso. Com base nestes pressupostos e recolhendo informações sobre itens, elaboramos os nossos planos para frustrar as suas intenções – a menos que, evidentemente, exista informação muito fiável em contrário, e mesmo assim podemos não reagir para mantermos secreta a fonte da informação. Tomada a decisão de ataque, atacamos as coisas cuja derrota ou destruição a nossa inteligência indica que derrotarão o adversário. Procuramos, essencialmente, dirigir as suas acções destruindo a sua capacidade para adoptar alternativas, até lhe restarem apenas as opções de capitulação ou destruição. As nossas capacidades de inteligência estão muito bem desenvolvidas para responder a perguntas sobre itens e para os descobrir a atacar. Pretendemos conhecer hora, local, quantidade, actividade; os nossos sistemas fornecem este tipo de dados em profusão, e geralmente em maior quantidade sobre nós do que sobre o adversário. A informação é objectiva, pode ser avaliada mediante cálculos, e presta-se a ser apresentada sob forma tabular e gráfica. Os procedimentos em vigor no quartel general apoiam o processo de decisão e de actuação em conformidade.

Além dos itens, existem as intenções. Se, como é hoje o caso, o adversário não nos enfrenta no campo de batalha em busca de uma decisão estratégica, se o nosso objectivo comum é a vontade do povo, se ele combate entre o povo e abaixo do nível de utilidade dos nossos sistemas de armas, provocando-nos e levando-nos a reforçar a sua posição com as nossas acções, as perguntas que se nos colocam têm mais a ver com intenções do que com coisas. O nosso objectivo é, essencialmente, formar as intenções do povo e, assim, as intenções dos seus líderes, dissuadindo-os da opção de conflito porque os seus subordinados consideram existir uma elevada probabilidade de serem expostos ao combate e eliminados. A informação requerida para responder a perguntas nestas circunstâncias não tem a ver com itens, mas sim com intenções, momentos e consequências. Trata-se de informação subjectiva, pois lida com probabilidades e sentimentos; requer discernimento e, na análise, uma compreensão da lógica do adversário. Não se presta a representações simples. A informação sobre itens continua a ser necessária, mas a níveis específicos e acerca de coisas diferentes. A informação ambiental refere-se ao modo como a sociedade em causa opera, como funcionam as suas infra-estruturas, quem a administra, onde e quando as crianças vão à escola, e assim por diante. A informação relativa aos itens – efectivos e material – do adversário não é fácil de obter; em muitos casos, tal como já referimos, as forças opositoras apenas revelam a sua identidade quando consideram ser seguro fazê--lo. Para obter informações acerca dos itens do adversário, o melhor é compreender o padrão de vida no ambiente e depois, quando se verificam situações de anormalidade, procurar a sua causa. Por vezes, as causas não são inocentes. Na guerra industrial, o equipamento é o item crítico na capacidade de fazer a guerra, e é operado por pessoas; conhecendo a localização do equipamento, conhece-se a localização das pessoas. Na guerra entre o povo, o item crítico é o indivíduo. Se necessário, fabrica uma arma com o que tem à mão; aliás, geralmente, só usa armas no último momento possível. Consequentemente, deve ser identificado entre o povo.

As forças organizadas para a guerra industrial possuem unidades de reconhecimento e vigilância em número relativamente reduzido comparativamente com o número de unidades e equipamentos para atacar o inimigo. Estas unidades e respectivo equipamento são com frequência inadequados para operarem entre o povo: o equipamento é concebido para procurar coisas que o inimigo não possui – dado que carece de um exército constituído –, e as unidades são treinadas para operarem segundo os conceitos da guerra industrial. A necessidade de localizar pessoas e não itens, juntamente com a necessidade de desenvolver a informação obtida através de reconhecimento e vigilância adicionais, pode sobrecarregar rapidamente este pequeno número de unidades especializadas. A solução está em reconhecer que a recolha de informação, principalmente informação de baixo nível em grandes quantidades, exige menos esforços do que conduzir grandes manobras tácticas ou ao nível de teatro táctico. Para o fazer, estas unidades militares, bem como os serviços de informação civis, têm que desenvolver uma compreensão muito mais profunda do inimigo na guerra entre o povo: o adversário activo contra o qual se pondera a aplicação da força.

O novo inimigo não possui um exército constituído ou formal. Poderá ter operacionais por todo o território, mas não pode operar ao nível de teatro. Dado que depende do povo, e dado que o povo sentirá os efeitos dos seus ataques, devemos ver todas as suas operações como «locais»: não existe manobra de forças, desígnio de batalha, conectividade imediata com qualquer outra operação.

Cada recontro é particular quanto às suas próprias características e enquadramento, mas todos os recontros estão ligados através de um sistema nervoso constituído por uma ideia política fundamental.

Este sistema nervoso é diferente do de uma força armada convencional. As forças convencionais desenvolveram o seu sistema nervoso ou de comando no âmbito da guerra industrial, e a maioria estava já bem estabelecida antes do aparecimento do rádio. O sistema convencional é essencialmente hierárquico: a informação flui de baixo para cima, sendo agregada em pontos específicos da cadeia de comando, e as ordens e instruções fluem de cima para baixo, sendo desagregadas em tarefas pormenorizadas em cada ponto da cadeia. Deste modo, toda a força está concentrada na prossecução do seu objectivo militar estratégico específico, com cada acção e progresso individual contribuindo coerentemente para o mesmo fim. Mas o sistema é vulnerável à perda de um ponto de comando – quando isto acontece, a cadeia é quebrada. Os sistemas de comunicação modernos foram aplicados a este modelo básico, mas a base continua a ser o modelo. O sistema nervoso da guerrilha e, em particular, dos terroristas, não funciona desta maneira, principalmente devido à sua dependência do povo e à ausência de objectivos militares estratégicos. Desse modo, os seus sistemas tendem a possuir características específicas do local no qual funcionam. Recorrendo a uma analogia botânica, o seu sistema nervoso é «rizomático». As plantas rizomáticos conseguem propagar-se pelas raízes; é o que fazem as urtigas, as silvas e a maioria das ervas. Podem propagar-se espalhando sementes fertilizadas, ou vegetativamente, através das raízes, mesmo quando a raiz é cortada do corpo. Isto permite à planta sobreviver a uma má estação e às alterações no solo.

Um sistema de comando «rizomático» funciona com um sistema acima do solo, aparentemente hierárquico, visível nas arenas operacional e política, e com um sistema subterrâneo, centrado nas raízes: este é o verdadeiro sistema. É um sistema horizontal, com muitos grupos discretos. Desenvolve-se para se adaptar ao seu meio ambiente e propósito através de um processo de selecção natural, e sem uma estrutura operacional predeterminada; a sua base é a estrutura social do seu local. Os grupos variam de tamanho, mas os que sobrevivem e prosperam são habitualmente pequenos e estão organizados em células discretas, cujos membros não conhecem necessariamente a sua relação com outras células nem os membros destas. As células operam levando terceiros a agir no terreno o mais possível, directamente, como «preço» da sua admissão ou pertença, ou indirectamente, através de uma organização de fachada. Em qualquer dos casos, a necessidade de segurança é fundamental. Uma célula faz, no mínimo, três coisas: dirige e, por vezes, lidera acções militares, recolhe e mantém na sua posse recursos como dinheiro e armas, e orienta, e por vezes lidera acções políticas, que podem ir desde o financiamento de escolas até à realização de eleições. Normalmente, pessoas diferentes executam funções diferentes.

Estas células operam para o centro do sistema de raízes através de um processo de *franchisement*. O centro fornece a ideia e a lógica motriz; também dirige o esforço global através desta abrangência conceptual, muitas vezes purgando implacavelmente as células subordinadas que não compreendem o propósito das suas tarefas ou seguem egoisticamente o seu próprio caminho. O centro reforça as células bem sucedidas com fundos, competências e armas, procurando estabelecer um santuário a partir do qual se desenvolver. Permite às células uma latitude considerável na sua escolha do método que escolhem para se adaptarem às circunstâncias locais, desde que a segurança não seja comprometida, que a célula tenha êxito e que, nas suas acções, não seja mais corrupta do que o tolerado pelo movimento. Este ponto constitui sempre uma fraqueza potencial, e quando o avaliamos temos de compreender que a forma de a corrupção ser vista é sempre a da comunidade local. Se o guerrilheiro se consegue mostrar ao povo como seu defensor, arriscando a vida pelo bem de todos, o povo apoia-o; e se os seus ataques, pondo a vida em risco, promovem uma causa activamente defendida pela maioria, esta também o apoia. Mas quanto mais o povo vir o guerrilheiro a obter vantagens pessoais, quanto mais as suas acções se assemelharem a um negócio de extorsão em troca de protecção, menos o seu apoio será voluntariamente dado. O ponto no qual o apoio deixa de ser dado voluntariamente varia de pessoa para pessoa, de cultura para cultura e de causa para causa, mas pode ser avaliado. Aqueles que beneficiariam com a continuação do regime existente e de uma sociedade estável serão menos dados a apoiar mudanças; os seus riscos são mais levados, e eles são frequentemente quem mais ganha. Estas pessoas apoiam a célula ou a guerrilha se considerarem a mudança inevitável, ou desejável por razões ideológicas. Nas culturas nas quais é suposto que cada um receba a sua parte, ou em que o poder é exercido de forma absoluta e limitado apenas por proibições específicas, é maior a probabilidade de tolerância do ganho individual. Quando as forças de segurança, em busca de pontos fracos, se apercebem de que os guerrilheiros estão a ultrapassar os limites de tolerância do povo e que este os apoia, pelo menos parcialmente, por medo, apresenta-se uma oportunidade de ataque ao sistema rizomático.

O sistema de comando rizomático é difícil de atacar, tal como as ervas daninhas rizomáticos são difíceis de erradicar. Como qualquer jardineiro sabe, a melhor forma de ter um relvado em condições é, entre outras coisas, cortar a relva e manter o solo húmido e fértil. Isto encoraja o sistema de raízes a expandir-se e a lançar mais rebentos. E os jardineiros também sabem que para se plantar um canteiro de flores é necessário remover todas as raízes de erva do solo, ou elas voltarão a rebentar. Os rizomas são erradicados através de um de três métodos: desenterrando-os, envenenando-os ou removendo os nutrientes do solo, ou inoculando as raízes com um veneno sistémico. Cortar-lhes as cabeças que estão à vista deixa-as adormecidas durante uma estação – no máximo. Tudo isto pode aplicar-se às organizações com um sistema de comando rizomático, como as guerrilhas e as redes terroristas, nas quais os indivíduos estão para a organização como o solo está para o rizoma. Considero esta analogia mais apropriada do que a conhecida máxima de Mao: «O povo está para a guerrilha como o mar está para os peixes». Ao contrário do ataque às plantas rizomáticos, que pode ser empreendido com qualquer um dos métodos atrás referidos, o ataque ao sistema de comando rizomático deve ser feito a partir das três direcções, sendo as operações em cada direcção conduzidas de modo a complementarem as outras. É importante ter em conta que os elementos externos e visíveis do sistema, particularmente os envolvidos em acções de nível inferior, são, até certo ponto, sacrificáveis. A sua morte ou captura pode limitar as suas acções e dissuadir outros de actuarem do mesmo modo, mas não dissuade necessariamente a vontade de agir; na verdade, constitui frequentemente um incentivo para a acção noutra direcção. Desta forma, qualquer emprego da força contra este tipo de oponente deve ser cuidadosamente calculado.

A guerra entre o povo é um paradigma de confrontos e conflitos, definido pelas seis tendências discutidas no capítulo 7. É travada contra inimigos firmemente inseridos no povo, que não oferecem um alvo estratégico. As nossas instituições civis e militares ainda estão por se adaptar a esta nova realidade – individualmente e no mundo interligado que conduz a qualquer decisão sobre a acção militar. O mesmo se aplica às organizações internacionais que vivem dos seus Estados-membros. Ainda estão inseridas no mundo da guerra industrial, procurando informações para tomarem decisões – sobre a oportunidade e o modo do emprego da força – sem examinarem adequadamente o inimigo contra o qual pretendem operar nem as consequências das acções. Mesmo se a força for empregue para pôr fim à violência, não garantirá a decisão estratégica almejada pelos que decidem aplicá-la. Na verdade, ao contrário da guerra industrial, na guerra entre o povo nenhum acto de força será alguma vez decisivo: a vitória no teste de força não garantirá a vontade do povo, a qual é, na base, o único e verdadeiro objectivo de qualquer emprego da força nos nossos conflitos modernos.

9

Bósnia: Empregando a Força Entre o Povo

É chegado o momento de falarmos dos Balcãs, principalmente como ilustração das seis tendências discutidas atrás e de todas as questões conexas levantadas, em particular, no capítulo anterior. Na minha qualidade de comandante de um contingente multinacional, trabalhei com instituições estruturadas para recolherem informações, tomarem decisões e empregarem a força numa guerra industrial; contudo, o contingente sob o meu comando estava envolvido numa guerra entre o povo. Esta discussão também é útil porque os acontecimentos daquela região do Sudoeste da Europa, já de si trágicos, moldaram e alteraram a nossa compreensão do emprego da força, pelo menos numa base multinacional, e raramente para melhor. Pior ainda, apesar de aplicarmos a força na Bósnia, em 1995, e no Kosovo, em 1999, aprendemos pouco acerca da utilidade da força com estas experiências. Além do mais, foram os acontecimentos da Bósnia que ensinaram a muitas das TCN([108]) que um contingente da ONU era extremamente difícil de utilizar, e que possivelmente constituía uma má opção face a um conflito; quanto aos bombardeamentos da OTAN no Kosovo, ensinaram aos EUA que o controlo da força numa base comunal não funcionava para a única superpotência do mundo. Estas perspectivas não se alteraram, tornando assim ainda mais complexo o emprego multinacional da força – o que constitui um paradoxo, dado que tendemos cada vez mais a lidar com as situações numa base comunal, tal como é reflectido na sexta tendência da guerra entre o povo([109]).

([108]) «Troop contributing nations». (N.T.)
([109]) Os beligerantes são maioritariamente não estatais. (N.T.)

Estive envolvido nas operações da ONU e da OTAN nos Balcãs durante sete dos meus últimos dez anos de serviço (entre 1996 e 1998, fui comandante supremo na Irlanda do Norte). Na qualidade de vice-chefe do Estado-Maior General para Operações, no Ministério da Defesa, tive a oportunidade de participar nos muitos debates que se seguiram ao contributo inicial do Reino Unido – uma unidade médica – para a Força de Protecção das Nações Unidas, a UNPROFOR, que estava a ser formada na Croácia, em 1992, à extensão da força para a Bósnia, quando aquela infeliz região sucumbiu à guerra civil, ao envolvimento da OTAN e à formação e funcionamento do Grupo de Contacto, depois de os esforços do embaixador americano, Cyrus Vance, e de Lord Owen, pela Grã-Bretanha – representando respectivamente a ONU e a UE – para negociarem uma resolução terem sido rejeitados pelos EUA, em 1994. Comandei a UNPROFOR na Bósnia durante 1995 e de finais de 1998 até à minha partida, em 2001; e na qualidade de DSACEUR, desempenhei o meu papel durante o contínuo envolvimento da OTAN na Bósnia, bem como nas suas operações no Kosovo, Macedónia e Albânia. Não pretendo contar a história de todas estas operações: ainda não chegaram ao fim e outros já escreveram em detalhe sobre elas, mas desejo usá-las para ilustrar a complexidade do nosso mundo actual de confronto e conflito, da perspectiva de alguém envolvido a nível superior. E embora eu reflicta sobre a situação geral dos Balcãs, o meu enfoque é na Bósnia, através de uma cronologia que reflecte as seis tendências da guerra entre o povo.

OS OBJECTIVOS PELOS QUAIS COMBATEMOS ESTÃO A MUDAR

O ponto de partida para se compreenderem todas as operações nos Balcãs, na década de 90, incluindo os bombardeamentos da OTAN, em 1995 e 1999, é ter presente a total ausência de uma estratégia. Na melhor das hipóteses, os acontecimentos foram coordenados ao nível de teatro mas, na globalidade, particularmente no que diz respeito às intervenções internacionais, foram reflexivos – ou, recorrendo a um termo criado para compreender os mecanismos do III *Reich*, funcionalistas. Cada evento era uma função do seu antecessor, e não parte de um plano; e embora teoricamente legitimadas por resoluções do Conselho de Segurança da ONU (RCS) que estabeleceram mandatos, as forças colocadas no terreno e empregues, sob a égide da ONU ou da OTAN, foram geralmente utilizadas em resposta a acontecimentos no terreno, e não na prossecução de um objectivo estratégico. De facto, quaisquer que tenham sido os propósitos políticos que as forças colocadas nos Balcãs serviram, não apoiaram fins directamente relacionados com uma resolução do conflito ou do confronto em causa. E isto foi óbvio desde o início.

A UNPROFOR efectuou o seu *deployment* em Fevereiro de 1992, para lidar com o conflito entre a maioria croata e a minoria sérvia na Croácia, e estabeleceu a sua base em Sarajevo, então «neutral» e segura, na Bósnia-Herzegovina. As circunstâncias foram consideradas similares às de qualquer missão clássica de manutenção de paz da ONU – um corpo neutral para implementar um cessar-fogo entre os beligerantes –, pelo que foi esta a fórmula aplicada. O mandato do contingente era o de «um mecanismo interino para criar as condições de paz e segurança necessárias para a negociação de uma resolução global da crise na Jugoslávia, no âmbito da Conferência da Comunidade Europeia sobre a Jugoslávia». O Conselho de Segurança não compreendeu, ou talvez não tenha tido em conta, o facto de a minoria de Sérvios croatas não constituir um Estado e não possuir legitimidade para negociar com a Croácia como um Estado, nem que a situação originara devido à fragmentação da Jugoslávia, com as diferentes etnias procurando evitar tornar-se parte da Grande Sérvia de Slobodan Milosevic, ou que os Sérvios da Bósnia e da Sérvia pudessem apoiar os seus irmãos da Croácia. Mas a UNPROFOR conseguiu conter a situação, e os Croatas de etnia sérvia permaneceram nos seus lares, em zonas definidas pelo mandato como «áreas protegidas pela ONU».

Em Junho de 1992, a missão foi alargada para cobrir a Bósnia-Herzegovina, quando eclodiu a guerra na região e, no Outono do mesmo ano, foi esta crise que se tornou – e permanece – o ponto focal de interesse internacional, e não por acaso. Quando a recém-independente Bósnia-Herzegovina sucumbiu a uma guerra inter-étnica tripartida, cenas de combates em que Sérvios bósnios, aparentemente bem armados e, muitas vezes, uniformizados, atacavam Croatas ou Bósnios muçulmanos desorganizados e ligeiramente armados, começaram a aparecer nas televisões de todo o mundo, juntamente com imagens de refugiados em fuga para os países vizinhos. Na sua resposta inicial, em Junho, a UNPROFOR colocara unidades canadianas e francesas em Sarajevo. Estas não podiam ficar impassíveis a assistir aos acontecimentos, mas não se sabia como deveriam responder e com que objectivo. Depois de muitos debates entre várias capitais e no Conselho de Segurança, a UNPROFOR foi mandatada para:

> Apoiar os esforços do Alto Comissariado das Nações Unidas para os Refugiados (UNHCR) para prestar ajuda humanitária na Bósnia e na Herzegovina e, em particular, providenciar protecção, a pedido do UNHCR, onde e quando o UNHCR considerar essa protecção necessária... [e] proteger comboios de detidos civis libertados caso o Comité Internacional da Cruz Vermelha (ICRC) o requeira e se o Comandante da Força concordar com a exequibilidade do pedido.([110])

Por outras palavras, a UNPROFOR não se destinava a criar a condição para a paz, mas sim a «melhorar» a situação. Aprovada ao abrigo do Capítulo VI da Carta da ONU, e com ROE a condizer, a força só poderia ser empregue em autodefesa, mas não deveria ser utilizada para alterar a situação.

A Grã-Bretanha disponibilizou um grupo de combate no âmbito da operação. Sabíamos que esta formação iria operar no meio de uma guerra, pelo que foi enviada uma unidade de infantaria blindada, para beneficiar da protecção dos seus veículos blindados de combate. Outros países fizeram o mesmo, pelo que o contingente era composto de unidades tipo batalhão, provenientes de várias nações: uma força de TCN. A maioria dos países disponibilizou apenas um batalhão, e os países escandinavos, entre si, constituíram um único batalhão. Cada batalhão tinha uma área e uma tarefa específicas, tornando-se ambas o centro das atenções do país fornecedor da respectiva unidade. O apoio logístico das unidades dependia, no essencial, dos seus países. Para o comandante supremo, e para um potencial emprego da força, esta estrutura significava que o contingente não podia ser manobrado como um todo, dado que, na prática, depois de uma unidade se estabelecer numa posição,

---

([110]) Website do UN Department of Peace-keeping Operations (DPKO), enquadramento da UNPROFOR: http://www.un.org/Depts/dpko/co_mission/unprof_b.htm. (Nota do Autor)

não arredava pé. Ou seja, mesmo que o emprego da força fosse possível, teria de ser através de uma série de recontros ao nível de subbatalhão e em áreas fixas, sem mobilidade como um contingente global.

Os mecanismos implementados pela ONU para a direcção e comando da operação eram os de uma missão clássica de manutenção de paz, na qual os beligerantes pretendem a paz e aceitam – aliás, depois de a terem solicitado – a presença dos Capacetes Azuis e dos seus veículos brancos. Infelizmente, na Bósnia, as três partes beligerantes, mais do que uma paz colectiva, pretendiam uma paz segundo as ideias muito próprias de cada uma, e estavam dispostas a combater por elas. A situação era, pois, completamente incoerente, tendo a missão – teórica – e a realidade na qual se inseriu uma natureza muito diferente. Posto noutros termos, o Conselho de Segurança da ONU leu a situação como um confronto e enviou uma missão para o efeito, mas a realidade era a de um conflito declarado ao nível estratégico. E esta não foi a única incoerência. As negociações para encontrar uma definição de paz aceitável a todos estavam a cargo do embaixador Vance e de Lord Owen, que reportavam directamente ao secretário-geral da ONU e à UE, mas não existia uma ligação directa entre as negociações e as acções da UNPROFOR. A missão da ONU era um esforço conjunto civil-militar, liderada por um Representante Especial do Secretário-geral (SRSG) e por funcionários dos departamentos de Assuntos Políticos, Manutenção de Paz e Administração da ONU, que trabalhavam com o estado-maior do comandante do contingente, cujos membros tinham sido enviados pelos diferentes países – ao contrário da OTAN, a ONU não dispõe de uma estrutura de comando multinacional permanente. Os dois estados-maiores compreendiam o principal QG da ONU, em Zagreb, e embora esta estrutura não fosse totalmente incoerente, a sua manutenção exigia muito esforço a ambas as partes. Os quartéis-generais subordinados da ONU na Bósnia estavam baseados em vários quartéis-generais militares nacionais, aos quais estava adstrito pessoal civil. O único quartel-general multinacional era o do comandante do contingente, que começou por ser em Sarajevo mas que se transferiu depois para uma pequena cidade satélite, Kiseljak, onde permaneceu durante os dois primeiros anos da guerra; em 1994, o general Michael Rose, então comandante supremo do contingente, mudou-o para Sarajevo, para uma das antigas residências de Tito, e foi este quartel-general que ele transferiu para mim, em 1995 – era conhecido por Comando BH ou Residência.

No âmbito destas estruturas, a maior incoerência residia na realidade que se desenrolava no terreno, na qual a ONU, como consequência da sua presença tão generalizada, se tornara inextricavelmente envolvida. Embora não fosse um beligerante, encontrava-se claramente no meio do conflito, ainda que na posse de um mandato humanitário. Este mandato ditava natureza condicional do objectivo militar na Bósnia, que se reflectia nas ROE e nas acções dos vários contingentes. A retórica internacional face ao deteriorar da situação e ao envolvimento internacional era sempre forte e determinada, mas tudo isto se traduziu em muito pouco, a não ser em bases reforçadas de tropas estrangeiras que tentavam proteger a prestação de ajuda humanitária, e muitas tentando-se proteger a si próprias. Não havia uma orientação estratégica, não havia um objectivo militar estratégico a atingir, não havia uma campanha militar, não havia objectivos militares ao nível de teatro: todas as acções eram tácticas. A UNPROFOR abriu estradas, protegeu e administrou o aeroporto de Sarajevo, guardou os comboios de auxílio humanitário. Todavia, com o decorrer dos anos, e sempre em resposta aos acontecimentos provocados pelos beligerantes, foram sendo enviados cada vez mais soldados para a região. Quando assumi o comando, em 1995, eram cerca de 20 000 (o *deployment* inicial, em 1992, fora de 5000), todos eles presos aos seus quartéis-generais nacionais, e todos eles proibidos, pelas ROE e pelo mandato, de empregar a força, excepto em autodefesa.

Os acontecimentos que conduziram ao estabelecimento de «áreas seguras», em 1993, constituem um bom exemplo da fraqueza de todo este esquema. Durante 1992, os Bósnios muçulmanos da região oriental do país haviam mantido o controlo de áreas substanciais de território, centradas nas cidades de Srebrenica e Gorazde, e na aldeia de Zepa. A situação humanitária nestas áreas era má, facto de que os beligerantes se serviam nos seus jogos políticos. Tal como um funcionário do UNHCR explicou a Lord Owen:

> As bolsas de muçulmanos foram usadas pelo governo [bósnio muçulmano] de Sarajevo, em Novembro (de 1992) como factores de pressão sobre a comunidade internacional, exigindo uma atitude mais

firme. Quanto mais tempo os comboios de ajuda humanitária estavam sem conseguir alcançá-las, maior era a pressão sobre o mandato. Quando os comboios passavam, os apelos a uma acção mais firme eram injustificados. Duas semanas após a primeira entrega, os muçulmanos [bósnios] lançaram uma ofensiva sobre Bratunac [uma cidade na posse dos Sérvios, nos arredores da cidade sitiada de Srebrenica]. Por consequência, a integridade do UNHCR e da UNPROFOR foi minada, tornou-se impossível a passagem de novos comboios e recomeçou a pressão apelando a acções mais firmes.[111]

Esta explicação, que é, de facto, reflectida pela situação, mostra como o UNHCR e a UNPROFOR se viram enredados na primeira daquelas a que chamei situações de refém/escudo que marcaram a história da UNPROFOR: não existiam boas alternativas. Na ausência de qualquer forma de orientação estratégica ou ao nível de teatro, ninguém parece ter-se dado conta do perigo em que a UNPROFOR se encontrava.

Os Sérvios bósnios atacaram a área oriental dos Bósnios muçulmanos em Janeiro de 1993, empurrando os defensores para enclaves centrados em Srebrenica, Gorazde e Zepa. Em meados de Fevereiro, a situação nos enclaves era dramática: escasseavam alimentos e medicamentos, havia pessoas a morrerem de subnutrição e ferimentos ligeiros. Os Sérvios bósnios impediram o acesso aos comboios humanitários. A pressão para que a «comunidade internacional» fizesse algo intensificou-se. Durante as semanas seguintes, os EUA passaram à acção efectuando largadas aéreas de provisões sobre os enclaves, e a França, a Alemanha e a Grã-Bretanha seguiram a sua liderança. No princípio de Março, o Conselho de Segurança solicitou ao secretário-geral o aumento da presença da UNPROFOR na Bósnia Oriental. Em resposta, Morillon, o general francês que então comandava a UNPROFOR, conduziu pessoalmente até Srebrenica um pequeno destacamento, parcialmente composto por tropas britânicas operando a uma distância considerável da sua base, no Sul da Bósnia. A partir de meados de Março, o general Morillon, por vezes refém da multidão encurralada em Srebrenica, por vezes refém dos Sérvios bósnios, fez por cumprir as suas ordens. Em 19 de Março, conduziu um comboio com provisões até Srebrenica; no

---

[111] Jan Willem Honig e Norbert Both, *Srebrenica: Record of a Crime*, Penguin, 1996, p. 80. (Nota do Autor)

dia seguinte, os camiões levaram cerca de 750 refugiados para a cidade de Tuzla, na posse dos Bósnios muçulmanos. Morillon negociou com os comandantes bónios muçulmanos e com o general Ratko Mladic, comandante dos sérvios bósnios, procurando sempre apoiar o UNHCR e as outras agências humanitárias, para proteger e ajudar os refugiados sem intervir em força.

A ideia de criar uma zona livre de combates não é nova, e passou a ser referida em relação à crise dos Balcãs a partir de 1992, com os seus proponentes tomando como exemplo os «refúgios» criados no Curdistão, em 1991-1992, após a Guerra do Golfo. Considerava-se que a ideia tinha funcionado no Curdistão porque, depois da guerra, os EUA e o Reino Unido não tinham sido neutrais, demonstrando a sua disposição para empregar a força; o terreno permitira a utilização do poder aéreo, e as áreas em causa não estavam isoladas e podiam ser alcançadas atravessando a fronteira com a Turquia, um país aliado. Estes critérios não se aplicavam à Bósnia; no entanto, durante as negociações, a ideia de desmilitarizar a área em redor de Srebrenica foi introduzida pelo general Morillon, e a proposta começou a ser discutida em várias capitais e na ONU. Em si mesmo, este diálogo a três – que passou a ser a quatro após a inclusão do quartel-general da UNPROFOR, em Zagreb – reflecte a imensa complexidade de formular e implementar políticas em ambientes internacionais.

A 26 de Março, em Belgrado, numa reunião com Milosevic e Mladic, foi acordado um cessar-fogo; no dia 28, outro comboio humanitário chegou a Srebrenica. Estes veículos levaram cerca de 2400 refugiados no dia seguinte, para evidente satisfação dos Sérvios, que anunciaram posteriormente que só seriam autorizados a viajar para o enclave camiões vazios. O governo bósnio muçulmano reagiu a estas evacuações negando acesso ao sexto comboio de refugiados. Pretendiam que as pessoas ficassem, não só para manterem uma presença bósnia muçulmana e uma base de operações, mas também para pressionarem a ONU a apoiar o enclave. A ONU viu-se confrontada com um dilema: evacuava os refugiados e era acusada de limpeza étnica pelos Bósnios muçulmanos e outras partes, ou procurava abastecer o enclave face à oposição dos Sérvios bósnios? Tentou fazer as duas coisas mas, a 5 de Abril, o cessar-fogo caiu por terra. Apesar da intervenção pessoal do general Morillon, o cessar-fogo não foi renovado e os combates reacenderam-se. Em 16 de

Abril, com os Sérvios bósnios a aproximarem-se cada vez mais da cidade de Srebrenica e os defensores a ficarem sem munições, foi aprovada a Resolução 819 do Conselho de Segurança. Declarava Srebrenica uma área segura, definida como «devendo estar livre de qualquer ataque armado ou qualquer outro acto hostil». Não obstante esta fraseologia, o verdadeiro problema de base era que ninguém sabia exactamente o que era uma «área segura» e, em termos absolutos e reais, não foi apoiada. Poucos países ofereceram tropas para impor a resolução.

Na época, eu estava a trabalhar em Londres, no Ministério da Defesa, onde as notícias sobre estes acontecimentos chegavam de quatro fontes diferentes. Havia relatórios do contingente britânico da UNPROFOR, elaborados com base nos relatórios do seu destacamento na área de Srebrenica. Eram atempados e factuais, mas sofriam da perspectiva relativamente estreita de uma pequena unidade envolvida em grandes acontecimentos. Na qualidade de fornecedores de tropas, dispúnhamos dos relatórios do QG da UNPROFOR, mas estes eram muitas vezes menos actuais do que os dos canais diplomáticos normais, porque o seu processo de elaboração era mais demorado e porque as comunicações da ONU se baseavam na rede civil e eram deficientes em comparação com as proporcionadas pelo nosso contingente militar. Recebíamos relatórios de várias embaixadas e missões britânicas, particularmente as existentes na ONU e na OTAN. E, finalmente, tínhamos os *media*, cuja cobertura vim a considerar essencial: além de serem fontes de informação, ofereciam-me um contexto no qual adquiri alguma compreensão de como outras pessoas interpretariam o que estava a acontecer, e daí o valor dos outros relatórios, a maioria dos quais se centrava em aspectos completamente diferentes dos mesmos acontecimentos. Aprendi rapidamente quão persuasiva podia ser esta cobertura contextual dos *media*, e como ela fazia, ocasionalmente, que outros relatórios fossem ignorados ou desvalorizados, particularmente quando eram apresentadas ao telespectador imagens que contradiziam uma opinião formada a partir de outras fontes anteriores. Passei assim a ter por hábito ouvir a rádio e só ver a televisão depois de ter lido todos os outros relatórios.

Lidávamos com três questões. Havia os relatórios sobre Srebrenica atrás referidos, embora a nossa atenção estivesse centrada no pequeno elemento do contingente britânico. Isto aponta para uma das características das operações multinacionais desta natureza, que é o facto de as instituições de cada Estado não serem responsáveis pelo resultado colectivo, mas apenas pelos respectivos activos nacionais dedicados à sua prossecução. Os relatórios nacionais, juntamente com as reportagens dos *media* e, quando nos chegavam, os relatórios da ONU, ajudaram a criar um retrato mais ou menos coerente, com base no qual se poderiam fazer recomendações – o que constituía a minha incumbência, na qualidade de vice-chefe do Estado-Maior para Operações. E embora a situação global fosse de grande interesse, a nossa preocupação primária era com o dispositivo britânico no terreno, com a sua dispersão, estendendo-se de Split, na costa da Dalmácia, até Srebrenica. A segunda questão dizia respeito às áreas seguras, e a terceira à imposição de uma zona de exclusão aérea (NFZ). Ao mesmo tempo, existia uma pressão crescente para agir em defesa dos refugiados, consequência directa das aflitivas imagens televisivas. À luz destes imperativos, e retrospectivamente, parece-me que o imperativo mais coerente era a necessidade de se ser visto a fazer alguma coisa – «É preciso fazer alguma coisa», um chavão da época, bastante usado por políticos e diplomatas, pelos *media* e também pela ONU. Foi esta abordagem que prejudicou um debate ponderado sobre o verdadeiro dilema que confrontava a ONU, apanhada entre os beligerantes numa situação refém/escudo, e a necessidade de analisar o motivo pelo qual a UNPROFOR nunca conseguia cumprir o seu propósito declarado.

 Foi neste cenário que os representantes internacionais na ONU não se pouparam a esforços para elaborar uma resolução do Conselho de Segurança que fosse forte e decisiva, mas evitando pôr em risco os seus contingentes nacionais. Basta ler as «ambiguidades construtivas» das RCS 819 e 836, respectivamente datadas de 16 de Abril e 4 de Junho, para ver como eles se saíram bem. Shashi Tharoor, então assistente especial do subsecretário de Estado para operações de manutenção de paz, fez uma boa análise da questão ao observar que as resoluções:

> ... exigiram que as partes tratassem essas áreas como «seguras», não impuseram quaisquer obrigações ao seus habitantes e defensores, dotaram-nas de tropas da ONU esperando que a sua mera presença «dissuadisse ataques», e evitaram cuidadosamente solicitar às forças de manutenção de paz que defendessem as áreas, mas autorizaram-nas

a solicitar apoio aéreo em «autodefesa» – uma obra-prima de escrita diplomática mas praticamente impossível de implementar como directiva operacional.([112])

O conceito expandiu-se: em pouco tempo, Zepa, Gorazde, Sarajevo, Tuzla e Bihac foram declaradas áreas seguras – mas a UNPROFOR nunca recebeu as forças que o DPKO([113]) da ONU considerou necessárias para a tarefa. Pior ainda, a UNPROFOR encontrava-se agora numa situação impossível: aos olhos dos Bósnios muçulmanos, era responsável pelo fornecimento de alimentos e medicamentos às áreas seguras, e quando não o conseguia fazer estes aproveitavam para censurar a ONU pelo seu fracasso e exigir uma actuação internacional mais robusta. Mas aos olhos dos Sérvios bósnios, a UNPROFOR era responsável por manter as áreas seguras desmilitarizadas, e quando os Bósnios muçulmanos montavam operações a partir delas os habitantes e a ONU eram «castigados» pelos Sérvios com o bloqueio dos comboios. Era uma verdadeira situação refém/escudo.

Se «é preciso fazer alguma coisa» se tornou a principal forma de abordagem da crise dos Balcãs, a situação complicou-se ainda mais quando a «alguma coisa» se converteu no desejo, com origem nos EUA, de utilização do poder aéreo. Washington envolveu-se cada vez mais no debate sobre o que fazer com os Balcãs, devido, em parte, às pressões influentes exercidas por Bósnios muçulmanos. A posição dos EUA era inequívoca: não pretendiam envolver-se no terreno, e também não viam a necessidade de ser neutrais em relação a todas as partes. As imagens televisivas de aviões dos Sérvios bósnios atacando colunas de refugiados foram suficientes para que a ONU, em Outubro de 1992, declarasse uma NFZ sobre a Bósnia; em Abril do ano seguinte, a OTAN assumiu a responsabilidade pelo patrulhamento aéreo da zona e montou a Operação Deny Flight([114]). O motivo desta iniciativa foi garantir a protecção dos aviões americanos que largavam provisões, e impedir os Sérvios de efectuar ataques aéreos contra as colunas de refugiados. Todavia, a operação criou um dilema de comando e controlo. Se um aluno de qualquer colégio de estado-maior em todo o mundo elaborasse um plano no

---

([112]) Shashi Tharoor, «Should UN Peacekeeping Go 'Back to Basics'?», *Survival*, vol. 37, n.º 4, p. 60. (Nota do Autor)

([113]) Departamento de Operações de Manutenção de Paz. (N.T.)

([114]) Decorreu entre 12 de Abril de 1993 e 20 de Dezembro de 1995. (N.T.)

qual forças operando no mesmo espaço respondiam a duas cadeias de comando diferentes, talvez lhe dissessem – com sorte – para tentar de novo, mas o mais provável é que chumbasse. A implementação de uma NFZ da OTAN sobre e no seio de uma operação da ONU deu exactamente origem a esta situação. Por conseguinte, os planeadores da OTAN tiveram que descobrir uma maneira de ligar as duas cadeias de comando, de modo a que os voos autorizados pela ONU não fossem atacados, e para que, quando a OTAN lançasse ataques, as unidades da ONU fossem alertadas para a possibilidade de sofrerem ataques de retaliação. A solução encontrada pela OTAN veio a ser designada procedimento de «chave dupla», mediante o qual qualquer operação da OTAN teria de ser aprovada pelos comandantes da OTAN e da UNPROFOR na região. No Verão de 1995, tornei-me o comandante na posse da chave da UNPROFOR.

Estes acontecimentos da Primavera de 1993 continham todos os componentes do envolvimento da UNPROFOR na triste história dos dois anos e meio subsequentes. A partir daquela altura, a situação estava destinada a repetir-se, para pior, reflectindo as seis tendências, mas particularmente a primeira, a mudança dos objectivos. Porque independentemente da retórica ou até das expectativas honestas dos decisores, a força militar, durante a maior parte do tempo, mais não conseguiu do que um melhoramento da situação: um melhoramento dos piores efeitos da guerra na Bósnia e na Croácia. O contingente da ONU não devia empregar a força para alterar a situação, somente para se proteger, e os Estados que tinham contribuído com tropas não pretendiam que estas combatessem, excepto para se defenderem. Em consequência, os vários comandantes viram-se no meio das facções em guerra, tentando cumprir as suas ordens para apoiar o auxílio humanitário, mas dando consigo numa ou noutra variação da posição do general Morillon em Srebrenica: a inevitável situação refém/escudo. Com instruções precisas para não combater e ser neutral, cada comandante, ao fazer por cumprir as suas ordens, fez acordos que enfraqueceram, lenta mas seguramente, a posição da UNPROFOR. Sempre que tal acontecia, a ausência de disposição para o combate era demonstrada a todos os beligerantes, e adoptaram-se cada vez mais posições que foram, com efeito, situações de refém/escudo em relação a uma ou outra das partes. Só compreendi inteiramente esta dinâmica quando herdei estes bem intencionados esforços na qualidade de comandante da UNPROFOR, em Janeiro de 1995, e dei comigo sitiado em Sarajevo, com os Sérvios bósnios a impedirem todo e qualquer movimento às minhas forças e debaixo das clamorosas reclamações e pressões por parte do governo bósnio e dos representantes da administração norte-americana. Além do mais, eu teria provavelmente feito o mesmo que os meus antecessores se me tivesse confrontado com situações idênticas às suas, pois o objectivo da força – proteger o auxílio humanitário – não tinha influência directa no resultado político pretendido de criar uma condição para negociações.

Havia também a questão dos fins diferentes para os quais trabalhavam a ONU e a OTAN. A NFZ imposta pela OTAN continha o nível de violência no teatro ao impedir os Sérvios bósnios de utilizarem eficazmente a sua força aérea. E com o prosseguir dos combates e a crescente inutilidade óbvia da UNPROFOR, tentou-se utilizar o poder aéreo da Aliança de modo mais assertivo. Pouco depois da entrada em vigor da NFZ, a UNPROFOR ficou capacitada para solicitar à OTAN apoio aéreo próximo em autodefesa. Os mecanismos de comando criados pela OTAN serviam para o efeito, desde que a força da ONU ameaçada possuísse os sistemas de comunicações e o pessoal competente para guiarem os aviões ao alvo. Se o contingente em causa proviesse de um país da OTAN, não deveria haver problema, já que estaria habituado a trabalhar com a aviação; mas os contingentes da ONU não provêm unicamente da OTAN, e eu nunca acreditei que as outras forças estivessem adequadamente cobertas.

As capacidades da OTAN foram depois utilizadas, após um ataque particularmente mortífero, em princípios de 1994, na praça do mercado de Markale, em Sarajevo. O objectivo da operação foi o reforço da área segura declarando zonas de exclusão em seu redor: deveriam ser libertas de todas as armas pesadas dos Sérvios bósnios, caso contrário, seriam atacadas do ar. Na perspectiva da OTAN e, em particular, dos promotores desta ideia, os EUA, tratava-se de uma proposta simples e que aliviaria a pressão do terror instilado pelos frequentes bombardeamentos de artilharia sobre Sarajevo. Mas na óptica da ONU e da UNPROFOR, seria um acto parcial e impediria os Sérvios bósnios de defenderem o seu povo, por exemplo, na parte de Sarajevo que ocupavam. Estas diferenças levaram a duas semanas de intenso debate entre a OTAN e a ONU, muito mais difícil do que à primeira vista possa parecer dado que decorreu em quatro níveis: entre os comandantes no terreno e os seus QG nacionais; nas várias capitais, entre os departamentos que lidam com a ONU e a OTAN; entre os vários governos; e finalmente, em conversações no seio destas duas organizações internacionais. Em todos os encontros, frequentemente muito prolongados, os vários países reflectiram toda a sua relutância e incapacidade para tomar qualquer decisão sobre a questão, a não ser a decisão tácita de proteger as respectivas tropas. O marechal-de-campo Lord Vincent, antigo chefe do Estado-Maior da Defesa e então presidente do Comité Militar da OTAN, descreveu uma vez estas reuniões como «um viveiro de receios» – uma descrição que também achei adequada durante todos os meus anos subsequentes de serviço na OTAN. As reuniões foram intermináveis e, no fim, o resultado consensual foi mais uma variante da situação refém/escudo: as armas seriam recolhidas em pontos destinados para o efeito, e ficariam sob «controlo» da OTAN – uma palavra que veio a tornar-se sujeita a diversas interpretações –, mas seriam devolvidas aos Sérvios caso estes necessitassem delas para se defenderem. A ameaça do poder aéreo da OTAN funcionou e obrigou os Sérvios bósnios a retirarem as suas armas ou entregarem-nas nos pontos de recolha. Os Russos, que contribuíam com tropas para a UNPROFOR, levaram tão a sério a possibilidade de a OTAN fazer uso do seu poder aéreo que, de um dia para o outro e unilateralmente, deslocaram um batalhão da Croácia para Sarajevo, como um defesa marca o jogador que tem a bola – e fariam o mesmo no Kosovo, em 1999. Mas os Sérvios bósnios aprenderam gradualmente que a OTAN – que para os Russos significava os EUA – podia ser restringida pela ONU, e que a armadilha refém/escudo podia ser igualmente montada à OTAN. De facto, a OTAN procurava coagir e dissuadir, enquanto a ONU pretendia conter e melhorar, e não existia uma estratégia unificadora que desse coerência a estes desígnios diferentes. Como muitas das nações que contribuíam com tropas para a UNPROFOR eram membros da OTAN, os interesses nacionais, particularmente a segurança das tropas, eram sempre supremos.

    Independentemente dos diferentes desígnios em função dos quais a OTAN e a ONU trabalhavam, o poder aéreo só pode ser utilizado eficazmente para coagir ou dissuadir se respeitar estes objectivos. Pode ser solicitado em apoio de uma força no terreno, para atacar os alvos que a força indica como ameaçadores; e pode reagir a qualquer avião que ignore a NFZ e abatê-lo. Mas para coagir ou dissuadir, o adversário tem de acreditar que os alvos aos quais atribui importância serão atacados eficazmente, mesmo que não sejam necessariamente os activos que ele está a arriscar em combate. E o inimigo também tem de acreditar que intensificaremos as nossas acções se não conseguirmos subjugá-lo à primeira, e que o desfecho lhe será desvantajoso. Na verdade, estamos a negociar ameaçando empregar ou empregando a força, em confronto e não em conflito. Tecnicamente, a OTAN e a ONU encontravam-se em confronto com os Sérvios bósnios, mas a OTAN estava unicamente centrada nos Sérvios bósnios, enquanto a UNPROFOR lidava com todas as partes do conflito e respectivas posições. Mas mesmo que as duas organizações e desígnios estivessem alinhados, para se implementar este tipo de política com sucesso total é imperativo seleccionar alvos que afectem as intenções do adversário, e não necessariamente o incidente específico em causa: o inimigo pode atacar uma ponte na aldeia A, mas será possivelmente mais útil responder-lhe atingindo uma estrada na aldeia B, importante para ele e que terá um valor coercivo maior. Sendo que, se ocorreu um ataque, é forçoso reconhecermos que a dissuasão falhou. O ataque pode também exigir uma resposta no local onde ocorre em virtude do seu imperativo, mas devemos reconhecer os diferentes efeitos pretendidos: nomeadamente, a defesa da posição e a restauração, através da coacção, do estado de dissuasão. No contexto bósnio, a acção ameaçada pela OTAN foi o ataque às armas dentro das zonas de exclusão e fora dos pontos de recolha, em suma, atacar a arma ou armas envolvidas num eventual incidente. Isto era o equivalente a defender a ponte da aldeia A sem restaurar o estado de dissuasão. De facto, qualquer incidente iniciado pelos Sérvios bósnios com conhecimento da ameaça – e registaram-se vários – significava que eles tinham, por qualquer razão, ignorado a ameaça. À partida, os países e as organizações internacionais não estavam dispostos a actuar em força com as medidas que tinham implementado, nem a criar as estruturas diplomáticas e políticas fundamentais que lhes teriam conferido substância.

COMBATEMOS ENTRE O POVO

Quando assumi o comando da UNPROFOR, em Janeiro de 1995, Sarajevo estava coberta de neve e relativamente tranquila, dado que, em 31 de Dezembro do ano anterior, as três partes tinham assinado um Acordo de Cessação de Hostilidades([115]), mediado por Jimmy Carter, ex-presidente dos EUA, e Yasushi Akashi, o chefe civil da UNPROFOR. Passei as minhas primeiras semanas a conhecer o meu contingente internacional, e não há dúvida de que o cessar-fogo serviu para possibilitar um acesso relativamente fácil a todas as partes da Bósnia não controladas pelos Sérvios, conhecidas por Federação Muçulmano-Croata([116]), criada no seguimento de um acordo entre os dois lados, em 1994. Também me desloquei a Zagreb para me encontrar com Akashi – que conhecera no ano anterior, ao lidar com a questão da Bósnia no Ministério da Defesa, em Londres – e com o seu homólogo militar, o tenente-general Bernard Janvier, comandante supremo do contingente. No âmbito da cadeia de comando da ONU, eu reportava a Janvier; eu simpatizara com ele, tendo-o conhecido durante a Guerra do Golfo, em 1991, quando ele era o comandante da divisão francesa. Embora o Acordo de Cessação de Hostilidades tivesse sido negociado para um período de quatro meses, durante o qual as partes deveriam prosseguir as negociações, a experiência ensinara-me – e a muitos dos que estavam comigo – que as hipóteses de que isso acontecesse eram escassas: com o fim do Inverno, regressariam os combates. No interim, dispondo de alguma liberdade de movimento, visitei todos os quartéis-generais internacionais e muitas das suas unidades. Também consegui acesso a Srebrenica, no território dos Sérvios bósnios, os quais, no entanto, não me deixaram aceder aos outros enclaves. De facto, em Fevereiro, os Sérvios começaram a limitar o acesso do UNHCR e da UNPROFOR às áreas seguras, particularmente a Srebrenica, e em Março, em Sarajevo, aumentaram os incidentes com atiradores furtivos de ambos os lados. Nesse mês, os Bósnios muçulmanos lançaram dois grandes ataques, um no Nordeste e outro no Oeste. A 8 de Abril, os Sérvios bloquearam o acesso ao aeroporto de Sarajevo, interrompendo a ponte aérea humanitária, e em meados do mês era já claro que a situação se deteriorara para uma guerra generalizada.

([115]) No original: Cessation of Hostilities Agreement (COHA). (*N.T.*)
([116]) Ou seja, a Federação da Bósnia-Herzegovina. (*N.T.*)

Encontrei-me pela primeira vez com o general Mladic uma semana depois da minha chegada ao teatro. Desloquei-me de automóvel até à capital dos Sérvios bósnios, Pale, uma aldeia a alguns quilómetros de Sarajevo, onde decorreu o meu encontro de apresentações, o qual seguiu o que viria a ser um padrão típico. Eu tinha comigo o meu assistente militar, Jim Baxter, o chefe dos assuntos civis da ONU, Enrique Aguiar, o meu porta-voz, Gary Coward, e dois intérpretes. À nossa frente, estavam os três Ks: Karadic, Krajsnik e Koljevic (classificados na minha cabeça como o louco, o mau e o lunático), que eram os líderes políticos dos Sérvios bósnios, e também, obviamente, Mladic e um dos seus chefes de estado-maior. A reunião abriu e continuou com uma longa arenga sobre a história da região, desde a Idade Média, com a chegada dos Turcos no século XIV, passando muito lentamente pelos séculos intermédios, até aos acontecimentos da Segunda Guerra Mundial, tudo apresentado de modo a justificar e tornar perfeitamente razoável a posição adoptada pelos Sérvios bósnios em 1992, o recurso à guerra, e durante as hostilidades subsequentes. Os encontros com os Bósnios muçulmanos e Croatas seguiram um padrão semelhante, justificando as respectivas causas. Terminada finalmente a lição de história, e depois de eu me apresentar, disseram-me o que esperavam de mim e da UNPROFOR, nomeadamente, policiar os Bósnios muçulmanos e os Croatas para garantir que cumpriam a sua parte do acordo concluído com os Sérvios. Caso não o fizéssemos, disseram eles, seriam obrigados a responder às provocações dos seus adversários (vim a descobrir, com o tempo, que «provocação» era um termo muito apreciado pelos Sérvios, que o empregavam repetidamente), e se o cessar-fogo ou acordo fosse por água abaixo a culpa seria da ONU – e em particular, minha e da UNPROFOR. Pela minha parte, transmiti aos Sérvios o que esperava deles: pretendia acesso a todas as áreas seguras, para os comboios do UNHCR e da UNPROFOR, e expliquei-lhes que existia um procedimento acordado para lidar com qualquer violação de qualquer acordo do qual eles fossem signatários, procedimento que não envolvia – nem autorizava – acções punitivas. A negação de ajuda humanitária violava os acordos e as resoluções da ONU e, além do mais, era também uma medida punitiva. As minhas palavras originaram outra lição de história, embora de acontecimentos mais recentes, na qual eles afirmaram que os seus oponentes lhes estavam a negar os seus direitos humanos e a infligir-lhes outros maus tratos. Tendo as posições sido firmadas durante um período de três horas, fizemos uma interrupção para partilhar o almoço balcânico, uma refeição a meio da tarde, de formato padrão, incluindo uma grande quantidade de carne morna e bastante gordurosa, acompanhada de *slivovitz*([117]).

Durante os dois meses seguintes, voltei a encontrar-me duas vezes com Mladic, encontros que me levaram a formar a opinião de que ele controlava muito bem o seu exército, parecendo ser o centro do comando. Tinha o respeito dos seus subordinados, e era evidente que as suas ordens eram cumpridas à risca; isto parecia dever-se ao facto de serem reconhecidas como apropriadas e bem ponderadas, mas também por receio de punições pelo seu não cumprimento. O seu exército seguia-o, o que é a marca de um comandante. Também fiquei com a impressão de que os próprios Sérvios bósnios viam mais Mladic do que Karadic como a personificação da sua luta. A sua postura, face a mim e à ONU, era a de um rufião confiante e arrogante, que considerava a UNPROFOR mais como um estorvo do que como uma ameaça. Um destes encontros decorreu em Vlasenica, a 7 de Março, quando eu regressava de Srebrenica. O teor da reunião ficou bem reflectido num subsequente relatório da ONU:

> Durante a reunião, o general Mladic indicou que estava descontente com o regime das áreas seguras, e que talvez viesse a empreender uma acção militar contra os enclaves orientais. Ele também disse que, caso esses ataques tivessem lugar, não deixaria de garantir a segurança da população bósnia muçulmana dessas áreas. O comandante da UNPROFOR avisou-o para não atacar os enclaves, afirmando que semelhante acção provocaria quase certamente uma intervenção contra os Sérvios. O general Mladic não deu importância ao facto.([118])

Foi na minha viagem por território dos Sérvios bósnios, e durante a minha reunião em Vlasenica, uma pequena vila numa importante itinerário da Bósnia Oriental, que cheguei àquilo a que chamei «a tese», dado que partiu de uma premissa teórica. Quando tentamos descobrir as intenções de um adversário, necessitamos de

---

([117]) A bebida nacional sérvia, um tipo de aguardente de ameixa. (*N.T.*)

([118]) *Report of the Secretary General Pursuant to General Assembly Resolution 53/55 (1998)*, «V. Events of January 1995 to June 1995», parágrafo 180; disponível em <http://www.un.org/peace/srebrenica.pdf> (Nota do Autor)

basear a nossa recolha de informação numa hipótese. À medida que a informação é recolhida, construímos uma antítese ou passamos a nossa hipótese a tese. Na Bósnia, foi esta segunda possibilidade que se concretizou. A minha hipótese baseava-se na certeza de que nenhuma das três facções beligerantes, incluindo os Sérvios, podia constituir, manobrar e manter uma força regular no terreno, fosse por que tempo fosse, devido à falta de instrução adequada, estruturas, armas ou efectivos – ou a uma combinação de todos estes factores. O antigo Exército Jugoslavo (JNA) fora organizado numa base territorial, para defender o território nacional depois de um invasor ter violado as fronteiras. Não fora organizado nem instruído para manobrar grandes formações. A cada formação cabia a defesa e controlo de uma área, e um QG superior podia transferir elementos de uma formação para reforçar outra e, se necessário, efectuar uma concentração de forças num local particular. O aprovisionamento e manutenção do exército baseavam-se em depósitos e recursos locais, dispersos por todo o país. O QG supremo podia destacar um pequeno QG de comando para avançar e conduzir uma batalha específica. A conscrição era universal, e todos os reservistas eram obrigados a apresentar-se a uma unidade local para defesa da sua área.

Das três facções, os Sérvios bósnios eram quem tinha ficado mais a ganhar com o desmembramento do exército: os oficiais com maior instrução e a maior quantidade de equipamento, mas o menor número de soldados. Isto era reflexo da posição dominante que os Sérvios tinham na antiga Jugoslávia – uma das principais razões pelas quais as outras repúblicas pretendiam abandonar a união –, possuindo um número desproporcionalmente grande de cargos de chefia no governo e nas forças armadas. Como tal, dispunham de muitos oficiais, que também tiveram um maior acesso às armas quando a situação na Bósnia degenerou para uma guerra. Por outro lado, a sua relativa escassez de efectivos reflectia o facto de os Sérvios constituírem uma minoria na Bósnia antes da guerra, dispondo necessariamente de menos homens para recrutar. Esta combinação particular de oficiais, armas e soldados significava que quanto mais território os Sérvios conquistassem, mais dispersos ficariam os seus limitados efectivos, e que esta densidade reduzida tinha de ser compensada com um maior poder de fogo. Além disso, quantos mais homens tivessem que convocar para a frente de combate, menos estariam disponíveis para a agricultura e para o que passava por economia. Ao comandar estas forças, Mladic – antigo comandante de corpo no JNA – recorreu aos métodos nos quais fora instruído. As unidades de várias áreas eram agrupadas, e ele enviava um dos seus oficiais superiores para supervisionar um combate ou incidente específico. Os outros dois beligerantes adoptaram métodos similares, embora carecessem de armas e efectivos instruídos que lhes permitissem ser tão eficazes como os Sérvios.

Regressando à minha tese e à viagem por território sérvio, tornou-se evidente quão vazio este estava: tinham muito poucos homens para o defender. O ruir do Acordo de Cessação de Hostilidades era também prova de que a Federação Bósnio-Croata e os Sérvios queriam resolver o assunto enfrentando-se em combate – pretendiam regressar do confronto ao conflito. A Federação, que recebia armas do estrangeiro apesar de um embargo da ONU e dispondo de mais homens, estava a ganhar força, enquanto que os Sérvios bósnios se encontravam, na melhor das hipóteses, na mesma posição. Isto significava que ambos os lados procurariam uma decisão rápida pela via das armas, dado que nenhuma posição seria sustentável no tempo; o cerco de Sarajevo tinha de ser levantado. Para os Sérvios bósnios conseguirem as forças necessárias para responder a este desafio, teriam de reunir as tropas que vigiavam os enclaves orientais. Eu previ que os Sérvios comprimiriam os enclaves bloqueando os comboios humanitários da ONU e empurrando os perímetros para posições de onde os Bósnios muçulmanos não pudessem atacar facilmente as suas movimentações.

Foi contra esta tese que continuei a procurar informações, e a tirar as minhas conclusões. Com o tempo, uma grande parte da tese veio a provar-se correcta. Contudo, nunca nenhum dos meus pensamentos ou análises contemplou o colapso da defesa bósnia de um enclave. As operações bósnias muçulmanas lançadas a partir dos enclaves eram de tal ordem que eu pensei que as suas forças seriam capazes de montar uma defesa adequada. Na verdade, os enclaves eram tão poderosos que os Sérvios os consideravam uma ameaça e exigiam que a ONU os controlasse. Além do mais, nunca me passou pela cabeça a possibilidade do assassínio indiscriminado de mais de 7000 homens e rapazes em Srebrenica. Não restam dúvidas de que, para a UNPROFOR, a operação entrou em crise com a perda catastrófica da área segura de Srebrenica, em meados de Julho de 1995, e com a subsequente perda da área segura de Zepa, no princípio de Agosto. Estas perdas foram um desastre cuja dimensão aumentou quando compreendemos as suas horríveis consequências. Foram um desastre cujas sementes haviam sido lançadas através das decisões tomadas em 1993: ameaçar sem intenção de agir, colocar tropas no terreno sem intenção de empregar a sua força; decisões tomadas sem qualquer contexto político, excepto o receio das consequências da acção ou da força; decisões que foram incrementalmente reforçadas com palavras e actos no período interveniente. Os acontecimentos de Maio de 1995 constituem prova disto.

Em Maio, tentei reimpor a zona de exclusão em redor de Sarajevo, violada com a ruptura do Acordo de Cessação de Hostilidades quando os Sérvios retomaram os bombardeamentos de artilharia sobre a cidade e retiraram algumas armas dos pontos de recolha acordados. Para o efeito, recorri à aviação da OTAN para bombardear depósitos de munições dos Sérvios bósnios. Embora eu não visse as coisas deste modo na época, eu estava em confronto com Mladic relativamente a esta questão. O meu confronto inseria-se no contexto do confronto mais alargado entre a comunidade internacional e os Sérvios, que dera origem às ideias das áreas seguras e das zonas de exclusão. As ameaças anteriores de acção militar não tinham conseguido dissuadir Mladic: as zonas de exclusão eram ignoradas e as áreas seguras bombardeadas pela artilharia. Concretizei a ameaça; passei do confronto ao conflito. O primeiro ataque, que destruiu o alvo, demonstrou que a ameaça era insuficiente; Mladic bombardeou todas as áreas seguras, matando mais de setenta civis em Tuzla. Em resposta, ataquei de novo. Os alvos foram novamente destruídos, e Mladic voltou a retaliar. Fez reféns e ameaçou matá--los. A ONU ordenou-me que parasse com o emprego da força, e as várias capitais concentraram-se na recuperação dos reféns. Subsequentemente, o secretário-geral da ONU, em Nova Iorque, reafirmou a decisão de não recorrer ao poder aéreo excepto em autodefesa e, em finais de Maio de 1995, recebi uma directiva da ONU que deixava bem clara a posição de todos os países: «A execução do mandato é secundária face à segurança do pessoal da ONU. A intenção é evitar perdas de vidas na defesa desnecessária de posições e a vulnerabilidade a situações que envolvam reféns». A segurança das forças era mais importante do que o cumprimento do seu mandato. Mladic vencera o confronto.

A UNPROFOR era vista por todos – pelas três facções beligerantes, cada vez mais pelos EUA e pela OTAN, e por todos os meios de comunicação internacionais – como não tendo utilidade. A pouca orientação política que existira antes destes acontecimentos evaporou-se. A minha única fonte de conselhos e comentários era Carl Bildt, nomeado, após a eclosão da crise, para recuperar os reféns e para substituir Lord Owen como negociador na UE. Eu tinha perdido uma batalha (ou confronto). Ao meditar sobre tudo aquilo, cheguei à conclusão de que tinha que compreender o emprego da força de um modo diferente, que a força tinha de ser aplicada para modificar a mente dos decisores, e que esta compreensão deveria influenciar a minha selecção de alvos. Tinham-se tornado muito claros para mim três pontos: primeiro, que Mladic necessitava de controlar a UNPROFOR, e ao fazê-lo transformava-nos em potenciais reféns. Segundo, que a sua artilharia era importante para ele, porque o seu fogo lhe compensava a escassez de infantaria. E terceiro, que o poder aéreo, tal como o estávamos a utilizar, não constituía a ameaça que nós pensávamos que era; não afectava a necessidade de Mladic ter a sua artilharia. Com base nestas conclusões, e independentemente de qualquer decisão quanto ao futuro da UNPROFOR, decidi que Mladic teria que me considerar imprevisível e descontrolado. Com este objectivo, planeei impor o nosso mandato: utilizar o itinerário bósnio muçulmano para Sarajevo através do Monte Igman, reagir em força caso fosse atacado, e abastecer as áreas seguras, particularmente Srebrenica, recorrendo a helicópteros – e se estes fossem atacados, defendê-los com ataques aéreos. Estes planos não foram executados: não havia vontade política para arriscar as forças por forma a garantir o abastecimento das áreas seguras. Não consegui explicar – até porque as minhas ideias ainda não estavam formadas – que Mladic estava a travar uma batalha de mentes e intenções, não de eventos. A outra razão foi porque, para muita gente – na comunidade internacional e nos *media* – nós éramos parte do problema e não da solução. No entanto, aproveitei todas as oportunidades para readquirir uma posição de segurança para o contingente e liberdade de movimentos. Independentemente do que viesse a ser decidido, eu necessitaria destes dois factores.

Na Bósnia, todas as lutas – inter-étnicas e contra a comunidade internacional – decorreram entre o povo. Os Sérvios bósnios não pretendiam viver entre os Bósnios muçulmanos nem que eles vivessem no seu seio, e os Croatas não queriam viver com mais ninguém. Os Bósnios muçulmanos, embora tivessem inicialmente ponderado a coexistência, tinham uma opinião semelhante. Era um conflito muito pessoal. A maioria dos que combatiam numa determinada área eram habitantes desse mesmo local; em muitos casos, conheciam pessoalmente os seus adversários. Vizinho expulsou vizinho da sua casa. Forças locais, com líderes locais, apoiadas pelas gentes locais porque as podiam proteger, dominavam os combates por objectivos locais. A força era empregue para aterrorizar, destruir e devastar, de um modo que os príncipes medievais teriam compreendido. Faziam-se reféns, compravam-se e vendiam-se cadáveres, e as populações eram deslocadas num processo que se veio a chamar «limpeza étnica». Julgo que este termo teve a sua verdadeira origem numa má tradução, no início da guerra, em 1992. Um repórter que vira aldeãos em fuga pouco depois de os seus defensores terem sido derrotados e de os Sérvios bósnios terem entrado na aldeia, perguntou a um sérvio o que se estava a passar. «Estamos a fazer uma operação de limpeza», respondeu ele em sérvio. Isto foi traduzido por «limpeza étnica».

O conflito também decorreu entre o outro povo: o povo do mundo. A Bósnia foi um verdadeiro teatro de guerra. Muito antes de chegar à Bósnia, compreendi a importância crucial dos *media* na formação da opinião publica internacional – e, assim, a sua posição no conflito. No teatro de guerra, eram o meio que transmitia a guerra entre o povo a uma audiência global. Por este motivo, os *media* tinham-se tornado indispensáveis aos beligerantes e à dinâmica do conflito. No palco do teatro, os actores recebiam visibilidade: funcionários de terceira categoria e rufiões, que constituíam a vasta maioria dos actores principais das três facções, saltaram para o palco e converteram-se nas estrelas do espectáculo, enquanto os estadistas e generais internacionais se enganavam nas falas ou pareciam estar a seguir um guião diferente. As personalidades, e não as questões em jogo, passaram a ser o tema de análises e comentários. Todas as partes jogaram com as câmaras: os Bósnios muçulmanos, fazendo a defesa do seu caso desesperado e chantageando moralmente a comunidade internacional por ter deixado deteriorar a situação, os Croatas argumentando com o seu direito histórico a uma existência separada; e, mais do que todos, os Sérvios bósnios, com a sua arrogância e excesso de confiança, sem se darem aparentemente conta de que por muito que a cobertura televisiva dos seus actos pudesse agradar à sua audiência doméstica, era repugnante para o telespectador estrangeiro. O teatro também ditou quando e que decisões eram tomadas nos fóruns internacionais. Todas as decisões importantes eram desencadeadas pela cobertura televisiva de algum grave incidente, tal como um número de mortos superior ao habitual provocados pelos bombardeamentos de artilharia sobre Sarajevo, ataques a refugiados ou provas da ocorrência de um massacre. As imagens e as perguntas que delas resultavam dos comentadores aos políticos constituíam o estímulo para os vários governos se voltarem a empenhar. Daqui resultava habitualmente a imposição, à ONU, de mais uma tarefa para a qual lhe prometiam forças e recursos que chegavam tarde – quando chegavam. Todas as estruturas da UNPROFOR, cada vez mais complicadas, resultaram destas medidas reactivas e apoiadas por recursos insuficientes: o alargamento inicial da presença no terreno da Croácia para a Bósnia, as NFZ, as áreas seguras e as áreas de exclusão, tudo isto foi desencadeado por um acontecimento particular transmitido via televisão para as capitais de todo o mundo. Isto não tem nada de mal, a não ser o facto de que ao reagir a cada acontecimento sem a lógica de uma estratégia e um contexto, a operação era e tornou-se cada vez mais incoerente.

Quando cheguei ao teatro, os *media* pareciam ser unânimes na sua avaliação extremamente negativa da UNPROFOR, culpando-a de todas as fraquezas da missão, não obstante a posição precária e exposta na qual o contingente se encontrava – criada, para começar, pelos Estados que a tinham enviado para a região. Esta situação fora agravada por uma série de relações tempestuosas entre os *media* e os anteriores comandantes e respectivos porta-vozes, que procuravam justificar e explicar as suas acções à luz do mandato. No geral, estavam factualmente correctos, mas dado que o contexto das explicações era habitualmente o sofrimento continuado do povo bósnio, reflectido em intermináveis imagens de inocentes a serem bombardeados, as palavras pareciam provir de pessoas tacanhas e insensíveis, procurando ilibar-se de quaisquer responsabilidades. Eu sabia que não era este o caso: mesmo sem saber o que sei hoje, eu tinha a noção de que todos os comandantes eram bons soldados, colocados numa situação impossível, sem o mínimo apoio político, procurando simultaneamente cumprir o seu mandato, ajudar as populações locais e controlar e proteger as suas forças – e tudo isto sem autorização para empregarem a força. Dado este cenário, logo que cheguei ao teatro, procurei estabelecer uma política clara para os *media*. Tal como o emprego da força, pareceu-me que o segredo estava na capacidade de intensificar o conflito. Assim sendo, decidi que raramente ou nunca falaria aos *media*, a menos que fosse necessário para sublinhar uma mensagem. Dois porta-vozes principais, Gary Coward – posteriormente Chris Vernon – e Alex Ivanko, um militar e outro civil, estavam autorizados a falar em meu nome. Para o efeito, fiz com que estivessem sempre presentes no *briefing* diário com os oficiais superiores, e fossem mantidos inteiramente a par de todos os desenvolvimentos. Eram apoiados por uma equipa multinacional de porta-vozes militares e civis, que podiam prestar informações aos *media* internacionais em várias línguas. Dei também início a um sistema de encontros informais com a imprensa, duas vezes por semana, jantando com três ou quatro jornalistas na Residência. Deste modo, mantive um contacto constante com este importante corpo, e pude explicar o contexto da situação em geral, e das acções da UNPROFOR em particular. Procurei, com todas estas medidas, estabelecer um relacionamento positivo com os *media*, baseado na fiabilidade da informação e da interpretação.

COMBATEMOS PARA PRESERVAR A FORÇA

Após a tomada de reféns que ocorreu em Maio de 1995, formei um grupo de combate com base no batalhão britânico, para o caso de ter que libertar reféns. Proibiram-me qualquer acção ofensiva, mas a ideia de uma força de reacção rápida (FRR) ganhou adesão em Londres e Paris e, no princípio de Junho, foi acordado o seu *deployment*. Consistiria de um grupo de combate francês e outro britânico, compostos por infantaria blindada, e de um grupo de artilharia com unidades da Grã-Bretanha, França e Holanda. A FRR seria comandada por um general de brigada francês, apoiado por um QG multinacional. Posteriormente, a Grã-Bretanha colocou uma brigada aerotransportada no terreno, na costa da Dalmácia, que ficou também disponível para responder a eventuais solicitações. A FRR não adoptaria os capacetes azuis da ONU nem pintaria os seus veículos de branco: era uma força da ONU, mas não assinalada como tal. Por mim, tudo bem: teriam que entrar em combate, e eu não queria que parecessem da ONU. O que mais me interessava era a artilharia. As peças de artilharia equipadas com sistemas adequados de localização de alvos e controlo de tiro podem aplicar o seu fogo com tanta precisão como os aviões e mantê-lo durante mais tempo, e não estão sujeitas às condições meteorológicas – e, além do mais, estariam sob o meu comando. Em número suficiente e bem utilizadas, poderiam derrotar a artilharia dos Sérvios bósnios.

Para a FRR poder ser empregue com eficácia, a sua utilização teria que constituir uma surpresa, ainda que as suas acções decorressem à vista de todos. Por este motivo, pareceu-me que eu não deveria ser visto como o seu comandante; a força deveria ser considerada sob o comando de outros: da OTAN, dos diferentes países envolvidos, ou até do QG da ONU, em Zagreb. Se Mladic tivesse pensado que era comandada por mim, particularmente depois dos bombardeamentos de Maio, não deixaria de ter reféns potenciais à mão e peças de artilharia posicionadas de modo a atingirem posições vulneráveis da ONU. Decidi não falar nisto a ninguém, e joguei as minhas cartas em conformidade. A FRR demorou muito tempo a ser colocada no terreno, até porque os Bósnios muçulmanos e os Croatas a viam com desconfiança, convictos de que poderia vir a ser utilizada contra eles. A artilharia só ficou em posição em meados de Agosto. O problema seguinte foi que, na mente dos governos envolvidos, a FRR se destinava a uma melhor protecção da UNPROFOR. Os Franceses tinham as suas forças da ONU centradas em Sarajevo e, tendo sofrido mais baixas do que qualquer outro contingente, insistiram que o seu elemento da FRR, particularmente a sua artilharia, permanecesse ao alcance de Sarajevo. Desta forma, a melhor utilização da FRR seria em redor de Sarajevo.

Em fins de Junho, com os reféns recuperados – após os bombardeamentos de Maio – e a FRR a posicionar-se no terreno, eu estava ciente de que não deveria colocar a FRR em risco, e o general Janvier negociou uma entrega de ajuda aos enclaves, através da Sérvia. Fui de licença. Entreguei o comando ao meu número dois, o general Hervé Gobillard, que comandava o Sector de Sarajevo, fiz-me acompanhar de um pequeno destacamento munido de um rádio e organizei uma série de contactos diários. Durante a semana fui informado, pelo rádio, de que a área segura de Srebrenica fora bombardeada pela artilharia, e que se tinham registado alguns combates em redor do canto sul do enclave. Tratava-se de um ponto de tensão conhecido, dado que as posições bósnias dominavam uma estrada utilizada pelos Sérvios, e os Bósnios muçulmanos tinham lançado recentemente vários ataques nas vizinhanças. Concordei com a análise de que o bombardeamento fora uma reacção àquelas «provocações», e que poderia significar uma compressão adicional do enclave. Fui chamado a interromper a minha licença para me encontrar com o secretário-geral da ONU, Boutros Boutros Gali, com Yasushi Akashi e com o general Janvier em Genebra, no dia 8 de Julho. Durante a reunião, discutimos o relatório do secretário geral ao Conselho de Segurança sobre a UNPROFOR e o futuro da missão. Quando a reunião se aproximava do fim, fomos informados de que as forças dos Sérvios bósnios estavam novamente a atacar Srebrenica, e que um soldado holandês fora morto pelos defensores bósnios em circunstâncias por esclarecer. Estes factos foram considerados provas de uma compressão adicional das posições dos defensores. Ficou decidido que eu deveria continuar a gozar a minha licença.

Às primeiras horas do dia 10 de Julho, compreendi que os ataques a Srebrenica continuavam, que os defensores estavam a recuar, que os Holandeses estavam a estabelecer uma posição de bloqueio, a ser apoiada por ataques aéreos, e que os Sérvios haviam feito reféns cerca de trinta holandeses. Fui informado de que Akashi e o general Janvier estavam em contacto com os Sérvios bósnios e Belgrado, e que estavam de acordo com o recurso ao poder aéreo. Algumas horas depois, fiquei a saber que não fora utilizado, e ao princípio do dia 11 o meu chefe de estado-maior pediu-me que interrompesse a minha licença. Demorei cerca de trinta e seis horas a regressar a uma Sarajevo sitiada, e quando cheguei já Srebrenica havia caído. Tínhamos fracassado novamente. Outro confronto perdido, e mal passara a conflito. Se quiséssemos recuperar da situação, era ainda mais importante extrair o nosso pessoal e provocar o conflito que pretendíamos, nos nossos termos.

Foi necessário algum tempo até se conseguir obter um retrato da situação. As comunicações eram deficientes e os relatórios confusos. Tanto quanto pudemos averiguar no Comando BH([119]), o batalhão holandês estava retido no seu campo no enclave, juntamente com 20 000 mulheres e crianças; cerca de 2000 homens tinham sido levados não sabíamos para onde, e parecia que alguns combatentes bósnios muçulmanos e mulheres jovens haviam conseguido fugir na direcção de Tuzla e Zepa. Finalmente, ainda tínhamos que recuperar os trinta reféns holandeses. E enquanto fazíamos todas estas avaliações, eu ainda não sabia que tinham sido massacradas 7000 pessoas. Sabemos hoje qual foi o rumo dos acontecimentos – os quais, aliás, se desenrolaram enquanto eu avaliava a situação, mas nunca me ocorreu que tivesse sido cometido um assassínio em massa. Só o saberíamos mais tarde. Entretanto, considerei que tinha três tarefas pela frente: auxiliar o UNHCR no acolhimento aos refugiados de Srebrenica, exigir o acesso do ICRC e do UNHCR aos prisioneiros bósnios muçulmanos e recuperar o batalhão e os reféns holandeses.

O apoio aos refugiados foi uma tarefa imensa: os Sérvios tinham autorizado autocarros para levarem as mulheres e crianças da base holandesa para Tuzla. Esta operação foi dificultada pelo desejo dos bósnios muçulmanos de «punirem» a ONU pelo seu fracasso em Srebrenica, recusando colaborar no auxílio à sua própria gente – até que lhes conseguimos fazer perceber que, em princípio, se estavam a comportar tão mal como os seus inimigos. As estruturas logísticas ficaram inundadas e levou algum tempo até que o UNHCR e outras agências conseguissem lidar adequadamente com a massa de pessoas em choque e desenraizadas. Decidi que o batalhão holandês não seria retirado até todos os refugiados estarem a salvo. No fim do dia 14, Carl Bildt perguntou-me se eu me poderia estar em Belgrado ao meio-dia do dia seguinte, para uma reunião importante com Milosevic e Mladic. Partimos quase imediatamente: passámos pelas defesas sérvias, pela estrada de Igman, fomos de helicóptero para Split e depois de avião até Zagreb, onde apanhámos Akashi e o general Janvier, seguindo depois para Belgrado.

Há três meses que eu não me encontrava com Mladic, e era a primeira vez que falávamos desde os bombardeamentos, em Maio. Carl e Milosevic mandaram-nos discutir, à parte, as modalidades para a extracção do batalhão holandês de Srebrenica, o que fizemos

---

([119]) Comando da Bósnia-Herzegovina, nome também dado, na época dos acontecimentos, ao quartel-general da UNPROFOR, porque o general Gobillard era o comandante interino na ausência do autor. (*N.T.*)

após uma longa discussão acerca dos bombardeamentos de Maio e em Srebrenica. O oficial que tirou notas da reunião registou-a como tensa e argumentativa. Cheguei à conclusão de que Mladic não receava os bombardeamentos, pois não via como é que o impediriam de fazer o que bem entendesse; o que ele temia era não controlar os comandantes da ONU. Já tinha trabalho de sobra com os seus inimigos bósnios, não precisava de outro grupo de comandantes alterando a situação, possivelmente para vantagem dos Bósnios. A pergunta que se impunha era: como testar a minha análise e, se ela se verificasse correcta, como jogar com os receios de Mladic?

Durante as negociações sobre o batalhão holandês, Mladic prometeu autorizar o acesso do UNHCR e do ICRC aos prisioneiros e à área em geral. Foi autorizado o envio de comboios com medicamentos e provisões, os trinta reféns holandeses seriam libertados, os holandeses retirariam a 21 de Julho, e era garantido o livre acesso da ONU aos enclaves. Finalmente, foi decidido que, no dia 19 de Julho, Mladic e eu nos voltaríamos a reunir, na Bósnia, e Carl Bildt e Milosevic fariam o mesmo em Belgrado, sendo as reuniões ligadas por telefone. Quando estas reuniões tiveram lugar, ainda não nos tinha sido dado acesso a Srebrenica e era já óbvio que tinha ocorrido algum tipo de atrocidade. Mladic e Milosevic voltaram a prometer acesso à área. No fim da reunião, o meu estado-maior informou-me de que eu fora convocado a Londres e que deveria partir no dia seguinte.

Nenhum país que contribuíra com forças para a UNPROFOR, ou até para a OTAN em apoio da UNPROFOR, tinha a mínima intenção de as utilizar em combate ou sequer de as colocar em risco. As ROE controlavam o emprego da força apenas para efeitos defensivos. Até as medidas coercivas das zonas de exclusão para impedir a artilharia de disparar sobre as áreas seguras foram essencialmente defensivas. Nenhum país queria arriscar as suas forças. A maioria dos contingentes estava equipada com veículos blindados para protecção dos ocupantes, não para levarem o combate ao inimigo. As dificuldades sentidas pela ONU para encontrar uma contingência para preencher a Resolução 836 do Conselho de Segurança, definindo Srebrenica como uma área segura, constituem um bom exemplo: passou-se quase um ano até que o batalhão holandês se instalasse no local. E em Junho de 1995, depois de perder um F-16 americano, atingido por um míssil disparado pelos Sérvios bósnios, a OTAN retirou os seus voos para órbitas sobre o Adriático. Mas se ainda havia alguma dúvida acerca da questão, a directiva que a ONU me dirigiu, em finais de Maio de 1995, esclarecendo que a segurança das tropas era mais importante do que a implementação do mandato, tornou bem clara a sua posição: representou a ausência de vontade política, por parte de todos os países, para arriscarem as respectivas forças envolvidas – e as instruções da directiva não foram contrariadas por nenhuma capital. No âmbito da distorcida lógica internacional de efectuar o *deployment* de forças mas não as empregar, a directiva não era ilógica. Mas tal como disse a senhora, não se pode estar um bocadinho grávida, e também não se pode ser um bocadinho intervencionista. Se nos intrometemos numa luta de terceiros, é de esperar que nos empurrem; e se intervimos, é melhor decidirmos se vamos lutar contra um dos lados ou contra todos, e meter mãos à obra – preparados para arriscar as forças destinadas a atingir o objectivo.

A CADA OCASIÃO, ENCONTRAM-SE NOVOS USOS PARA ARMAS E ORGANIZAÇÕES ANTIGAS

A Conferência de Londres, com a participação de todas as TCN e o resto da comunidade internacional, fora convocada porque nenhum dos países que haviam contribuído com forças militares, particularmente a Grã-Bretanha, que tinha tropas em Gorazde, o último enclave oriental, queria outra Srebrenica. Aterrei em Norfolk ao fim da tarde da véspera da conferência, e fui imediatamente levado ao primeiro-ministro, John Major. Ele explicou-me que fora decidido que da próxima vez que os Sérvios bósnios atacassem Gorazde, a OTAN os bombardearia até que parassem; ele seria totalmente parcial, não estando preocupado em afectar o equilíbrio entre as facções, e escalaria as acções até onde fosse necessário. As duas «chaves» estariam na posse dos militares, do general Janvier pela ONU, e do almirante Leighton «Snuffie» Smith pela OTAN. Não seria necessária nenhuma decisão política, dado que já fora tomada; só os militares teriam que decidir se estava a ter lugar um ataque. Um oficial superior da Força Aérea iria ser enviado para deixar bem claro a Mladic a existência da ameaça. Perguntei o que aconteceria em relação às outras áreas seguras, pretendo saber se a ameaça se aplicava também caso elas fossem atacadas: disse-me que não, apenas em relação a Gorazde. Eu sabia que Londres estava preocupada com o batalhão britânico em Gorazde, mas não estava à espera desta mudança completa de política nem que tivesse o seu enfoque num único enclave – e ainda para mais, preocupando-se com os soldados e não com os Bósnios muçulmanos sitiados.

Argumentei que a ameaça teria que se aplicar a todos os enclaves. Como poderia eu, um comandante da ONU, diferenciar entre os enclaves? Como poderia eu, um comandante britânico de uma força multinacional, lidar com os meus subordinados quando os ataques às forças britânicas e às dos nossos aliados provocassem uma reacção diferente? E os meus batalhões franceses, egípcios, russos, ucranianos, bengalis e escandinavos, perguntei. E também via problemas práticos. Duvidava que dispuséssemos de alvos que pudessem obrigar os Sérvios bósnios a interromper um ataque, e duvidava que tivéssemos a determinação colectiva para prosseguir os ataques aéreos em resposta a eventuais retaliações sérvias – bombardeamentos da artilharia sobre os campos da ONU ou a tomada de reféns. Depois de fazermos a ameaça, Mladic não deixaria de tomar medidas para a enfrentar. Expliquei que não tinha problemas nenhuns em combater os Sérvios bósnios, mas não por um único motivo, a defesa das tropas britânicas, e no único lugar onde eles tinham a iniciativa, que eu não podia reforçar e que apenas estava ao alcance da aviação.

Passado algum tempo, juntou-se-nos o ministro dos Negócios Estrangeiros, Malcolm Rifkind. Ambos ficaram surpreendidos com a minha falta de entusiasmo pelo plano, mas insistiram que assim fora decidido. A conversa demorou ainda uma meia hora, e chegou ao fim com o primeiro-ministro pedindo-me para, antes da conferência, tomar o pequeno-almoço com Michael Portillo, o secretário de Estado da Defesa. Regressei ao hotel, onde me encontrei com o general Janvier, com o qual comparei notas, e que também estava surpreendido com a mudança de política. Pusemo-nos de acordo que, durante a conferência, deveríamos deixar inequivocamente claro aos participantes os factos no terreno.

Na manhã seguinte, ao pequeno-almoço, já tinha os meus pensamentos em ordem relativamente à conferência. Decidi que o mais importante seria abranger todos os enclaves com a ameaça, algo que, pelo menos, me ajudaria, como comandante, a manter o contingente unido. Não esperava que isto fosse decidido na conferência, já que percebera que o resultado fora cozinhado nos bastidores e desconhecia que outras nações haviam entrado na panelinha. Eu também pretendia que, durante a conferência, se falasse com frequência na força de reacção rápida e, sempre que possível, relacionando-a com a OTAN.

Michael Portillo e eu tomámos o pequeno-almoço juntos. Ele assumira a pasta há pouco tempo, e eu ainda não o conhecia. Mas fora posto a par, pelo que não necessitei de muito tempo para explicar a minha posição enquanto comandante de um contingente multinacional, e que a totalidade das minhas forças deveria ser coberta pela ameaça, não apenas os Britânicos e os Ucranianos, em Gorazde. Ele disse que talvez se pudesse conseguir o que eu pretendia, mas que eu não deveria contar com isso no fim da conferência. Durante aquele breve pequeno-almoço, também se tornou cada vez mais evidente que Londres tinha um retrato da situação muito diferente do meu; Portillo ficou algo surpreendido que Zepa, outro enclave oriental, não tivesse caído (viria a cair no dia 25 de Julho). As informações que todos nós vínhamos recebendo não eram da mesma natureza, mas tomavam-se decisões com base neste retrato impreciso, decisões acerca do emprego da força ao nível de teatro.

A conferência decorreu num dia muito quente, numa Lancaster House pejada de gente, e foi sombria. Estavam presentes todos os países que tinham contribuído com tropas para a UNPROFOR, a OTAN, a ONU e os EUA. A atmosfera geral era de simpatia para com os Holandeses – de facto, durante a conferência, foi anunciado que o batalhão holandês chegara a salvo a Zagreb, e toda a gente aplaudiu –, julgo que, em grande medida, num sentimento de «podia ter-nos acontecido a nós». Toda a gente expressou a sua opinião, incluindo o general Janvier e eu, e no fim de um longo dia realizou-se uma conferência de imprensa na qual foi anunciado que qualquer ameaça a Gorazde seria alvo de ataques aéreos de uma intensidade inédita. Trinta e seis horas depois, enquanto regressava a Sarajevo, fui informado de que os Bósnios muçulmanos e os Croatas se tinham reunido e decidido agir em conjunto: foi esta decisão que deu origem aos posteriores ataques da Federação, com êxito, contra os Sérvios bósnios. Uma semana mais tarde, foi anunciado na imprensa que todos os enclaves estavam cobertos pela ameaça de bombardeamentos aéreos feita na Conferência de Londres.

Além de elaborar um plano para implementar a decisão da Conferência de Londres, eu procurava impedir que acontecesse às gentes de Zepa o que acontecera às de Srebrenica. Apesar do anúncio feito na imprensa, era claro que não havia a intenção de iniciar bombardeamentos intensos em sua defesa; o máximo que se poderia fazer era incrementar a presença internacional em Zepa, incluindo eu próprio, para «marcar» os Sérvios. As últimas tropas da ONU retiraram em 3 de Agosto: outra retirada de um confronto perdido. A maioria dos habitantes fugiu ou foi escoltada para locais seguros.

A pressão sobre Zepa foi levantada a 29 de Julho, quando os Croatas bósnios e os Croatas atacaram no Sul da Bósnia, e cerca de 10 000 refugiados sérvios se começaram a deslocar para Banja Luka. Este ataque foi o precursor da Operação Storm, na Croácia, uma ofensiva geral do exército croata que expulsou os Sérvios croatas dos seus lares nas Krajinas. Como consequência, 200 000 refugiados sérvios deslocaram-se para o território dos Sérvios bósnios, e alguns seguiram para a Sérvia; por sua vez, os Croatas e Bósnios muçulmanos que restavam na área de Banja Luka foram expulsos dos seus lares. Os Croatas devastaram as Krajinas. A UNPROFOR fracassara no seu propósito original na Croácia. Mas subitamente, os Sérvios estavam na mó de baixo.

A limpeza étnica dos Sérvios croatas da Croácia constituiu um exemplo acabado da dinâmica do «teatro de guerra». Apesar de registado e mostrado quando aconteceu, o acto nunca foi atacado nos *media* pelo que realmente era: a expulsão de uma minoria dos seus lares por parte de um Estado, com base na sua etnia, e o fracasso da ONU na sua protecção, principalmente sendo este o propósito original do seu envolvimento no terreno. Na minha opinião, a causa deste rotundo fracasso foi o facto de as vítimas serem Sérvios. Durante os anos de conflito na região e os cercos a Sarajevo e aos enclaves, e particularmente depois da queda de Srebrenica e da crescente descoberta de provas de atrocidades, os Sérvios foram vistos como a origem de todos os males nos Balcãs. O facto de aqueles refugiados não serem os Sérvios bósnios que tinham cometido os crimes, mas sim cidadãos croatas que estavam na posse das suas terras desde que os Austríacos os tinham instalado no local, no século XVI, para guardarem a sua fronteira com o Império Otomano, foi ignorado. Na perspectiva da comunidade internacional e, em particular, dos *media*, eram Sérvios – e chegara a altura de eles verem como elas mordiam.

O ritmo dos acontecimentos e o seu impacto sobre os Sérvios levaram o secretário de Estado norte-americano, Warren Christopher, a anunciar uma nova iniciativa para negociar um acordo. As negociações seriam conduzidas pelo sub-secretário de Estado para os Assuntos Europeus e Canadianos, Richard Holbrooke. Ao mesmo tempo, eu e o meu estado-maior elaborávamos planos, com a OTAN e a FRR, para o dia em que eu tivesse que responder à minha «pergunta de exame» pós-Conferência de Londres. Eu não sabia onde nem quando seria feita a pergunta e, até ser, tínhamos que prosseguir com as nossas rotinas aparentes. Eu contava que os Sérvios bósnios escolhessem uma altura e um lugar da sua conveniência. Apesar de eu saber que teria que reagir de determinada maneira, tinha de admitir que, depois de reagir, me encontraria numa relação completamente nova com os Sérvios, uma relação coerciva. Finalmente, não fazia ideia do objectivo político, a não ser impedir os Sérvios de atacarem, para o qual seria dirigido o meu esforço militar. Que resultado positivo procurávamos, além da manutenção do *status quo*? Estas questões iam ao cerne do nosso planeamento militar, dado que a selecção de alvos a bombardear é difícil sem um objectivo global.

Eu não queria que os Sérvios tivessem a iniciativa. Essencialmente, pretendia ser eu a decidir quando e onde nos enfrentaríamos, e porquê. E os preparativos prosseguiram. Elaborámos planos para o que faríamos em relação a ataques a cada uma das áreas seguras, e a FRR continuou a instalar-se no terreno, dando sempre a aparência, o mais possível, de pertencer à OTAN. Em paralelo, vínhamos reduzindo lentamente o contingente britânico em Gorazde e, em Julho, o governo britânico anunciou que não iria substituir o batalhão quando este terminasse a sua comissão de serviço, no princípio de Setembro, e nenhum outro país se ofereceu para a missão. Depois da queda de Zepa e da retirada da pequena força ucraniana que lá se baseara, foi fácil retirar também o pequeno contingente ucraniano de Gorazde. Considerei que tinha de partir do princípio de que, aos olhos dos Bósnios muçulmanos e dos Sérvios, seria do interesse de ambos manterem os Britânicos no local para poderem beneficiar de uma situação refém/escudo, mas também pensei que, à luz da decisão da Conferência de Londres e dos seus recentes sucessos no Sudoeste da Bósnia, o governo bósnio muçulmano poderia ser persuadido a aceitar a retirada britânica. Além do mais, eles tinham controlo suficiente sobre as suas tropas em Gorazde, pelo que estas fariam o que lhes mandassem, mesmo que não gostassem de perder o seu escudo. Mladic e os Sérvios bósnios eram outra questão, nem que fosse pelo facto de o batalhão ter que se deslocar pelo seu território.

Na realidade, Mladic estava a braços com muitos problemas. Além da crescente ameaça de um ataque da Federação no Sudoeste, os Sérvios viam-se confrontados com um sério problema de refugiados e ele necessitava da ONU – e principalmente do UNHCR – como nunca. Decidi que trataria a retirada do batalhão britânico como se fosse um exercício administrativo de rotina, inserindo a discussão sobre as suas modalidades no contexto mais amplo da assistência da ONU aos refugiados sérvios. Mladic não se opôs. Ele não me considerava – nem à UNPROFOR – como uma ameaça; uma vez, durante este período, o meu intérprete ouviu-o referindo-se a mim como o «cordeiro azul», e eu era-o. Ele aceitou reunir-se com todos os seus comandantes locais, com a presença dos britânicos. Durante a reunião, fiz com que desse ordem de retirada aos seus comandantes, na minha presença e na do comandante do batalhão britânico, John Riley, na expectativa de que fosse obedecida a menos que directamente anulada por Mladic. Não marcámos uma data específica para a retirada; seria decidida por John Riley mais perto do evento, em finais de Agosto ou no princípio de Setembro.

A FRR continuou a instalar-se no terreno e, após terem sido ultrapassadas as consideráveis reticências de Croatas e Bósnios muçulmanos, posicionámos um grupo de artilharia no Monte Igman, dominando Sarajevo. Os Franceses continuavam a insistir que as suas unidades de artilharia estavam no local para proteger as tropas francesas. Dado que os Franceses se encontravam todos em Sarajevo e que eu apenas dispunha de helicópteros suficientes para trazer do regimento de artilharia britânico uma bateria de seis canhões e municiá-la, o local onde eu poderia combater com o maior poder de fogo seria a área de Sarajevo. Assim, a decisão tomada na Conferência de Londres traduziu-se no seguinte: para eu utilizar, com o maior efeito possível, as forças que tinha ao meu dispor, a OTAN e a FRR, teria que aproveitar a primeira oportunidade proporcionada por um ataque a Sarajevo e, na medida do possível, ignorar os ataques contra outras áreas seguras. Tendo executado o planeamento em parceria com a OTAN, eu sabia que os alvos adequados para ataque aéreo eram limitados. Quanto mais pudéssemos combinar as nossas formas de ataque – aéreo, com artilharia e com os grupos de combate –, maiores seriam as nossas opções e impacto; isto conseguir-se-ia muitíssimo melhor na área de Sarajevo. A minha FRR era um contingente improvisado constituído por dois grupos de combate de infantaria blindada, cada um do seu país, apoiados por um grupo de artilharia com uma grande variedade de equipamentos, proveniente de três nações; o contingente estava sob o comando da ONU e era apoiado pela 5.ª Força Aérea Táctica da OTAN, uma formação também ela composta por uma variedade de países e equipamentos. Estas forças estavam prestes a passar à ofensiva com um objectivo que era inimaginável quando estas organizações e equipamentos haviam sido concebidos.

OS BELIGERANTES SÃO MAIORITARIAMENTE NÃO ESTATAIS

Em 28 de Agosto, cinco projécteis de morteiro caíram na praça do mercado de Markale, em Sarajevo, matando vinte e três pessoas. Tratámos imediatamente de descobrir os culpados do ataque. Os Sérvios afirmaram que não tinham nada a ver com o que se passara, e que os Bósnios muçulmanos haviam disparado sobre o seu próprio povo, mas não havia provas que confirmassem esta afirmação. Porém, eu quis a confirmação absoluta de que os projécteis tinham partido de território sérvio antes de iniciarmos qualquer ataque. O general Janvier encontrava-se de licença e era eu quem tinha a chave, mas não duvido de que ele teria feito a mesma coisa caso estivesse de serviço. Eu não podia anunciar a minha intenção de usar a chave porque o batalhão britânico ainda não retirara de Gorazde. A data da retirada fora marcada para o dia seguinte. Depois de fazer um ponto de situação com o comandante, disse-lhe para retirar logo que pudesse. Entretanto, era importante que eu mantivesse Mladic na ignorância das minhas intenções, pelo que continuaram a ser feitos telefonemas como se estivéssemos a investigar o incidente. Mladic pretendia que fosse constituída uma comissão conjunta, eu respondi que teria que consultar o meu QG superior. Eu estava a empatar.

Nessa noite, o batalhão britânico passou pela Sérvia e dirigiu-se para Zagreb, na Croácia. Aprovei a deslocação pela Sérvia por uma razão muito simples: apesar da aparente vantagem política que constituía para Mladic o facto de os Britânicos se deslocarem naquela direcção e não para a posição da ONU na Bósnia, a estrada permitia à unidade demorar o menor tempo possível em território controlado pelos Sérvios bósnios. Julgo que Mladic só ficou a saber que o batalhão se tinha ido embora quando eu lhe disse ao telefone, no dia 29, estar convicto de que os disparos de morteiro tinham sido efectuados pelas suas tropas. Ele começou imediatamente a ameaçar o batalhão e eu terminei a conversa. Gostaria de saber o que terá acontecido no seu QG quando ele se inteirou de que o batalhão tinha partido a coberto das suas ordens; este pensamento deu-me gozo. Rodei então a chave da ONU, e o almirante «Snuffie» Smith, comandante da Região Sul da OTAN, rodou a chave da OTAN. Entre Smith e Smith, tal como se disse na altura. A força ia finalmente ser aplicada de acordo com um plano. Mas a estratégia continuava imprecisa. Eu ainda não sabia exactamente qual era o resultado político pretendido, além de «traçar um limite», «mostrar que falamos a sério» ou «sermos credíveis». Telefonei a Richard Holbrooke. As negociações estavam bastante avançadas e eu queria que ele soubesse o que se estava a passar. Pensei que ele pretenderia dar-me alguma achega de ordem política, pois eu tinha a certeza de que aquilo que nos preparávamos para fazer iria afectar as negociações. Para meu espanto, ele viu a minha iniciativa como uma actividade distinta e não relacionada, pelos vistos isenta de consequências para ele. Deste modo, decidi que o meu objectivo táctico seria levantar o cerco de Sarajevo, de modo a abastecer a população e cumprir o propósito da UNPROFOR; operacionalmente, o meu objectivo, em apoio às negociações, era atacar o sentimento que Mladic tinha de estar a controlar a situação.

Durante o período de planeamento que se seguiu à Conferência de Londres, eu tinha concordado com o general Mike Ryan, o comandante da força aérea da OTAN, que seria ele a escolher, na Bósnia, os alvos para os seus aviões suprimirem as defesas aéreas sérvias – conhecidos por alvos SEAD (supressão de defesa aérea inimiga). Tinha de ser esta a primeira coisa a fazer, se quiséssemos estabelecer a superioridade aérea. Eu escolheria os alvos que alcançassem os objectivos que eu tinha fixado como parte do meu plano global para o emprego da força. De facto, além do poder aéreo da OTAN, eu podia utilizar a artilharia e os grupos de combate em concertação com os ataques aéreos.

Os alvos e os ataques podem ser considerados em três grupos distintos mas relacionados. Os primeiros foram, obviamente, os alvos SEAD: os ataques destinados a possibilitar a prossecução da ofensiva aérea, mas que também afectavam a capacidade global de comando e controlo no seio do exército dos Sérvios bósnios. Os seus sistemas de comunicação e outras estruturas seriam profundamente afectados, prejudicando necessariamente a capacidade de comando de Mladic. O segundo grupo foram as posições da artilharia e os veículos blindados sérvios em redor de Sarajevo: os agentes específicos do cerco. Foram sucessivamente atacados pela artilharia da ONU e pelo apoio aéreo próximo da OTAN, e os resultados foram explorados pelos meus grupos de combate. Ao mesmo tempo, a minha artilharia atacou as defesas aéreas sérvias nos arredores de Sarajevo. Como consequência destes ataques combinados, o cerco de Sarajevo foi rompido em três dias. O terceiro conjunto de alvos foram os destinados a modificar as intenções de Mladic atacando o seu sentimento pessoal de estar no controlo da situação. Os efeitos combinados das duas primeiras categorias de alvos também se fizeram sentir a esse nível – todos os bombardeamentos tinham o objectivo acrescido de minar a sua credibilidade enquanto comandante –, mas eu também procurei atacar especificamente a sua necessidade de controlo. Um exemplo destes alvos foi uma instalação militar na aldeia onde os seus pais estão enterrados. Foi repetidamente atacada, tendo em conta que, na cultura de Mladic, a incapacidade de proteger os ossos dos antepassados é uma negligência vergonhosa do dever para com a família (em complemento a estes ataques, e para aumentar a pressão, dissemos à imprensa bósnia muçulmana que Mladic não conseguia proteger os restos mortais de seus pais). Outro exemplo foram os meus ataques às ligações de Mladic, electrónicas e físicas, com as suas unidades dispersas pela Bósnia, através dos quais tentei efectuar o corte de comunicações o mais próximo possível das fronteiras entre as formações. Eu pretendia que ele tivesse, nas suas reuniões diárias, uma sensação crescente de incapacidade de comunicar e, logo, de perda de controlo. Para mim, o contexto de todos estes ataques era minha avaliação de Mladic, formada durante meses, no sentido de que estávamos a travar um combate mental e não físico. Levei para este combate mental armas mais pesadas do que anteriormente – e com um plano –, e tive capacidade para explorar os resultados.

O cerco de Sarajevo não teria sido levantado unicamente com ataques aéreos e de artilharia; foram os grupos de combate, no terreno, que exploraram os efeitos dos bombardeamentos, e deram confiança à população da cidade. O poder aéreo da OTAN foi crucial, mas sem a componente terrestre da ONU, a artilharia e os grupos de combate, os bombardeamentos não teriam alcançado o objectivo: foram as forças combinadas que lhe conferiram uma rápida utilidade. Não tardou que Richard Holbrooke estivesse em contacto quase diário connosco, procurando explorar o impacto das nossas acções militares nas suas negociações. Os Sérvios pediam-lhe que pusesse cobro aos bombardeamentos. Concedemos uma pausa de três dias, durante os quais algumas armas dos Sérvios bósnios foram retiradas da redesignada zona de exclusão de Sarajevo, uma medida através da qual os Sérvios nos tentaram persuadir de que estavam a cumprir as nossas exigências. Não nos deixámos convencer, e recomeçámos os bombardeamentos – e estes tornaram-se firmemente associados às negociações, não intencionalmente mas pela justaposição dos acontecimentos.

Com o início da segunda fase da acção militar OTAN/ONU, os Croatas e a Federação, partindo das posições conquistadas, em Agosto, no Sudoeste da Bósnia e nas Krajinas, lançaram uma ofensiva conjunta sobre Banja Luka. Avançaram com rapidez, indubitavelmente ajudados pelos efeitos dos bombardeamentos. A 14 de Setembro, começávamos a ficar sem alvos para atacar, mas Richard Holbrooke conseguira levar as negociações a um ponto em que, nesse mesmo dia, Milosevic pressionou os Sérvios bósnios a aceitarem um cessar-fogo. Durante os dias que se seguiram, o aeroporto de Sarajevo foi reaberto, os Sérvios bósnios retiraram todas as suas armas da zona de exclusão e as pessoas começaram a deslocar-se livremente pelas ruas da cidade. Também recebi algumas provas de que tínhamos sido bem sucedidos na ocultação da identidade do verdadeiro comandante da FRR. Em 17 de Setembro, numa reunião com um dos chefes de estado-maior de Mladic, o general Milosevic – na qual lhe foram dadas as indicações para a retirada das forças sérvias –, este expressou a sua grande surpresa ao descobrir que a FRR estava sob o meu comando, e que eu próprio seleccionara muitos dos alvos. O nosso estratagema tivera êxito. Em 20 de Setembro, os comandantes da ONU e da OTAN anunciaram que «a missão militar foi cumprida» e que «por agora, não é necessário retomar os ataques aéreos». Chegara, pois, ao fim o emprego internacional da força na Bósnia.

    Ao escrever sobre as decisões tomadas nas semanas que se seguiram à Conferência de Londres, devo sublinhar que não fazia ideia de qual seria o resultado político pretendido, e muito menos de como lá chegar. O que fiz foi estabelecer uma posição na qual tivesse a maior liberdade de acção, de modo que, quando a oportunidade se apresentasse, eu pudesse empregar a força que me estava disponível com o máximo de efeito ou utilidade. Tacticamente, rompemos o cerco. Infelizmente, o nosso efeito político directo, o nosso apoio às negociações – o confronto – é mais difícil de determinar, principalmente porque a ONU acabara por se tornar parte do confronto gradualmente, e não logo no início. Este foi o primeiro emprego real da força sem contexto prévio ou planeado. Ao mesmo tempo, o resultado político também foi influenciado por outras actividades: os Croatas e a Federação também empregaram a força para alcançarem os seus próprios objectivos, aproveitando as acções conjuntas ONU/OTAN. Julgo que foi o seu ataque, no qual território sérvio foi conquistado, não bombardeado, que acabou por decidir a questão.

    Nenhuma das partes em conflito na Bósnia – Bósnios muçulmanos, Croatas ou Sérvios – eram Estados funcionais, embora a comunidade internacional reconhecesse a Bósnia-Herzegovina como Estado independente desde 1992 e, como tal, o governo bósnio muçulmano-croata instalado em Sarajevo. No outro lado, encontravam-se a ONU e OTAN, organizações internacionais, com os seus propósitos contraditórios – a ONU procurando ser neutral e a OTAN dirigindo os seus esforços contra os Sérvios bósnios – bem patentes até à queda de Srebrenica, em Julho de 1995. Além do mais, na sua postura reactiva aos acontecimentos, ambas as abordagens tiveram o efeito de darem credibilidade à posição dos Sérvios bósnios de que eram efectivamente um Estado e deveriam ser tratados como tal. E ambas as abordagens, combinadas, conferiram uma vulnerabilidade acrescida à UNPROFOR, e à armadilha refém/escudo. Antes dos acontecimentos de Setembro de 1995, quando as crises anteriores levaram as contradições ao extremo, os Sérvios aprenderam rapidamente a jogar com elas em seu proveito, para ameaçarem fazer reféns as posições que tinham ou apoderar-se de outras; e para frustração dos EUA e da OTAN, a posição de fundo das TCN foi sempre de preservação da força: negar ou, na melhor da hipóteses, restringir severamente qualquer emprego da força que pudesse afectar as suas tropas no terreno, directamente ou devido a retaliações dos sérvios bósnios. Estas frustrações resultaram numa considerável tensão transatlântica. A realidade desta situação era que uma força (a OTAN) fora sobreposta a outra força (a ONU), que não se destinava a ser enérgica, de modo que não podia ser empregue com eficácia. As duas forças tinham objectivos diferentes. A ONU encontrava-se num confronto com todas as partes em conflito, e em cada crise chegou a um resultado imediato mas enfraqueceu a sua posição no longo prazo. A OTAN estava unicamente em conflito contra os Sérvios bósnios mas, após um sucesso inicial, a sua credibilidade foi rapidamente diminuída: os Sérvios bósnios viram que o poder aéreo da OTAN era restringido pela UNPROFOR e constrangido pela selecção de alvos, pelo que os aviões da Aliança não poderiam atacar com êxito os alvos que eram importantes para a OTAN. Somente quando a ONU e OTAN coordenaram apropriadamente, segundo um plano definido, é que a posição internacional ficou coerentemente representada como uma parte em conflito: o beligerante não estatal por excelência.

OS NOSSOS CONFLITOS TENDEM A SER INTEMPORAIS

O *deployment* de uma força multinacional na Bósnia teve início na Primavera de 1992, sob a bandeira da ONU. Treze anos mais tarde, à época em que escrevo ainda lá se encontra uma força multinacional, sob a bandeira da UE. A acção militar ONU/OTAN na Bósnia, que deu origem ao cessar-fogo de 1995, levou depois a semanas de negociações em Dayton, no Ohio e, em Dezembro, à assinatura dos Acordos de Paz de Dayton. Estes acordos, que são, com efeito, um acordo de cessar-fogo muito detalhado, equivalem a outra condição na qual se deveria encontrar uma solução. Ainda está a ser procurada e, até ser descoberta, a comunidade internacional é obrigada a manter a condição com uma presença militar. Esta iniciou-se com uma força de 60 000 efectivos da OTAN que substituiu os 20 000 homens da UNPROFOR, em Janeiro de 1996: este contingente foi reduzido com o passar dos anos e, em Novembro de 2004, a UE tomou conta da situação, com uma força de 7000 soldados. Na verdade, é essencialmente a mesma força: quando a força da ONU se tornou a da OTAN, a maioria das tropas que já se encontravam no terreno permaneceu, trocando as suas boinas azuis, e a bandeira da ONU pelas da OTAN. Quando a UE substituiu a OTAN, foram praticamente as mesmas tropas que de novo ficaram no terreno, trocando a bandeira da OTAN pela da UE. Possuímos apenas um conjunto de forças, que são sempre dupla ou triplamente subordinadas a diferentes organizações e utilizações.

Em Setembro de 1995, as forças que eu comandava tiveram um bom desempenho: atingiram todos os seus objectivos. Contudo, esta realidade deve ser compreendida em termos globais: a força foi empregue para atacar e atingir objectivos tácticos, mas não alcançou um objectivo estratégico nem um resultado político definitivo. Na Bósnia, a acção militar, juntamente com as negociações políticas de Holbrooke, puseram cobro ao conflito – mas o confronto continua.

Conclusão: Que Fazer?

A guerra entre o povo não é um paradigma melhor do que a guerra industrial entre Estados, é diferente – e compreender e aceitar a diferença deve ser uma parte central do nosso caminho futuro. A verdade é que não deixarão de existir confrontos e conflitos, e nós continuaremos a envolver-nos neles individualmente, como nações ou, cada vez mais, em coligações ou alianças, provavelmente em nome da comunidade internacional. É, pois, imperativo que comecemos a assimilar as tendências e implicações do novo paradigma, dando início a um profundo processo de mudança. Os países da OTAN estão actualmente envolvidos num processo de «transformação», tal como muitas nações não pertencentes à Aliança, e isto constitui um passo positivo. Todavia, este processo não parece, por enquanto, englobar o reconhecimento de que vivemos num mundo de confrontos e conflitos e não num mundo de guerra e paz, nem tem presente a ideia da mudança como um factor constante e não um único passo. De facto, o mundo da «transformação» constrói-se no reconhecimento inequívoco de que se alteraram as circunstâncias, mas não se alterou o conceito global deste evento chamado «guerra». Pretendo dizer com isto que, em muitos círculos, se aceita que hoje conduzimos operações e não guerras, mas ainda esperamos que as operações originem, só por si, uma vitória militar definitiva que resolverá um problema político, e não que a vitória seja apenas um contributo para a resolução da questão por outros meios. Não existe a compreensão de que vivemos numa condição de contínuo confronto e conflito, e que, consequentemente, as nossas operações são conflitos que derivam de confrontos, e que mesmo que uma acção militar seja em grande escala, e mesmo que tenha sucesso, o confronto continuará a existir, até ser resolvido por outros meios e pressões do poder. Ou seja, ouvimos as altas patentes declarar que um dado problema não poder ser solucionado militarmente, e é óbvio que estão correctas e que estão a reconhecer a mudança de paradigma. Mas uma coisa é reconhecer a mudança e outra completamente diferente é actuar em conformidade – e este tipo de acção ainda não se vê. Enquanto esta necessidade de profunda mudança nos nossos padrões de pensamento e estruturas institucionais não for compreendida e traduzida em acção, não poderá haver uma verdadeira transformação – nem nas nossas forças, nem no modo como esperamos que alcancem os resultados que desejamos. Em suma, as nossas forças militares carecerão de utilidade.

Que fazer? Este foi o título e o tópico de um dos escritos mais significativos de Lenine, e embora eu não esteja a sugerir uma abordagem tão radical quanto a dele, advogo efectivamente uma revolução no nosso pensamento, no contexto da guerra entre o povo: os nossos confrontos e conflitos devem ser compreendidos como acontecimentos políticos e militares interligados, e só assim poderão ser resolvidos. Como tal, já não é prático os políticos e os diplomatas esperarem que os militares resolvam o problema pela força, nem é prático para os militares planearem e executarem uma campanha puramente militar ou, em muitos casos, empreenderem acções tácticas sem um enquadramento no contexto político, devendo os políticos e os militares ajustar o contexto e planear em conformidade durante toda a operação, acompanhando a evolução da situação. A guerra já não é industrial: os inimigos já não são o III *Reich* nem o Japão, que constituíram ameaças absolutas e precisas em agrupamentos reconhecíveis, fornecendo contextos políticos estáveis para as operações; como vimos, os nossos adversários são informes, e os seus líderes e operacionais encontram-se à margem das estruturas nas quais ordenamos o mundo e a sociedade. As ameaças que constituem não são directamente aos nossos Estados ou territórios, mas sim à segurança dos nossos povos, de outros povos, aos nossos bens e modo de vida, de modo a modificarem as nossas intenções e cumprirem os seus desígnios. Acima de tudo, não se encontram localizados num único espaço que possa ser facilmente definido para o combate. São do povo e estão entre o povo, e é aqui que o combate tem lugar. Mas este combate deve ser vencido de modo a alcançar o objectivo primordial, a conquista da vontade do povo. Para enfrentarmos e derrotarmos aqueles que nos confrontam e nos ameaçam com a força, que operam comprovadamente entre o povo para conquistarem a sua vontade e modificarem as nossas intenções, teremos que nos adaptar e estar prontos para nos readaptarmos por forma a fazer frente a esta realidade. Estes factos devem tornar-se a base para a nossa abordagem ao emprego da força, e também da compreensão de que, embora se possam vencer todos os conflitos, não é possível que todos os confrontos, incluindo os que deram origem aos conflitos, sejam resolvidos pelo emprego da força, ou até de outras pressões. De facto, alguns poderão ter de ser geridos. Esta abordagem pode conseguir-se; na verdade, deve conseguir-se, já que sem ela a força não terá utilidade. A definição da abordagem destas alterações necessárias constitui o propósito do presente capítulo.

A ANÁLISE

O ponto de partida para alterarmos a nossa abordagem deve ser uma mudança nos nossos conceitos de análise, que é a base de toda a actividade política e militar. Actualmente, a tendência é para analisarmos as situações em termos de guerra industrial, e quando as circunstâncias não se enquadram declaramos que se trata de um caso de assimetria ou guerra assimétrica. Tal como observei no início deste livro, nunca gostei desta definição porque considero que a essência da prática da guerra é alcançar uma vantagem assimétrica sobre o adversário; uma vantagem em quaisquer termos, não apenas tecnológica. Quando o adversário consegue impedir a nossa vantagem industrial e tecnológica e, por uma razão qualquer, não somos capazes ou não queremos modificar os nossos parâmetros para recuperar a vantagem, somos obrigados a combater no campo de batalha por ele definido e nos seus termos. E no geral, é exactamente a isto que estamos a assistir no Iraque, nos territórios ocupados por Israel e em muitas outras zonas quentes do mundo.

Com este ponto de partida, necessitamos de compreender, em grande pormenor, a natureza do resultado pretendido da estratégia que está a ser elaborada – político, militar, económico, estrutural, regional ou outro conceito básico –, e também de ter a noção daquilo que poderá ser resolvido através de um conflito e do que permanecerá em estado de confronto. Já afirmei que o objectivo estratégico não pode ser alcançado unicamente através do emprego isolado da força militar maciça; na maior parte dos casos, a força militar só pode gerar resultados tácticos, os quais, para terem um valor mais do que passageiro, têm que ser integrados num plano mais abrangente. Por este motivo, a análise do resultado pretendido deve ser suficientemente pormenorizada para nos permitir ver o que atacar, e para ligar estas aplicações da força militar à aplicação das outras alavancas de poder.

Quando somos confrontados com uma ameaça directa à nossa existência e modo de vida, o resultado pretendido é claro, mas outras circunstâncias são mais difíceis de avaliar, particularmente quando existe também alguma perspectiva de ganhos materiais em activos ou território, por exemplo, e não os dividendos morais decorrentes do auxílio humanitário ou da segurança que resulta da estabilidade na ordem internacional. Estas questões são complexas, e exigem definir prioridades e ajustamento do resultado global pretendido à medida que as possibilidades da sua prossecução se tornam evidentes. Na realidade, as prioridades tendem a ser estabelecidas em função da urgência da acção – o que posso fazer agora? –, em vez de se atribuir a maior prioridade à questão ou item que tem o maior valor para alcançar o resultado pretendido. Recorrendo a uma analogia médica: confrontado com um paciente com um grave problema de pele, provocado por uma dieta inadequada que resulta de uma vida profissional e particular demasiado «stressante», o médico tem de decidir as suas prioridades. As prioridades para a acção são provavelmente na mesma ordem do que os problemas referidos, mas as prioridades para a eficácia na prossecução do objectivo – uma boa saúde duradoura – são provavelmente ao contrário. No entanto, na vida real, o médico é um homem prático e sabe que pouco pode fazer quanto ao trabalho ou ao casamento do paciente, além de querer que o paciente possa pagar os seus serviços. Dessa forma, prefere atribuir a maior prioridade ao aconselhamento de uma dieta, explicando ao paciente o que se passa e o que deve comer, e receitando-lhe uma pomada para diminuir os sintomas – e foi para isto que o paciente o consultou. Nas questões internacionais, tendemos a atribuir a maior prioridade ao que fazemos e não ao que garantirá que atingimos o nosso objectivo final. Às vezes, isto

Conclusão: Que fazer?

acontece porque o nosso objectivo não foi definido em pormenor; outras vezes porque, ao optarmos pela acção, esquecemo-nos de que existem prioridades mais elevadas. As decisões tomadas em 1990--1991, relativamente à conquista do Kuwait por Saddam Hussein, oferecem um exemplo de fracasso na atribuição correcta de prioridades. Era óbvio que a conquista e ocupação do Kuwait constituíam um sintoma da governação de Saddam: o problema era ele. A prioridade para a acção era claramente a libertação do Kuwait, mas a prioridade para garantir o resultado pretendido era, no mínimo, um regime ba'athista neutral governando o Iraque. À medida que os acontecimentos se foram desenrolando, ficámos absortos na acção e na concretização da nossa prioridade para a acção, a libertação do Kuwait e a destruição de uma grande parte das forças armadas iraquianas – e não aproveitámos a posição a que chegámos para atingirmos o nosso resultado pretendido.

Devo sublinhar a importância de se compreender o resultado pretendido antes de se decidir se a força militar tem algum papel a desempenhar na prossecução desse resultado. Somente sabendo o que queremos é que poderemos saber quais as perguntas a colocar aos analistas e aos serviços de informações; e somente sabendo o que queremos em termos de resultado político é que poderemos decidir os objectivos que pretendemos que os militares atinjam. Em termos simples, o objectivo militar estratégico deve descrever o resultado da acção militar. Durante a Segunda Guerra Mundial, era simples expressar o objectivo militar como, por exemplo, a «rendição incondicional da Alemanha», mas nas circunstâncias actuais não procuramos este tipo de resultado estratégico para o emprego da força militar – apontando o exemplo mais recente, nem sequer o fizemos aquando da invasão do Iraque, em 2003. Vários termos são hoje utilizados para, ao que parece, definir os objectivos dos militares – termos como «operação humanitária», «manutenção de paz», «imposição de paz», «operações de estabilização», «garantir um ambiente estável e seguro» –, mas estes, na realidade, são mais uma descrição da actividade do que do resultado. Mesmo assim, muita gente, incluindo os decisores e os responsáveis políticos de nível mais elevado, utiliza e entende estes termos como descritivos de um bom resultado, o que pode dar origem a confusão nos propósitos.

É, pois, possível ver a importância vital de realizar uma análise baseada no resultado político pretendido, já que revelará se a força militar pode e deve ser empregue, e em que medida e com que objectivo. Numa situação ideal, começaríamos por decidir o resultado pretendido com suficiente pormenor para que seja possível descrever o que deve ser realizado para o garantir. Se isto não puder ser feito, talvez por não se saber o suficiente para se decidir ou porque a decisão tem que ser tomada democraticamente, a condição na qual a decisão pode ser tomada passa a ser o objectivo político intermédio. Por exemplo, supondo que o resultado pretendido é ter um governo democrático num determinado Estado, não é possível descrever a sua forma final, dado ser da natureza da democracia que a decisão pertença ao povo; contudo, podemos decidir a condição na qual é mais provável que o povo do Estado tome uma decisão a nosso contento. Deste modo, esta condição torna-se o resultado político intermédio. Depois de compreendermos qual é o resultado pretendido e quais são os objectivos políticos na sua prossecução, devemos seguidamente decidir qual das quatro funções da força referidas no capítulo 8 – melhoramento, contenção, dissuasão, destruição – é mais adequada, tendo em conta as circunstâncias, para contribuir para a prossecução do resultado. Depois, podemos decidir o grau de força necessário.

Das quatro funções, a dissuasão/coacção é a que modifica directamente as intenções do adversário, possibilitando vencer o choque de vontades e não o teste de força. Para que a dissuasão ou a coacção funcionem, a ameaça de acção militar deve ser dirigida sobre um alvo ou alvos tão valiosos para o inimigo que a sua preservação seja mais importante para ele do que concretizar os seus desígnios originais contra nós. As acções militares destinadas a concretizar a ameaça só podem ser decididas depois de o alvo ser conhecido. Para a ameaça ser eficaz, a parte ameaçada tem de acreditar que será cumprida. Esta convicção é formada, na mente do inimigo, pela sua avaliação da nossa capacidade militar para concretizarmos a ameaça, levando-o seguidamente a acreditar que não teremos outra alternativa senão cumprir a ameaça, e que estamos dispostos a fazê-lo. Ele tem que ficar convencido de que, mesmo face às suas contramedidas, os alvos que ele valoriza serão descobertos e destruídos, e que mesmo que possa suportar a sua perda nós escalaremos atacando alvos ainda mais valiosos. De facto, a escalada mede-se pelo valor do alvo para a parte ameaçada, não pela tonelagem ou quantidade da força empregue na sua destruição. As forças militares

CONCLUSÃO: QUE FAZER?

que se destinam a moldar intenções têm dois objectivos – no *deployment* e no emprego – que são facilmente esquecidos. O seu *deployment* deve ser no âmbito do confronto, e as forças actuarão de modo a contribuírem para que o adversário forme as convicções atrás referidas, de modo a atingir o resultado pretendido: o objectivo político primário. E devem estar prontas para ser empregues no conflito para atingirem o objectivo ameaçado de uma forma que possibilite que o objectivo político primário seja alcançado.

O que tende a acontecer é que, por razões várias – ausência de vontade política e apoio doméstico, falta de forças ou de uma ideia clara acerca do resultado, ou uma combinação de todos estes factores –, ficamos pelo objectivo militar, o melhoramento ou a contenção: efectuamos o *deployment* da força militar. Depois, quando outras medidas e entidades civis – políticas, diplomáticas, legais, económicas – não conseguem resolver a questão como pretendemos, procuramos utilizar a força militar ou a sua ameaça para garantirmos o resultado que desejamos através da dissuasão ou da contenção: empregamos a força. Não há nada de errado nesta resposta gradual, desde que, quando são tomadas as medidas dissuasoras, saibamos qual é o resultado pretendido; caso contrário, tal como já referimos, apenas conseguiremos conter. Isto acontece porque o adversário, que está entre o povo, também emprega a força militar para dissuadir ou coagir – mas fá-lo sabendo qual é o seu próprio resultado pretendido. Ele sabe que a ameaça que faz ou concretiza se destina a atingir um objectivo particular, e actua de modo a aproximar-se desse objectivo. Se empregamos a força para frustrar as suas acções, sem um objectivo próprio para orientar os nossos esforços, a sua estratégia de operar entre o povo, de provocação e de propaganda do acto tornará muito provável que os nossos actos reforcem a sua posição em vez de a enfraquecerem. O inimigo, com um resultado diferente em mente, também terá uma ideia das características do resultado que procura e pretende. Ao efectuarmos a análise antes de uma operação, ou durante a evolução da situação por força da operação, as duas visões antagónicas do futuro devem ser examinadas com rigor para se descobrirem eventuais pontos em comum, primeiro porque não há necessidade de combater por algo em que se pode chegar a acordo, e também para providenciarmos o que todos querem de um modo que sirva o nosso resultado pretendido, mostrando que é para o bem do povo. Tal como observámos, todas as pessoas desejam segurança e ordem, e esta característica é, muito provavelmente, comum aos resultados pretendidos por ambas as partes. Não há que ter dúvidas: até o revolucionário maoísta ou o fundamentalista teocrático compreendem habitualmente a necessidade de estabelecer segurança e ordem. As questões em cima da mesa são quem vai providenciar a segurança e contra quem, quem ditará as leis e regras prevalecentes, e quem serão os juízes.

LEI E CONFLITO

Em todos os exemplos de guerra entre o povo discutidos no presente livro, o resultado pretendido foi definido, de um ou de outro modo, como um Estado estável, governado democraticamente, na qual a lei funciona em conformidade com normas internacionais, a sociedade evolui tendo como referência os direitos humanos, e a economia é gerida com mecanismos fiscais e monetários fiáveis. A natureza exacta de um Estado que satisfaça esta ampla descrição variará em função das circunstâncias, e definir estas características para cada caso particular é difícil, principalmente com antecedência, como já referimos. No entanto, pode partir-se do princípio de que deverá ser um Estado de direito.

Durante séculos, debatemos a justiça e a moralidade da guerra e do modo como é travada. Depois da última grande guerra industrial, a Segunda Guerra Mundial, adoptámos a Carta das Nações Unidas, que define quando é legítimo entrar em guerra, ainda que, nos últimos anos, tenhamos visto as suas restrições sujeitas a diferentes interpretações. Também tentámos punir os inimigos que considerámos culpados de crimes de guerra e, ao fazê-lo, eliminámos a alegação defensiva da «obediência às ordens». E com base no trabalho anterior, desenvolvemos um corpo de Direito Internacional Humanitário (DIH), começando com as Convenções de Genebra, para reger a conduta da guerra, particularmente no que diz respeito à protecção dos não combatentes e dos militares postos fora de combate. Em si mesmo, este corpo legal não trata da moralidade do emprego da força nem se o conflito é ou não legítimo, por exemplo, em função de uma resolução aprovada pelo Conselho de Segurança da ONU. Todas as medidas legais desenvolvidas desde 1945

Conclusão: Que fazer?

foram, no essencial, compreendidas e criadas no âmbito das premissas da guerra industrial entre Estados. Hoje em dia, ao travarmos guerras entre o povo, estamos a confundir a legalidade das nossas acções com a sua moralidade, quer seja quando consideramos entrar em guerra, quer seja na sua conduta. De facto, tal como ficou patente nos generalizados protestos internacionais contra a invasão do Iraque pela coligação liderada pelos EUA, em Março de 2003, a Operação Iraqi Freedom, existe a percepção de que a legalidade de entrar em combate também estabelece a sua moralidade – e vice-versa. Assim, somos ambíguos quanto ao estatuto legal do soldado e às leis que o regem. Em consequência, existe alguma confusão relativamente à utilidade da força nesta ou naquela situação. É um debate difícil, tornado ainda mais complexo quando operamos entre o povo, dado que já existem leis na sociedade desse povo e que, ao mesmo tempo, os soldados da força multinacional interveniente trazem consigo outro conjunto de leis: tal como observámos, não existem soldados internacionais, e cada um deles está sujeito a uma lei nacional diferente. Esta realidade complexa reflecte-se em dois aspectos da lei e do conflito: o estabelecimento da lei entre o povo e a relação entre os militares e a lei.

Em relação ao primeiro aspecto, quando operamos entre o povo, e o nosso objectivo é estabelecer e manter uma situação de ordem para a implementação de medidas políticas e económicas, estamos implicitamente a procurar estabelecer uma forma de primado da lei. De facto, podemos definir esta pretensão como um objectivo estratégico – o que significa então que se operarmos tacticamente à margem da lei estaremos a prejudicar o nosso próprio objectivo estratégico. Foi efectivamente isto que aconteceu com os casos de maus tratos perpetrados por soldados americanos na prisão de Abu Ghraib, em Bagdad, ou por soldados britânicos em Bassorá, em 2004 – ou ainda, obviamente, na prisão de Guantánamo, em Cuba, administrada pelos EUA, na qual foram e se encontram detidos suspeitos de terrorismo capturados durante a guerra no Afeganistão. Além do mais, este tipo de actos e de políticas fornecem ao inimigo provas que lhe permitem apoiar a sua estratégia de provocação e propaganda do acto, ajudando-o a conquistar o apoio do povo e a virá-lo contra nós. Isto leva-nos de volta ao ponto crucial de que o objectivo de todas as nossas operações entre o povo é a vontade do povo, e se pretendemos um Estado estável e que as nossas forças não tenham que permanecer no terreno para manter uma «condição», o povo tem que estar suficientemente satisfeito com o resultado de modo a não pretender alterá-lo. A derrota ou neutralização dos que defendem uma perspectiva contrária é inegavelmente um passo necessário, mas deve ser levada a cabo de modo a que o povo os rejeite ou, pelo menos, deixe de os apoiar.

As circunstâncias do *deployment* da força militar ditam necessariamente as leis a ser aplicadas e os poderes de quem as aplica. Em princípio, não existe nenhuma razão pela qual não se possam criar ou aplicar leis ou decretos específicos para a situação em causa, mas terão que ser aplicados com justiça e a todos sem distinção. Na sua forma mais básica e em maior ou menor grau são proibidos por lei, em todas as sociedades, o porte e a utilização de armas por indivíduos não autorizados, a ocultação de armas, a fuga após ordem de paragem e a resistência a buscas pessoais ou de bens. Em qualquer caso, os que conduzem a operação e o povo entre o qual se movimentam não devem ter quaisquer dúvidas quanto às leis que estão a ser aplicadas, as quais, no mínimo, devem ser as que constituem o corpo do DIH.

Quando operei entre o povo, foi-me útil ter presente que os militares estão no terreno para impor a ordem. Para o efeito, existe um bom princípio na Common Law [direito consuetudinário] inglesa: se nos virmos confrontados com um tumulto violento e for nosso dever pôr-lhe cobro, deveremos optar pela via aparentemente menos susceptível de provocar perdas de vidas e bens. E apesar de ser inegável que os militares têm que combater e derrotar os seus opositores armados, devem fazê-lo segundo este princípio orientador. Nos piores cenários de combate e desordem, a obrigatoriedade de uma actuação firme tenderá a provocar baixas, destruição, decisões inadequadas e comportamentos de excessiva dureza; contudo, o mecanismo de controlo continua a ser a lei, e os militares devem responder perante ela. Neste sentido, julgo que existe espaço suficiente para o desenvolvimento de alguma forma de direito consuetudinário internacional. Quanto mais depressa é estabelecida a ordem, mais rapidamente pode ter início o trabalho de polícia regular.

Para que o primado da lei seja sustentado e reforçado de modo a merecer o apoio popular, as medidas militares devem centrar-se nos infractores da lei. Isto exige informações e inteligência de qualidade, precisão no ataque ou na detenção, e êxito no processo judi-

Conclusão: Que fazer?

cial. Sempre que um inocente, mesmo que apoie os infractores, é atacado ou detido, morto ou encarcerado, a lei perde credibilidade e torna-se mais difícil de alcançar o objectivo final: o apoio do povo à lei. Quanto mais as medidas de imposição da ordem aterrorizarem a população, mais reforçada sai a posição do nosso adversário como seu defensor – e menos provável será que alcancemos o objectivo estratégico, a conquista da vontade do povo. É difícil aplicar a força militar a este objectivo, dado que, pela sua natureza, a força militar é letal, maciça e tendencialmente arbitrária. Afinal de contas, os seus praticantes foram treinados para uma guerra que não estão a travar.

Os militares conseguem dissuadir porque representam uma ameaça credível: vêem quem infringe a lei, e quando vêem, detém-no ou matam-no. Para ser duradouro, este efeito de dissuasão militar deve ser implementado na mente da maioria das pessoas. Mas esta situação tem que ser mantida através de uma presença militar, e não descreve o resultado pretendido. Para se garantir o resultado pretendido, a dissuasão tem de ser alterada da necessária para garantir a ordem regida pela lei – a bala dirigida –, para a necessária para garantir justiça sob a lei – as provas que conduzem à acusação e à condenação. Neste sentido, os militares podem ser de grande ajuda para o estabelecimento da autoridade civil: possuem os recursos humanos e os sistemas que lhes permitem recolher, gerir e comunicar informações. Quanto mais depressa esta capacidade para gerir grandes quantidades de dados for posta ao serviço da polícia para desenvolver a dissuasão com base em informações comprovativas, mais cedo a dissuasão militar poderá passar para segundo plano.

Defendi, como princípio, a necessidade da acção militar apoiar o desenvolvimento de um primado da lei sustentável. A aplicação deste princípio e o grau de esforço militar alocado irão variar com as circunstâncias, e a sua aplicação efectiva levará obviamente tempo, dependendo das contramedidas do adversário, mas desde que uma das características do resultado pretendido seja o primado da lei sustentável, todos os esforços deverão ser dirigidos para este objectivo, sendo a utilidade da força o estabelecimento do primado da lei.

E assim chegamos ao segundo aspecto da legalidade do emprego da força: a relação entre os militares e a lei. O estatuto dos que empregam a força militar e o seu emprego legal devem ser compreendidos desde o início. Quanto mais estabelecemos tribunais para lidar com casos de violações do Direito Internacional Humanitário, tais como o TPIJ (Tribunal Internacional Penal para a Ex-Jugoslávia) ou o TPI (Tribunal Penal Internacional), mais devemos estar certos da posição das tropas que enviamos em operações. Desde o início, devemos acreditar na moralidade da operação como um todo, e na sua legitimidade. Não se trata de avaliações simples, particularmente num cenário multinacional, mas consideremos a posição dos comandantes supremos: deverão envolver tropas numa operação que consideram carecer de legitimidade? Os nossos padrões de pensamento institucional, baseados no passado, dizem que sim: cumprimos as ordens que nos dão, é uma questão de lealdade e disciplina; bem ou mal, trata-se do nosso país. Mas desde Nuremberga e, mais recentemente, em Haia, a alegação defensiva baseada no cumprimento das ordens falhou. Na minha perspectiva, esta questão não pode ser levada demasiado a sério. Por exemplo, no princípio de 1999, esperámos pela decisão sobre se a OTAN deveria ou não bombardear a Sérvia e as forças sérvias para obrigar Milosevic a retirar as suas tropas do Kosovo, uma província da Sérvia, onde estavam a oprimir os Kosovars. Os bombardeamentos deveriam ser efectuados sem uma resolução do Conselho de Segurança da ONU nesse sentido, e eu tinha algumas dúvidas quanto à legitimidade do que pretendíamos fazer –, e também não tinha a certeza se eu, enquanto DSACEUR, deveria desempenhar algum papel na operação. Reflecti profundamente no assunto e cheguei à conclusão de que as bases morais que legitimavam a operação eram as mesmas que se eu, um homem forte e em forma, fosse a andar pela rua e ouvisse, vindos de uma casa, sons que provavam estar a ter lugar um crime violento, deveria irromper pela residência e impedir que fosse cometido, recorrendo à força necessária para o fazer.

E depois temos as leis dos Estados que enviam militares para o teatro, e a lei do Estado ou Estados que constituem o teatro. De uma forma ou de outra, estes corpos legais regem o emprego da força armada; geralmente, é permitida em autodefesa e para impor a ordem quando a desordem ameaça vidas ou bens. Em ambos os casos, o emprego da força é regido pelos conceitos de uma ameaça comprovada e iminente, e da proporcionalidade na resposta.

Devido à natureza da guerra entre o povo, o emprego da força é habitualmente iniciado a um nível relativamente baixo. Além dos

Conclusão: Que fazer?

líderes e dos comandantes, o cidadão e o soldado também são afectados. Desse modo, todas as partes têm de saber com o que é que contam. O povo tem de saber, pois é quem mais sofre na ausência de lei e é a sua vontade que procuramos conquistar. Os nossos militares também têm de saber, pois são eles que, após o evento, são responsabilizados perante a lei. O DIH, em particular as Convenções de Genebra e as leis da guerra, constitui supostamente um texto-padrão para todos os oficiais e soldados das forças militares dos Estados signatários; deve tornar-se um objectivo internacional garantir que o DIH é difundido e compreendido em todas as forças, regulares e irregulares, em todo o mundo. O soldado responde perante a lei pelas suas acções em campanha, e cumpre aos que o enviam em campanha garantir que ele compreende adequadamente a lei e a sua posição face à lei. Ele também necessita de saber que aqueles que definem o contexto para as suas acções o fazem de modo a permitir-lhe operar eficazmente dentro dos parâmetros estabelecidos pela lei. Para o efeito, a lei e o seu estabelecimento devem ser, desde o início, centrais à lógica orientadora das campanhas entre o povo – devendo a lei ser, no mínimo, o corpo do DIH, nomeadamente em relação ao estabelecimento da ordem e à autodefesa.

Assim, em última análise, o estabelecimento da legalidade do emprego da força é um imperativo, e também é de suma importância garantir a sua moralidade. Todavia, importa deixar bem claro que estes dois conceitos não são sinónimos, quer entre si, quer da utilidade da força. Se o objectivo for a criação do primado da lei, o emprego da força à margem de parâmetros legais e morais não terá utilidade – dado que o propósito da aplicação é prejudicado pelo modo de aplicação. Albert Camus expressou este facto muito bem na sua *Chronique Algérienne*:

> Embora seja verdade que, pelo menos na história, os valores – da nação ou da humanidade – só sobrevivem se nos batermos por eles, o combate e a força não bastam para os justificar. A luta deve ser justificada e iluminada por esses mesmos valores. Há que combater pela verdade e ter o cuidado de não a matar com as mesmas armas que utilizamos em sua defesa; este é o duplo preço a pagar pela restauração do poder das palavras.[120]

---

[120] Albert Camus, *Actuelles III, Chronique Algérienne (1939-1958)*, in *Oeuvres Completes, Essais*, Paris, Editions Gallimard, 1965, p. 898. (Nota do Autor)

O PLANEAMENTO

E chegamos ao plano – que não é um programa detalhado, mas antes um esboço geral, um padrão de acontecimentos pretendido, baseado na informação e na análise, para garantir o resultado pretendido, enumerando os objectivos a atingir, alocando responsabilidade, autoridade e recursos em conformidade –, que procura que os efeitos alcançados sejam coerentes, focados e ligados entre si. Isto é difícil de fazer, particularmente com as estruturas institucionais que desenvolvemos para travar guerras industriais e não guerras entre o povo. No geral, nas nossas actividades de planeamento, utilizamos uma abordagem tipo «lista de verificação». Esta abordagem não tem nada de mal, desde que a questão seja simples e confinada a uma única competência ou, em níveis superiores, a uma única instituição. No meu caso, para não confinar o meu pensamento à estrutura institucional, colocar perguntas a mim próprio foi-me útil para analisar a situação, definir objectivos e organizar os meus esforços. Em particular, ajuda-me a não agir com base em falsas premissas e, ao mesmo tempo, poupa-me atrasos ao indicar as acções necessárias para obter informações. Nunca tive oportunidade de utilizar as perguntas que se seguem *ab initio*, mas usei-as para compreender porque é que algo não estava a resultar satisfatoriamente, para apoiar um argumento ou para decidir o que fazer num determinado conjunto de circunstâncias decorrente dos acontecimentos.

Na elaboração de um plano, existem dois conjuntos de perguntas que devem ser feitas. O primeiro lida com o contexto geral da operação, nos níveis político e estratégico, e o segundo com o contexto da sua conduta, ao nível de teatro. Descrevê-las-ei como se estivesse a ser considerado o emprego de uma força militar, mas aplicam-se, em larga medida, a todas as outras formas de poder e influência, e mostram que todos estes esforços necessitam de ser congregados ao nível adequado. As perguntas de cada conjunto são iterativas, dado que as respostas devem ser coerentes entre si e as respostas a um conjunto de perguntas devem ser coerentes com as respostas ao outro.

Quando confrontados com uma situação na qual consideramos que talvez venhamos a ter que intervir com uma força militar em defesa dos nossos interesses, o primeiro conjunto de perguntas destina-se a definir o resultado e o esforço a ser aplicado na sua prosse-

Conclusão: Que fazer?

cução, em função daquilo que é compreendido como as circunstâncias específicas do momento:

- A quem nos opomos? Que resultado pretendem? Que futuro ameaçam? Quais são as diferenças em relação ao resultado pretendido?

- Procuramos ordem ou justiça? Entre uma e outra, onde fica o resultado? Se procuramos justiça, para quem é?

- Com quem vamos lidar? Com os líderes actuais, ou queremos outros no poder? Se sim, quem são eles? Vamos mudar a actual liderança por completo? Se não, quem fica?

- Vamos usar a lei deles ou a nossa? Se for a nossa, pretendemos modificar a deles?

- Quem vai administrar o Estado, eles ou nós?

- Conhecemos o resultado que pretendemos em pormenor suficiente para que possamos definir os objectivos a atingir? Caso contrário, o mais que poderemos conseguir será uma situação provavelmente conducente a um resultado que merecerá a nossa aprovação. Podemos definir esta «condição» de modo a conseguirmos definir os objectivos a atingir? Caso contrário, o mais que conseguiremos será melhorar e conter, enquanto procuramos a informação para responder às perguntas anteriores.

- Em que nível podemos, em teoria, atingir os objectivos pela força das armas? Devemos fazê-lo? Podemos fazê-lo? Vamos fazê-lo? Quando?

- Caso contrário, o que estamos preparados para ameaçar e prometer de forma a atingirmos os objectivos que definimos? O que é mais precioso para o adversário que possamos ameaçar? O que é que ele mais pretende? (Nunca devemos esquecer que as ameaças saem caro quando falham, e que os subornos são dispendiosos quando têm êxito). Quando o faremos?

O segundo conjunto de perguntas obtém resposta em função das circunstâncias do teatro tal como são entendidas no momento, e das respostas ao primeiro conjunto de perguntas. Contudo, antes de as mencionar, é importante realçar a estreita correlação entre o emprego da força e a ameaça de emprego. Na parte final do primeiro conjunto de perguntas, estamos a identificar a que nível é possível esperar que a força militar, só por si, tenha utilidade, ou o ponto no qual o confronto passa a conflito. Nos casos em que o comandante militar deve empregar a força directamente, ele está então não apenas a ameaçar empregá-la, e pode abordar o seu objectivo numa base estritamente militar – tal como faria numa guerra industrial. Mas se não for este o caso – e mesmo que seja no início, raramente continua a sê-lo, porque o êxito militar modifica a situação –, o comandante de teatro deve considerar a natureza das suas ameaças logo à partida, de modo a reforçá-las através da sua acção militar. É então nesta base que temos o segundo conjunto de perguntas:

- Como é que mostramos que a ameaça é credível, que a concretizaremos, que teremos êxito mesmo que, para tal, tenhamos que escalar? Todas as outras opções que podemos seguir são consideradas menos atractivas do que a concretização da ameaça?

- Como mostramos que o nosso resultado pretendido é melhor para o povo e para o adversário do que concretizar a ameaça?

- Como mostramos que as ameaças do adversário são insuficientes e que rejeitaremos o seu resultado alternativo?

- Como garantimos que as nossas promessas são credíveis aos olhos do adversário e do povo?

- Como podemos ter a certeza de confiar no adversário e no povo?

Ao elaborarmos o plano, devemos ter presente que as respostas às perguntas dependem de uma variedade de entidades, das quais os militares são apenas uma, e talvez até uma das menores. Partindo

Conclusão: Que fazer?

do princípio de que está envolvido apenas um Estado, as entidades são, entre outras, o Ministério dos Negócios Estrangeiros, os serviços de informações, o Ministério das Finanças e as organizações governamentais e não governamentais humanitárias ou de apoio ao desenvolvimento. Tratando-se do planeamento de uma operação liderada por uma coligação ou aliança, são relevantes todas estas entidades pertencentes a cada um dos Estados, bem como as organizações internacionalmente mandatadas, tais como as da ONU. E dependendo da natureza da intervenção, poderá haver utilidade – ou até necessidade – no envolvimento de entidades do Estado alvo.

A verdadeira dificuldade institucional reside em congregar as entidades na resposta às perguntas. No entanto, deve ser feito, para que o emprego da força conduza ao resultado pretendido em vez de reforçar a posição do adversário. Ao estabelecer o contexto para a operação, através da resposta às perguntas, o que não se sabe ou não está decidido é tão claro como o que se sabe ou está decidido, e os objectivos – a recolha de informação para responder às perguntas – podem ser estabelecidos em conformidade. Qualquer operação, mas particularmente as da guerra entre o povo, é um exercício de aprendizagem acerca do adversário, e deve ser conduzida com este objectivo em mente. Ao respondermos a estas perguntas, a diferença entre o resultado pretendido e o resultado contrário – o nosso e o do inimigo – é tida em conta desde o início. Entre outras coisas, isto permite considerar se o empreendimento militar é justo ou não. Tendo presentes os diferentes resultados, o emprego da força e todas as outras formas de pressão podem então centrar-se na resolução da diferença em nosso proveito. De facto, não devemos nunca esquecer que o planeamento se destina a pôr cobro, de forma vantajosa, a um conflito que emana de um confronto, e que o seu objectivo absoluto é pôr fim ao conflito de modo a aumentar a possibilidade de resolver vantajosamente o confronto. Por conseguinte, embora procuremos conquistar a vontade do povo e derrotar o adversário que se encontra no seu seio, isto é frequentemente muito difícil de conseguir quando ambos – adversário e povo – pertencem a uma nação ou etnia ameaçada por uma força de intervenção. O confronto subjacente é reduzido, com demasiada facilidade, a uma questão de «eles contra nós». Nestas circunstâncias, é particularmente importante decidir com quem estamos a lidar logo no início do planeamento. Por exemplo, se for a liderança em vigor, estamos a reconhecer que para pormos fim ao confronto será necessário cooperar com os líderes do povo de modo a que sejam eles a afastar o povo do adversário. O emprego da força nestas circunstâncias requer muita subtileza, e se for incorrecto – em excesso ou de forma insuficiente –, os líderes locais são apresentados como meros fantoches nas mãos das forças militares de intervenção.

O PENSAMENTO INSTITUCIONAL

A dificuldade na conduta das nossas operações modernas reside na congregação dos esforços de todas as entidades do teatro com um único propósito. Na resposta ao segundo conjunto de perguntas – no contexto do primeiro –, sabemos quais são as informações e inteligência necessárias, a informação de carácter público e a transmitida pelos *media*, conhecemos os objectivos militares, económicos, políticos e administrativos e, mais importante ainda, as relações entre estas actividades. Tomando como exemplo os militares, o nível ao qual podem actuar como grupo independente é o nível a que pretendemos obter uma decisão através da força militar. Se o nível médio dos recontros for à escala de companhia, todos os níveis superiores de comando militar deverão estar estreitamente ligados às outras entidades e compreender a sua dependência mútua. Por outras palavras, acima do baixo nível táctico de companhia, deve ficar claro que os militares não são o único actor – nem provavelmente o principal – e que para se obterem os melhores efeitos é importante definir os papéis de todas as entidades e coordená-las. Como sempre, neste sentido, uma das principais considerações é recordar constantemente que se trata de uma guerra entre o povo. Um exemplo ilustrativo do muito que há a alterar torna-se aparente quando examinamos a estrutura do pessoal militar para lidar com o povo durante o conflito. Na guerra industrial, a ideia é remover os civis do campo de batalha e administrar as áreas de retaguarda de modo a que os civis não constituam empecilhos. Com este propósito, foram criadas e treinadas equipas para desempenhar estas funções. Na OTAN, chamam-se equipas CIMIC([121]) (Cooperação Civil-Militar) e integram as reservas dos exércitos da maioria dos Estados,

---

([121]) Acrónimo de Civil Military Coordination. (*N.T.*)

Conclusão: Que fazer?

sendo apenas activadas em caso de mobilização e com funções que decorrem da vida quotidiana civil. Nesta perspectiva, lidar com a população civil é uma tarefa secundária e de apoio e, regra geral, a selecção para este ramo não é propriamente considerada um marco na carreira profissional dos escolhidos. Porém, nos conflitos de hoje, lidar com a população civil é uma actividade directamente relacionada com o objectivo, e é uma actividade primária, não secundária. Além do mais, também é o nexo para a cooperação com todas as outras entidades e alavancas de poder do teatro. Na prática, existe uma necessidade constante dos serviços deste pessoal – que não abunda –, colocando enormes exigências às reservas e demonstrando a sua importância. Contudo, em muitos casos, este pessoal está mal preparado para a missão, sendo retirado aleatoriamente de outros ramos das forças armadas, e cumpre breves comissões de serviço em teatros que muitas vezes exigem o estabelecimento, com o passar do tempo, de relações de confiança e de amizade com o povo. Temos novamente aqui um exemplo acabado da necessidade de reconhecer a mudança de paradigma e ajustar as nossas instituições militares em conformidade.

Mas não são apenas os militares que necessitam de ser reformados para a guerra entre o povo. Temos que adaptar todos os nossos padrões de pensamento e lógica institucionais. As nossas instituições, por exemplo, os ministérios, as forças armadas e as alianças, empregam processos alicerçados na experiência da guerra industrial, que estruturam o pensamento e tendem a que a informação seja reunida e analisada em termos desse modelo de guerra. O emprego da força militar é habitualmente considerado uma das medidas de apoio possíveis para outras iniciativas e vice-versa. Nestas circunstâncias, a força não pode ser um acto de último recurso, e necessita de ser aplicada precisamente no contexto, mais lato, das medidas que se destina a apoiar. Actualmente, as nossas instituições estão estruturadas como chaminés, do táctico para o estratégico, e excepto em casos particulares, existe pouca interacção entre elas – um facto manifestamente evidente quando se trata de organizações multinacionais. Necessitamos de ter a capacidade de as congregar, pelo menos ao nível de teatro e provavelmente a níveis mais baixos, de modo a que as suas acções sejam dirigidas por uma liderança centralizada e tenham coerência. Isto aplica-se a todos os ministérios e estados-maiores; persistir com padrões de pensamento institucionais que tornam o ministério ou o departamento da Defesa responsável pela condução dos assuntos de um Estado ocupado é uma loucura.

A liderança centralizada pode ser constituída por um ou vários indivíduos, mas caso sejam mais do que um devem estar em sintonia e possuir autoridade para actuar na prossecução do resultado pretendido. O líder pode ser um alto diplomata, político, administrador ou oficial militar, mas deve ter a seu lado representantes das outras entidades necessárias para o sucesso, que serão responsáveis perante ele e lhe fornecerão recursos. Devemos desenvolver uma estrutura que aumenta a capacidade de os indivíduos incumbidos de vencerem o choque de vontades dirigirem o seu esforço colectivo com um único propósito no teatro: vencer o confronto, garantindo que qualquer acto de força apoia as realizações dos outros e vice-versa. Esta necessidade de mudança estrutural é particularmente importante no caso das operações multinacionais – que deveremos considerar cada vez mais como a norma –, nas quais as diferentes instituições estão directamente ligadas a diferentes capitais. Na verdade, com a ONU e a OTAN é mais complicado, dado que os contingentes nacionais estão directamente ligados às respectivas capitais e ao QG da organização, respectivamente em Nova Iorque e Bruxelas, onde os representantes nacionais também estão ligados às suas capitais. Além do mais, a OTAN lida apenas com questões militares, pelo que, quando é empregue, tem de ser acompanhada por outra organização que se ocupe, por exemplo, da lei e da ordem, da governação e da economia.

Essencialmente, o que é necessário é um corpo de nível estratégico que estabeleça o contexto para a operação como um todo, e que seja a fonte de orientação e sustentação para o teatro. Penso que a UE tem um grande potencial neste sentido. As suas instituições cobrem toda a gama de actividades governamentais, e está a actualmente a desenvolver uma política externa e de segurança comum, incluindo a capacidade de utilização de forças militares para a apoiar. Se estes esforços forem orientados para o desenvolvimento da capacidade – incluindo a vontade de actuar – de travar confrontos e conflitos em vez de guerras industriais, a UE estará bem posicionada para o século XXI.

Mas para que estas mudanças organizacionais funcionem temos de alterar o nosso modo de pensarmos a campanha. Temos de pen-

Conclusão: Que fazer?

sar na campanha como um todo, não como uma sequência de acontecimentos separados, por exemplo, preparação, invasão, ocupação, construção da nação, retirada. Ao pensarmos na campanha como um confronto no qual o conflito tem um papel, as acções empreendidas nas primeiras fases destinam-se a contribuir directamente ou, pelo menos, a evitar prejudicar as realizações das acções posteriores. Responder às perguntas atrás referidas ajuda a clarificar a questão no seu todo, bem como as ligações entre os vários actores. Tal como diferentes entidades têm diferentes papéis a desempenhar à medida do desenrolar dos acontecimentos, também devem ser envolvidas nestas considerações, as quais afectarão a selecção de alvos e objectivos para vencer o choque de vontades.

O teatro de operações também deve ser compreendido como um conceito mais lato do que o espacial da guerra industrial. É claro que os acontecimentos e acções decorrem em localizações geográficas específicas, mas estas incluem o povo e, devido aos modernos sistemas de comunicações, os acontecimentos ecoam de forma diferente e em diferentes locais, em função do povo desses locais. Por exemplo, estão em curso operações dos EUA e da OTAN no teatro de operações do Afeganistão, mas onde se situa o teatro da campanha contra-terrorista ou contra-narcóticos? E qual é a ligação destas campanhas às operações no Afeganistão? Enquanto estas relações não forem compreendidas, não conseguiremos definir bem o que é estratégico e o que é operacional, nem conseguiremos lidar apropriadamente com a recolha e avaliação da informação, e muito menos com a sua disseminação para influenciar e informar.

Quanto aos comandantes, em particular, estes devem compreender que o desígnio prioritário que determina a estratégia e a campanha é a aquisição de informação, para conhecer o inimigo e o povo, e para descobrir o que os separa. Isto permitirá que os nossos esforços, violentos ou não, sejam aplicados com precisão, possibilitando-nos explorar a vantagem. A melhor forma de travar a guerra entre o povo é como uma operação de inteligência e informação, não como uma operação de manobra e atrito, à maneira da guerra industrial. A maioria desta informação é necessária para compreender o contexto da operação e das acções que se empreendem, pois sem este enquadramento contextual a tendência é para actuar como se cada acontecimento fosse separado, o que impede a compreensão de que o êxito táctico está a conduzir ao fracasso operacional. Uma grande parte desta informação está disponível para recolha, e não é de natureza militar; a perícia reside na avaliação e em decidir qual a acção a empreender – se for esse o caso. Finalmente, necessitamos da informação para concretizar a dissuasão através da lei; necessitamos de suficientes informações comprovativas para poder levar a cabo um processo em tribunal. Sem isto, o objectivo primordial continua por alcançar, obrigando a uma permanência mais prolongada das forças militares para manter a estabilidade. Para vencermos o choque de vontades, temos que modificar ou formar as intenções do povo; as pressões e factores que provocam esta mudança decorrem da transmissão de informação acerca de outros actos, de uma crescente confiança no primado da lei, e de demonstrações e emprego da força.

OS *MEDIA*

Os *media* e o seu papel também devem ser parte integrante do planeamento – nem que seja pelo facto de que aparecerão em qualquer acontecimento e contarão uma história, pelo que é melhor considerar a história e o papel dos *media* desde o início. Com base neste raciocínio, vejo os *media*, em grande medida, como a fonte do contexto nos quais se desenrolam as acções no teatro: os *media* não fazem os factos, mas são eles que os exprimem e exibem. No teatro de guerra, aqueles que se encontram no palco e nas bancadas julgam as acções no teatro segundo este contexto, e cabe aos planeadores garantirem, através dos *media*, que a audiência nunca se esquece de que existem pelo menos dois produtores e duas companhias em palco – e não uma grande companhia, com toda a gente misturada. Por isto é tão importante estabelecer o contexto do acontecimento e contar a história correctamente logo desde o início. Para actuarmos com eficácia, temos que conquistar uma posição na qual a maioria da audiência e das pessoas em palco sigam o nosso guião e não o do adversário. Se estamos a combater pela vontade do povo, todos os êxitos que alcancemos de nada valerão se o povo não pensar que estamos a vencer. Em larga medida, é comunicando através dos *media* que transmitimos esta mensagem.

Na minha óptica, cabe aos níveis político e estratégico assumirem a liderança no estabelecimento do contexto para o comandante

Conclusão: Que fazer?

do teatro poder operar com vantagem. Se não quiserem ou não puderem fazê-lo, algo que pode acontecer, em particular, numa operação em coligação ou aliança pouco apoiada, o comandante do teatro deverá fazer o que puder para definir o contexto. Mas globalmente, ele não está bem colocado para o fazer, e as suas prioridades são outras – embora deva sempre conceber a sua operação no âmbito do contexto que existe, independentemente de como é apresentado pelos *media*. Para ligar as acções no teatro ao contexto e explorá-las posteriormente é necessário captar a história – exigindo-se um «narrador», alguém que explica ao público o que aconteceu, o seu significado e onde é que os acontecimentos poderão conduzir. Esta pessoa é mais do que um simples porta-voz: é o narrador da história, ligando os acontecimentos à medida que ocorrem, recordando constantemente a existência de dois grupos de actores e dois guiões, criando a história mais convincente dadas as circunstâncias. Todos devem saber que ele fala com a autoridade do comandante, e que conhece o seu pensamento. Numa força multinacional, é bom possuir narradores que representam, no mínimo, os principais grupos linguísticos, de modo que falantes nativos que compreendem as suas audiências possam servir os respectivos *media* nacionais. Um exemplo excelente de uma narração bem sucedida seria a evolução da gestão dos *media* pela OTAN durante os bombardeamentos do Kosovo, em que a OTAN e as várias capitais demoraram algum tempo até começarem a falar coerentemente com os *media*. As razões para que isto tenha acontecido foram de ordem geográfica, técnica e processual. Os bombardeamentos decorriam na Europa, uma hora mais cedo do que em Londres e seis do que em Washington. Em Londres, era realizado um *briefing* bastante completo para a imprensa, contando com a presença de ministros, apoiados pelo chefe do Estado-Maior da Defesa. Estes *briefings* tinham lugar antes dos *briefings* diários da OTAN, pelo que os representantes da OTAN se viam confrontados pelos *media* com perguntas baseadas no *briefing* de Londres. Além do mais, as capacidades técnicas da BBC, da ITV e da B Sky B tornavam possível que o *briefing* britânico fosse seguido na Europa e utilizado no discurso político em várias capitais europeias. Por consequência, Washington acordava todas as manhãs descobrindo que a sua agenda, pelo menos em relação aos *media*, estava a ser ditada pela Europa. Era uma confusão total, potencialmente geradora de disputas políticas. Por fim, em meados de Abril, o primeiro-ministro Tony Blair incumbiu Alistair Campbell, o seu director de comunicação, de pôr ordem na situação – o que resultou num procedimento para coordenar o conteúdo dos *briefings*. As coisas melhoraram e Jamie Shea, o porta-voz da OTAN, tornou-se o narrador do conflito. Teve tanto sucesso que, quando a OTAN entrou no Kosovo, o seu nome, a par dos nomes dos líderes, estava na boca das gentes locais.

O ponto de partida, para qualquer comandante, deve ser que ele só se poderá culpar a si próprio se os factos forem incorrectamente relatados, e se o relato continuar por corrigir. Os repórteres e jornalistas presentes no teatro querem saber o que faz a autoridade. Querem uma fonte contínua de informações fiáveis, de preferência acompanhadas por um café e a possibilidade de utilizarem sistemas de comunicação – embora com as comunicações avançadas de hoje este último factor seja menos importante –, e informações credíveis relativamente à sua segurança pessoal. Devem ser providos destas necessidades básicas, e o narrador deve estar prontamente disponível para falar com eles e com a audiência em qualquer momento. Nunca devemos mentir aos jornalistas, seja para os enganarmos, ou para enganarmos o inimigo. Acabaremos por ser desmascarados, e a nossa capacidade de comunicar com o povo será prejudicada. Mas podemos praticar algum ilusionismo: nem todos os veículos blindados necessitam de transportar os respectivos soldados.

O comandante deve evitar a tentação de cooperar com os jornalistas convertendo-se ele próprio na história. Os jornalistas vê-lo-ão sempre como um indivíduo: para elogiar ou criticar, para contrastar positivamente ou negativamente com outros, para personificar e simplificar uma actividade que é colectiva e complexa. Ele nunca se deve esquecer de que «a fama não tem presente e a popularidade não tem futuro». Na minha opinião, o comandante só deve falar directamente aos *media* em público quando tem uma mensagem que só ele pode transmitir a uma audiência através dos *media*. No entanto, deve estar envolvido com os *media*, nos bastidores. O seu papel é explicar a história da operação. Tal como o narrador liga os acontecimentos para que a audiência compreenda a história, o jornalista informado pelo comandante deve compreender as ligações mais complexas entre os acontecimentos e o contexto. O comandante é o produtor e deverá querer que o jornalista compreenda o enredo, mas o produtor só é a história quando esta se revela um êxito ou um fracasso.

Conclusão: Que fazer?

A missão do jornalista é difícil, particularmente quando trabalha para a TV; geralmente, dispõe de muito pouco tempo para colocar as imagens num contexto significativo. As imagens possuem um significado próprio, mas só são devidamente explicadas quando vistas no seu verdadeiro contexto e a partir de uma perspectiva declarada. No tempo de que dispõe, o jornalista tem de apelar a imagens mentais para fornecer o contexto, e as nossas imagens mentais da guerra assentam, no essencial, nas guerras industriais do passado. Após a Guerra do Golfo, em 1991, tive ocasião de ver uma gravação de toda a cobertura noticiosa feita pela BBC e pela ITV acerca das minhas forças durante o conflito, desde a nossa chegada até ao cessar-fogo. Eu não tinha visto quaisquer notícias televisivas, e fiquei surpreendido pela semelhança entre as imagens, predominando os tanques e os aviões, e pela forma como as palavras apelavam a memórias das imagens das trincheiras da Primeira Guerra Mundial ou dos bombardeamentos aéreos da Segunda. Na maior parte dos casos, o jornalista, talvez tentando ser imparcial, fazia a reportagem da sua perspectiva pessoal, e não explicando as perspectivas das partes envolvidas. Desta forma, a realidade que eu vivera com as minhas forças perdia-se ou não era comunicada. Foi depois de ver aquelas gravações que formei a opinião da necessidade de um narrador nas nossas operações modernas – e de reclamar a posse da história desde o início.

Por último, não devemos esperar nada que se aproxime da perfeição neste empreendimento apresentacional. Verificar-se-ão desastres, diferenças de pontos de vista genuínas, e enganos – enquanto o adversário se esforça para que assim seja. É necessário pensar no longo prazo, e fugir da sedução do ganho e do efeito imediatos oferecidos pelo jornalista com fins jornalísticos. A tarefa dos militares, juntamente com todas as entidades que conduzem a operação, é a derrota do adversário e a conquista da vontade do povo para o futuro, e não vender um jornal que amanhã irá para a caixa do gato.

A GUERRA ENTRE O POVO

O propósito do presente capítulo tem sido examinar o modo como analisamos e planeamos uma abordagem aos conflitos modernos. Deve ficar claro que esta abordagem se baseia numa perspectiva do mundo como um mundo de confrontos e conflitos e não de guerras, isto é, um mundo no qual a força militar tem um papel a desempenhar; mas este papel não é isolado, nem passível de atingir sozinho o objectivo estratégico. Acima de tudo, estou absolutamente convicto de que esta abordagem não só é possível como necessária, caso queiramos aplicar a força com utilidade –, e estou igualmente certo de que a força tem um papel a desempenhar na prossecução de objectivos políticos. Tomemos como exemplo o plano dos EUA para a Operação Iraqi Freedom, ao qual já nos referimos. Beneficiando de uma análise *a posteriori* e sem ter estado envolvido no planeamento, passo a comparar o que aconteceu com o tipo de análise que recomendo.

Com base na retórica política da época, o resultado pretendido era um Estado democrático, funcionando segundo as normas das democracias ocidentais e aberto ao comércio livre com o Ocidente. Este Estado seria purgado de Saddam Hussein e do seu regime, e deixaria de constituir uma ameaça para os seus próprios cidadãos, para a região ou para o mundo, incluindo a de colocar armas de destruição maciça em mãos terroristas. Dado este resultado pretendido, cuja natureza é simultaneamente política e militar, construiríamos uma estratégia partindo do resultado e andando para trás bastante pormenorizadamente, sem nunca esquecermos a máxima básica de que o inimigo é um ser pensante e reactivo; não está sentado à espera que o ataquemos, mas sim a elaborar activamente a sua própria estratégia para frustrar o nosso ataque e provavelmente para nos atacar. Além do mais, no âmbito da ideia de confronto e conflito, o adversário é um ser simultaneamente militar e político – o que significa que centrarmo-nos num aspecto e subjugarmos a sua resistência sem termos o outro em conta não conduzirá ao resultado estratégico pretendido. Tendo presente este facto, a análise e o planeamento teriam começado com a compreensão dos objectivos estratégicos – a vontade do povo iraquiano e dos seus líderes, e as medidas necessárias para a conquistar ou, pelo menos, para a manter neutral. Isto significa que o processo correcto deveria ter sido começar por definir o resultado pretendido da ocupação antes do início da ocupação – antes da invasão. Deste modo, a principal entidade envolvida no planeamento não deveriam ter sido os militares especificamente, mas sim os responsáveis por atin-

Conclusão: Que fazer?

gir o resultado pretendido e pela condução da ocupação. As provas disponíveis dão a entender que não foi este o caso.

A construção de uma estratégia e a sua execução ao nível de teatro podiam e deviam ter sido levadas a cabo seguindo os dois conjuntos de perguntas atrás referidos, particularmente os cinco grupos básicos do início do primeiro conjunto e que passo a repetir –, e tendo em conta a necessidade de coerência nas respostas obtidas:

- A quem nos opomos? Que resultado pretendem? Que futuro ameaçam? Quais são as diferenças em relação ao nosso resultado pretendido?

- Procuramos ordem ou justiça? Entre uma e outra, onde fica resultado? Se procuramos justiça, para quem é?

- Com quem vamos lidar? Com os líderes actuais, ou queremos outros no poder? Se sim, quem são eles? Vamos mudar a actual liderança por completo? Se não, quem fica?

- Vamos usar a lei deles ou a nossa? Se for a nossa, pretendemos modificar a deles?

- Quem vai administrar o Estado, eles ou nós?

Dado o resultado pretendido, as respostas a estas perguntas no âmbito da Operação Iraqi Freedom indicam que era necessário abrir caminho até à capital e depor a liderança, sendo necessária a força militar. Mas será que foi destruída a capacidade de o Iraque se administrar a si próprio? Se a resposta é afirmativa, deveria ter sido feita a seguinte pergunta: quem administrará o Estado? Sendo a resposta negativa, a pergunta deveria ter sido: em termos organizacionais e materiais, o que deverá ser destruído e o que deverá ficar intacto? Por exemplo, se o Partido Ba'ath, que era o regime, devia ser destruído, quem deveria substituí-lo em termos administrativos, não políticos, tendo em conta que a única estrutura organizada alternativa do Iraque era a religião, as mesquitas e os imãs, muitos dos quais radicalizados por rivalidades sectárias. Por conseguinte, com a destruição do Partido Ba'ath não se procurou autorizar esta única alternativa viável? E se assim foi, que medidas de controlo deveriam ter sido implementadas?

Ao conduzirmos esta análise, começamos por identificar os objectivos que só podem ser alcançados através da força militar, e as limitações ao emprego da força para além destes objectivos – incluindo, por exemplo, as infra-estruturas necessárias para providenciar ao povo uma boa administração e ordem. Coloca-se então a questão do nível ao qual pretendemos empregar a força, isto é, o emprego da força destina-se a obter um resultado estratégico, de teatro ou táctico? É óbvio que o resultado pretendido, dada a sua natureza, não podia ser alcançado através da força militar – o máximo que esta conseguiria era criar a condição na qual outras alavancas de poder poderiam criar o resultado pretendido. Deste modo, a força militar não poderia ter – e não teve – um efeito estratégico. Além do mais, durante dois anos, após o ataque inicial, a força militar não teve a certeza de ter garantido, ao nível do teatro, a condição que poderia conduzir ao resultado pretendido.

Deveriam ter sido colocadas perguntas relativas à administração, à lei e à ordem; por exemplo: todas as forças iraquianas, incluindo a polícia e as forças de segurança interna, deveriam ter sido destruídas ou desmanteladas? Ou deveria ter sido percebida a necessidade de diferenciar entre os que tinham de permanecer como parte de um confronto numa nova administração, e aqueles que, fazendo parte do conflito, teriam de ser destruídos? Em alternativa, deveria ter-se previsto que os líderes, particularmente nos níveis mais baixos, e os escalões de segurança e burocráticos por eles chefiados, desapareceriam entre o povo para verem o rumo que tomavam os acontecimentos. Neste cenário alternativo, estas pessoas teriam permanecido como parte do confronto após o fim do conflito, e deveriam ser tratadas de modo a entenderem ser do seu interesse cooperar com a Coligação. Por exemplo, a promessa da continuação do pagamento dos seus salários e a manutenção das suas regalias, com a ameaça inerente ao evidente e abrangente saneamento dos seus líderes superiores, talvez tivesse sido suficiente para vencer este confronto. E tê-lo-ia principalmente sido se, em conjugação com a aplicação da força militar, outras alavancas de poder se tivessem tornado rápida e eficazmente evidentes. Por exemplo, a rápida inclusão de apoio policial por parte dos países da Coligação teria iniciado e sustentado o processo de reorientação das forças

Conclusão: Que fazer?

de segurança internas. Dever-se-ia igualmente ter analisado onde é que as forças militares e de segurança necessitariam de concentrar as suas actividades para apoiar o esforço civil. Do mesmo modo, a introdução de especialistas em administração civil nas estruturas de governação existentes teria possibilitado a continuação da administração do país, conferindo alguma normalidade à vida quotidiana, prosseguindo o processo de reorientação a outro nível.

Alicerçando todas estas opções e soluções, dever-se-ia ter compreendido inequivocamente que os mecanismos de comando fundiram as acções políticas, económicas e militares num esforço concertado – do quartel-general estratégico ao quartel-general de teatro e aos níveis mais baixos da administração. Além do mais, nunca se deve esquecer o ponto básico afirmado em toda a Parte III deste livro: o povo não é o inimigo. O inimigo encontra-se entre o povo, e o objectivo de qualquer emprego da força militar e de qualquer outro poder é diferenciar entre o inimigo e o povo para conquistar a vontade deste último – o que nos leva a outro ponto acerca da abordagem: aquando da decisão do método de operação, depois de termos efectuado a penetração inicial, o objectivo primário deve ser a aquisição de informação para identificar o verdadeiro alvo entre o povo, para compreender o contexto no qual o alvo opera, e para conseguir explorar um ataque bem sucedido sobre o alvo. Isto significa que na esmagadora maioria dos casos, o *deployment* de forças e o emprego da força militar devem resultar na recolha de informação e ser em apoio das outras alavancas de poder: são elas que podem explorar o sucesso das acções tácticas. E quanto mais os militares prestarem o seu apoio, mais perto se estará do objectivo estratégico. Não adoptando esta abordagem, corremos o risco de as nossas acções tácticas se virarem contra nós pelos astutos praticantes da propaganda do acto e da estratégia de provocação. Isto conduz-nos ao ponto final, já que resta ainda a questão da relação da operação – a Operação Iraqi Freedom – com a guerra ao terrorismo global: onde é que o acto estratégico se encaixa na estratégia de proteger os EUA e talvez os seus aliados de ataques terroristas? Ou está simplesmente a fornecer combustível, um combustível estratégico com elevado teor de octanas, para aqueles que operam segundo os princípios da propaganda do acto e da estratégia da provocação?

Em consequência, na base, uma análise da Operação Iraqi Freedom, partindo do resultado pretendido e não vendo o Iraque como um todo, teria possibilitado a identificação onde a força militar seria necessária para destruir – e onde deveria ser aplicada em conjunto com outras pressões. Isto teria sido feito partindo do princípio de que a acção militar eliminaria obstáculos específicos, e outros obstáculos permaneceriam no âmbito do confronto, a ser ultrapassados, com o tempo, através de uma combinação de todas as pressões. Todavia, trata-se apenas de um exemplo, que reflecte a importância crucial de alterarmos a nossa abordagem aos conflitos – e garantir a utilidade da força.

A UTILIDADE DA FORÇA

Ao escrever estas palavras, não pretendo dizer que a força armada não pode ser empregue – e com eficácia – para atingir objectivos políticos. Para compreender isto, basta ver quão eficazes podem ser alguns homens armados com armas simples, e quão difícil é impedi-los de promoverem a sua agenda política pela força. A força possui efectivamente utilidade – para todos os propósitos: para a defesa, para a segurança do Estado e do povo, e para manter a paz internacional. Com isto, quero dizer que devemos empenhar os nossos esforços internacionais, na manutenção e imposição da paz até à defesa. Mas para a força ser eficaz, o resultado pretendido do seu emprego deve ser compreendido em suficiente pormenor para que sejam definidos o contexto e o ponto de aplicação do emprego da força. De facto, o propósito geral de todas as intervenções é claro: procuramos incutir, na mente do povo e dos seus líderes, que quando em confronto por este ou aquele motivo, a omnipresente opção do conflito não é o caminho a seguir. Isto aplica-se tanto ao Estado que possui armas nucleares, extremista ou não, como ao terrorista ou ao rebelde de catana em punho; todos eles colocam uma ameaça armada ao povo, por forma a estabelecerem uma condição que lhes permita atingirem o seu objectivo político. Para o efeito, a força militar constitui uma opção válida, uma alavanca de intervenção e influência, à semelhança das alavancas económicas, políticas e diplomáticas, mas para ser eficaz deve ser aplicada como parte do esquema mais lato de concentrar todas as medidas para atingir um mesmo objectivo.

Conclusão: Que fazer?

Tal como continuo a pensar que ainda existe utilidade na força militar, desde que correctamente aplicada em apoio da vitória no choque de vontades, também acredito que as nossas forças ainda são úteis. A dimensão relativa do exército, da marinha e da força aérea, e a natureza e quantidades do seu equipamento, evoluirão indubitavelmente para o novo paradigma, mas a necessidade de mudança mais urgente reside na organização das forças. E a organização estratégica dos meios deve reflectir o modo como a força é empregue estrategicamente. Tal como defendi no presente livro, a ênfase mudou de organizarmos as nossas forças para defendermos o nosso território para utilizá-las para proteger o nosso povo e o nosso modo de vida, e conduzir operações longe das nossas fronteiras. A possibilidade de um ataque directo a alguns Estados, através de mísseis – nucleares ou não –, existe, e se as medidas de segurança destinadas a impedir a proliferação das armas de destruição maciça falharem, as possibilidades aumentarão; estes ataques terão sempre que ser dissuadidos. Para o fazer, serão necessárias, no caso da maioria dos Estados, alianças defensivas dotadas de uma capacidade de contra-ataque credível, de cobertura de inteligência adequada e de sistemas de defesa antimíssil eficazes. Mas estas medidas defensivas não devem ser vistas de forma isolada: podemos construir um castelo, mas não viver nele sob cerco é tão importante – aliás, é a primeira consideração – como protegermos os nossos interesses, por pequenos ou grandes que sejam, e sermos vistos com capacidade e vontade para tal. Para montarmos as operações de segurança, podemos identificar algumas constantes: serão expedicionárias, serão multinacionais, envolverão, nalguma medida, entidades não militares, e serão muito prolongadas. Cada país chegará a organizações ligeiramente diferentes, em função da sua história e circunstâncias; contudo, quanto mais congruentes forem estas organizações com as dos outros países, melhor será a sua integração quando agrupadas numa força multinacional. Este é o desafio que confronta as nações europeias, particularmente os seus exércitos, bem armados para lidarem com qualquer inimigo equipado com material ex-soviético. Disponibilizar estas forças em número suficiente e garantir a sua sustentabilidade além-fronteiras é o problema organizacional a nível estratégico.

Operacionalmente, o modo como as forças são organizadas e utilizadas deve reflectir as constantes estratégicas e a guerra entre o povo. Neste sentido, devemos aproveitar todas as vantagens oferecidas pela tecnologia, particularmente no espaço, no ar e no mar, por forma a garantirmos vantagem ao nível das comunicações, alcance e comando. Mas ao procurarmos fazê-lo, devemos ter presente que os nossos adversários se posicionaram no seio do povo para neutralizarem estas vantagens: hoje em dia, possuir vantagem tecnológica não é suficiente; só por si, não constitui uma mais-valia. Temos que enfrentar os nossos adversários entre o povo, pelo que, nestas circunstâncias, a vantagem tecnológica apenas se consegue quando a tecnologia se encontra em apoio directo daqueles que operam entre o povo. A concretização desta mudança essencialmente organizacional exigir-nos-á o desenvolvimento de relações diferente das da guerra industrial entre os elementos dos três ramos das forças armadas presentes no terreno, e entre os seus componentes. Apesar da necessidade de utilizarmos a tecnologia com a maior abrangência possível, não a podemos ver tal como foi na guerra industrial: já não se trata de uma questão de dois ou mais antagonistas procurando sobrepor-se ao inimigo através da tecnologia. Por exemplo, esperam-se actualmente grandes vantagens da «digitalização do campo de batalha» e da «guerra em rede». Porém, devemos ter o cuidado de compreender onde e sobre o quê procuramos obter esta vantagem. Existe o perigo de nos conhecermos cada vez melhor a nós próprios e cada vez menos o inimigo. As tecnologias de informação devem ser aglutinadas para apoiarem a operação de recolha de informações que é conduzida para compreender e descobrir o adversário e separá-lo do povo, e para ligar os efeitos das nossas acções de modo a torná-las complementares.

Com este objectivo, antevejo um aumento dos meios de recolha de informação e do seu emprego no teatro e entre o povo. Esta recolha é tanto para avaliar intenções, como para descobrir coisas e indivíduos específicos. Esta rede de reconhecimento e vigilância deve, pelo menos, contar com alguns operacionais que conheçam o povo entre o qual se movem, que falem a sua língua e compreendam as suas normas de comportamento. Todos os operacionais necessitarão de possuir o treino e a personalidade para se moverem confortavelmente entre o povo, cientes de que o inimigo está próximo, e evitando ao máximo cair nas armadilhas das estratégias da provocação e da propaganda do acto.

Conclusão: Que fazer?

O aumento na recolha de informação será provavelmente acompanhado de um decréscimo dos elementos que atacam com base na informação recolhida, sejam eles infantaria, artilharia, caças-bombardeiros ou navios de guerra. As suas armas e técnicas tornar-se-ão mais sofisticadas. Estes elementos estarão sob comando central, e serão utilizados apropriadamente no ataque a alvos que exploram e apoiam a operação da inteligência, recorrendo à nossa vantagem tecnológica para garantirem o necessário alcance e a sofisticação na criação de novas armas. As armas e os serviços de apoio devem ser utilizados no menor número possível, por forma a constituírem menos alvos e a reduzirem as despesas operacionais que têm de ser suportadas, principalmente no número de efectivos necessário para guardar as bases e patrulhar a sua vizinhança. É claro que terá de haver alguns destes efectivos, mas cada uma destas bases e respectivos guardas e comboios de abastecimento constituem alvos que podem ser atacados, o que confere uma vantagem ao adversário; cada base e, em particular, as suas patrulhas de segurança, é prova de uma presença opressora. Quando este facto é compreendido e a base é retirada, uma facção declara-se vitoriosa, e é muito provável que outra fale em falta de confiança e reclame a permanência da base. A arte está em ver a campanha como um todo desde o início, evitando uma exposição desnecessária a este tipo de riscos e, quando eles são inevitáveis, estabelecendo o contexto para uma actuação vantajosa. As nossas vantagens aéreas e navais podem possibilitar a condução de muitas destas actividades longe do perigo. Penso que devemos conceber a aplicação da força, em contraste com a operação de inteligência e informação, como uma incursão ao nível de teatro ou estratégico, e não como uma operação prolongada. Também aqui a multinacionalidade se pode tornar uma vantagem, embora requeira alguma vontade política: por exemplo, se os cidadãos da UE se podem deslocar na Europa com cobertura médica em caso de emergência através de um simples formulário, o E111, porque não poderão os mesmos países congregar os seus serviços médicos em campanha?

O desejo de proteger o soldado para manter o seu moral, algo a que dou todo o meu apoio, manifesta-se frequentemente através de medidas que o isolam do povo. Ele surge entre as pessoas de capacete, couraçado e armado, ou na rua, no seu veículo blindado. Em patrulha, o seu comportamento é ameaçador. As suas bases são poderosamente fortificadas, e muitas vezes situadas de modo a vigiar o povo. Estas medidas, ainda que necessárias em casos particulares, não merecem a minha aprovação generalizada. Todas elas definem o soldado como «o outro»; o adversário, que se encontra entre o povo, retira diariamente vantagem desta situação. Dever-se-ia adoptar outros métodos: organizar de modo diferente, utilizando equipamento diferente e baixando os níveis de decisão quanto ao momento oportuno de adopção dessas medidas, e reduzir ao mínimo necessário o número de efectivos exposto e o impacto visual.

As equipas que apoiam os comandantes nestas operações terão de ser multidisciplinares e multinacionais, quando necessário, e os quartéis-generais e respectivos procedimentos deverão ser organizados em conformidade. Tal como existe a necessidade de ver, planear e dirigir a operação como um todo de uma perspectiva estratégica, o mesmo deve ser feito no teatro. Um QG militar pode providenciar a estrutura para este QG multidisciplinar simplesmente porque, geralmente, já existe antes da operação, mas deve fazer mais do que acomodar os representantes das outras disciplinas – tem que os incorporar. As equipas e os sistemas devem ser capazes de lidar com as diferentes exigências ao nível de informação colocadas pelo confronto e pelo conflito. No combate ou conflito, a informação requerida é objectiva e sobre tempo, espaço, quantidade e efeito. Num confronto, lidamos com informação subjectiva sobre intenções, momento e consequências. Correndo o risco de uma simplificação excessiva, diríamos que planeamos um combate tal como planeamos a construção de uma ponte; as acções são ordenadas numa lógica de construção, os recursos são antecipadamente avaliados e fornecidos de acordo com um calendário, e assim por diante. Num confronto, procuramos constituir uma «carteira de opções», às quais recorremos segundo o desenrolar dos acontecimentos, sendo cada uma seleccionada para progredir em direcção ao resultado pretendido. Na guerra entre o povo, o contexto de cada combate ou conflito é um confronto. O comandante e a sua equipa no teatro, e os seus comandantes subordinados, têm que reconhecer qual dos dois estão de momento a travar, e qual é o papel que os seus subordinados têm a desempenhar. Uma das consequências disto é que as cadeias de comando hierárquicas podem constituir um obstáculo, particularmente quando os recontros são em níveis tácticos baixos; conduzem à existência de camadas de

Conclusão: Que fazer?

quartéis-generais entre os que travam o conflito e os que conduzem o confronto. Para sermos eficazes, este também será um factor a mudar nas organizações militares.

Finalmente, devemos desenvolver a confiança para concedermos, àqueles que enviamos para a condução destas complexas operações, uma autoridade que se compagine com a responsabilidade que é colocada sobre os seus ombros. Esta confiança só se estabelecerá com a selecção e treino das pessoas certas, e fazê-lo de forma multinacional será difícil e demorado. No entanto, enquanto não o conseguirmos, não poderemos capitalizar todo o potencial das forças e recursos aplicados.

Quando descrevi inicialmente os níveis da guerra, na Introdução, afirmei que cada nível se insere no contexto do nível imediatamente superior. Cabe ao comandante de cada nível providenciar o nicho ou contexto para os seus subordinados terem as melhores hipóteses possíveis de atingirem o objectivo que ele lhes fixou. Em todas as situações, ele deve estabelecer o objectivo em relação ao tamanho da força inimiga, alocar forças e reservas para a sua prossecução, e definir o campo de batalha do subordinado.

Estas decisões são tomadas antes da acção. Chegado o momento de actuar, o teste do comandante de nível superior é garantir que, face às acções do adversário, ele mantém a validade das suas decisões. Além disso, no entanto, quanto mais quisermos empregar a força subestrategicamente, atingindo objectivos militares para vencermos confrontos, mais teremos que compreender que os outros órgãos do poder – económicos, diplomáticos, políticos, humanitários, etc. – fazem parte do contexto da operação: são eles que definem o campo de batalha. Os comandantes nestes níveis subestratégicos têm de enquadrar firmemente as suas acções num contexto que inclui os factores políticos, económicos e sociais que se prendem com a prossecução e exploração dos seus objectivos. Sem este contexto mais abrangente, os comandantes, em todos os níveis, não conseguirão alcançar os seus objectivos nem, consequentemente, possibilitarão que seja atingido o resultado político pretendido – que é o propósito fundamental de toda a actividade. Por outras palavras, a força não terá utilidade.

Estas alterações ajudarão a fornecer a mobilidade organizacional necessária para potenciar as nossas forças limitadas colocadas no terreno e empregues nestas longas operações entre o povo, e a fazê-lo em coerência com outras entidades. Nunca devemos esquecer o seguinte: a guerra já não existe. Existem certamente confrontos, conflitos e combates por todo o mundo, e os Estados ainda dispõem de forças armadas que utilizam como símbolos de poder. No entanto, a guerra, tal como a maioria dos não combatentes a conhece, a guerra como combate num campo entre homens e máquinas, a guerra como evento de massas e de decisão numa disputa internacional, a *guerra industrial* – esta guerra já não existe. Hoje travamos, constantemente e em muitas permutas, a *guerra entre o povo*. Temos que adaptar a nossa abordagem e organizar as nossas instituições em função desta realidade incontornável, se pretendemos triunfar nos confrontos e conflitos que enfrentamos.

Índice Remissivo

Abbas, Ferhat, 292
Abu Ghraib (Bagdad), prisão de, 433
academias militares, Prússia (Kriegsakademie), 71-72, 77-83, 124, 127, 134
Acheson, Dean, 242
Acordo do Estatuto das Forças (SOFA), 369
Acordos de Evian *ver* Evian, Acordos de
Adolf Hitler Spende, 109
Afeganistão, 27, 37, 446
   al-Qaeda e talibãs, 329, 373
   coligação dos EUA com a Aliança do Norte (2002-2003), 349, 369, 372
   guerras contra a Grã-Bretanha (século XIX), 199
   intervenção russa, 236, 23-240, 259
Aguiar, Enrique, 399
AK-47, arma preferida da guerrilha, 106, 345
Aideed, general, 347
Alanbrooke, general, Lord, 257
Albânia, 384
Albright, Madeleine, 360
Alemanha
   abastecimento aéreo dos Bósnios muçulmanos, 389-390
   agressividade após Bismarck, 142
   alianças estratégicas de Bismarck, 141-142
   derrota (1918), 161-162
   desenvolvimento de produtos sucedâneos, 153-154
   dilema das duas frentes, 135-136, 131-142
   expansão naval, 142
   guerra aérea (Segunda Guerra Mundial), 155-157, 170-172
   guerras da unificação, 51, 76, 121-124, 132, 135
   indústria de armamentos, 108-109
   pretensões sobre Marrocos, 142
   proclamação do II *Reich*, 132
   produção de material de guerra, 177-178
   "punhalada nas costas" socialista, 160
   República de Weimar, 163-164
   ver também Exército Alemão; Primeira Guerra Mundial; Prússia; Segunda Guerra Mundial
alianças e coligações
   com ONG, 350

   diplomacia e, 252, 256-257
   Entente Cordiale e Tríplice Entente, 142
   Guerras do Iraque (1991&2003), 257, 320
   tendências modernas, 349-353, 356
   ver também OTAN
Allenby, general Sir Edmund, 203
al-Qaeda, 329, 372
Alsácia-Lorena, disputa entre a França e a Alemanha, 131, 136, 142
Alto Comissariado das Nações Unidas para os Refugiados (UNHCR), 386, 388, 398-399, 410-411, 417
análise geoestratégica, 192-193
anarquistas, 206-207
Arafat, Yasser, 303, 308
Argélia
   França e a, 267-268, 287, 290, 318
   Plano Constantine, 292
   putsch dos Generais, 293
Argentina, confronto e conflito com o Reino Unido, 225, 227, 254-255, 310-311, 337-338
armamento
   Guerra da Secessão, 117-118, 121
   guerra entre o povo, 105-106, 355-349, 155
   novos usos para armas antigas, 355-349, 412-418
   novas armas na Primeira Guerra Mundial, 154-155, 162
   progressos tecnológicos, 95-96, 100-107
armamentos, corrida aos, 139
   navais, 88-89, 142, 150
armas, venda de, 111-112
armas de destruição maciça, 186
   factor dissuasor, 89-190, 232-241
   não encontradas no Iraque, 374
   nucleares, 180, 189-190, 229-300, 313
armas nucleares
   ataques estratégicos, 235, 237-238
   dissuasão, 189-190, 232-241
Armstrong (EUA), artilharia pesada, 104
Armstrong-Whitworth, fabricante de armamento, 111
artilharia
   artilharia naval (tiro rápido), 104-105

canhões de campanha, 105-106
emprego táctico, 67-68
força de reacção rápida (FRR), Bósnia, 407-408, 417-420
Napoleão e, 56
Primeira Guerra Mundial, 148-149, 154
progressos no séc. XIX, 104
assassinatos executados por grupos revolucionários, 207-208, 220
Atlântico, Batalha do (1940-1941) *ver* batalhas
Atlântico, Carta do, *ver* Carta do Atlântico,
Auda abu Tayi, 205
Auerstadt, Batalha de (1806) *ver* batalhas
Augereau, marechal Pierre, 61, 72
Austerlitz, Batalha de (1805) *ver* batalhas
Áustria
  derrotas infligidas por Napoleão, 61-62
  guerra contra a Dinamarca, 129-130
  influência na Alemanha, 122-123, 129-130
Áustria-Hungria, aliança com a Alemanha, 142
Autoridade Palestiniana, 308
aviões
  desenvolvimento (Segunda Guerra Mundial), 157-158
  Guerra Fria, 226, 236
  produção (Segunda Guerra Mundial), 175--178

baixas
  Primeira Guerra Mundial, 149-150, 161--162
  Segunda Guerra Mundial, 179-180, 185
Baker, James, secretário de Estado norte-americano, 257
Banja Luka, 415, 421
Bao Dai, imperador, 272, 2 -278
Barbarossa *ver* operações
bataillon carré, 60
batalhas
  Atlântico (1940-1941), 174
  Auerstadt (1806), 73-74
  Austerlitz (1805), 61
  Castiglione (1796), 61
  Dia D, invasão da Normandia (1944), 33-34, 176-177
  El Alamein (1942), 173
  Estalinegrado (1942-1943), 173
  Friedland (1807), 63
  Gravelotte/St.-Privat (1870), 132
  Inglaterra (1940), 171
  Isandlwana (1879), 150
  Iena (1806), 60-63, 71-74, 181
  Jutlândia (1916), 155
  Kursk (1943), 173, 176
  Leipzig (1813), 77
  Sedan (1870), 154
  Somme (1916), 149, 154
  Trafalgar (1805), 64
  Verdun (1916), 149
  Vionville/Mars-la-Tour (1870), 132
  Vitória (1813), 197
  Waterloo (1815), 89
Baxter, Jim, 399
Beauharnais, Eugène de, 58
Begin, Menahem, 220, 302
Bélgica
  ocupação nazi, 169-170
  Plano Schlieffen, 143-144, 151-152, 194
Belloc, Hilaire, 150
Ben Gurion, David, 219-220, 296
Berlim
  confronto entre a Rússia e o Ocidente, 231
  ponte aérea, 231
Berlim, Muro de (1961), *ver* Muro de Berlim
Bernadotte, conde, mediador da ONU, 219
Bernadotte, marechal Jean, 72
Berthier, marechal Louis Alexandre, 79
Bihac, 393
Bildt, Carl, 404, 410-411
Bismarck, príncipe Otto von, 95, 122-124
  alianças estratégicas, 141-142
  avisos contra o militarismo, 136
  disputa com Moltke, 134, 363
  estratégia para a unificação alemã, 129--132
  interferência nos assuntos militares, 134, 363
Blair, Tony, 447-448
Blitz, bombardeamento de cidades britânicas, 174
Blitzkrieg, 169-170, 181
bloqueio
  Bloqueio Continental, 195
  naval, 64-65, 155, 161
Blücher, general Gebhard von
  Auerstadt (1806), 73
  Waterloo (1815), 89
Bohlen, Gustav von, *ver* Krupp Bohlen
bomba atómica
  corrida entre a Rússia e o Ocidente, 180
  factor dissuasor, 189-190, 232-238
  investigação alemã, 177-178, 182-183

Índice Remissivo

ver também bomba de hidrogénio
bomba de hidrogénio, 232; *ver também* bomba atómica
Bonaparte, José, Rei de Espanha, 195
Bonaparte, Napoleão, 52-89, 94-95, 128
   Bloqueio Continental, 195
   dissimulação das intenções, 375
   emprego e utilidade da força, 63-64, 288--289
   fracassos tácticos, 66-67
   Guerra Peninsular (1808-1813), 195-198
   inovações, 95, 135
   leitor da imprensa britânica, 334
   Maximes, 56-57
   mobilidade organizacional, 58-62, 128, 375
   retirada de Moscovo (1812), 64
   sobre a vontade de vencer, 287
Bormann, Martin, 109
Bósnia-Herzegovina, 27, 34, 352, 383-424
   Acordos de Paz de Dayton (1995), 120, 423-424
   áreas seguras, 388-393, 398-404
   batalhões da OTAN, 367-368, 384-385, 420
   cessar-fogo (Acordo de Cessação de Hostilidades), 1995, 398, 402-402--403
   comboios de ajuda humanitária, 386, 388-389, 393
   Federação Muçulmano-Croata, 398, 402, 408, 414-415, 417, 421-422
   limpeza étnica, 218, 325, 390, 405
   refugiados, 390-392, 410, 415-417
   zona de exclusão aérea (NFZ), 392-396
   ver também UNPROFOR
Bósnios muçulmanos, 385-422 *passim*
   apelos aos *media*, 405
   massacre de Srebrenica, 402, 409-410
Brandt, general, sobre Clausewitz, 82
Braun, Werner von, 178
Briggs, tenente-general Sir Harold, 247-249
Brunei, Confronto da Indonésia, 250-251
Byng, almirante John, 77-78

Camboja, 272, 281, 283
caminhos-de-ferro, 88-89, 95
   canhões ferroviários, 155
   comboios blindados, 117
   expansão até à Primeira Guerra Mundial, 168
   Frente Ocidental (Primeira Guerra Mundial), 148, 160
   Guerra Franco-Prussiana, 131, 133
   Hejaz, 204-205
   mobilização, 97-99
   Rússia, 142-143
   utilização estratégica, 121
Campbell, Alistair, 448
campos de concentração britânicos (África do Sul), 201
Camus, Albert, *Chronique Algérienne*, 437
Carta do Atlântico, 246
Carter, Jimmy, 398
Castiglione, Batalha de (1796) *ver* batalhas
Castor, *ver* operações
Caxemira
   confronto e conflito, 246, 294-295
   forças de manutenção de paz da ONU, 321
CENTO (Organização do Tratado Central), 232-233
Central Intelligence Agency (CIA), 278-280
Chamberlain, Neville, 167
Chambray, general, observa as tácticas britânicas, 68
Chassepot, espingarda de culatra manual, 102
Chechénia, conflito na, 19, 23, 325-326, 337
Checoslováquia, revolta (1968), 235, 238
Chiang Kai-shek, 208
China
   e o Vietnam, 271-272
   intervenção na Guerra da Coreia, 244-245, 270
   revolução comunista, 208-210
Chipre
   campanha do EOKA, 319
   força de manutenção de paz da ONU (UNFICYP), 246, 320-321, 336-338
   Grã-Bretanha como agente na ONU, 246
Claret, *ver* operações
Colt, metralhadoras, 104
Colt, Samuel, 102
comboios
   ajuda humanitária (Bósnia), 386, 388-389, 393, 399
   navais, 174
Comité Révolutionnaire d'Unité et d'Action (CRUA), 289
comando e comandantes, 91-94, 353
   aquisição de informação, 445-446
   autoridade, 459
   equipas, 458
   forças multinacionais, 364-369, 387-388, 412-413, 458

necessidade de consciência política, 350, 364-365
regras operacionais, 365-366
relacionamento com os *media*, 448-449
Segunda Guerra Mundial, 181
tolerância face aos subordinados, 93
comunicações, avanços nas
 questão da sua necessidade, 103
 século XIX, 95-99
conflitos, *ver* guerras e conflitos
confrontos, 223-241, 313-314
contenção, *ver* funções
"corações e mentes", conquista dos, 324
Coreia
 divisão, 241-242
 envolvimento norte-coreano no Zimba-bué, 328
corpo de exército, 58-6, 71, 129
corps d'armée, sistema, 58-63, 75, 181
Coward, Gary, 399, 407
crimes de guerra
 julgamento, 179-180, 352
 ver também Abu Ghraib; incidentes de maus tratos; Guantánamo
Croácia
 apelos aos *media*, 405-406
 Federação Muçulmano-Croata, 398, 402, 408, 414-415, 417, 421-422
 limpeza étnica, 218, 415-416
 Operação Storm, 415
 UNPROFOR, 385-386, 394
Cruz Vermelha, Comité Internacional da (ICRC), 411
Cuba
 apoio à União Soviética, 232
Crise dos Mísseis (1962), 226, 236
Curdistão, refúgios, 390

Davout, marechal Louis, 61, 72-73
Dayton, Acordos de Paz de (Bósnia, 1995), 120, 423
de Gaulle, general Charles, 166n, 213-214, 272, 287, 292-293
decisões centralizadas e descentralizadas, 127--130
defesa, industrias de, 108-112
defesa, ministérios da, 118
defesa, primado sobre o ataque, 239, 258-259
defesa e segurança, equilíbrio entre, 40-43
democracia, 327-328, 450
densidade, dinâmica do campo de batalha, 268-271, 277

Deny Flight, *ver* operações
deserção (Exército Prussiano), 69-70
Desert Fox, *ver* operações
Desert Shield, *ver* operações
Desert Storm *ver* operações
Destruição, *ver* função destrutiva
Dia D, invasão da Normandia (1944), *ver* batalhas
Diem, Ngo Dinh, 277-279,
Dien Bien Phu (1953-1954), 275-276, 289, 347-348
Direito Internacional Humanitário (DIH), 436
Dinamarca
 guerra contra a Prússia e a Áustria (1864), 129-130, 136
 ocupação nazi, 169
diplomacia
 alianças e coligações, 252, 256-257
 na Europa, 40-41
dirigíveis, *ver* Zeppelins
dissuasão, *ver* funções
Domingo Sangrento, 207
dominó, teoria do, 275
Dreyse, Johann Nikolaus von, 101-102
DSACEUR, 35, 43, 119-120, 384, 436

EABPM (Exército Anti-britânico do Povo Malaio), 247
EAJPM (Exército Anti-japonês do Povo Malaio), 246
economia do aprovisionamento militar, 107--112
Egipto
 Crise do Suez (1956), 297, 321
 guerras contra Israel, 259-260, 296-302
Eisenhower, Dwight D., 275-276, 297
El Alamein, Batalha de (1942) *ver* batalhas
ELRM (Exército de Libertação das Raças Malaias), 247
Enola Gay (B-29 "super-fortaleza"), 184
Entebbe, desvio de avião da Air France (1976), 302
Entente Cordiale (Grã-Bretanha e França), 142-143
EOKA (movimento cipriota), 319
espingarda de agulha, 101-102, 130
estados-maiores generais
 Comando Supremo Aliado, 181
 doutrina comum, 124-128, 133
 francês, 79
 Genebra, conferência sobre a Indochina (1954), 277

ÍNDICE REMISSIVO

prussiano/alemão, 74, 78-81, 97-98, 124, 127-133, 163-164, 181
transporte e comunicações, tecnologia e controlo, 98, 170-171
Espanha, guerrilha (período napoleónico), 64-65, 195-198, 215, 320
Estados Unidos da América
   Afeganistão (2002-2003), 349, 369, 372
   apoio a Israel (1973), 299-300
   apoio ao Exército de Libertação do Kosovo (UCK), 349, 351
   Bósnia, operações na, 389-390, 393
   Crise do Suez, intervenção na (1956), 297--298
   Crise dos Mísseis de Cuba (1962), 226
   escassez de material e recursos humanos, 343-344, 348-349
   Guerra da Coreia, 241-246, 318
   Guerra da Independência (1776-1813), 198
   Guerra da Secessão (1861-1865), 43, 51, 99-100-102, 112-119, 135
   Guerra do México (1846), 102
   Guerra do Vietname, 236, 239,
   indústria de armamentos, 108, 176, 261, 267-268, 274-282, 288, 339, 358
   modo de fazer a guerra, 119-120
   Patriot Act (2001), 259
   Primeira Guerra Mundial, 153, 158, 161--162
   protestos contra a Guerra do Vietname, 279-280
   Segunda Guerra Mundial, 153, 172-177, 180-186
   Somália, operação na (1993), 347
Estaline, José, 217
Estalinegrado, Batalha de (1942-1943), *ver* batalhas
ETA (separatistas bascos), 325
Europa, expansão económica e industrial, 140
evacuação de mulheres e crianças das cidades (Segunda Guerra Mundial), 168
Evian, Acordos de, 293
Exército Alemão
   capacidade de combate (Segunda Guerra Mundial), 179
   defesa elástica, 164-165
   dependência do cavalo (Segunda Guerra Mundial), 166-167, 170-171
   dificuldades logísticas, 145, 158-160, 170, 172-173, 176
   escassez de armas pessoais (Segunda Guerra Mundial), 167
   expansão pré-Segunda Guerra Mundial, 167
   guerra móvel (Panzers), 165-166
   guerra móvel (*Sturmtruppen*), 162
   lições retiradas da Primeira Guerra Mundial, 164-165, 283-284
   ofensiva da Primavera de 1918, 147, 158--160
   resistência pelos *partisans*, 211-214
   Sturmtruppen (tropas de assalto), 159, 165
   tácticas de infiltração, 159, 164
Exército Britânico,
   confronto da Indonésia (1962-1966), 251--253
   contra-ataque (1918), 161
   emergência Malaia, 248-249, 288
   estado-maior, modelo de funcionamento, 125-127
   força de reacção rápida (FRR), 407-408, 414, 415-418
   incidentes de maus tratos (Bassorá, 2004), 433
   no Chipre, 246
   operações na Irlanda do Norte, 347-348
   profissional e voluntário (Primeira Guerra Mundial), 150-151
   reformas do general Moore, 78
   reformas Haldane, 150-151
   Segunda Guerra Mundial, 169-173
   ver também Reino Unido
Exército Antibritânico do Povo Malaio, *ver* EABPM
Exército Antijaponês do Povo Malaio, *ver* EAJPM
Exército de Libertação das Raças Malaias, *ver* ELRM
Exército de Libertação do Kosovo, *ver* UCK
Exército de Libertação do Povo da China, 208-210
Exército de Libertação do Povo da Jugoslávia, *ver* NOVJ
Exército do Sul do Líbano, 303
Exército do Vietname do Norte, *ver* NVA
Exército dos Estados Unidos
   Primeira Guerra Mundial, 153, 158, 161
   prisão de Abu Ghraib (Bagdad), 433
   Segunda Guerra Mundial, 153, 172-177, 180-186
Exército Holandês, *ver* Holanda, exército
Exército Insurgente Ucraniano (UPA), 211

Exército Nacional de Kalimantan do Norte, *ver* TKNU
Exército Popular Jugoslavo, *ver* JNA
Exército Sérvio-Bósnio, *ver* sérvios bósnios
Exército Vermelho
  apoio a Tito, 210-211
  contra-ataque pós-Kursk, 176-177
  criação, 209
  derrota da invasão alemã, 172
  guerra móvel, 165
  ver também Rússia
exércitos, *ver* exércitos da OTAN; exércitos de cidadãos; exércitos de conscritos; forças militares; guerrilhas; *ver também* exércitos nacionais diversos
exércitos da OTAN
  comando estratégico, 34-35, 125
  estado-maior multinacional, 364
  na Bósnia-Herzegovina, 367-368, 384, 420
  necessidade de transformação, 13
  no Kosovo (1999), 93-94, 338, 349-352, 368, 372-373, 447-448
  tanques, 19
exércitos de cidadãos, 52-56, 62-63, 89-90
exércitos de conscritos,
  Alemanha, 121-122
  construção da nação, 121-122
  EUA no Vietname, 279-280
  França, 52-56, 62-63, 70, 122
  Grã-Bretanha (Primeira Guerra Mundial), 152-153
  Grã-Bretanha (Serviço Militar Obrigatório), 248-249
  Guerra da Secessão, 114, 118
  pós-Guerra Fria, 314
  preparação para a guerra total, 88
  Primeira Guerra Mundial, 141
  Prússia, 75-77, 121-123

Faiçal, emir, 204
Falkenhayn, general Erich von, 146
Falklands, conflito (1982), ver *guerras*
Fallujah, ataque americano a, 326
Foch, marechal Ferdinand, 145, 153
força, *ver* forças militares
Força Aérea do Exército dos Estados Unidos (USAAF), 174, 231
Força Aérea dos Balcãs, 211
Força de Defesa de Israel, *ver* IDF
Força de Protecção das Nações Unidas, *ver* UNPROFOR
forças irregulares, 26-28

árabes (Primeira Guerra Mundial), 203-206
fedayeen (egípcios), 296
indonésias na Malásia, 251
ver também guerrilha
forças de manutenção de paz, 314, 320-322, 385, 392-393
forças militares
  aspectos financeiros, 38-41
  avaliação, 284-289
  campo de batalha digitalizado, 456
  componentes, 41-42
  definição do objectivo para a utilização, 355-382
  definições na Carta da ONU, 314
  deployment e emprego, 23, 317-318
  exércitos pós-Guerra Fria, 314-315
  factores críticos, 43-44
  fórmula da capacidade, 287-288
  moralidade e legalidade, 27-28, 179-180, 256, 314, 319, 368, 432-437
  natureza e propósito, 24-29
  papel humanitário e de policiamento, 28--29, 37-38
  preservação da força, 340-345, 407-412, 422-423
  protecção dos soldados, 457-458
  quatro funções militares, 370-373
  relação com o poder, 285-286, 356-357
  vontade de vencer, 286-289
  ver também Bonaparte, Napoleão; utilidade da força
forças multinacionais, 44-45, 349-353, 355--356, 365-369, 387-388, 412-414
  obstáculos linguísticos, 366-367
  questões legais, 432-436
  ver também UNPROFOR
Forsyth, reverendo Alexander, 101, 104
fortificações, portos e fronteiras, 104-106
Foucault, Michel, *Vigiar e punir*, 285
França
  abastecimento aéreo dos Bósnios muçulmanos, 389-390
  alianças pré-Primeira Guerra Mundial, 142
  armamento, tecnologia (1870), 103
  Bismarck e, 123-124
  Crise do Suez, 297
  guerras revolucionárias, 52-53
  ocupação nazi, 169
  planos de mobilização, 131-132, 144
  preparação para a Segunda Guerra Mundial, 167-168

ÍNDICE REMISSIVO

Primeira Guerra Mundial, 145-149, 153
Resistência e *Maquis*, 212-214
retirada da Argélia, 267-268, 287-293, 319
retirada da Indochina, 267, 271-277, 282, 289
ver também Napoleão
Franks, tenente-general Fred, 34
Frederico II, *o Grande*, Rei da Prússia, 70
  Les Principes généraux de la guerre, 70
Frederico Guilherme III, Rei da Prússia, 72
Frederico Guilherme IV, Rei da Prússia, 123
Frente Nacional para a Libertação (FNL), Viet Cong , 278
Frente Ocidental (Primeira Guerra Mundial), 141, 145-161, 286-287, 295
Friedland, Batalha de (1807), *ver* batalhas
Frisch, Otto, 183
Front de Libération Nationale (FLN), Argélia, 289
Fuller, major-general J. F.C., 166n, 270-271
funções
  de contenção, 371-373
  de melhoramento, 370-373, 396, 428
  destrutiva, 371-373
  dissuasora, 371-372, 396-397, 429-430, 435

Gali, Boutros, 409
Galípoli, fracasso aliado em (1915-1916), 203
Gangue Stern (Lehi), 218-219
Gardner, metralhadora, 103
gás, 102, 104, 154-155, 162
Gastein, Tratado de (1865), 130
Gatling, Richard Gordon, metralhadora, 102-103
Gemayel, Bashir, presidente do Líbano, 303
Genebra, Convenções de, 29, 432, 437
geografia, influência sobre a estratégia, 192-194
Giap, general Vo Nguyen, 275-277, 347
glasnost, 240
Gobillard, general Hervé, 408-409, 410n
Gorazde, 388-389, 393, 412-418
Gorbachev, Mikhail, 240
Grã-Bretanha, *ver* Reino Unido
Grande Guerra, *ver* Primeira Guerra Mundial
Grant, general Ulysses S., 95, 113-115, 118
Gravelotte/St.-Privat, batalha de (1870), *ver* batalhas
Grozny, assalto russo a, 326, 337

grupos revolucionários
  análise e resposta, 214-218
  ver também guerrilha
Guantánamo, prisão de, 433
Guderian, general Heinz, *Achtung-Panzer!*, 166
guerra aérea
  apoio aéreo da OTAN à UNPROFOR, 394-395, 402-404, 414, 417-423
  bombardeamento da Sérvia e do Kosovo pela ONU/OTAN, 23, 36, 119-120, 322, 372-373, 384, 436
  bombardeamento estratégico, 174-178
  efeito contra-producente, 175
  Primeira Guerra Mundial, 156-158, 162
  Segunda Guerra Mundial, 166, 169-176
  ver também zonas de exclusão aérea (NFZ)
guerra blindada
  guerra móvel (*Panzers*), 164-171
  ícone da guerra moderna, 190-191
  obsolescência, 19-20, 190-190
  OTAN e Pacto de Varsóvia, 19, 236-237
  Primeira Guerra Mundial, 154-155,
  produção norte-americana (Segunda Guerra Mundial), 176-177
  Síria contra Israel (1973), 300, 160-163
guerra de trincheiras (Primeira Guerra Mundial), 141, 146-149, 286-287
Guerra contra o Terrorismo, 45, 307, 372
  ver também terrorismo
guerra entre o povo, 13-15, 21-22, 35-37, 40-41, 190, 227, 308-309, 325-336, 356-357, 378-382, 398-407
  análise, 427-432, 449-454
  armamento, 105, 345-349
  aspectos morais e legais, 432-437
  inteligência, 377
  necessidade de alteração no pensamento institucional, 425-426, 442-446
  planeamento, 438-442
  recolha de informação, 445-446
  relação com outras campanhas, 445
  resultado político pretendido, 427-432, 439, 449-450
  utilidade da força, 454-460
guerra táctica, 32-33, 64-69
guerra total, 86-89, 314
  expectativas de conclusão rápida, 140-141
Guerra da Secessão, 114-119
  preparação para, 87-89, 121, 139-144
guerras
  Austro-Prussiana (1866), 122-123, 130-131, 133-136

Bóeres (1899-1902), 98-99, 150, 199-202, 215-216
Civil de Espanha (1936-1938), 167
Coreia (1950-1953), 241-246, 258, 318, 339
　confronto não resolvido, 36, 318, 338
　densidade chinesa no campo de batalha, 269-270
Crimeia (1854-1856), 41, 101n, 104, 152
Falklands (1982), 225, 227, 255-256, 319
Franco-Prussiana (1870), 102-103, 108, 122, 131-137, 282-283
Golfo (1990-1991), 10-13, 23, 34, 74, 126, 193-194, 226-227, 319, 346
　Collin Powell, 358-359
　dissimulação das intenções, 334-335
　escassez de material, 342
　regras operacionais, 365-366
　relações com os jornalistas, 332-333
　ver também Iraque
Independência Americana (1776-1813), 41, 198
Irão-Iraque (1980-1988), 294-295
México (1846), 102
Napoleónicas, 51-89
Ópio (1840-1842), 96
Peninsular (1808-1813), 64
　papel da guerrilha espanhola, 195-196, 215, 320
Primeira Guerra Mundial, 99-100, 110--111, 134, 141, 144-163
　estrutura de comando aliada, 153
　libertação árabe, 203
　lições decorrentes, 164-165
Russo-Japonesa (1904), 97
Segunda Guerra Mundial, 111, 169-186
　comparação com a Primeira Guerra Mundial, 178-179
　estrutura de comando aliada, 153
　fase final na Europa, 178-179
　fase final no Japão, 182-186
　partisans e resistentes, 210-214
　preparativos, 166-169
Seis Dias (1967), 298-301
Yom Kippur (1973), 300-301, 321, 375
guerras coloniais, 150, 194, 198-202, 215--216, 271
guerras e conflitos
　agrupamentos multinacionais, 44-45, 349--353, 356-357, 365-369, 425
　compreender o inimigo, 322-323, 329-331, 441
　conceito de guerra justa, 314
　conflito intemporal, 336-339, 423-424
　confrontos e, 224-231, 242-246, 277, 355--356, 425
　Doutrina Weinberger, 357-363
　em rede, 171, 456
　guerras de manobra, 57, 85
　imitativos e recíprocos, 85-86
　industriais entre Estados, 21, 35, 51-89, 112-119, 135, 140-186, 190-191, 223, 225, 234, 308-309, 313, 376-378
　inimigos não estatais, 350-352, 374-375, 418-423, 426-427
　interferência política, 363-364
　leis e protocolos, 29, 432-433, 436-437
　não industriais, 190-221, 240-241
　níveis de, 29-35, 459
　"nível da luta", 366-368
　objectivos subestratégicos, 317-318
　pós-Guerra Fria, 313-353
　sistemas rizomáticos, 381
　teoria de Clausewitz, 83-84, 135, 198-199, 239, 254, 273, 285-286, 351
　ver também guerra entre o povo; guerra total
Guerras Israelo-Árabes, *ver* guerras
Guerras Napoleónicas, *ver* guerras
guerrilha
　análise e resposta, 214-218
　Argélia (FLN), 290-292
　bóeres, 200-203, 216
　contra-guerrilha, 215-218, 220-221
　dissimulação entre o povo, 325-326, 380--381, 426-427
　Espanha (período napoleónico), 64-65, 195-198, 320
　estratégia da provocação, 207, 217, 305, 323, 376-377
　Exército de Libertação do Povo da China, 208-210
　Malásia (ELRM), 246-249
　métodos tácticos, 195-199
　Palestina (Mandato Britânico), 218-220
　padrão operativo, 215-218, 220-221
　partisans e resistentes (Segunda Guerra Mundial), 210-214, 289-290
　sistema de comando rizomático, 379-381
　transição para exércitos convencionais, 209-210, 215, 218-220, 274-276, 357
　Viet Cong, 26, 278-282
　Viet Minh (posteriormente Exército do Vietname do Norte, NVA), 271-276, 280--281

Índice Remissivo

ver também forças irregulares; grupos revolucionários; terrorismo
Guilherme I, *o Conquistador*, 217
Guilherme I, Rei da Prússia/*Kaiser*, 123, 132
Guilherme II, *Kaiser*, 134, 136, 164

Habib, Philip, embaixador norte-americano, 303
Haganah, 218-220
Haia, Tribunal Internacional, 352, 436
Haldane, Relatório e reformas (pré-1914), 150-151
Hamas, 305
Hamburgo, bombardeamento de, 185
Hart, Sir Basil Liddel, 115n, 165, 166n,
Haupt, general de brigada Herman, 117
Hejaz, caminho-de-ferro do, 205
Hezbollah, 306-309
Himmler, Heinrich, 178
Hiroxima, bomba atómica, 184-185
história, estudo de campanhas da, 192
Hitler, Adolf, 109, 163-164, 168
 apoio às forças *Panzer*, 166
 ignora os avisos do estado-maior general, 166-167
 invasão da Rússia, 171-172
Ho Chi Minh, 271-280
Hohenlohe, general, príncipe, 72-73
Holanda
 exército em Srebrenica, 302-304, 307
 ocupação nazi, 169
Holbrooke, Richard, 416, 419, 421, 424
Holocausto, 180
Holst, Johan Jorgen, 307
Hotchkiss, artilharia naval, 105
Howard, Edward C., 100-101
Hungria, repressão soviética na, 297
Huntington, Samuel, teoria do choque das civilizações, 20
Hussein, Saddam, 228-230, 318-320, 347, 373-374, 429
Hutier, general Oskar von, 159, 165-166

IDF (Força de Defesa de Israel), 218-220, 296, 298-300, 305, 308-309
Império Otomano (Primeira Guerra Mundial), 155, 202-206
Índia
 descolonização britânica (1947), 246
 disputas com o Paquistão, 246, 294-295
Indochina, retirada francesa da, 267-268, 271-277, 282, 289, 347-348

ver também Vietname
Indonésia, confronto com a Malásia, 250-253
indústria
 expansão durante a Guerra Fria, 235-236
 relação com a guerra industrial, 107-110, 152-156, 168, 177-178, 182
informação
 controlo governamental, 168
 inteligência e, 373-378, 434-435, 456-457
 itens e intenções, 376-378
Inglaterra, Batalha de (1940), *ver* batalhas
inovação
 Napoleão Bonaparte, 95, 135
 tecnológica e táctica, 270-271
 ver também tecnologia
inteligência, agências de, 88, 213, 237-238
 Emergência Malaia, 249
inteligência, informação e, 373-378, 434--435, 455-456
intenções
 dissimulação, 334, 375-376, 418-421, 375--376, 418-421
 do inimigo, 375-378, 431
intervenções humanitárias, 28, 37
 ver também UNPROFOR
intifada, 304-309
Instituto Kaiser Guilherme, 182-183
investigação nuclear, 182-184
IRA, 25, 207-208, 325, 348
Iraqi Freedom, *ver* operações
Iraque
 ataque americano a Fallujah, 326
 bombas à beira da estrada, 271
 Guerra Irão-Iraque (1980-1988),
 invasão do Kuwait (1990), 227-230, 319--320, 429
 Operação Iraqi Freedom, 28-29, 37, 44, 229-231, 317-320, 373-374, 433, 449--454
 sanções económicas e inspecções da ONU, 228-229, 320
 situação da insurreição (2003), 323-324, 329, 427
 zonas de exclusão aérea (NFZ), 228-229, 372
 ver também Guerra do Golfo (1991) e Guerra do Iraque (2003),
Irgun, 218-220
Irlanda do Norte, 12, 34, 348
 estratégia da provocação, 207-208
Isandlwana, Batalha de (1879), *ver* batalhas

Israel
  confronto com os palestinianos, 223--224, 302-309, 319-320, 427
  guerras contra os países árabes, 19, 259-260, 294-309, 321-322, 375
  ver também Palestina (Mandato Británico)
Israel Defense Force (IDF), 217-220, 296, 300, 304
  contra a *intifada*, 304-309, 427
Itália, aliança com a Alemanha, 142
Ivanko, Alex, 407

Janvier, tenente-general Bernard, 398, 410, 412-414, 418
Japão
  bombas atómicas, 182-186
  fase final (Segunda Guerra Mundial), 183--186
  invasão da Indochina, 271-272
  Segunda Guerra Mundial, 175-186
Jena, Batalha de (1806), *ver* batalhas
Jihad Islâmica (Jihadu-al-Islamiyy), 305
JNA (Exército Popular Jugoslavo), 27, 400--402
Joffre, marechal Joseph, 145
Jogos Olímpicos de Munique (1972), ataque terrorista, 302
Johnson, Lyndon B., 280-281
Johnston, general Joseph E., 115
Jordânia
  Israel e, 298-299, 306
  ver também Transjordânia
Jorge VI, Rei da Grã-Bretanha, diário, 168--169
Joulwan, general (SACEUR), 352
Jugoslávia
  fragmentação e conflito, 385
  partisans, 210
  ver também Bósnia-Herzegovina; Croácia; Kosovo; Macedónia; Sérvia
Jutlândia, Batalha da (1916), *ver* batalhas

kamikaze, ataques, 184
Kahn, Otto, 183
Karadic, Radovan, 399-400
Kennedy, John F., 278-279
Kim Il Sung, 241
Kipling, Rudyard, "The Lesson", 150
Kissinger, Henry, 260, 301
Koenig, general Marie Pierre, 213
Koljevic, Nikola, 399

Kosovo (1999), 12, 23, 36, 93-94, 119-120, 322, 326, 338-339, 349, 352, 368, 372--373, 384, 436
  informações aos *media*, 447
Kosovo, Exército de Libertação do, *ver* UCK
Krajinas, 415, 421
Kriegsakademie, 71, 77, 79-82, 124, 127, 133
Krupp, fabricantes de armamento, 104-112
Krupp, Alfred, 108
Krupp, Bertha, 108
Krupp, Friedrich, 108
Krupp, Friedrich Alfred, 108
Krupp Bohlen, Alfred, 108
Krupp Bohlen, Gustav, 108
Kuhn, Thomas, teoria das revoluções científicas, 20-21
Kursk, Batalha de (1943), *ver* batalhas
Kut, cerco de (1916), 203
Kuwait, invasão pelo Iraque (1990), 227--230, 319-320, 429

Laden, Osama bin, 372
Lannes, marechal, 72
Laos, 272, 281-283
Lawrence, tenente-coronel T. E., *Os Sete Pilares da Sabedoria*, 203-206
Leclerc de Hautecoque, general
  Indochina, 272-273
  libertação de Paris, 214
Lee, general Robert E., 114
Legião Estrangeira, 273, 287, 293
Lehi, *ver* Gangue Stern
Leipzig, Batalha de (1813), *ver* batalhas
Lenine, Vladimir Ilyich, 208, 426
Líbano, 296, 306-307
  invasão israelita, 302-304
  massacres de Sabra e Shatila (1982), 303
  UNIFIL, 302, 321-322
Liberty (navios), 176
liderança, 92
  moral e, 287
  Napoleão, 55
liderança política, emprego da força militar, 26, 30-31, 44-45, 94-95, 113-116, 122-123, 130, 134, 163-164, 255-261, 356-367
Liga Árabe, 296
limpeza étnica
  Bósnia-Herzegovina, 218, 325, 390, 405
  Croácia, 218, 415-416
  Ruanda, 218, 323-324, 360-363
Lincoln, Abraham, 95, 113-114, 116, 117--118

Índice Remissivo

logística, 93
  dificuldades na guerra móvel, 145, 159-160, 169-177
Lorrillot, general, 291
Louis Ferdinand, general, príncipe, 72
Ludendorff, general Erich von, 147, 159
Luftwaffe
  apoio à guerra móvel, 169-170
  derrota na Batalha de Inglaterra (1940), 170-171

MacArthur, general Douglas, 244-245, 270
  apelo a ataques nucleares contra a China, 245
Macedónia, 384
MAD (destruição mútua assegurada), 20-21, 233, 236, 313
Maddox, USS, 279
Madrid, processo de paz para o Médio Oriente, 306-307
Major, John, 412
Malásia
  confronto com a Indonésia (1962-1966), 250-253, 258, 267
  Emergência (1948-1960), 246-250, 258, 267, 288, 319
  Partido Comunista Malaio (PCM), 246
Mao Tsé-tung, 208-210, 381
  fases da guerra revolucionária, 275
Longa Marcha, 208-210
mapas e cartografia, 192-193
massas
  armas de destruição maciça e, 190, 233-234
  na guerra industrial, 54, 180-182, 186
Massu, general Jacques, 291
Materialschlacht, 149
  na Rússia, 176
Mauser, fabricante de armamentos, 108
Maxim, Hiram, metralhadora, 104
Maxim Nordenfeldt Guns and Ammunition Co. Ltd., 110
media
  cobertura e influência, 27-28, 36, 331-336, 405-407
  como fonte de informação, 373-374
  considerações no planeamento, 446-447
  gestão, 446-449
  imprensa bósnia muçulmana, 420
  objectividade, 333-334, 415, 448-449
  retrato da guerra industrial, 335-336
Meitner, Lise, 183

Melhoramento, *ver* funções
metralhadoras, desenvolvimentos, 103-104, 113
Milosevic, general (chefe do estado-maior de Mladic), 421-422
Milosevic, Slobodan, 12, 23, 120, 338-339, 373, 385, 390, 410-411, 421-422, 436
Minié, capitão Claude-Étienne, 101
Minié, bala, 101n
mísseis
  armas V, 174, 177-178
  arsenais da OTAN e Pacto de Varsóvia, 237
mitrailleuse, metralhadora, 103
Mladic, general Ratko, 390, 399, 400-404, 408, 410-413, 417-422
mobilidade organizacional, 58-62, 128-129, 158, 165, 173, 250, 459-460
mobilização, 88
  Áustria, 144
  França, 131-132, 144
  Guerra da Secessão, 118-120
  Primeira Guerra Mundial, 144
  Prússia/Alemanha, 128-134, 143-144
  Rússia, 142-145
Moltke, general Helmuth von (1848-1916), 123-124, 145
Moltke, marechal de campo Helmuth von (1800-1891), 93-95, 122-137, 140, 181, 363
  avisos contra o militarismo, 136-137
  disputa com Bismarck, 134
  Instruções para Comandantes de Grandes Unidades, 128
Montgomery, general Bernard, 172-174
Moore, general Sir John, 78
moral
  Napoleão e, 55, 62
  o comandante e, 94
  vontade de vencer, 286-289
Morillon, general Philippe, 389-390, 394
mosquetes, desvantagens, 100
Mountbatten, Lord Louis, 207
Moyne, Lord, assassinato de, 219
Mugabe, Robert, 106, 328-329
munições
  aprovisionamento variável, 106-07
  dispêndio e produção durante a Primeira Guerra Mundial, 154-155
Murat, marechal Joachim, 72
Muro de Berlim (1961), 236
Musketeer, *ver* operações

nacionalismo, orgulho nacional/patriotismo, 76-77, 87, 114, 132, 140
Nações Unidas
  Acordo do Estatuto das Forças (SOFA), 369
  Alto Comissariado das Nações Unidas para os Refugiados (UNHCR), 386, 388, 398-399, 410-411, 417
  Carta (designação legal das intervenções), 368, 432
  Comissão Temporária das Nações Unidas sobre a Coreia (UNTOK), 241
  definições do emprego da força, 314
  divisão da Palestina (1947), 295-296
  estado-maior militar, 387
  forças de manutenção de paz, 320--322
  Guerra da Coreia, 241-246, 269-270, 318
  intervenção no Kosovo, 23, 36, 119-120, 322, 338-339, 373, 384
  intervenção no Ruanda (UNAMIR), 323, 362-363
  intervenções militares nos Balcãs, 22-23, 34, 46, 322, 369, 373, 383-424
  inspecções e sanções no Iraque, 228-229, 320
  instituições, 444
  negociações com forças multinacionais, 364-365
  policiamento dos Montes Golan, 301, 306, 321-322
  Resoluções do Conselho de Segurança
    Resolução 50, 321
    Resolução 242, 299
    Resolução 350, 321
    Resolução 425, 302
    Resolução 819, 391
    Resolução 836, 411
Nagasáqui, bomba atómica, 185
Napoleão III, 132
Nasser, Gamal Abdel, 296-298, 300
navios de guerra, couraçados, 40, 105, 111, 117, 156, 314, 457
Ney, marechal Michel, 72
NFZ (zona de exclusão aérea),
  Bósnia-Herzegovina, 392-396
  Iraque, 228-229, 372
Nixon, Richard M., 281
NKVD, 212
Nordenfeldt, artilharia naval, 105
Norte de África, campanha do (Segunda Guerra Mundial), 172-173

Noruega, ocupação nazi, 169
NOVJ (Exército de Libertação do Povo da Jugoslávia), 211
Nuremberga, Julgamento de, 179-180, 314, 436
NVA (Exército do Vietname do Norte), 280--281

OAS (Organization de l'Armée Secrète), 293
objectivos estratégicos
  compreender o povo, 326-328
  conquista da vontade do povo, 324-325, 355-356, 359, 377, 433-435, 441-442, 445-446
  emprego da força, 31-32, 253-261
  estabelecimento do primado da lei, 432-437
  mudança pós-Guerra Fria, 316-324, 336-338, 384-397
  necessidade de um inimigo identificável, 118-119, 253-254, 314-315
objectivos políticos
  acção militar e, 13-16, 30-31, 84-87, 89, 91-92, 113-119, 129-130, 132-137, 163--164, 167, 227, 224-225, 253-161, 271--272, 287, 336-338, 427-432, 454
  em mudança, 316-324, 336-338, 384-397
OLP (Organização para a Libertação da Palestina), 27, 298-299, 302-303, 305-308
ONU, ver Nações Unidas,
operações
  Barbarossa (Rússia, 1941), 172, 177
  Castor (Dien Bien Phu, 1953), 275
  Claret (Indonésia, 1964), 252
  Deny Flight (Bósnia, 1993), 393
  Desert Fox (Iraque, 1991), 228
  Desert Shield (Golfo Pérsico, 1990), 227-228, 371-3733
  Desert Storm (Golfo Pérsico, 1991), 229-230, 371-373
  Iraqi Freedom (Iraque, 2003), 28-29, 37, 44, 229-231, 317-320, 373-374, 433, 449-454
    análise estratégica, 449-454
    legalidade questionada, 433
  Musketeer (Suez, 1956), 297
  Paz na Galileia (1982), 303
  Rolling Thunder (Vietname, 1965), 279-280
  Storm (Croácia, 1995), 415
  Torch (Norte de África, 1942), 173
operações
  baseadas em efeitos, 373
  moralidade e legitimidade, 436

ÍNDICE REMISSIVO

ordens, 93-94
OSCE (Organização para a Segurança e Cooperação na Europa), 339, 373, 374
Oslo, Acordos Israelo-Palestinianos de (1993), 307
OTAN
 aliança com o Exército de Libertação do Kosovo (KLA),
 apoio aéreo à UNPROFOR, 394-395, 402-404, 414, 417-423
 burocracia, 119
 comités, 395-396
 Cooperação Civil-Military (CIMIC), 442-443
 estratégia durante a Guerra Fria, 11, 235-238
 exércitos, *ver* Exércitos da OTAN
 informações à imprensa, 447-448
 instituições, 444
 negociações ao nível político, 364-365
 zona de exclusão aérea da Bósnia, 394-397
Owen, David, barão, 384, 387-388, 404

Pacto de Varsóvia, 232-233, 314
 apoio incerto à URSS, 238-240
 exércitos, 12, 19, 236-237
Países Baixos, *ver* Bélgica; Holanda
Palestina (Mandato Britânico), 218-220, 295-296
 ver também Israel
palestinianos
 confronto e conflito com Israel, 296, 298-309
 intifada, 304-309
 refugiados, 298-299
 Sabra e Shatila, massacres (1982), 303
Panzers, guerra móvel, 166-171
Paquistão, disputas com a Índia, 246, 294-295
paradigmas da guerra, pensamento militar e, 20-24, 35-37, 45-46, 425-426, 442-446
Pauly, Samuel, 101
paz, ausência de dividendos da, 314
paz, manutenção de, *ver* forças de manutenção de paz
Paz na Galileia, *ver* operações
Pearl Harbor, ataque a (1941), 175
perestroika, 240
Perry, comodoro Matthew, 96
Pershing, general John, 153
planeamento para a guerra entre o povo, 434-442

poder aéreo, *ver* guerra aérea
poder naval
 bloqueio naval, 64-65, 155, 161
 guerra submarina, 174
 Royal Navy, 158, 171, 175, 179, 185, 231
policiamento, apoio militar ao, 327-328
Polónia, ocupação nazi, 169
Portillo, Michael, 413-414
Portugal, Guerra Peninsular, 195-196
Powell, general Colin, 358-359
Primeira Guerra Mundial, *ver* guerras
profissionalismo, 88
Projecto Manhattan, 183
propulsores, armas de fogo e artilharia, 103-106
provocação, estratégia da guerrilha/revolucionária, 207-208, 216-217, 305, 323-324, 377, 433
Prússia
 adopção da espingarda Dreyse, 101-102, 130
 Batalha de Iena (1806), 60-62, 71-73
 caminhos-de-ferro (transição para empresas públicas), 121
 estratégia de Bismarck para a supremacia, 122-123
 exército (período napoleónico), 69-80
 guerra contra a Áustria (1866), 121, 129-136
 Guerra Franco-Prussiana (1870), 102-103, 108, 122, 131-137, 282-283
 guerra pelo Schleswig-Holstein (1864), 129-130, 135-136
 reformas pós-Jena/Auerstadt, 74-80, 129
 ver também Alemanha

quadrículas, sistema de (Argélia), 291-292
Quirguistão, 369

Rabin, Ytzhak, 307
rádio, guerra blindada e, 166
RAF (Royal Air Force), 158, 171, 175, 179, 185, 231
Reagan, Ronald, 303
recursos
 escassez, 10, 341-344
 para atingir objectivos políticos, 255-256
reféns, feitos ou ameaçados pelos Sérvios (Mladic), 403-404, 408-410
refugiados
 Bósnia-Herzegovina, 390-392, 410, 415-417

palestinianos, 298-299
ver também Alto Comissariado das Nações Unidas para os Refugiados (UNHCR), 386, 388-390, 398-399, 410-411, 417
Reino Unido
abastecimento aéreo dos Bósnios muçulmanos, 389-390
apoio aos franceses na Indochina, 271-272
confronto e conflito com a Argentina, 225, 227, 254-255, 310-311, 337-338
controlo governamental da produção e abastecimento, 168
corrida aos armamentos navais, 142, 150
Crise do Suez (1956), 297
defesa contra ataques aéreos, 157-158, 171
dependência da Royal Navy, 150, 155
Entente Cordiale, 142
guerras coloniais, 150, 199-203, 215-216
«Home Front» (Primeira Guerra Mundial), 153
indústria relacionada com a guerra, 109-111, 176
motivo da entrada em guerra (1914), 151
Primeira Guerra Mundial, 148-163
Segunda Guerra Mundial, 169-177 *passim*
Tríplice Entente, 142, 151-152
tropas na Bósnia/UNPROFOR, 384, 386-387, 392, 412
ver também Exército Britânico
Remington, Epiphalet, fabricantes de armas, 108
República Democrática do Congo (RDC), 19, 27
República Democrática do Vietname, 278
República do Vietname do Sul, 278-282
Repúblicas Bóeres, 99, 150, 200, 202
Rhee, Syngman, 241
Rheinmetall, fabricantes de armas, 108
Reno, vale do (factores geoestratégicos), 193
Rifkind, Malcolm, 413
Riley, John, 417
Rolling Thunder, *ver* operações
Rolls-Royce, motores para aviões militares, 111
Roosevelt, Franklin D., 246
Rose, general Michael, 387-388
Royal Air Force
ponte aérea de Berlim, 231
Primeira Guerra Mundial, 158
Segunda Guerra Mundial, 171, 175, 179, 185

ver também RAF
Royal Flying Corps (RFC), 157, 160
Royal Navy
Primeira Guerra Mundial, 156, 161
Royal Navy Air Service (RNAS), 156-157
Ruanda, 218, 323, 325, 343, 345, 360-362
Rudolph, Arthur, obituário, 93
primado da lei, 434-435, 437, 446
Regras de Empenhamento, 368
UNPROFOR, 386-387
ver também ROE
ROE (Regras de Confronto), 368-369, 371, 386-388, 411
Rússia (incluindo período soviético),
aliança com a França, 142
apoio a Ho Chi Minh, 274-275, 277-278
controlo da população através da dissuasão, 234, 259
Crise dos Mísseis de Cuba (1962), 226
estratégia na Guerra Fria, 234-239
Exército Insurgente Ucraniano (UPA), 212
Guerra da Coreia e, 241, 245
intervenção na Chechénia, 19, 22-23, 326, 337
intervenção no Afeganistão, 236, 238-240, 259
invasão alemã (1941), 279
invasão napoleónica (1812), 64-65
luta revolucionária, 208-209
mobilização, 142-145
produção de armamentos, 177
reformas de Gorbachev, 240
retirada da Europa Oriental, 240
Segunda Guerra Mundial, 171-173, 176-177
Tratado de Resseguro com a Alemanha, 142
UNPROFOR, tropas russas na, 396
ver também Exército Vermelho
Ryan, general Mike, 419

SACEUR, 35, 119-120, 346, 352, 364
Sadat, Anwar, 260, 300-302
Saragoça, cerco de (Guerra Peninsular), 196
Sarajevo
abastecimento pela ONU (1992-1996), 231
área segura da ONU, 393, 404, 417
levantamento do cerco, 419-421
governo bósnio muçulmano, 388-389, 394-395, 417
resposta ao bombardeamento do mercado de Markale, 418-422

FRR, 407-409, 415-418, 421-422
UNPROFOR, 385-386, 395, 398, 402-404
Scharnhorst, general Gerd von, 71, 74-75, 79-80, 82
Schlieffen, conde Alfred von, 131, 194
Schlieffen, Plano, *ver* Plano Schlieffen
Schwarzkopf, general Norman, 34
SEATO (Organização do Tratado do Sudeste Asiático), 232-233, 252
Secret Intelligence Service (SIS), 213
Sedan, Batalha de (1870), *ver* batalhas
Segunda Guerra Mundial, *ver* guerras
segurança e defesa
 equilíbrio entre, 40-42
 reduções orçamentais, 340-349
Setembro de 2001, 11 de (ataques terroristas), 27, 259, 270-271, 314, 329
Sérvia, campanha de bombardeamento da ONU/OTAN, 23, 36, 119-120, 322-323, 384-385, 403-404, 436
Sérvios
 bósnios, 27, 352, 367, 385, 389-423
 croatas, 385, 415
 tomada de reféns, 403-410
Sharon, Ariel, 308
Shea, Jamie, 448
Sherman, major-general William T., 115-116
Shukhevich, general Roman, 212
Sicília, invasão aliada (1943), 173
Síria, guerras e confrontos com Israel, 296--308, 321
Škoda, metralhadora com mecanismo de corrediça móvel, 104
Smith, almirante Leighton "Snuffie", 412, 419
Smith & Wesson, revolver, 102
Smuts, general Jan, 157
SOFA (Acordo do Estatuto das Forças), 369
Solana, Javier, 43
Somália, operação dos EUA na (1993), 46
Somme, Batalha do (1916), *ver* batalhas
Special Air Service (SAS), 213, 248
Special Operations Executive (SOE), 212-213
Speer, Albert, 177, 178n
Srebrenica, 388-391, 398, 404
 massacre, 402-403, 409-411
Storm, *ver* operações
Strassman, Fritz, 182-183
Streatfieild, Noel, 152
submarinos, 155-156, 174
Suez, Crise do (1956), 297, 321
Suharto, general, 251-252

Sukarno, Achmed, 251-252
Sun Tzu, *A Arte da Guerra*, 198, 334
Szilard, Leo, 183

Tauenzien, general, 72
tecnologia
 armamento, 95, 100
 guerra entre o povo, 456
 questão da necessidade, 103
 transporte e comunicações, tecnologia e controlo, 88-89, 95, 148, 170
 ver também inovação
telégrafo, 89, 95, 97-99
 Guerra da Secessão, 117-118
 Guerra Franco-Prussiana, 133
 Primeira Guerra Mundial, 148
telefone, Primeira Guerra Mundial, 148
Templer, tenente-general Gerald, 249
terrorismo
 ataques contra o povo (não combatentes), 325
 ataques suicidas, 330, 346
 conceito da ameaça, 42, 259, 314-315
 contra-terror pelas autoridades, 216-217, 319, 433-435
 Nova Iorque, 11 de Setembro, 27, 259, 270-271, 314, 329
 palestinianos, 302, 308
 redes, sistema nervoso rizomático, 378--382
 ver também Guerra contra o Terrorismo,
Tharoor, Shashi, 392
Thomson, David, *Europe Since Napoleon*, 76n
Thyssen, fabricantes de armas, 110
Tibbets, coronel Paul, 184
Tilsit, Tratado de (1807), 63, 74
Tito, Josep Broz, 210-211
TKNU (Exército Nacional de Kalimantan do Norte), 250-253
Torch, *ver* operações
tortura, emprego na Argélia, 292
Tratado de Resseguro (Alemanha e Rússia, 1887), 142
Trafalgar, Batalha de (1805) *ver* batalhas,
Transjordânia, 296
 ver também Jordânia
Tribunal Penal Internacional (TPI), 436
Tribunal Internacional Penal para a Ex-Jugoslávia (TPIJ), 352
Tríplice Entente, 151-152
Trotsky, Leão, 207, 209

Truman, Harry S.,184, 242, 245, 318
Tunísia, concessões francesas, 289
Tuzla, 390, 393, 403, 410

U-2, avião de reconhecimento abatido, 226
UCK (Exército de Libertação do Kosovo) aliado com a OTAN, 249-352
UN DKPO (Departamento de Operações de Manutenção de Paz das Nações Unidas), 393n
UNAMIR (Missão de Assistência das Nações Unidas ao Ruanda), 323, 362
UNDOF (Força Observadora de Separação de Forças das Nações Unidas), 321
UNEF I (Força de Emergência das Nações Unidas I), Sinai, 297, 321
UNFICYP (Força de Manutenção de Paz das Nações Unidas em Chipre), 246, 320, 336-338
UNHCR (Alto Comissariado das Nações Unidas para os Refugiados), 386, 388, 398-399, 410-411, 417
 ver também refugiados
União Europeia (UE)
 conferência sobre a Jugoslávia, 385
 instituições, 444
 forças militares, 43, 423-424
 Kosovo, 373
UNIFIL (Força Interina das Nações Unidas no Líbano), 302, 321
UNPROFOR (Força de Protecção das Nações Unidas)
 apoio aéreo fornecido pela OTAN, Bósnia, 13, 34, 322, 363-364, 384-424
 Conferência de Lancaster House (Londres, 1995), 412-414, 417-418
 mandato, 385-389, 394, 407
 repreenda pelo emprego da força, 404
 segurança das tropas, 396, 402-404, 411--412, 422-423
 situação refém/escudo, 388-389, 392-396, 409-410, 417, 422-423
 ver também Bósnia-Herzegovina; forças multinacionais; intervenções humanitárias
UNTOK (Comissão Temporária das Nações Unidas sobre a Coreia), 241
UNTSO (Organização das Nações Unidas para Supervisão de Tréguas), 321
URSS, ver Rússia
USAAF (United States Army Air Force), ver Força Aérea do Exército dos Estados Unidos

utilidade da força, 37-47, 135-137, 141-142, 163-164, 169-170, 179-181, 271-272, 283
 dissuasão e, 190, 359, 371-372, 396-397, 429-431, 435
 Doutrina Weinberger, 360
 factores geoestratégicos, 193-194
 força sem utilidade, 228-231, 245, 270, 297, 404, 427
 guerra entre o povo, 454-460
 ver também forças militares
Uzbequistão, Acordo do Estatuto das Forças (SOFA), 369

Vance, Cyrus, 384-387
Verdun, Batalha de (1916), ver batalhas
Vereeniging, Tratado de (1902), 202
Vernon, Chris, 407
Versalhes, Tratado de (1919), 109, 134-135, 163, 206
Vickers, fabricantes de armas, 110-111, 156
Vickers-Armstrong, fabricantes de armas, 111
Viet Cong, 26, 278-282
Viet Minh, 271-278, 289-290
Vietname
 Acordos de Paz de Paris (1973), 282
 intervenção norte-americana, 236, 239, 261, 267-268, 275, 277-283, 288, 339, 358
 Ofensiva do Tet (1968), 281
 Programa Aldeia Estratégica, 279
 República Democrática do, 278
 ver também Indochina
Vincent, marechal de campo, Lord, 396
Vionville/Mars-la-Tour, Batalha de (1870), ver batalhas
Vitória, Batalha de (1813), ver batalhas

Waffen-SS, 213
Waterloo, Batalha de (1815), ver batalhas
Wehrmacht, ver Exército Alemão
Weinberger, Caspar W., 358-363
Weinberger, Doutrina, 358-363
Wellington, duque de
 Batalha de Waterloo (1815), 89
 Guerra Peninsular (1808-1813), 64-65, 195-197, 363
 resposta às tácticas francesas, 55-56, 68, 268
 sobre os soldados, 55-56
Whitworth, canhão com alma hexagonal, 104

Índice Remissivo

Wolseley Tool and Motor Car Company, 110
Wurmser, general conde Dagobert Sigismond de, 61

Yasushi Akashi, 398, 409
Yom Kippur, Guerra do (1973) *ver* guerras
Ypres, utilização de gás (1915), 154

Zagreb, 387, 398
Zeppelins, utilização pelos alemães, 388-389, 393, 402-403, 410, 414, 416

Zimbabué
 conflito shona-ndebele, 328-329
 Missão Britânica de Instrução e Aconselhamento Militar (BMATT), 106, 249-250
zonas de exclusão (Sarajevo), 403-404
zonas de exclusão aérea (NFZ),
 Bósnia-Herzegovina, 392-396
 Iraque, 228-229, 372
 ver também guerra aérea

Índice

Prefácio 9
Introdução: Compreender a Força 19

PARTE I
A GUERRA INDUSTRIAL ENTRE ESTADOS

1. Fundação: De Napoleão a Clausewitz 51
2. Desenvolvimento: Ferro, Vapor e Massa 91
3. Culminação: As Guerras Mundiais 139

PARTE II
A GUERRA FRIA

4. Antítese: Dos Guerrilheiros aos Anarquistas e a Mao ... 189
5. Confronto e Conflito: Um Novo Propósito para
   o Emprego da Força 223
6. Capacidades: Em Busca de uma Nova Via 267

PARTE III
A GUERRA ENTRE O POVO

7. Tendências: As Nossas Operações Modernas 313
8. Orientação: Definindo o Propósito para
   o Emprego da Força 355
9. Bósnia: Empregando a Força Entre o Povo 383

Conclusão: Que Fazer? 425
Índice Remissivo 461